图为美国华盛顿的K街，以游说公司云集而知名，这些公司通过游说美国国会和联邦机构以影响政府政策。K街也成为美国游说业的代名词。

"批判传播学" 编委

丛书总顾问：童兵

丛书编委（排名不分先后，以中文首字笔划为序）：

丹·席勒（Dan Schiller，美国）

冯建三

吉列尔莫·马斯特里尼（Guillermo Mastrini，阿根廷）

孙皖宁（澳大利亚）

邱林川

林春（英国）

珍妮特·瓦斯科（Janet Wasko，美国）

科林·斯巴克斯（Colin Sparks，英国）

胡正荣

格雷厄姆·默多克（Graham Murdock，英国）

特里斯当·马特拉（Tristan Mattelart，法国）

斯拉夫科·斯普里查（Slavko Splichal，斯洛文尼亚）

童世骏

葆拉·查克拉瓦蒂（Paula Chakravartty，美国）

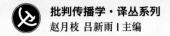
批判传播学·译丛系列

赵月枝 吕新雨 | 主编

数字断联

[美]罗伯特·W.迈切斯尼（Robert W. McChesney） 著

张志华 译

Digital Disconnect:
How Capitalism is
Turning the Internet Against Democracy

华东师范大学出版社

·上海·

华东师范大学出版社六点分社　策划

华东师范大学－康奈尔比较人文研究中心资助

总　　序

当今世界正处于全球化发展的转折点,资本的全球化流动所带来的政治、经济、社会、文化与生态等方面的危机不断加深。如何面对这些问题,全世界的人文与社会科学都面临挑战。作为对资本主义的批判和对人类解放的想象与信念,马克思主义并没有随着柏林墙的倒塌而消亡,反而在这些新的问题与危机中,在新的历史条件下获得了生机。马克思的"幽灵"在世界各地正以不同的方式复活。

与此相联系,世界范围内的传播体系与制度,一方面作为技术基础和经济部门,一方面作为文化意识形态领域和民主社会的基础,也面临着深刻的转型,而转型中的巨大困惑和危机也越来越多地激发人们的思考。一系列历史与现实中的问题亟需从理论上做出清理与反思。以马克思主义为重要理论资源的批判传播研究在长期复杂的历史与现实中,一直坚持不懈地从理论和实践层面推动传播学的发展,在国内和国际层面上促进传播制度朝向更平等、公正的方向转型,并为传播学理论的多元化作出了重要贡献。今天,时代迫切要求我们在世界范围内汇聚马克思主义传播学研究的各种力量、视角与方法,探索以马克思主义为基础的新批判理论的新路,对当代社会的危机与问题做出及时而有效的回应。

由于中国问题和传播问题是讨论全球化危机与出路的两个重要领域,中国传播学界具有担当起自己历史责任的义务和条件。马克思主义新闻传播理论与实践在 20 世纪以来的中国新闻史上有着极其重要的历史地位,在全球视野中整理、理解与反思这一理论传统,在新的历史条件下促进这一历史传统的更新与发展，是我们孜孜以求的目标。这个全球视野不仅面对西方，同时更向非西方国家和地区开放，并希冀在不同的比较维度与视野中，重新确立中国当代马克思主义传播研究的立场、观点与方法。

近一个世纪前，在 1929—1930 年的世界资本主义危机后的欧洲，在法西斯主义屠杀共产党人、扼杀左派思想的腥风血雨中，法兰克福学派的学者们用大写的"批判"一词代指"马克思主义"，在他们所处的特定的历史语境下丰富与发展了马克思主义传播研究。此后，"批判"一词，因其体现了马克思主义学术思想的内核，几乎成为马克思主义和一切以追求人类解放和挑战不平等的社会关系为价值诉求的学术取向的代名词。今天，我们不愿也无需遮掩自己的马克思主义立场。我们把本书系定名为"批判传播学"，除了出于文字的简洁性考虑之外，更是为了突出我们的批判立场，强调我们弘扬以挑战不平等社会关系为价值诉求的传播学术的主旨。当然，批判的前提与归宿是建设，批判学术本身即是人类自我解放的建设性理论实践。在此，我们对传播的定义较为宽泛，包括任何涉及符号使用的人类意义分享实践以及这些实践所依托的传播技术和知识基础。

本书系以批判的政治经济学与文化研究相结合的道路，重新检讨作为马克思主义新闻传播理论前提的观念、范畴与知识谱系，反思马克思主义传播理论在历史和当代语境下中国化的成就与问题，探讨中国革命与建设的传播实践对马克思主义传播理论的丰富、发展和挑战，分析当下的经济危机与全球媒体、信息与文化产业的状况和相关法规、政策，以及全球、区域与民族国家语境下的传播与社会变迁。我们尤其关注当代全球政治经济格局中的中国传播定位和文化自觉问题以及发展中国家的信息社会现状，社会正义与批判的生态学视野下的信息技术与社会发展，文化传播、信息产业与阶级、种族、民族、性别以及城乡分野的互构关系，阶级意识、文化领导权的国际和国内维度，大众传媒的公共性与阶级性的动态历史关系、文化传播权利与全球正义等议题。我们还将挑战横亘于"理论"与"实践"、"观念"与"现实"、以及"批判传播"与"应用传播"间的简单二元对立，不但从批判的角度检视与质询那些维系与强化不平等社会关系的传播观念与实践，而且致力于促进与发展那些挑战和变革现有不平等社会传播关系的传播政策、观念与实践,并进而开拓批判视野下的组织传播、环境传播、健康传播等应用传播领域的研究。最后,我们也致力于马克思主义传播研究方法论发展与经验研究的批判性运用,探讨文化研究如何在当下传播情境中更新其批判活力,关注媒介教育、文化赋权和社区与乡村建设的理论与实践,以及大众传媒与网络时代的大学、学术与跨国知识流通如何强化或挑战统治性知识权力关系等问题。

本书系包括"批判传播学译丛"、"批判传播学文论"和"批判传播实践"三个系列。"译丛"系列译介国外批判传播研究经典文献和最新成果;"文论"系列以专著、讲义、论文集、工作坊报告等形式展示当代中国马克思主义批判传播学研究的前沿;"实践"系列侧重传播实践的译作和中国经验,包括有关中外传播实践和劳动过程的实证研究、卓有成就的中外传播实践者有关自己的传播劳动和传播对象的反思性与传记性著作、以及富有批判性的优秀新闻作品。

华东师范大学—康奈尔比较人文研究中心(ECNU-Cornell Center for Comparative Humanities)和2013年7月成立于北京的中国传媒大学"传播政治经济学研究所"是这套书系依托的两家专业机构,并得到华东师范大学传播学院的支持。宗旨是在当代马克思主义和跨文化全球政治经济学的视野中,推动中国传播学术的创新和批判研究学术共同体的发展,尤其是新一代批判传播学人的成长。

在西方,面对信息资本主义的持续危机,"马克思回来了"已然成了当下批判传播学界的新发现、新课题和新动力。在中国,在这片马克思主义自20世纪初就被一代思想家和革命家所反复思考、探索与实践的古老土地上,我们愿以这套书系为平台,为发展既有世界视野又有中国学术主体性的21世纪马克思主义传播学而努力。在这个过程中,我们既需要对过去一个多世纪马克思主义传播理论与实践做出深刻反思,需要与当代西方马克思主义传播研究与实践前沿建立有机的联系,需要在克服媒介中心主义的努力中与国内外人文与社会科学的其他领域产生良性互动,更需要与各种不同的传播研究学派、观点进行真诚对话,彼此砥砺,以共同加强学术共同体的建设,推动以平等与民主为目标的中国社会发展,促进以和平与公正为诉求的世界传播新秩序的建立。

是所望焉。

目　录

图表列表

序

　　20 世纪 60 年代后期到 70 年代初期，我还很年轻，和我这一代人中的许多人一样，我被左翼政治所吸引。容我概括一下，我们这一大群人——尽管不是整整一代人——对美国社会的经济和社会不平等与腐败问题深感担忧。我们对它愚蠢的商业主义和猖獗的军国主义感到震惊。我们中有许多人认为，现行的资本主义就是个行将就木的体系，它没有未来，因为它不必要地容许骇人听闻的贫困发生，它站到了民主价值和民主实践的对立面。我们肯定也是乐观的，那时候我们认为自己胜券在握。带着青春的狂妄，我们自以为把问题都解决了，不会再走回头路。

　　这段过往对我们的时代意味着什么？今天，大多数当代观察家会将那段历史视为美国资本主义的鼎盛时期，当时它正全速前进。今天有许多人，当然也包括大多数年轻人，愿意为拥有像 1972 年的美国资本主义那样的经济状况而付出一切。那时候，不平等差距在缩小，以当前的标准来看不平等几乎不存在，高薪就业机会充足，基础设施令全世界艳羡，跟今天的腐败相比，国家治理真算得上是良治。那时候，年轻人在经济体系中还有一席之地。那时候还有希望，这正是今天极难寻获的东西。

　　这一反差促使我写作这本书。本书试图将数字革命——可以说是半个世纪以来最不寻常和最重要的发展——与我们这个时代的凌驾一切的危机联系起来。

　　这本书的写作始于 20 年前，即 1992 年。当时我正在给我的第一本书做最后的润色，在把书稿寄出前夕，我在《金融时报》（*Financial Times*）上读到对乔治·吉尔德（George Gilder）《电视之后的生活》（*Life*

After Television）一书的评论。吉尔德认为，互联网正处于将广播（broadcasting）予以淘汰这一我们已知的进程之中。互联网也将消除我们长期以来对媒体垄断和商业主义的所有担忧，并将终结对政策制定的需要。只要让市场运行，就能见证史上最伟大的民主传播革命。因为我的第一本书探讨的是最终导致美国商业广播体制得以固化的政策斗争，因此，我觉得有必要加上关于吉尔德论述的一个尾注。这是我第一次看到互联网作为一种革命性的媒介，被如此具体而富有煽动性地表述出来。所以，就在要将那本书稿寄出之前，我将一个注释粘贴在了书尾处。

从那一刻起，互联网就天翻地覆一般改变了媒体和通信领域。它成了我研究中的一个主要因素。我还教授关于互联网的课程，并持续更新我的参考文献。今天我所教授的课程几乎没有我在 2005 年讲授的内容，而 2005 年我所讲授的内容很少有 1999 年时的组成部分。从 1995 年到 2011 年，我写了六篇有关互联网的重要期刊文章和书籍章节，每一篇都基于大量的研究。我一直很清楚，我想就这一主题写一本书，但是，时机似乎总是不合适。这六篇文章中除了最后一篇，我在写的当时都承认，形势变化太快、太无可预料，我的研究可能很快就会过时或者需要大幅修订。要掌握互联网，就像是企图在风暴中击中变动的标靶一般。

六篇文章中的最后一篇是《互联网与资本主义的邪恶联姻》（The Internet's Unholy Marriage to Capitalism），刊于《每月评论》（*Monthly Review*）第 62 卷第 10 期（2011 年 3 月），由我和约翰·贝拉米·福斯特（John Bellamy Foster）共同写就。在写这篇文章的时候，我突然意识到，网上的形势已经足够明确了，因此，有可能把握住互联网的现状及其未来的可能走向。某些数字制度和数字实践当时已经相当稳固，不会马上发生转变。对这篇文章的反应是肯定的。很显然，我和福斯特戳到了痛处。

因此，我决定写这本书。我还有一个重要的论点贯穿全书。我认为，目前充斥于流行著述中的对互联网及其潜能的理解存在严重缺陷。这一点尤为重要，因为未来十年会出现一系列至关重要的政策斗争，这些斗争将决定互联网乃至我们社会的未来走向，可能影响未来几代人。

我的核心论点是，关于互联网的大多数论断都没有基于政治经济分析，因此，它们没能理解资本主义在塑造和驯化（找不到更贴切的词了）互联网时的重要性。每当人们提到资本主义，它通常被称为"自由市场"——这被认为是一种仁慈的给予（benevolent given），几乎就是民主的同义词。常见的关于资本主义的讨论常常沦为一堆陈词滥调，与真实存在的资本主义只有松散的关联。

既然资本主义处在毫无结束迹象的全球危机之中，民主治理的形势——至少在美国——异常严峻，现在似乎正是用更加批判的眼光审视互联网与资本主义的关系，以及二者与民主之关系的良好时机。过往一个世纪才出现几回的那种政治动乱正在世界的各个角落发生，各个地方的资本主义都身陷泥淖，而互联网则被直接卷入斗争之中。互联网的发展与政治经济体系的变化有着错综复杂的关系，这正是本书的要点所在。

2011 年与福斯特合写的文章为本书第四和第五章提供了一个框架，虽然书中这两章是基于后续的研究。这两章专门探究资本主义是如何塑造了互联网的。政治经济学的讨论借鉴了过去几年我与福斯特一起做的研究，这些研究在我们 2012 年的《危机无穷尽》（*The Endless Crisis*）（每月评论出版社）一书中有明确的阐述。

我几乎完全专注于美国。这是我自己的国家，也是我最了解的国度。我不太愿意以权威的口吻去写任何其他国家或地区。与此同时，我在本书中提出的几乎所有议题都是全球性的，并不同程度地适用于世界各个地方。此外，就互联网展开的许多最重要的政策斗争，都具有国际或跨国的性质。美国的数字未来将由全球论坛、华盛顿特区和其他美国国内地点共同决定。

这本书如果没有许多人的帮助，我是完不成的。除了前面提到的福斯特，英格・斯托尔（Inger Stole）、本・斯科特（Ben Scott）、丹・席勒（Dan Schiller）[①]和维克多・皮卡德（Victor Pickard）都通读了本书，并给我提出详实的批评意见。杰夫・柯恩（Jeff Cohen）和马特・罗斯柴尔德（Matt Rothschild）也通读了全书，并做了非凡的编辑工作。帕特里克・巴雷特（Patrick Barrett）、迈克尔・佩罗曼（Michael Perelman）、罗德尼・本森（Rodney Benson）、萨沙・曼莱斯（Sascha Meinrath）、詹姆斯・洛西

---

① 译注：美国伊利诺伊大学香槟分校荣休教授，西方传播政治经济学的标杆人物之一。专著中文版包括：《信息拜物教》，社会科学文献出版社，2008；《传播理论史：回归劳动》，北京大学出版社，2012；《数字化衰退》，中国传媒大学出版社，2017；《信息资本主义的兴起与扩张》，北京大学出版社，2018。

(James Losey)和乔什·司登思(Josh Sterns)每人都读了本书的一部分。这些朋友读得很"苛刻",他们毫不客气,紧紧盯着书中的薄弱环节。很幸运我有这帮有情又有才的朋友。希望有一天我能够回报他们,尽管这很难做到。假如没有他们的批评,我不敢想象这本书会怎样。当然,终稿的文责以及其中的错误都由我来承担。

书中的图表由贾米尔·约纳(R. Jamil Jonna)负责绘制。这些图表大多数都是由贾米尔专门为这本书而编绘的。为确保图表尽可能完美,他不辞辛劳。

约翰·尼克尔斯(John Nichols)①就我在书中用到的资料与我讨论了很长时间,我们之间的对谈帮我明确了我的思考。他的影响贯穿本书始终。第六章中关于新闻业所用的资料有些是源于我和他近期完成的研究,包括《美国新闻业的死与生》(*The Death and Life of American Journalism*,Nation Books,2010),有时候我直接拿来就用。

约翰·贝拉米·福斯特是我四十年来在学术界和政治领域的好兄弟。他为这本书倾注了大量心血,好像他才是作者似的。唯一超过他的知识和智慧的,是他的慷慨大度。

新出版社(The New Press)的马克·法夫罗(Marc Favreau)从我们最初讨论这本书的计划开始,便一路支持它。出版社的工作人员真是行业中的佼佼者。我要特别感谢莎拉·范(Sarah Fan)、基亚努什·哈申扎德(Kianoosh Hashemzadeh)和加里·斯坦令(Gary Stimeling)。加里真是文字编辑的高手,他练就火眼金睛,饱含热情,又不乏才智和幽默。成为新出版社的作者是我的荣耀。我希望并相信,未来我还能有这样的机会。

我在伊利诺伊大学厄巴纳—香槟分校传播系的同事支持我做研究,尤其是我的系主任戴夫·图克斯伯里(Dave Tewksbury)。为此我很感激他们。是大学对我研究的支持令这本书成为可能。

"解救媒体"组织(Free Press,Freepress. net)中的同仁——克雷格·艾伦(Craig Aaron)、德里克·特纳(Derek Turner)、蒂姆·卡尔(Tim

---

① 译注:美国记者、作家,专著中文版包括:《美国社会主义传统》,社会科学文献出版社,2013。

Karr)、乔·托雷斯(Joe Torres)、叶塞尼亚·佩雷斯(Yesenia "Jessy" Perez)、金伯丽·隆吉(Kimberly Longey)、马特·伍德(Matt Wood)和乔什·斯特恩斯(Josh Stearns)——为我提供了大量的信息、分析和支持。写这本书使我比以往任何时候都更懂得,"解救媒体"组织是个多么重要的组织。①

还有许多人在一些具体的问题上或在其他方面帮助了我。包括希瑟·布鲁克(Heather Brooke)②、保罗·布尔(Paul Buhle)、佩德罗·卡班(Pedro Caban)、桑蒂埃塔·查-朱瓦(Sundiata Cha-Jua)、维韦克·切伯尔(Vivek Chibber)③、马特·克雷恩(Matt Crain)、詹姆斯·柯兰(James Curran)④、雷恩·艾利斯(Ryan Ellis)、娜塔莉·芬顿(Natalie Fenton)、汤姆·弗格森(Tom Ferguson)、德斯·弗里德曼(Des Freedman)、詹姆斯·加尔布雷斯(James K. Galbraith)、彼得·哈特(Peter Hart)、马修·辛德曼(Mathew Hindman)⑤、艾米·霍兰德(Amy Holland)、汉娜·霍勒曼(Hannah Holleman)、简宁·杰克逊(Janine Jackson)⑥、保罗·克鲁格曼(Paul Krugman)⑦、丽贝卡·麦金农(Rebecca MacKinnon)、弗雷德·麦格多夫(Fred Magdoff)、约翰·梅吉(John Mage)、克雷格·米切尔(Greg Mitchell)、叶夫根尼·莫罗佐夫(Evgeny Morozov)、约翰·诺顿(John Naughton)、埃里克·牛顿(Eric Newton)、

① 译注:"解救媒体"组织(Free Press)是在美国媒体和新闻业被大资本掌控的语境下,致力于媒体和新闻业摆脱大资本的掌控,实现媒体资源更公平使用的倡导性非营利组织。2003年,由迈切斯尼和进步记者约翰·尼克尔斯(John Nichols)、活动家乔什·希尔沃(Josh Silver)共同发起。是更宽泛的美国"媒体改革运动"的一部分。鉴于该组织的目的及英文 free 有动词的词性,译者将 Free Media 译为"解救媒体"组织。

② 译注:美国自由撰稿记者,揭露英国政府丑闻。

③ 译注:后殖民理论家,纽约大学社会学教授,著有《后殖民理论与资本的幽灵》(Postcolonial Theory and the Specter of Capital,Verso,2013)。

④ 译注:又译詹姆斯·卡伦,专著中文版包括:《英国新闻史》(合著),清华大学出版社,2005;《媒体与权力》,清华大学出版社,2006;《去西方化媒介研究》(合编),清华大学出版社,2011。

⑤ 译注:专著中文版包括:《数字民主的迷思》,中国政法大学出版社,2015。

⑥ 译注:媒体公正与准确报道组织(Fairness and Accuracy in Reporting,FAIR)项目主管,是 FAIR 辛迪加电台节目"反宣传"(CounterSpin)的联合主持人和联合出品人。

⑦ 译注:美国经济学家,20 世纪 90 年代成功预测了亚洲金融危机。专著中文版包括:《萧条经济学的回归和 2008 年经济危机》,中信出版社,2009;《一个自由主义者的良知》,中信出版社,2012;《流行的国际主义》(修订版),中信出版社,2016。

莫莉·尼森(Molly Niesen)、里奇·波特(Rich Potter)、艾纳·斯盖勒普森(Einar Scalloppsen)、特拉韦斯·斯科特(Travers Scott)、诺曼·斯托克威尔(Norman Stockwell)和克斯利蒂娜·威廉姆斯(Kristina Williams)。

这本书献给露西、艾米和英格,直到永远。

这本书是为世界各地的年轻人所写的,尤其是为我所深爱的美利坚的年轻人。如果要从后续的章节中得出什么结论,要从数字革命中得到什么教训,那就是1968年"五月风暴"的那条有着高度重要性甚至是必要性的著名口号——看清现实,求不可能之事!(Be Realistic, demand the impossible!)

威斯康星州麦迪逊市

2012年9月

第一章 谁是数字房间里的大象？

过去 30 年的任何历史叙述，都会对互联网和更广阔的数字革命的出现予以突出的（如果不是首要的话）关注。在 21 世纪的第二个十年，有迹象表明，互联网是人类文明向前发展的一个全球性的决定性特征，直到它最终变得如此自然，成为社会中枢神经系统中的重要部分，以致于无法被承认为是一种新生事物或不同于我们的存在，就像语言本身一样。

某种程度上，这场革命可以纯粹按信息生产与共享的总量来记录。1989 年，似乎是一个世纪以前，全世界每天出版 1000 种书，当时美国每天出版的期刊近 10000 种，由此造成的过载让理查德·沃尔曼（Richard Saul Wurman）写了关于"信息焦虑"的文章。[①] 谷歌（Google）的埃里克·施密特（Eric Schmidt）估计，如果有人要将人类从初蒙至 2003 年间创造的所有现存人类文化制品和信息以数字化的方式储存，他需要 50 亿个亿字节（gigabytes）的储藏空间。而到了 2010 年，人们每两天创造的数据量就有这么多了。[②] 到 2012 年，上传到 YouTube 上的视频的量是 2010 年的两倍，相当于每周上传 18 万部故事片长度的电影。[③] 换句话说，在不到一周的时间内，YouTube 产生的内容比好莱坞在其整个历史中制作的

---

① Discussed in David Weinberger, *Too Big to Know* (New York: Basic Books, 2011), 7.

② Eli Pariser, *The Filter Bubble: What the Internet Is Hiding from You* (New York: Penguin, 2011), 11.

③ Rachel Botsman and Roo Rogers, *What's Mine Is Yours: The Rise of Collaborative Consumption* (New York: Harper Business, 2010), xiv; Peter H. Diamandis and Steven Kotler, *Abundance: The Future Is Better Than You Think* (New York: The Free Press, 2012), 282.

所有电影和电视节目的量还大。

另一个把握数字革命的途径,是了解人们埋头于媒介的时间量。一项2009年的大型调查显示,不论年龄大小,大多数美国人每天至少花8.5个小时用于看电视、电脑屏幕或手机屏,经常同时使用两三个屏幕。① 2009年,全球信息产业中心(Global Information Industry Center)进行的另一项研究指出,美国人平均每天花11.4小时消费"信息",高于1980年的7.4小时。② 2011年,一项针对马萨诸塞州两万名在校学生的研究发现,三年级学生有20％拥有手机,超过90％上网;40％的五年级学生和近85％的中学生拥有手机,一般是可上网的智能手机。③ 互联网早已是必选的了。

在美国、欧洲和世界其他许多地方,人们不需要有一个十几岁的孩子就能理解"社交网络已经变得无处不在、无可或缺和令人上瘾"。④ 对我教的学生来说,没有移动互联网的生活是不可想象的。当我描述我在20世纪70年代初的大学生活时,他们很难理解当时人们如何沟通,事情怎么完成,看上去选择怎么那么少,甚至日子怎么过得下去。这就好像来自1860年新斯科舍岛⑤和肯塔基州东部的曾祖父母回到我身边,向20世纪60年代正在克利夫兰市郊成长的我描述他们的年少时光。"就整个社会而言,网络已经成了传播和信息的首选媒介,"尼古拉斯·卡尔(Nicholas Carr)写道,"甚至按20世纪大众媒体的标准来衡量,它的使用范围也是前所未有的。其影响范围同样广泛。"⑥

请看看如下事实:1995年,有1000万互联网用户,仍高比例地分布于美国高校,是当年的流行风尚。到2011年,互联网用户达20亿,并且飞速增长。到2020年,另有30亿人将上网。在非洲,移动电话的渗透率

---

① Nicholas Carr, *The Shallows*: *What the Internet Is Doing to Our Brains* (New York: W. W. Norton, 2010), 9—10, 87. 译注:该书简体中文版《浅薄:互联网如何毒化了我们的大脑》由中信出版社于2010年出版。

② Cited in Jeffrey D. Sachs, *The Price of Civilization*: *Reawakening American Virtue and Prosperity* (New York: Random House, 2011), 154—55.

③ Elizabeth K. Englander, "Research Findings: MARC 2011 Survey Grades 3—12," *Research Reports*, paper 2, 2011, http://vc.bridgew.edu/marc_reports/2.

④ Lori Andrews, *I Know Who You Are and I Know What You Did*: *Social Networks and the Death of Privacy* (New York: The Free Press, 2011), 3.

⑤ 译注:加拿大东南部省。

⑥ Carr, *Shallows*, 9—10.

从 2000 年的 2％增长至 2009 年的 28％,预计 2013 年将达到 70％。[1] 根据 IMS Research[2] 的分析,到 2020 年将有大约 220 亿台设备连接到互联网,可在线传输。[3] 到 2012 年,全球四分之三的人口已经在使用移动电话。[4] 2012 年世界银行的一份报告指出,"与人类历史上的任何一项发明相比,移动通信可谓在更短的时间内对人类产生了更大的影响"。[5]

　　这只是开始传达一直在进行的变化的进展程度而已。从电报、摄影、电话、录音到电影、广播、电视,最后到卫星和计算机,互联网是近两个世纪以来电子通信发展的顶峰。互联网自身在 20 年的时间内已历经好几轮使用周期(lifetimes),从网络新闻组(Usenet)到万维网(World Wide Web)和美国在线(AOL),然后是宽带,再后来是谷歌,现在是无线局域网(wi-fi)、平板电脑、智能手机和社交媒体。如本·斯科特(Ben Scott)所说,我们正处于"三重范式转换"(triple paradigm shift)中,其中个体沟通、大众媒体和市场信息已被纳入到了这个新的秩序之中,因此它们之间的差异正变得过时。[6] 经济也已适应了互联网,现在充斥着数字产业,其中的很多大型企业在多数美国人出生时都还不存在。一路走来,互联网似乎已经对沿途的一切进行了殖民和改造。

　　更让人惊讶的是,这还只是开了个头。最终,至少是理论上,所有的人都可以以堪比光速的速度彼此联系,能够发送和接受各种形式的通信,并即时访问整个人类文化。此外,帕梅拉·隆德(Pamela Lund)写道,"人类、物体和信息圈(infosphere)之间的界面,正在变得越来越直观,不再那么麻烦"。[7] 由于机器改变了我们对人类的基本认识,我们正在进入未知领域(terra incognita)。即使是现在,这样一个世界的性质仍使我们

---

①　Diamandis and Kotler, *Abundance*, x, 9.

②　译注:电子行业市场研究与咨询机构,2012 年被 IHS 收购。

③　Cited in Pamela Lund, *Massively Networked: How the Convergence of Social Media and Technology Is Changing Your Life* (San Francisco: PLI Media, 2011), 3.

④　Rebecca J. Rosen, "A World With More Phones Than People," *The Atlantic*, July 19, 2012, theatlantic. com/technology/archive/2012/07/a-world-with-more -phones-than-people/ 260069/.

⑤　Michael Manges, "Overview," in *Maximizing Mobile* (Washington, DC: World Bank Group, 2012), 11.

⑥　斯科特(Ben Scott)给作者的电子邮件,2012 年 3 月 21 日。

⑦　Lund, *Massively Networked*, 3.

无法理解。

虽然未来会有难以想象的迂回曲折,但互联网的发展现在已经四处展露端倪了。随着互联网渗透到近乎生活肌理的所有方面,随着巨型企业试图支配互联网(以及我们的政治),随着一系列将对其发展带来重大影响的关键政策议题的出现,我们似乎已经到达了某种程度的大本营。踩在这个大本营坚实的地面上,我们可以回望我们的来时路,可以展望我们将去往何方。在某些方面,我们第一次站在这样的位置上:能够理解互联网的体验,并强调它给社会带来的前沿问题。同时,我们也站在这样的位置上:能够更好地理解社会就我们将拥有怎样的互联网所能做出的决定,以及相应地,我们和我们的子孙后代将成为或将不会成为怎样的人。

这本书的目的就是为这样的对话做贡献。由于数字革命规模之大,我不敢妄自提出面面俱到或普遍性的理论。相反,关键是要提出一系列有关互联网的问题,并开始给出答案。第一个同时又是最重要的问题是:鉴于互联网的规模、复杂性、指数级增长和不可预测的变动,我们如何才能开始理解正在发生的事情?

依循美国最好的社会科学惯例,我们有大量的单独将与互联网有关的问题拎出来的学术观照,但是它们主要关注的是微观问题,比如特定群体为了特定的目的如何使用数字通信。这类研究往往有意避免对互联网在社会中的广泛作用做出更大的论断。它们往往忽视制度问题和结构问题。它们接受世界的既有面目,承认它,并根据这些条件对互联网进行评估。这类研究是必要的,可能会有相当大的价值(我在书中引用了其中的一些),但是,它们没有提出核心问题,因此,这类研究并不能产生我们需要的答案。

要提出大问题,首先要做的,是回顾二十年来公共知识分子和学者从各不相同的学科对互联网所做的研究,这么做是为了将互联网放在宽广的历史视野之中。回到 20 世纪 90 年代早期,从吉尔德的《电视之后的生活》和尼葛洛庞帝(Nicholas Ngroponte)的《数字化生存》(*Being Digital*),到克里夫·斯托尔(Clifford Stoll)的《硅谷蛇油》(*Silicon Snake Oil*)和劳伦斯·莱斯格(Lawrence Lessig)①的《代码与赛博空间的其他规则》

---

① 译注:知识共享(Creative Commons,CC)创办人之一,前电子前哨基金会理事,自由软件法律中心理事。

（*Code and Other Laws of Cyberspace*），为数众多的作者对数字革命给出了他们的论断。正如人们所能料到的那样，有些研究随着时间推移愈发耐读，而有些现在读来则匪夷所思。在过去的十年中，文献数量在增加，也许是呈指数级增长，成了名副其实的一种出版类型。考虑到互联网影响到我们生活的几乎每个面向，这也是预料之中的。

尽管研究并不总是经得起时间的考验，尽管其中一些看起来浮于浅表，它们也有极大的重要性。公共知识分子为理解数字革命所做的这些努力，是最能定义美国人（包括学者、关心社会的公民、活动家、记者和政策制定者）是如何看待互联网，并阐释许多相关问题的。这正是我想加入的讨论。

罗宾·曼塞尔（Robin Mansell）将互联网文献分为两大阵营："颂扬者"阵营和"怀疑论者"阵营。两大阵营都在持续壮大，虽然语境和问题在变。因为并没有什么"柏林墙"将两边隔离开来，有些观察家横跨了两个阵营。虽然有些人恰好甚至公然属于这两个阵营中的一个，但是通过这样的区分方式，正好可以把握两类不同的思维方式和两组不同的个体。

我既受到了颂扬者的影响，也受到怀疑论者的影响，但我认为，任何一方终究都不令人满意，都把我们带入了死胡同。在这本书中，我将试图把两个阵营的精华部分呈现出来，目的是把它们纳入具有真正政治意涵的严肃得多的讨论之中。除了其不证自明的重要性，互联网还蕴藏着巨大的革命潜能。我最关心的是（一直是，并仍然是），这种巨大的民主潜能（其中有些业已实现）会遭到并且已经遭到破坏，从而导致——往坏里说——一个人们合乎逻辑地希望计算机从未被发明的世界。

颂扬者阵营

因为颂扬者是互联网观察者中声音最嘹亮并流传最广的，因此，由他们来开启辩论或许是最合适的。詹姆斯·柯兰在其 2012 年颇具启发性的《互联网的误读》（*Misunderstanding the Internet*）一书中，总结了互联网颂扬者的第一波浪潮。"在 20 世纪 90 年代，"他写道，

权威专家、政客、政府官员、企业领导人以及记者预言，互联网将

改变世界。我们被告知，互联网将彻底变革企业的组织形式，繁荣将
汹涌而至。它将开启一个文化民主的新时代，在那个新时代，自主的
（sovereign）用户——后被称为"产消者"（prosumers）——可以发号
施令，旧的媒体巨头将衰落并消亡。它将使民主重新焕发活力——
在某些版本中，通过全民公投使直接的电子政府（e-government）成
为可能来实现。世界各地的弱势群体和边缘群体都将被赋权，这将
导致独裁者的倒台和权力关系的重组。在更普遍意义上，互联网作
为全球媒介将把世界缩小，推动各国间的对话，促进全球理解。简而
言之，互联网将是一股不可阻挡的力量：如同印刷术和火药的发明一
般，它对社会的改变将是持久且不可逆的。

当然，永久且不可逆地"全面改造世界"，将使世界更加美好。正如柯
兰所说，大多数这类主张的核心是他说的"互联网中心主义，这是一种信
条，认为互联网是技术的主要因素，它起到跨越一切障碍的作用，并有权
力决定结果"。[1] 或者，如曼塞尔所说，"数字技术的创新，包括互联网上
的虚拟空间，被赋予了近乎玄妙的特质"。[2]

由于颂扬者的预测很少成为现实，还因为问题的出现（包括 2000 年至
2001 年高科技泡沫之后的经济崩溃）似乎给实现数字许诺带来令人生畏
的障碍，早期的颂扬者阵营遭到怀疑论者的一波抵制浪潮。然而，互联网
持续的扩张，尤其是谷歌搜索、博客空间、维基、宽带、智能手机和社交媒体
的扩张，使颂扬者重新焕发了活力，并催生了许多成功的职业生涯，这些成
功的生涯说明了何为网络世界的天才以及这一正在创建中的辉煌世界。

近年来颂扬和赞美互联网革命气势最盛的，非克莱·舍基（Clay
Shirky）莫属，他就像是数字版的"苹果佬约翰尼"（Johnny Appleseed）[3]。

---

① James Curran,"Reinterpreting the Internet," in James Curran, Natalie Fenton, and Des
Freedman, *Misunderstanding the Internet* (Routledge, 2012), 3. 译注：该书中文版《互联网的误
读》由中国人民大学出版社于 2014 年出版。

② Robin Mansell, *Imagining the Internet: Communication, Innovation, and Governance*
(Oxford: Oxford University Press, 2012), 1—2.

③ 译注：美国"西进运动"中的传奇人物约翰·查普曼（John Chapman）的绰号，据说对苹
果在美国的种植和传播起到重要作用。

舍基在他 2010 年的《认知盈余》(*Cognitive Surplus*)一书中写道,随着新的数字媒体的出现,"我们今天在相对少数的例子中所看到的那种参与,将四处扩散,并成为设想我们的文化该如何运作之基础"。年轻的一代"将想当然认为媒体同时包括了消费、生产和分享的可能性,并且这种可能性是向每个人开放的"。此外,这也是革命真正开始的地方,"人们之间的连接容许我们将空闲时间视为一种共享的全球资源,容许我们设计新的参与和分享方式来利用这种资源"。正是这种"认知盈余"蕴藏着过去所无法想象的合作潜能,这种合作将从根本上改变和改善我们的生活。①亨利·詹金斯(Henry Jenkins)也提出了类似的观点,他赞颂大量涌现的"集体的智慧",因为有了互联网,"我们可以将我们的资源聚合起来,将我们的技能联合起来"。②

物理学家和量子计算专家迈克尔·尼尔森(Michael Nielsen)在其 2012 年的《重塑发现》(*Reinventing Discovery*)一书中指出,由互联网带来的大规模合作正在通过增加规模和认知的多样性,使科学发生革命性的变化。"在线工具正在改变科学家的发现方式",将导致科学与社会关系的重大改变。现在,无数的公民也可以参与其中,潜力无穷无尽,令人兴奋不已。他问道,"我们会有一天看到,业余爱好者主导的大规模合作获诺贝尔奖吗?"尼尔森承认,这场"知识构建方式"的革命面临一些障碍,其中最主要的障碍是商业利益集团欲求将一切都专利化,但是,总体趋势是不可逆转的。③

尤查·本科勒(Yochai Benkler)在 2011 年的《企鹅与怪兽》(*The Penguin and the Leviathan*)一书中认为,互联网正在驱动人性的根本转变,而且这是一个非常有益的转变:

---

① Clay Shirky, *Cognitive Surplus*: *Creativity and Generosity in a Connected Age* (New York: Penguin, 2010), 213, 27. 译注:该书简体中文版《认知盈余》由北京联合出版公司于 2018 年出版。

② Henry Jenkins, *Convergence Culture*: *Where Old and New Media Collide* (New York: New York University Press, 2006), 4.

③ Michael Nielsen, *Reinventing Discovery*: *The New Era of Networked Science* (Princeton, NJ: Princeton University Press, 2012), 3, 6, 10, 41. See also "The Wow Factor," *The Economist*, Mar. 10, 2012, 92.

我们到处都能看到人们合作与协作,做正当的事,待人公平,行事慷慨,关心他们的集体或团队,一举一动像是以德报德的正派人。这种情况在网上是最为显而易见的,维基百科和开源软件在网上取得了巨大的成功。Tux 这只 Linux 企鹅,[①]正开始慢慢蚕食为霍布斯(Thomas Hobbes)的利维坦注入生命的对人类的悲观看法。[②]

这些发展是如此强大,甚至把一位明显的怀疑论者带至颂扬者阵营中。凯斯·桑斯坦(Cass Sunstein)曾经写过"信息茧房",以及互联网如何使人们能够避开或忽视人类的许多东西,这会给公共生活带来可怕的影响。[③] 随着 2006 年《信息乌托邦》(*Infotopia*)的出版,桑斯坦变了,他预言在线的"知识累积的发展","将带来令人惊叹的一系列新生事物和行为"。有了维基,"鉴于信息的聚合,我们正处于一场革命的初始阶段"。[④]

西蒙·曼华林(Simon Mainwaring)在 2011 年的《我们优先》(*We First*)中写道:"互联网和社交媒体使我们得以跨越地理、文化和语言的障碍而互相连接,重新唤起我们与生俱来的移情能力,让我们从社会付出以及我们的自利努力中获得巨大满足。"他继续写道:"我们已经进入人类历史上一个让人着迷和令人激动的时代。我们可以快速获得知识和技术以应对来自贫困、营养不良、儿童死亡率以及困扰我们星球的无数社会弊病的挑战。"[⑤]

杰夫·贾维斯(Jeff Jarvis)在 2011 年的《公开》(*Public Parts*)一书中指出,随着互联网成为一个超负荷的公共领域,当下的网络社会以史无前例的"公开化"为特征,这具有政治影响力。"公开化是划时代变革的象

---

① 译注:企鹅 Tux 是开源操作系统 Linux 的吉祥物。

② Yochai Benkler, *The Penguin and the Leviathan*: *How Cooperation Triumphs over Self-Interest* (New York: Crown Business, 2011), 3. 译注:该书简体中文版《企鹅与怪兽》由浙江人民出版社于 2013 年出版。

③ Cass R. Sunstein, *Republic.com* (Princeton, NJ: Princeton University Press, 2001). 译注:该书简体中文版《网络共和国》由上海人民出版社于 2003 年出版。

④ Cass R. Sunstein, *Infotopia*: *How Many Minds Produce Knowledge* (New York: Oxford University Press, 2006), 8, 9. 译注:该书简体中文版《信息乌托邦》由法律出版社于 2008 年出版。

⑤ Simon Mainwaring, *We First*: *How Brands and Consumers Use Social Media to Build a Better World* (New York: Palgrave Macmillan, 2011), 1.

征，它深具颠覆性。公开化威胁到那些其权力有赖于对信息和观众加以控制的机构。"他继续写道：

> 公开化是以牺牲他们为代价对我们进行赋权的标志。独裁者和政客、媒体大亨和商人试图告知我们该想什么、该说什么。但是现在，在一个真正的公开社会中，他们必须听我们说的话，不论我们是用推特（Twitter）在抱怨一个产品，还是我们通过脸书（Facebook）去组织一场抗议。如果这些机构要取得成功，它们必须学会与我们平起平坐，尊重我们作为个体的权利，尊重我们作为群体和公众所能行使的权力。①

总而言之，这些颂扬者重申了 20 世纪 90 年代最重要的独到论点之一，即互联网会成为一股推动世界范围内民主和向善的力量，它将终止信息垄断和对通信的集中控制。2009 年，卡斯特（Manuel Castells）记述了世界各地的反叛民众势力成功利用互联网推进民主政治的许多案例。②颂扬者阵营中的彼得·戴曼迪斯（Peter H. Diamandis）和史蒂文·科特勒（Steven Kotler）引用 2009 年瑞典政府的报告，该报告的结论是，发展中国家数字通信接入率的增加，促进了"经济发展、减贫和民主化——包括言论自由、信息自由流动和人权的改善"。③

2011 年发生在突尼斯和埃及的革命以及世界各地的抗议活动，都是一个又一个有力的证据。隆德总结道，"社交媒体和技术赋予你前所未有的力量，让你创出你想要的世界"。④尽管有些颂扬者担心官僚和垄断可能会使它打折扣，但总的感觉是，这些放出来的精灵格外强劲，没法再装回魔瓶了。"临界点在我们身上。新兴的社交媒体前所未有的力量正

---

① Jeff Jarvis, *Public Parts： How Sharing in the Digital Age Improves the Way We Work and Live* (New York： Simon & Schuster, 2011), 11, 76.

② Manuel Castells, *Communication Power* (New York： Oxford university Press, 2009), 346—62, 431—32. This point is discussed in Rebecca MacKinnon, *Consent of the Networked： The Worldwide Struggle for Internet Freedom* (New York： Basic Books, 2012), 13.

③ Diamandis and Kotler, *Abundance*, 25.

④ Lund, *Massively Networked*, 141.

在帮助人们在网上和街头建立联结,将整个世界推向变革的边缘,"资深记者和电影人罗里·奥康纳(Rory O'Connor)指出。"大媒体、大企业、大政府要小心了,我们的好友、我们的追随者和我们的未来来啦!"[①]按贾维斯的话说,"抵抗是徒劳的"。[②] 读这些书的时候,我们很难不仰望苍穹,感谢上天,使我们在这一史无前例的辉煌时刻身处这个星球之上。

怀疑论者阵营

　　怀疑论者直接反驳颂扬者的一些论断,但在某种程度上,双方各说各话。沙希德·穆罕默德(Shaheed Nick Mohammed)在 2012 年的《(虚假)信息时代》(*The (Dis)information Age*)中紧紧瞄准互联网正在提升人的知识水平这一看法——"关于这些技术及其广泛应用必然导致公众更加知情的看法"。他指出,互联网在助长无知和促进知识增长上旗鼓相当,甚至前者更甚,因此,调查研究表明,在 1989 年与 2007 年间美国人知识水平几乎没有任何提高。[③] 马克·鲍尔莱恩(Mark Bauerlein)进一步阐述了这一论点。他指出,接二连三的研究证实,今天的年轻人是"最蠢的一代",他们对公共事务、历史、地理、科学、文学等方面的无知程度到了触目惊心的地步。在鲍尔莱恩看来,数字媒体的出现是这一突如其来的转变的罪魁祸首。他们"寓居于一个充满幼稚玩笑和粗俗图像的世界","被有效地阻隔"在世界现实之外,这是其他任何一代人从未经历过的。[④]

　　杰伦·拉尼尔(Jaron Lanier)被称为虚拟现实技术之父,在 2010 年的《你不是个玩意儿》(*You Are Not a Gadget*)中,他也质疑互联网是个知识工厂这一观念。在扼要反驳舍基时,他指出:

---

　　① Rory O'Connor, *Friends, Followers and the Future: How Social Media Are Changing Politics, Threatening Big Brands, and Killing Traditional Media* (San Francisco: City Lights Books, 2012), 20.

　　② Jarvis, *Public Parts*, 11.

　　③ Shaheed Nick Mohammed, *The (Dis)information Age: The Persistence of Ignorance* (New York: Peter Lang, 2012), ii, 8.

　　④ Mark Bauerlein, *The Dumbest Generation: How the Digital Age Stupefies Young Americans and Jeopardizes Our Future* (New York: Tarcher/Penguin, 2008), inside flap, 13.

我的有些同事认为，只要复杂的秘密算法将这些碎片重新组合起来，一百万个或者十亿个零碎的辱骂最终将会产生超越任何深思熟虑的文章的智慧。我不这么看。浮现在我脑海中的是计算机科学早年的一个比喻：输入的是垃圾，输出的也是垃圾。

充分描述过舍基的认知盈余概念后，拉尼尔指出，"那么，要想复制出如爱因斯坦那样的成就，需要积攒多少秒过往的电视时间并加以利用？在我看来，即使我们可以将银河系所有潜在的外星生命——也许他们有千万亿个——结成网络，并让他们每一位都对物理维基贡献上几秒钟，我们也无法复制出一个平庸物理学家的成就，更遑论一位伟大的物理学家了"。[1]

伊莱·帕雷瑟（Eli Pariser）在 2011 年的《过滤气泡》（*Filter Bubble*）一书中指出，由于谷歌和社交媒体按特定方式演进，互联网用户正越来越多地（并且多数人在不知不觉中）被带入一个个性化的世界，从而强化了他们已知的偏好。我们每个人居于其中的"过滤气泡"，损害了共同体和民主政治所需的共同基础，它也消除了"'意义上的威胁'，即消除了那些激发我们产生理解并获得新思路的令人费解和不安的事情"。帕雷瑟援引了有关科学发现的研究，这些研究表明，偶然性（serendipity，不经意）对创造力来说是必要的，"意外发现是科学革命的必要条件"。研究表明，过滤气泡构成的环境可能会降低发现的可能性，"这个世界的爱因斯坦们、哥白尼们和巴斯德[2]们常常并不知道自己在寻找什么。最大的突破有时候是我们最不抱期望的"。[3]

拉尼尔将这一论点进一步扩展至互联网上的所有创造力。他指出，互联网对艺术家最明显的影响是令他们更难自食其力，这对艺术和文化

---

[1]　Jaron Lanier, *You Are Not a Gadget: A Manifesto* (New York: Knopf, 2010), 49—50. 译注：该书简体中文版《你不是个玩意儿》由中信出版社于 2011 年出版。杰伦·拉尼尔在 20 世纪 80 年代最先提出"虚拟现实"概念。他还从事视觉艺术创作和作曲。

[2]　译注：路易·巴斯德，法国微生物学家，微生物学创始人。其发明的巴氏消毒法现在仍在应用。

[3]　Pariser, *Filter Bubble*, 89, 97. The historians of science that Pariser quotes are Aharon Kantorovich and Yuval Ne'eman. 译注：该书繁体中文版《搜索引擎没有告诉你的事》由左岸文化事业有限公司于 2012 年出版。

造成了可怕的后果。"有创造力的人——新型农民——变得如动物一般，聚集在枯竭的沙漠上不断萎缩的旧媒体绿洲上。"①

麦金农2012年的《网络共识》(*Consent of the Networked*)和莫罗佐夫(Morozov)2011年的《网络错觉》(*The Net Delusion*)都否定了互联网必然导致全球民主政治革命的观点。他们指出，掌权的坏人有能力和资源来规管、操纵和使用数字通信，就像那些不掌权的人一样，如果不是更甚。例如，麦金农呈现了政府如何使互联网满足它所需要的经济目的，同时开展各个层面的规管和微妙的审查，这使互联网多半无法成为一股民主的组织力量。② 她还记载了私营企业(以及威权和民主政府)如何参与到互联网自由的这种萎缩中。对互联网的抵抗显然不是徒劳的。③

这一认识导致怀疑论者常见的论调：技术能够带来破坏，正如它能带来进步。维吉尼亚·尤班克斯(Virginia Eubanks)在她2011年的《数字死胡同》(*Digital Dead End*)中指出，"我们许多美国人对技术——尤其是信息技术——的力量产生了一种大规模的、集体的、一致赞同的幻觉，认为它能'创造公平的竞争环境'、带来广泛的经济和社会平等、培育民主治理中的透明度和可信度"。④ 即使在美国，持怀疑论的学者也记录了互联网如何惯常地产生虚假信息、侵犯人民的隐私和公民权、助长各种形式的骚扰。⑤ 维克托·迈尔-舍恩伯格指出，在互联网时代，人们永远无法摆脱过往，对人类来说非常重要的某些东西正在消失。⑥

---

① Lanier, *You Are Not a Gadget*, 86.

② MacKinnon, *Consent of the Networked*, especially chap. 3; Evgeny Morozov, *The Net Delusion: The Dark Side of Internet Freedom* (New York: PublicAffairs, 2011).

③ 马辛(Michael Massing)写道，那些实地参加了2011年"阿拉伯之春"的人认为，在西方，脸书和社交媒体的作用被大大地夸大了。《纽约时报》开罗分社社长柯克帕特里克(David Kirkpatrick)说，"中东局势发生变化的原因是人们走上街头"。事实上，柯克帕特里克说，很多参与者不喜欢把它贴上"脸书革命"的标签，他们认为这是"试图给它加上一个'西方品牌名称'"。See Michael Massing, "The Media's Internet Infatuation," *Columbia Journalism Review* online, August 15, 2012, cjr. org/the_kicker/internet_infatuation. php.

④ Virginia Eubanks, *Digital Dead End: Fighting for Social Justice in the Information Age* (Cambridge, MA: MIT Press, 2011), xv—xvi.

⑤ 参阅精彩论文集：Saul Levmore and Martha Nussbaum, eds., *The Offensive Internet: Speech, Privacy, and Reputation* (Cambridge, MA: Harvard University Press, 2010).

⑥ Viktor Mayer-Schönberger, *Delete: The Virtue of Forgetting in the Digital Age* (Princeton, NJ: Princeton University Press, 2009).

　　这让人回想起由克里夫·斯托尔(Clifford Stoll)等人发起的第一波怀疑论浪潮。斯托尔在1999年的《高科技的异教徒》(*High-Tech Heretic*)中强调，互联网将人们互相隔离，使他们上瘾，并且可能比其他任何东西带给人们更多的痛苦和对生活的不满。[①] 性是怀疑论者所能指出的一个领域。随着越来越多的人通过互联网获得性满足，网络色情的激增产生了一种"性高潮诱导器"(orgasmatron)效应。[②] 作家拉塞尔·班克斯(Russell Banks)承认了这种现象，他2011年的小说名为《触觉失忆》(*Lost Memory of Skin*)，"指的是真实的肉体已经被虚拟的肉体所取代"。[③]

　　怀疑论者认为，脸书和其他社交媒体的出现与孤独的显著增加有相关关系，这很有反讽意味。美国退休人员协会(AARP)的一项研究显示，仅在过去10年中，45岁以上的美国人感到孤独的比率就增加了近乎一倍。史蒂芬·马奇(Stephen Marche)写道："在这个交流随时展开并且不受限制的世界里，我们从未如此相互分离，或者从未如此孤单。"学者称之为互联网悖论。"我们无所不在的新技术把我们吸引到越来越肤浅的联系上，"马奇写道，"就在同时，这些技术使我们更易于避开许多人际互动。"证据就是"孤独使我们可怜兮兮"，导致各种与健康有关的问题。[④] 心理学家拉里·罗森(Larry Rosen)认为，网络成瘾和/或网络痴迷导致了广泛的心理健康问题。[⑤]

[①]　Clifford Stoll, *High-Tech Heretic: Reflections of a Computer Contrarian* (New York: Anchor, 1999), 200—206.

[②]　纳奥米·沃尔夫(Naomi Wolf)多年来一直在写这方面的文章。See Naomi Wolf, "Is Pornography Driving Men Crazy," June 20, 2011, globalpublicsquare. blogs. cnn. com/2011/06/30/is-pornography-driving-men-crazy. See also Peter Nowak, *Sex, Bombs and Burgers: How War, Pornography, and Fast Food Have Shaped Modern Technology* (Guilford, CT: Lyons Press, 2011), chap. 7.

[③]　Russell Banks, *Lost Memory of Skin* (New York: HarperLuxe, 2011). 班克斯(Banks)在接受古德曼(Amy Goodman)的《现在就要民主!》(*Democracy Now!*)采访(2011年12月28日)时特别提到这一点: democracynow. org/2011/12/28/author_russell_banks_on_writing_through. 这句引语来自这本书的书评: Janet Maslin, "A Man Entrapped in a Host of Webs," *New York Times*, Sept. 25, 2011.

[④]　Stephen Marche, "Is Facebook Making Us Lonely?" The Atlantic, May 2012, 60—69.

[⑤]　Larry D. Rosen, *iDisorder: Understanding Our Obsession with Technology and Overcoming Its Hold on Us* (New York: Palgrave Macmillan, 2012).

　　心理学家雪莉·特克尔（Sherry Turkle）指出，人们"似乎越来越被那些不需要有交情就能产生友谊幻觉的技术所吸引"。她写道，当人们发现与他人谈话越来越困难时，就会"逃离交谈"。"很多人告诉我，他们希望随着 Siri（苹果手机中的数字助手）变得越来越先进，'她'会越来越像个最要好的朋友，在其他人不会听的时候她会倾听。"特克尔总结道："即使是和朋友、伴侣、孩子在一起的时候，每个人都在使用自己的设备。"①

　　尼古拉斯·卡尔在《浅薄》（*Shallows*）一书中阐述了这样一种观点：互联网正在不知不觉地以可能并不那么令人满意的方式改变着人们。卡尔承认互联网的所有好处，也承认自己对互联网的沉迷，但他认为，这些好处"是有代价的"，尤其是重塑了我们大脑的工作方式。卡尔引用了最近激增的脑科学研究，研究表明，大脑"可塑性很强"，可以因其所处的环境，以及大脑如何被使用和不被使用而产生巨大的改变。卡尔指出，研究显示，随着网络的兴起和传统阅读的衰落，人类正在失去"线性思维能力"。② 互联网"嘈杂的刺激使有意识和无意识的思考都发生短路，使我们的头脑无法进行有深度或富创造性的思考"。人们以略读代替阅读，把他们的记忆"卸载"到电脑上。其后果是灾难性的。卡尔援引了威廉·詹姆斯（William James）的话，"记忆的艺术就是思考的艺术"。③

　　这些忧虑甚至引起诸如阿里安娜·赫芬顿（Arianna Huffington）等人的共鸣，她可是互联网乃新媒体和民主化之基础的重要鼓吹手之一。2012 年，她在一篇猛烈抨击社交媒体过度自鸣得意之蠢样的文章中承认，"所有这些新型社交工具可以促使我们更有力地见证历史，或者有助于我们因痴迷而分散注意力"。④卡尔和拉尼尔等怀疑论者

---

① Sherry Turkle,"The Flight from Conversation," *New York Times*, Apr. 22, 2012, Week in Review section, 1, 6.

② 有一篇文章发展了卡尔的这一关切，即在线阅读与传统阅读大不相同并且更加肤浅，参阅 Julie Bosman and Matt Richtel,"Finding Your Book Interrupted... by the Tablet You Read It On," *New York Times*, Mar. 5, 2012, A1, B2。

③ Carr, *Shallows*, 6, 11, 119, 125, 138, 180, 181.

④ Arianna Huffington,"Virality *Uber Alles*: What the Fetishization of Social Media Is Costing Us All," *Huffington Post*, Mar. 8, 2012, huffingtonpost. com/arianna-huffington/social-media_b_1333499. html.

深为担忧，互联网正在按技术的思路重塑人类，挫平我们的智力，降低我们的创造力。简而言之，他们担心我们正在失去曾经被认为是属于人类的东西。在这个世界上，过去无论如何看起来都比未来更有吸引力。

什么样的大象？

梳理上述两大阵营的批评，就如同一只脚踩在冰桶中另一只脚泡在沸水里。在智识上，现在并没有什么明显靠谱的方法用以折中调和，让人有底气说，"总的来看，我觉得还行"。虽然两个阵营都有很多值得学习的地方，但双方都有各自的弱点。多数颂扬者深谙一种杂糅了对技术、电子器具、市场、乌托邦、进步和个人主义的不受束缚的热爱，这种热爱是典型的美国特色，令人陶醉不已：无需乱糟糟的政治你就能从变革中获得好处。这也许可以解释为什么它在主流文化中被如此广泛地接受，并被视为互联网思维的主导模式。

怀疑论者则提供了一点现实主义，并提出了一些重要的深层次担忧。但是，如同古希腊的怀疑论者一样，他们的价值观并不清晰，而且通常也不提出可靠的替代方案。约翰·诺顿（John Naughton）视怀疑论者为逆向思维者，他们给占主导地位的趋同思维提供了异见。[①] 怀疑论者发出的哀鸣，基本上是为颂扬者的主导性叙述提供了注脚。在这个意义上，他们几乎是颂扬者获得合法性的必备，并使主导观点看起来像是经过长期辩论的结果。怀疑论者可能会带来相反的效果：终结进一步的检视，而不是鼓励这种做法。在起这种支持性作用的时候，一些怀疑论者可能有不按常理出牌和矫枉过正的倾向。

除了少数例外，这两个阵营共享一个深刻的、往往是致命的缺陷，这严重削弱了其研究的价值。简单来说，缺陷就是对现实存在的资本主义的无知，以及对资本主义如何支配社会生活的认识不足。颂扬者和怀疑论者都欠缺了政治经济语境。他们的研究往往理所当然地把资本主义当

---

① John Naughton, Comments responding to Evgeny Morozov, Media, Power & Revolution conference, University of London, Apr. 2, 2012.

做背景板的一部分,并把技术凌驾于历史之上。① 两个阵营都忽略了资本主义界定我们这个时代的方式,和资本主义为我们理解互联网以及我们社会中几乎所有具有社会性质的其他事物(包括政治)所设定的条件。

政治经济学——理解资本主义及其与民主的关系——可为我们理解互联网指引方向。就两个阵营对资本主义的认识来说,无论是颂扬者还是怀疑论者往往都认为资本主义近乎一种神话。是时候认识一下房间里的大象了。

出于种种原因,政治经济学应该成为评判数字革命的组织原则。资本主义行得通和行不通的方式都会决定互联网在社会中所能起到的作用。利润动机、商业至上、公共关系、营销和广告——所有这些当代公司资本主义(corporate capitalism)的关键特征——都是评估互联网业已如何发展以及未来可能如何发展的基础。任何摆脱了民主与资本主义的关系而去理解民主的尝试都是可疑的。尽管所有常见的假定都把资本主义(或其委婉说法:自由市场)等同于民主,但两者所负的使命截然有别,两者之间极其强烈的紧张关系可能演变成直接冲突。

最大的张力所在,是自共和政体开启之后——甚至是自古代雅典以来——的财产制度和自治(self-government)之间就一直存在的问题,即由经济上的不平等导致的贫富冲突,会削弱民主的前提——政治平等。"如果收入、财富和经济地位也是政治资源,如果它们的分配不平等,那么公民在政治上又如何平等?"耶鲁大学政治学者罗伯特·达尔(Robert Dahl)问道,"如果公民在政治上不能平等,民主又何以存在?"②

过去 30 年来美国经济不平等状况的大幅加剧,现在已得到广泛承认,这对自治的可能性,并最终对大多数美国人认为理所当然的许多自由

---

① 马克·鲍尔莱茵(Mark Bauerlein)2011 年编了一本论文集,包含了"支持和反对"社交媒体的论述,包括本章引用的一些作者。除了道格拉斯·鲁希科夫(Douglas Rushkoff)的研究,资本主义在总共 334 页的 27 篇论文中几乎看不到。See Mark Bauerlein, ed., *The Digital Divide: Arguments for and Against Facebook, Google, Texting, and the Age of Social Networking* (New York: Tarcher, 2011).

② Robert A. Dahl, *Democracy and Its Critics* (New Haven: Yale University Press, 1989), 237. 这是学术文献中一个常见的主题。近期一个很好的讨论,参阅 Gar Alperovitz, *America Beyond Capitalism: Reclaiming Our Wealth, Our Liberty, and Our Democracy*, 2d ed. (Boston: Democracy Collaborative Press, 2011), part 1。

构成了生存威胁。相关学术研究表明,穷人甚至中产阶级对他们选出的代表几乎没有影响力。但对富人而言,却并非如此。① 富人利益集团在美国选举中发挥巨大作用的能力,只不过是一个漫长过程的表现。任何对互联网的宏观评估,如果无视不平等对自治和自由的现实且直接的威胁,那么从一开始就是存在缺陷的。②

随着富有的特殊利益集团形成支配地位,不平等加剧了治理过程(governing process)的彻底腐败,迫使体系巩固甚至进一步扩大他们的特权。正如颂扬者和怀疑论者都承认的,有几个核心政策议题将影响或决定数字通信的进程。如果治理体系偏袒特殊利益集团,它将直接影响互联网的走向。但是,由于对资本主义的动力缺乏了解,大多数颂扬者和怀疑论者的能力被削弱,无法提供比寡淡的概括和绝望多得多的东西。

我要说明一点,我提到的互联网观察家中,很少有人为现存的资本主义辩护,很多人设想的是一个资本主义的过剩和资本主义的问题——如果不是资本主义本身的话——被消除了的世界。特别是很多颂扬者,他们赞美互联网,因为它允许一个更具合作性、更人道的经济和社会,并且,考虑到维基百科和其他合作性努力的增长,这一论断并不是基于纯粹的假设。

但是,这样的论断既是非历史的,也并不可信。脱离了对资本主义在历史或实证层面的认识,颂扬者往往对政治经济体系有一个显然是乌托邦式的观念。西蒙·梅因沃林(Simon Mainwaring)写道,"整个自由市场资本主义体系,正如其在美国和许多西方国家所施行的那样",

① See Larry M. Bartels, *Unequal Democracy: The Political Economy of the New Gilded Age* (New York: Russell Sage Foundation, 2008); Martin Gilens, "Inequality and Democratic Responsiveness," *Public Opinion Quarterly* 69, no. 5 (2005): 778—96. 关于这一点有一个精彩的讨论,也是对过去 30 年来美国日益严重的不平等现象的统计总结:Jacob S. Hacker and Paul Pierson, *Winner-Take-All Politics: How Washington Made the Rich Richer—and Turned Its Back on the Middle Class* (New York: Simon & Schuster, 2010)。

② 这种紧张关系解释了美国外交政策中一个巨大的矛盾,一个通常在主流话语中被忽视的矛盾,因为它颠覆了资本主义等于民主的传统认知:为什么美国经常支持那些反民主、缺乏基本政治自由的国家,而却时不时反对那些相对民主、拥有相当多民众支持的国家? 任何可信的回答都会涉及,在美国所容忍的现有全球资本主义经济体系中,这些国家是否安然身处其中,尽管存在社会正义和人权问题。一旦人们意识到资本主义和民主有时会有不同的节奏,资本主义的鼓声往往更加响亮,这就不再是个矛盾。

正在引导我们越来越走向错误的道路,走向一个由狭隘的利己主义、贪婪、社团主义(corporatism)以及对人类的更大利益和地球本身的漠不关心所主导的世界。短期的思考和对利润一门心思的追求,正日益颠覆一个原本有能力惠及所有人的经济体系。

他的结论是,由于社交媒体,"我们可以转变包括企业和消费者在内的私营部门的作用,以建设一个更美好的世界"。[①]

问题是,颂扬者常常认为数字技术对政治经济体系具有超能力。本科勒(Yochai Benkler)写道,"我发现,互联网让社会的、非市场的行为从工业经济的外围转移到了全球网络化经济的核心"。[②] 唐·泰普斯科特(Don Tapscott)和安东尼·威廉姆斯(Anthony D. Williams)认为,"我们正在讨论的是公司结构和运作方式以及我们的经济的深刻变化,这些变化基于新的竞争原则,如开放、对等、共享和全球行动"。好消息是,"聪明的公司在鼓励而不是对抗在线社区的迅猛增长"。[③] 贾维斯(Jeff Jarvis)认为,企业正在变为有效的民主机构("彻底公众性的公司"),控制权掌握在员工、消费者和其他利益相关者手中。[④] 雷切尔·布茨曼(Rachel Botsman)和茹·罗杰斯(Roo Rogers)如此描述这个时代:"我们跨出了一大步,重新创造了一个可持续发展的体系,这个体系建立在古老的市场原则和合作行为的基础上,服务于人类的基本需求,特别是对共同体、个人身份、认可和有意义的活动的需求。确实,可以说,这将被称为一场革命,当社会面临严峻挑战,开始从对个人获取和消费的无节制的热情转向对集体利益的重新发现时,转变是翻天覆地的。"[⑤]

"企业正在迎接[社交媒体的]挑战,"梅因沃林如是说,"基于恐惧的自上而下的等级组织原则,正在被有机的、分布式的、自由流动的结构所

---

① Mainwaring,*We First*,4,1.

② Benkler,*The Penguin and the Leviathan*,23. 这一论述的基础见 Yochai Benkler,*The Wealth of Networks*:*How Social Production Transforms Markets and Freedom*(New Haven, CT:Yale University Press,2006)。

③ Don Tapscott and Anthony D. Williams,*Wikinomics*:*How Mass Collaboration Changes Everything*(New York:Portfolio,2006),1,3.

④ Jarvis,*Public Parts*,6—7,163—66.

⑤ Botsman and Rogers,*What's Mine Is Yours*,224—25.

取代。领先的企业正在将价值观融入它们的商业战略，并接受它们作为社区和全球福祉的持久守护者的角色。"①

哇！倘若真的如此，我们的生活能不幸福吗？我们可以带着笔记本电脑、平板电脑、电子阅读器和智能手机去海滩，更不用说还有代基里酒（daiquiris）和薯片，从此过上幸福的生活。问题只有一个：几乎没有证据表明，资本主义作为一个体系正在朝这个方向发展。更确切地说，一个证据都没有。这一体系正处于相当严重的危机之中，而且没有丝毫迹象表明，它正冲破障碍向宝瓶座的新数字时代进发。② 当然，互联网正在以重大的方式改变资本主义，它很可能有助于那些希望在政治竞技场中改革或取代资本主义的人，但实际上，这并没有使资本主义成为一个——我找不到更妥帖的词了——绿色的、民主的社会主义乌托邦。在下文中，我将论证它做不到这一点。

我认为，如果颂扬者把政治经济学纳入他们的分析，他们不会成为怀疑论者，当然也不会成为愤世嫉俗者，但他们会更加意识到政治的重要性。他们无需放弃对数字前景的憧憬，他们只需将这种憧憬与他们实际生活于其中的政治经济世界相适应。同样，如果最激进的怀疑论者把政治经济分析纳入考量，他们的无能为力感和失败主义可以通过对人的主体性经由技术所能达到之成就的更深入认识而得以克服。这样，冰水和沸水就可以融合在一起，产生舒适的结果。

为何资本主义是互联网研究的敏感地带？

是什么原因致使互联网观察家一直不愿甚至拒绝进行政治经济分析和对现实存在的资本主义进行不遗余力的评估？准确地说，不只有凯斯·桑斯坦等互联网观察家将市场和民主视为自由社会之硬币的两面。③ 从自由派到保守派，整个社会科学界和专家学者圈都如此。其中

①　Mainwaring, *We First*, 231.

②　译注：宝瓶座时代或水瓶座时代（Age of Aquarius）是占星术语，被认为是有更多灵性与和谐的时代。

③　Cass R. Sunstein, *Infotopia: How Many Minds Produce Knowledge* (New York: Oxford University Press, 2006), 224.

包括许多受人尊敬的左翼人士,他们认为自己的作用是使资本主义人性化,而不是质疑它。

核心问题是,观察家们把市场(在某种程度上市场存在于所有的现代社会,包括毛时代的中国)与资本主义或者市场体系相混淆,后者有着压倒一切的逻辑和强大的影响力。准神话般的竞争性"自由市场"给了自由高效的经济一个强有力的隐喻,但它与现实存在的资本主义关系不大。正如查尔斯·林德布洛姆(Charles E. Lindblom)所言,传统智慧持续"犯错",无法将资本主义理解为一个体系,"因为市场令人眼花缭乱的好处让它对缺陷视而不见"。[1] 我要特地指出能激起争论的一点:所有人都应当膜拜的"自由市场之精妙"(genius of the free market)之于现实存在的资本主义,就如同工人天堂之颂歌之于真实存在于苏联的计划经济。

是什么让"自由市场"的概念在我们的社会中占据如此神圣的地位,以至于即便是那些把资本主义作为一个整体来研究的人也感到有义务宣誓效忠于现有的经济结构,以此作为获得认可的赌注?想一想像剑桥大学的张夏准(Ha-Joon Chang)这样杰出的经济学家,他对"自由市场理论家兜售的基于懒惰假定和狭隘愿景的'真理'"提出了尖锐的批评。张夏准在对"支离破碎的全球经济"做出严厉的、常常又是绝妙的批评之前,先强调了他的坚定信念,即资本主义是可能的最好的经济体系。[2] 为什么这一忠诚宣誓是必需的?它有何用处?

此外,这个问题只存在于对当代资本主义的分析之中。一位研究苏联的学者,决不会轻视政党和国家对经济和政治权利的垄断,而将注意力放在别的事情上。政治经济分析是任何可信分析的核心,否则这位学者就会被斥为江湖骗子。对任何古代文明的任何学术研究也是如此。

最好的解释可能是这样的:每当学者审视他们自己的社会时,挑战那些站在社会顶端、从现状中获益的那些人的各种特权通常是禁忌,即使在政治民主的社会中也是如此。这方面美国的情况可能和苏联的情况差不多。毫无疑问,在美国,真正的权力属于那些最富有的人。当然,当代美

---

[1]　Charles E. Lindblom, *The Market System* (New Haven, CT: Yale University Press, 2001), 3.

[2]　Ha-Joon Chang, 23 *Things They Don't Tell You About Capitalism* (New York: Bloomsbury Press, 2010), vx.

国不是一个警察国家，也没有劳改营，但它有各种强大的物质和文化诱惑，鼓励对资本主义采取不干涉政策。对"自由市场之精妙"的例行歌颂就成了一个很好的起点。

在某种程度上，这种对资本主义的内化可以从那些一党制政权的惨淡记录中得到解释，这些政权的支持者和反对者都声称它们是资本主义的唯一可能的替代品。如果那是唯一可能的替代选择，那么可以理解，致力于民主的学者不愿打开那扇众所周知的大门。坚持资本主义，不论其存在什么缺陷，还要感谢上天的眷顾！但是，这种狭隘的"资本主义还是共产主义"的选择从来就没有多大意义，因为批评资本主义的同一拨西方政治左翼要对发达民主国家中比重过大的政治自由、投票权利和社会保障项目负责。同样，那些从资本主义中受益并推动资本主义发展的人，要么对上述民主进步持不可知论态度，要么持抵制态度。此外，许多西方左翼人士反对左翼独裁，并从民主的角度对它们提出了一些最为强烈的批评。

无论如何，由于主流学术界简单地把资本主义等同于民主，并认为它是唯一可能的经济体系，因此强调政治经济分析的学术研究就留给了那些被称为激进派的人，这就增加了这类研究被污名为"意识形态的"和"不科学的"之可能性。对于一个希望在此时此地把这个体制变得更好的学者来说，理性的做法是宣誓对它效忠，希望得到当权者的重视，从而取得成效。宣誓效忠的动机，是基于对这个国家政治形势的现实评估和行善的愿望。

在政治经济体系运转良好的稳定时期，将现状假定为是一种仁慈的给予，那会是个智识的问题，但又是可以理解的。然而，当政治经济体系陷入危机之中，正如今天的美国和世界大部分地方的情形，那样的前提假定就从善意的忽视变成了不负责任，从学术研究变成了宣传。当我们讨论像互联网这样具有广泛重要性的社会现象时，这一点就更加正确了。

研究互联网的学者不必成为反资本主义者。恰恰相反，在我看来，认为资本主义（尤其是市场）在一个良好的社会中将呈现出一些（或许很多）优点，是一个合理的观点。但我认为，同样合理的观点是：一个良好的社会将会有累进税制、广泛的自由工会、高质量的公共交通、普惠的免费医疗、有保障的就业和高质量的全民公共教育。然而，所有这些观点在美国学者和权威人士中即使不算有争议的话,也是没有定论的。美国学者并没有正当的理由必须向一般意义上的资本主义、尤其是公司权力低头。

最后,这不是一个左和右的问题。上个世纪,一些最优秀的公共知识分子对资本主义及其与民主的关系进行了无情的批评,他们既是资本主义的拥护者,也是政治上的保守派。最为出名的就是熊彼得(Joseph Schumpeter),但是,这一传统仍然存在。凯文·菲利普斯(Kevin Phillips)20多年来就以这样的思路写了一系列发人深省的书。[①] 2009年和2010年,著名的保守派理查德·波斯纳(Richard Posner)写的两本精彩的书,正是有关资本主义危机和自治问题。实事求是的调查并没有被任何政治意识形态所独占。[②] 但确实,只有少数如约翰·加尔布雷斯(John Kenneth Galbraith)这样的自由派人士,能够在不必然否定资本主义的情况下,坦率指出资本主义的深层缺陷。[③] 如果资本主义如它的捍卫者所宣称的那么伟大,它就可以通过受到批评、检视和公开辩论而生存下来,甚至繁荣起来。如果一轮激烈的较量过后它不能顺利走出困境,这就将成为一场早该进行的对话。

后续章节预览

在本书中,我将阐述政治经济学是理解互联网之关键。政治经济学并不提供所有问题的全部答案,但是它为最重要的问题带来有价值和不可或缺的语境和洞见。当我们思考互联网的命运时,颂扬者和怀疑论者(以及大多数互联网社会科学家)都提供了很多价值。政治经济学并不消除这些研究的必要性,而是提升并赋予它们力量。

---

① 译注:美国前共和党战略家,曾任尼克松总统顾问。20世纪90年代对该党不满,成为独立人士。著作中译本版有:《金融大崩盘》(*Bad Money*),中信出版社,2009年;《一本书读懂美国财富史》(*Wealth and Democracy*:*A Political History of American Rich*),中信出版社,2009年。

② Richard A. Posner,*A Failure of Capitalism*:*The Crisis of '08 and the Descent into Depression* (Cambridge,MA:Harvard University Press,2009);and Richard A. Posner,*The Crisis of Capitalist Democracy* (Cambridge,MA:Harvard University Press,2010).

③ 在他最后一本书中尤其如此。参见 John Kenneth Galbraith,*The Economics of Innocent Fraud*:*Truth for Our Time* (Boston:Houghton Mifflin,2004).

　　提出这种观点的并不是我一个人。丹·席勒、迈克尔·佩罗曼（Michael Perelman）[①]、詹姆斯·柯兰（James Curran）、文森特·莫斯可（Vincent Mosco）、格雷厄姆·默多克（Graham Murdock）和路易斯·苏亚雷斯-威亚（Luis Suarez-Villa）[②]等人都对这一事业做出了贡献，但迄今为止，我们的研究很少能成功打入主流辩论之中。[③]有了政治经济学和资本主义的基础，学者和公民可以更好地理解互联网何以如此，以及真正的选择有哪些。政治经济学是将辩论从客厅闲谈变成严肃的社会批判所不可或缺的要素。

　　第二章和第三章为后续章节中的互联网分析设定了框架，尽管在这两章的很多地方我直接将互联网带入了讨论之中。在第二章，我会介绍政治经济学的组成要素。我将揭穿自由市场的神话（"信条"[catechism]），并给出我认为更加准确的对资本主义的理解。我的目的是介绍那些必需的要素，以便对之后的资本主义与政治民主的关系进行批判。我特别评估了资本主义如何影响不平等、经济权力的集中和经济增长。当前两个因素严重且在加剧，而第三个因素微弱且停滞时，政治民主就会受到威胁。

　　美国人普遍认为体现自治之可能性的典范国家即今日之美国，但我认为，一旦人们从资本主义的角度看待今日美国，它实际上是一个相当脆弱的民主国家。如果学者想对数字革命如何从根本上激发民主活力做出

---

　　①　译注：美国加州州立大学经济学教授，著作中译本包括《经济学的终结》，经济科学出版社，2000年；《资本主义的诞生：对古典政治经济学的一种诠释》，广西师范大学出版社，2001年；《市场的天生不稳定性：预期、收益递增和资本主义的崩溃》，中信出版社，2003年。

　　②　译注：美国加州大学尔湾分校教授，著有《技术资本主义：对技术创新和公司制的一个批判视角》（*Technocapitalism：A Critical Perspective on Technological Innovation and Corporatism*，2009）、《全球化与技术资本主义：公司权力和技术统治的政治经济学》（*Globalization and Technocapitalism：The Political Economy of Corporate Power and Technological Domination*，2012）、《公司权力、寡头垄断与国家的危机》（*Corporate Power，Oligopolies，and the Crisis of the State*，2014）等。

　　③　参见，例如，Dan Schiller, *How to Think About Information*（Urbana：University of Illinois Press，2006）；Luis Suarez-Villa, *Technocapitalism：A Critical Perspective on Technological Innovation and Corporatism*（Philadelphia：Temple University Press，2009）；and Vincent Mosco, *The Digital Sublime：Myth，Power，and Cyberspace*（Cambridge，MA：MIT Press，2004）. 一些更早的研究经受住了时间的考验：Darin Barney, *Prometheus Wired：The Hope for Democracy in an Age of Network Technology*（Chicago：University of Chicago Press，2004）；and Kevin Robins and Frank Webster, *Times of the Technoculture：From the Information Society to the Virtual Life*（London：Routledge，1999）。

重大论断,他们必须从一个更强大的基础开始。此外,资本主义并不是不断改善人们的物质生活的有魔力的旋转木马。证据指向了一个方向:在可预见的未来,美国资本主义的特点是日益严重的停滞,这是80年来从未出现过的状况,这意味着收入下降、财政紧缩、不平等日益加剧,以及生活质量下降。历史经验表明,这不是一个与高水平的民主相匹配的政治经济体系。现在必须做点什么了。

在第三章,我会介绍政治经济学子领域——传播政治经济学。如果标准的自由市场模式对于理解实体资本主义只有边际分析价值,那么,它对于理解市场在信息、商业娱乐和新闻业方面的运作方式是毫无用处的。对互联网也是如此。我将通过讨论表明,所有这些市场在其诞生之初是如何背离自由市场规范的,以及会产生何种影响。我在讨论中会特别关注传播与资本主义以及与民主的关系。传播政治经济学的研究者主要关注技术、广告和公共关系,最重要的是,他们特别致力于研究传播政策和决策过程。整个传播政治经济学的传统,都与理解数字革命和找到解决问题的可行方案密切相关。

在第四章和第五章,我将讨论现实存在的资本主义与互联网的关系。许多有关互联网的文献(不论是颂扬者的还是怀疑论者的)都承认,互联网和资本主义已经并将继续以一种自然且必要的关系紧密结合在一起。我将提出另一种看法,一种凸显两者之间存在许多不和谐处的看法。事实上,在近期历史的几个节点上,技术的可能性与商业利益集团的需要和意愿之间的张力已逐渐加剧,这导致了激烈的政策辩论。

我将在第四章回顾互联网在20世纪90年代从非商业的绿洲,转变为资本主义的热门地盘的历史。我会评估被普遍认为濒临灭绝的电信和媒体行业的"恐龙公司"的表现。在第五章,我将关注少数几家巨型垄断企业的崛起,它们与电信巨头一道成为互联网的霸主。我会呈现广告如何以一种与在"传统媒体"中截然不同的运作方式充斥于互联网,它导致了对几乎所有美国人的一定程度的监控,这远远超出仅仅十年前的任何可能性。这一章最后考察互联网巨头与美国军方和国家安全机构之间的关系,这似乎是天作之合,对自由和民主有着可怕的影响。

在第六章,我考察了数字时代新闻业的现状。早在20世纪90年代,新兴的数字时代通常被称为信息时代。当时的假定是,公民将可以随时获得大量高品质的信息，由此他们就可以有效地控制自己的生活，并使政治明显地更加民主。这可以说是对互联网做出的最强有力和最具吸引力的断言。这是个头等重要的问题，因为一个可靠的政治信息系统是有效自治的基础。如果要有效地民主解决我们时代的社会问题，这是必须做的。

新闻报道是现代社会生产和散播政治信息的主要方式，在民主国家中有着特殊的重要性。关于互联网如何摧毁了商业新闻媒体的商业模式，人们已经做了很多研究。同样也是这些人，他们毫无反讽意味地认为，互联网将与自由市场结合，在未来某个时候神奇地重新创造出一个新的、不同的、卓越的新闻媒体系统。我将评估并拒绝这些论断。此外，即便是在美国新闻业的黄金时代，人们对新闻报道的质量也普遍持天真烂漫的看法。通过借鉴传播政治经济学的传统，我将提供理解新闻业及其对自由社会之重要性的另一种途径。我将论证，新闻业提供的是公共产品，如果要蓬勃发展，就需要资源和机构，这意味着大量的公共投资，我会以美国和其他民主国家新闻业的真实历史作为支撑我论点的基础。

在整本书中，几乎在每一章，我都触及有关互联网和传播的具体政策和辩论。在最后一章第七章中，我把它们作为整体加以考虑，并提出一个问题：如何才能使这些核心政策摆脱自私自利的企业（以及它们收买的政客）的控制，从而使更广泛的民众可以参与进来。对于这个核心的政治问题的回答，我参考了我作为学者和作为媒体改革组织"解救媒体"组织（Free Press）联合创始人的工作。

然后我转向隐含的问题：互联网能否在不改变更广泛的政治经济体系的条件下，成为一种民主的力量？这到底是一场怎样的革命？我认为，美国和世界不仅正处于政治经济动荡之中，而且我们正在目睹为了民主复兴、改革和革命而出现的广泛的社会运动。即使是长期被视为在政治上落后的美国，也正在经历一代人在政治上的转变（a generational shift politically，代际间的政治转变），尽管其政治体系的破产和腐败掩盖了这一现象。政治辩论的中心将是经济问题：什么样的经济运行方式能够在培育环境的同时，最好地促进民主价值观、民主结构和自治？互联网将是一切的中心。互联网的民主化是政治经济体系的民主化所不可或缺的。两者一起经历兴衰起落。

第二章　资本主义等于民主吗？

　　资本主义是这样一个社会：个体在市场上自由地聚在一起买卖产品，包括他们的劳动。这是一种自由交换，不存在胁迫。市场确保价格由供求关系来决定，这能准确地反映产品的价值。企业的出现是为了更好地满足市场对产品的需求，而利润是成功企业满足这些需求所获得的回报。企业间为了利润而展开的竞争保证最有效率的生产，确保经济运行产生人们真正需要的产品与服务，并鼓励技术创新。因此，生活水平将不断提高。那些致富的人理应如此，因为他们是通过市场赚取财富的；穷人也有为市场生产更多产品的动力，他们也能因此而变得富有。人们的经济命运掌握在自己手上，因为这是一个自由的社会。

　　资本主义在人类社会中一直处于萌芽状态，但只有经由民主革命，政府被关进笼子，自由和创业精神才能开花结果。这是运行经济的唯一民主路径，因为任何其他体系无不涉及政府或其他力量——不论意图多么好——告诉人们和企业应该做什么，而不是让人们和企业在市场中自行决定。市场是人类创造或发现的最不会出错的制度，只有在非同寻常的情况下，才有理由干预它。与自由市场不同，资本主义可能不是完美无瑕的，但它的问题可以而且必须在体系之内得到解决。数字技术可以成为改善资本主义的一个重要因素。[1]

---

[1]　近期以这个思路为资本主义展开的辩护，参阅 Allan H. Metzger, *Why Capitalism?* (New York：Oxford University Press, 2012)。乐观的自由市场信条还有另一个组成部分不太受关注，但后者可以说是自由市场硬币的另一面。当涉及代表普通民众干涉富人事务时，自由市场信条对政府的最低限度干预是满意的，而对于一个对普通民众有相当大的监禁和管控权力的政府，它同样感到满意。See Bernard E. Harcourt, *The Illusion of Free Markets* (Cambridge, MA：Harvard University Press, 2011).

以上两段几乎就是美国官方版本对资本主义信条的表述。有些人可能认为,政府需要发挥比其他因素更大的作用,以解决问题并使资本主义更好地服务于每个人,但是几乎所有人都同意:在经济的大部分领域,资本主义是最优的规制方式;利润机制是行之有效的;促进该体系尽可能有效地发挥作用,符合每个人的利益。这是美国人的方式,这一信条也构成了大多数有关互联网的思考的基础。①

这一资本主义信条中有一些听起来真实的元素,飓风般的意识形态之风将它传播开来,但是,要理解现实存在的资本主义,它却基本上毫无用处。同样令人惊讶的是,在一个如美国这样致力于资本主义发展的国度,有关资本主义的理论却如此不靠谱。

这一信条不仅对现实存在的资本主义的理解有误,而且使它等同于民主,而民主的主要职责是保护和促进私营经济的运转。人们普遍认为,没有资本主义经济就不可能有一个存在政治自由的民主社会。这种看法对实际的民主传统存在严重的偏见。民主的传统与资本主义的传统截然不同,而且往往是对立的。而这种惯常的表达却掩盖了美国政治的本质,阻碍了民主的扩张。要更好地理解我们这个时代的民主困境,关键是对资本主义的理解要超越这一教条。

这就是我写作本章的目的所在。我将借助政治经济学的传统揭穿这一资本主义信条,并提供我认为更准确的图景。我会强调政治经济学文献中的一些关键主题,它们涉及资本主义发展的重大问题,尤其是它对民主的影响。其中特别是资本主义倾向于促进不平等、垄断、过度商业化(hypercommercialism)和经济停滞,所有这些都是对政治民主的侵蚀。前三个因素有助于去政治化(depoliticization),使那些没有生产资料的人与政治进程疏远。我还会讨论,互联网的出现是否缓解了(或在实际上将会缓解)资本主义经济产生的这些反民主因素。当然,我做的是非常一般化的分析,在更详细的研究中,需要各种细化处理和各种条件的考量,但是就我的目的而言,这种抽象程度对完成任务是合适的,并且与其他互联

---

① 津加莱斯(Luigi Zingales)为这套美国式的资本主义信条做了热情的辩护,也对占统治地位的"裙带资本主义"的许多属性做了批评:*A Capitalism for the People*:*Recapturing the Lost Genius of American Prosperity* (New York:Basic Books,2012)。

网观察者所提供的类似。

正如你可能已经猜到的,对本章标题问题的短版回答是:不。下面是长版的回答。

资本主义的基础

相关的历史大约始于 8000 到 10000 年前农业的发明和大型哺乳动物的驯化。然后,人类第一次能够生产出经常性剩余(regular surplus),即生产出的东西超出每个人存活所必需的量。在过去的 5 万年到 20 万年里,人类存活在游牧狩猎采集部落中。那些部落实际上是无阶级的社会,并且只在极少情况下才能生产出经常性的剩余。现在,随着农业的发展,食物的产量大增,人们定居下来,人口数量增加,少数人免于每日的劳作,靠别人的劳动生活。[1] 从这些精英中诞生了部落首领、宗教领袖、战士,并最终形成帝国。公元前 8000 年到公元前 3000 年间,人口从 500 万增至 5000 万,到公元前 1000 年增加到 1 亿。[2]

随后,人类社会呈现出各种各样的形式,但是在现代资本主义之前,除了还不掌握农业的社会之外,有一件事对其他所有社会都是适用的:剩余往往很少,并由封建精英或土地精英所掌控,绝大多数人辛苦劳作,勉强糊口。精英之间为现有的剩余而战(人类学家有时把这个时期称为"盗贼统治"[kleptocracy]时代),他们经常发动战争,一个王国就这样征服了另一个王国,被征服的王国的人民沦为某种形式的奴隶,为新的统治者生产剩余。人类从持续了 5 万年基本上平等的世界开始,随着农业的普及,在几千年的时间里建立了奴隶制度并形成严重的阶级分化。无怪乎贾雷德·戴蒙德(Jared Diamond)曾写道,就大多数人的生活质量而言,农业可以说是朝着错误方向迈出的重要一步。[3] 让人啼笑皆非的是,这是文

---

① 我显然是在概述。对这一过程的经典阐述,参阅 Morton H. Fried, *The Evolution of Political Society: An Essay in Political Anthropology* (New York: McGraw-Hill, 1967)。

② Marcel Mazoyer and Laurence Roudart, *A History of World Agriculture: From the Neolithic Age to the Current Crisis* (New York: Monthly Review Press, 2006)。

③ Jared Diamond, *Guns, Germs, and Steel: The Fate of Human Societies* (New York: W. W. Norton, 1997), 235.

明的代价。

这些前资本主义社会不同程度地存在着市场。市场往往是为借贷或者商人而存在，而且它们无足轻重（peripheral）。大部分剩余仍与农业有关。产生的剩余用于消费，没有什么特别的动机来扩大剩余的规模。资本主义产生于公元1500年至1850年间，经历了从封建主义到重商主义，再到马力全开的工业资本主义的转变，其标志是一个根本性的巨变：剩余不再是社会生产出来超出生存必需品的产量。剩余现在以资本的形式出现，资本即投资于产生利润的资金。当资本带来了利润，它会被再次投资以获得更多的利润，如此不停投资下去，永无止境。与以往任何一种经济体系不同，这就是资本主义体系的全部要义所在，而参与者很大程度上不得不依从其逻辑。剩余不再是由凿垦的农民生产出供精英消费的物品这样的静态实体，资本主义的生产性剩余（productive surplus）被视为是用于积攒和投资的，而不是消费，即使有时它确实被富人消费了。

转折点是在农民离开农村来到城市的时候，在那里他们需要出卖劳动力才能生存。这是工业资本主义的开始，首先发生在英格兰，然后是西欧和美国，之后遍及全球（地球上大多数地方都是帝国主义的遭受方，帝国主义是资本主义历史的一个重要组成部分）。不同于以往所有形态的社会，在资本主义条件下剩余在持续增长，而剩余如何生产和分配成了政治经济学要处理的对象。代表资本主义的最响亮的经验主义主张是，资本主义以一种过去无法想象的方式，大幅增加了剩余、财富和收入。当人们审视以这种方式创造增长的代价以及剩余的分配和利用方式时，对其功绩的争论就出现了。

大家都认为，资本主义是对前资本主义经济体的根本性转变，即便那些贸易和信贷市场相对发达的经济体也是如此，并且事实证明，资本主义是个充满活力的经济体系，几乎每一代人都在重塑着世界。2013年的美国与它在1913年或1813年大不相同，而诸如法国、日本或者阿富汗从813年到913年再到1013年的差异则要小得多，即使考虑到发生了战争和瘟疫。诸如艾伦·梅克森斯·伍德（Ellen Meiksins Wood）这样的历史学家提出了令人信服的论据，她认为资本主义在最初出现的地方并非不可避免的（在欧洲西北部的人类原本可能找到另一条摆脱封建主义的路径），并且资本主义需要一套独特的历史条件来予以巩固。① 但是，一旦资本主义得以确立，它就遵循一种独特的逻辑，这种逻辑将资本主义在原地稳固下来，并给其他国家带来巨大的压力，迫使它们要么实现现代化，要么遭受经济和军事上被少数工业国支配的痛苦。

在资本主义体制下，资本家位居顶端。他们挣钱不靠向他人出卖劳动力，而是靠从他们的资本中赚取利润和收入。不同于在封建主义体制下或其他前资本主义社会中，他们的地位并不稳固，无法确保他们会盈利，而他们一旦失败，将面临有些人认为比死还惨的命运：不得不为他人效劳。为了攫取利润和保住地盘，资本家们在霍布斯式的（Hobbesian）争战中互相厮杀。驱动并界定这个体系的，就是这一动力。

在任何一个特定的经济体中，资本家——那些不用被迫出卖劳动力，依靠其资本过着安全、舒适的生活，并拥有大量生产资料和金融工具的人——所占的比例都很小。马克思和恩格斯所描绘的 19 世纪的英格兰，是一个 10％的人拥有生产资料的社会。② 今天我们谈论的是社会由 1％的人所拥有，③即便这个数字也太高了。事实上，随着资本主义国家变得更加富有，人口中的资本家比重并没有明显提高，但是，劳动力的生活水平往往会提高，包括高收入专业人士组成的中上阶级。

资本主义不是封建主义，因此，理论上任何人都可以致富，任何富人都可能变为穷人。当然，那些站在顶端的通常还留在那儿，而那些在顶端以下的几乎总是原地不动，但是这个体系是历史上最具流动性和最有活力的阶级社会，尽管这就像是在说某人是斯里兰卡最优秀的冰球运动员。正如《华尔街日报》（Wall Street Journal）在 2005 年指出："大量研究发现，［在美国］父母在收入上的优势至少 45％传给了他们的孩子，也许比例高达 60％……。［在决定你的阶级地位时］重要的不

---

① See Ellen Meiksins Wood, *Liberty and Property：A Social History of Political Thought from Renaissance to Enlightenment* (London：Verso, 2012)；Ellen Meiksins Wood, *The Origins of Capitalism：A Longer View* (New York：Verso, 2002). 译注：简体中文版《资本主义的起源：历史视阈下的长篇综述》由中国人民大学出版社出版。

② Karl Marx and Friedrich Engels, *The Communist Manifesto* (New York：Monthly Review Press, 1964), 30.

③ 译注："我们是 99％"是占领运动的口号。

仅是你父母有多少钱，甚至你高曾祖父的财富都可能在今天给你带来显著的优势。"[1]

这种有限的经济流动性给互联网的颂扬者提出的一个论点提供了语境，该论点即社交媒体和新技术正在带来一种暖人心窝的新型资本家和一种新型商业组织。埃比尼泽·斯克鲁奇（Ebenezer Scrooge）[2]、约翰·洛克菲勒（John D. Rockefeller）[3]、波特先生（Mr. Potter）[4]、埃克森公司（Exxon）、高盛公司（Goldman Sachs）、沃尔玛公司（Walmart）的糟糕旧时日都已经翻篇了，取而代之的是理查德·布兰森（Richard Branson）[5]、史蒂夫·乔布斯（Steve Jobs）和谷歌（Google）、脸书（Facebook）的那些踢沙包球（hacky sack）的首席执行官们。彼得·戴斯迪曼和史蒂芬·科特勒认为，"高技术革命造就了一批全新的技术慈善家（technophilanthropist），他们正利用自己的财富来解决与富足有关的全球性问题"。[6] 这些很酷的人是资本的新象征，他们有社区意识，并注重环保。短期利润和所有不良资本主义的表象将很快进入历史的倒视镜。好人将会胜出。

我们对资本主义的所有认识都表明，这是一派胡言。比尔·盖茨（Bill Gates）和沃伦·巴菲特（Warren Buffett）可能会向慈善机构捐数十亿美元，正如福特基金会（Ford Foundation）数十年来向非盈利和非商业事业捐出巨额资金。但是，创造财富的业务部门——比如微软公司之于盖茨——正努力通过任何必要的手段试图实现利润最大化。微软生活在对谷歌、脸书、苹果（Apple）和亚马逊（Amazon）的恐惧之中，它清楚任何闪失都可能导致它实现利润最大化之能力被削弱。这种恐惧和资本主义自身一样古老。不论是在今天还是过去几代人中，都有很多创造或继承

---

[1]　David Wessel, "Rich-Poor Gap Widens—Class Mobility Stalls," *Wall Street Journal*, May 13, 2005.

[2]　译注：狄更斯小说《圣诞颂歌》的主人公。

[3]　译注：1870 年创立标准石油公司，19 世纪的第一个亿万富翁。

[4]　译注：虚构人物，全名亨利·波特（Henry F. Potter），电影《生活多美好》（*It's a Wonderful Life*）中的大反派，也被称为食利者波特先生（The Rentier Mr. Potter）。

[5]　译注：英国亿万富翁，维珍集团（Virgin）创始人。

[6]　Peter H. Diamandis and Steven Kotler, *Abundance: The Future Is Better Than You Think*（New York: The Free Press, 2012）, 10. 译注：简体中文版《富足》由浙江人民出版社于2014 年出版。

了巨额财富的酷酷的艺术家和锦衣玉食者。他们活得似乎并不小心谨慎，但是可以确定的是，他们的资本正在某些地方以冷酷无情的方式被管理，以获得最大回报。这些富裕的孩子分一杯羹给管理财富的人，由此他们就能享受到超级富豪的特权。但是，他们的资本要么在交战中增长，要么面临死亡。

诚然，随着互联网的出现，很多成功的巨头（脑际浮现苹果和谷歌）都是由理想主义者开创的，他们可能一直不确定自己是否真的想成为老式的资本家。这个体系在短时间内就改变了他们。对于隐私、商业主义、避税或向第三世界工厂工人支付低工资的任何疑虑，很快就被遗忘了。并不是因为管理者特别坏或贪婪（事实上与他们个人的道德面貌基本上是不相干的），而是这一体系会大加奖赏特定类别的行为并惩罚其他类别的行为，因此人们要么顺从规则并将必要的价值观内化，要么他们就面临失败。资本主义有一个无情的逻辑：如果你加入游戏，你就必须赢。成功的资本家和管理者往往把必要的价值内在化，更意识不到这是个问题。这并不是敌视企业（antibusiness）的批评，弥尔顿·弗里德曼（Milton Friedman）把这一点作为他为这一体系辩护的主要论点，阐述得最为有力。

没什么证据能表明，今天的资本家比过去的更慈善或更关心社会。对每一位理查德·布兰森或泰德·特纳（Ted Turner）来说，有一大堆像科赫兄弟（David and Charles Koch）这样的十亿量级的富翁，还有更多的亿万富翁，他们对现状颇为满意，并热衷于维持现状，原因不言自明。特纳曾抱怨说，就慈善而言，他的同为亿万富翁的伙伴有太多是铁公鸡。坐拥巨额财富的人（包括高科技公司的管理者）往往会变得相当傲慢。近期有调查指出，上层阶级的人更不可能对他人报有同情心，而是更有可能把他们的社会地位当作其贪婪的正当理由。[①] 在心理学者达契尔·科特纳（Dacher Keltner）看来，"财富滋生了'我优先'（me-first）的心态"，后者把贪欲合理化，而这"妨害了道德行为"。[②] 例如，亿万富翁彼得·泰尔（Pe-

---

① Daisy Grewal, "How Wealth Reduces Compassion," *Scientific American*, Apr. 10, 2012.

② Dacher Keltner, "Greed Prevents Good," Room for Debate section, NY Times. com, Mar. 16, 2012.

ter Thiel)是贝宝支付(PayPal)的联合创始人,他向非盈利组织捐赠了大量资金,但其中大部分用于推动他的亲企业界的右翼政治议程。[①] 当企业进入公共领域,即使是高科技企业,也是为了直接或间接地促进其商业利益。我们的社会在美国看起来是这样的,很大程度上是因为他们希望如此。

也许有很好的证据能说明,互联网正在改变资本主义,正在激活民主,但是,一个暖人心窝的新兴网络企业家(*netrepreneurs*)阶级的存在并不是其中之一。首先,亿万富翁应该对地球上的剩余拥有如此大的自由裁量权,这一点就足够可疑了,并没有充分的证据表明,既然他们如此之酷,他们已经变得非常之无私和有远见,并且提供了比民主政府(如果民主政府能够获得同样的资源)可能提供的更好的公共服务。

劳动与不平等

尽管资本主义由于其动态特性(dynamic nature)而持续不断地对世界加以剧烈改造,但资本主义也有一些始终适用的特征,后者毫无疑问源自对利润的追求。在任何时候,资本家都想将可能的回报最大化,并将可能导致投资失败的风险最小化。没有证据表明这些因素会在数字时代消失,事实上,这些因素塑造并定义了数字时代。

首先,阶级和不平等是内在于体系的 DNA 之中的。这不仅是因为,只有一小部分人可能成为资本家,即使在最富有的资本主义国家也是如此。这是因为,这个逐利的体系是建立在尽可能压缩劳动报酬的基础上的。[②] 如果某位嬉皮士资本家决定给工人支付的薪酬比她所必须支付的更多,她的竞争对手就会向她发起攻势——更不用说她的股东和/或继承人——她有可能因此成为不再是资本家的嬉皮士。经济学研究表明,只要企业的收入大于成本,就会雇佣工人。成本越低,利润越大。出于不言自明的原因,资本主义的捍卫者并不会大肆宣扬财

---

① George Packer,"No Death,No Taxes:The Libertarian Futurism of a Silicon Valley billionaire," *New Yorker*,Nov. 28,2011.

② 资本主义的阶级基础在这套信条中是找不到的,因为它强调的是商人和顾客一起自愿在市场上买卖商品和服务。就劳动而言,这绝不是一个双方平等相待的市场。

富分配的阶级倾向。①

正因如此，在资本主义的条件下，建立工会总得苦苦斗争，因为有了工会工人就有了要求分得更大一块蛋糕的筹码。同样，正是出于这个原因，大多数资本家不仅反对工会，他们还会利用其政治力量支持那些使组织工会更加困难——如果不是使之不可能的话——的政客和法律。②

美国上一代人发生的一个重大变化是，劳工组织瓦解、工资停滞与经济不平等大幅加剧，这些是与数字革命同步发生的。在那段时间里，富人发了财，而其他人却举步维艰。斯蒂格利茨指出，经济学领域没有为美国惊人的不平等状况提供靠谱的解释，连不平等状况的边都摸不着。③ 专家和政客告诉我们，日益加剧的不平等是新信息经济在起作用，它奖掖技术工人，这是创新型活力经济的必然结果。而詹姆斯·加尔布雷斯（James Galbraith）、雅各布·哈克（Jacob Hacker）和保罗·皮尔逊（Paul Pierson）等学者则驳斥了这种合理化解释。加尔布雷斯的研究强调了金融业和债务增长的重要性，这在过去 30 年中制造了巨大的不平等。④ 这种增长需要政府的政策和支持。⑤ 哈克和皮尔逊指出，美国人收入分布

---

　　① 出于这个原因，我仍然记得大约 40 年前我在大学时的一次谈话。我和一个无忧无虑的来自长岛的家伙成了朋友，他父亲做的叉车生意相当大。一次聚会上，我们一群人在开始谈论、思考我们的未来，就像现在年轻人常做的那样。我永远忘不了我们长岛朋友说的话。他说，"我打算为我爸的生意工作"。我们其他人的反应就像他刚刚说他打算让自己昏迷个 40 年，因为生意听起来乏味得可怕。"听着，"他用一种我们以前在他那儿从未听到过的口吻回应，"事情是这样的，你要么为别人工作，让他变得富有，要么让别人为你工作，让你变得富有。"

　　② 在这一点上，我就个人经历说一说。我在 20 世纪 80 年代曾成功创办和管理了一份摇滚杂志，然后在 21 世纪初帮助创立了一个相当大的非盈利组织。你可能已经猜到了，我是支持劳工的。我认为如果我们有和北欧国家一样的加入工会的工人比例，这个国家会变得更好。但是在这两件事情中，我都对工人组织工会与我谈判工资和工作条件的想法产生了一种发自内心的、预料之外的、令人不快的负面反应。我认为那是不必要的，因为我对工人很好，更重要的是，那将成为我成功管理这两家机构的障碍。我曾和一些处于类似处境的人交谈过或目睹过他们有类似的反应。而对于那些没有我这种支持劳工背景的老板或管理者来说，对工会的敌意几乎是与生俱来的。

　　③ Joseph E. Stiglitz,"Of the 1%, by the 1%, for the 1%," *Vanity Fair*, May 2011.

　　④ James K. Galbraith, *Inequality and Instability: A Study of the World Economy Just Before the Great Crisis*（New York: Oxford University Press, 2012）.

　　⑤ 这方面富有启发性的讨论，参阅 Charles H. Ferguson, *Predator Nation: Corporate Criminals, Political Corruption, and the Hijacking of America*（New York: Crown Business, 2012）.

倾斜主要是由于重大的政策变化，尤其是有利于亿万富翁的税法和商业法规的修订，以及对劳工组织的削弱。产生这些政策变化的一个主要原因是：从 20 世纪 70 年代后期开始，企业组织得力，并开始更彻底地主宰华盛顿。[1]

　　因此，从那时起，即使有证据表明工人非常喜欢工会代表，在私营部门成功地把工会建起来几乎是不可能的。今天大约 11％的美国工人加入工会组织（在私营部门，比例仅为 6％），而在 20 世纪 50 年代，这一比例为 35％。[2]（公营部门工会的情况要好一些，因为政府不能像企业那样参与破坏工会的行动，尽管近来有一股政治力量在推动取缔公营部门工会。[3]）正如《美国社会学评论》(American Sociological Review)2011 年的一项研究所显示的，这直接加剧了不平等，因为工会是一种重要的力量，它不仅有助于提高工会工人的薪资，而且有利于提升劳动力市场所有工人的待遇。工会也倾向于促进工人之间的薪资平等。[4] 其结果是：在 1980 年，制造业中的生产工人和非管理层工人的工资占附加价值（value added）的 35％，与 20 世纪 50 年代以来的水平大致相当；而到 2011 年，这一比例已降至 17％。[5] 私营部门工会的消失也间接加剧了不平等，因为工会是有组织的机构，它拥有资源和力量，可以成为公司和富人的政治和

---

①　Jacob S. hacker and Paul Pierson, *Winner-Take-All Politics: How Washington Made the Rich Richer—and Turned Its Back on the Middle Class* (New York: Simon & Schuster, 2010). 斯蒂格里茨也同意，他写道："不平等既是经济力量的结果，也是政治力量的结果。" See Joseph E. Stiglitz, *The Price of Inequality: How Today's Divided Society Endangers Our Future* (New York: W. W. Norton, 2012), 30.

②　In Gar Alperovitz, *America Beyond Capitalism*, 2d ed. (Takoma Park, MD: Democracy Collaborative Press, 2011), x.

③　随着劳动力和管理层之间权力平衡的变动，雇主在取消工会、减低工资和福利方面的战斗力加大。到 2012 年，雇主停工占美国停工的比重已达历史新高。See Steven Greenhouse, "More Lockouts As Companies Battle Unions," *New York Times*, Jan. 23, 2012, A1, B2.

④　Bruce Western and Jake Rosenfeld, "Unions, Norms, and the Rise in U. S. Wage Inequality," *American Sociological Review* 76, no. 4 (2011): 513—37.

⑤　Bureau of Economic Analysis (BEA), "Value Added by Industry: Manufacturing," National Income and Product Accounts (NIPA); and St. Louis Federal Reserve (FRED) database, "Average Hourly Earnings of Production and Nonsupervisory Employees: Manufacturing (AHEMAN)" and "Production and Nonsupervisory Employees: Manufacturing (CES3000000006)," research. stlouisfed. org. 制造业生产和非管理人员年度总报酬计算方式如下：(AHEMAN * 40 [hours] * 50 [weeks]) * CES3000000006。

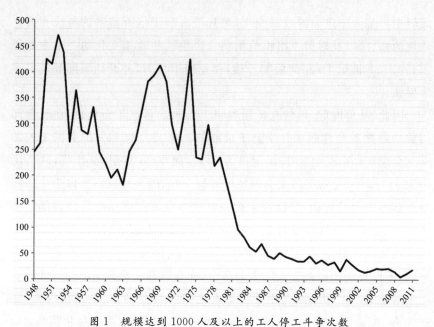

图 1　规模达到 1000 人及以上的工人停工斗争次数

来源：U. S. Bureau of Labor Statistics, "No. of Work Stoppages Idling 1,000 Workers or More Beginning in Period" (WSU100), bls. gov.

政策对手。正是工会领导了争取公共教育、医疗保健、公共养老金等等的斗争。如西摩·马丁·李普塞特（Seymour Martin Lipset）和诺亚·梅尔茨（Noah Meltz）在一项经典的比较研究中所观察到的，"对工会的支持与社会民主的力量大小有关"。① 图 1 呈现了工会组织角色（和力量）变化的一些迹象。至少与 50 年前相比，罢工在美国几乎不存在了。

　　新的贸易政策使美国企业更容易将制造业工作"离岸"到工资极低的地区，这也助长了工资下降的压力。国际劳工组织（International Labor Organization, ILO）的数据显示，1980 年至 2007 年间，全球劳动力数量增加了 63%，从 19 亿增至 31 亿，其中 73% 的劳动力位于发展中世界，40% 在中国和印度。摩根士丹利（Morgan Stanley）的史蒂芬·罗奇（Stephen Roach）称此为"全球劳动力套利"，即利用国际工资等级秩序获得经济回报的体系，它为企业和投资者带来巨大回报。研究显示，世界上未开发的劳动力资源规模如此之大，即使假定资本主义的全球增长率很高，工资下

①　Cited in Alperovitz, *America Beyond Capitalism*, xi.

降的压力在未来几十年内几乎肯定还会保持强势。[1]

　　互联网相关行业是制造业工种外包的先锋，主要是向中国等低工资地区转移。以 2012 年的苹果公司为例，它是市值最大的美国企业，但满打满算它在美国也就雇了 6 万人左右。在通用汽车还是美国最大企业的时候，它雇佣的美国人几乎是前者的十倍。相反，苹果在美国之外间接雇佣了大约 70 万人。[2]《纽约时报》2012 年有一篇深度报道关于苹果的中国加工厂的工作条件，它所描绘的工作条件令狄更斯的时代看上去如同工人的天堂：每周工作七天，过度加班，拥挤的宿舍，危险的工作条件，没有有效的工会和劳动保护举措，工资仅是西方工人做同样工作所期待获得的一小部分。[3] 苹果为自己辩护称，所有竞争对手的做法都是一样的，因此没有谁可以承受离开中国的代价。关于嬉皮士资本家可以无视这一体系的逻辑的看法，就到此为止吧。此外，外包和更多外包的威胁给留在美国（以及其他发达国家）的工作岗位带来了巨大的工资和工作条件的下行压力。

　　结果清楚地说明了什么是阶级斗争。从 1945 年至 1975 年，随着工人劳动生产率的提高，工资也成比例地提升。从 20 世纪 70 年代末以来，工人的生产率持续提高，但是，几乎所有新增的收入都成了资本所得。工人们几乎什么都没有得到。如罗伯特·赖克（Robert Reich）在 2012 年 3 月处理完政府的最新生产率数据后所指出的，"在收益中，以工资和薪金的形式分配给其他所有人的份额一直在缩水。现在的份额是自 1947 年政府开始记录以来最小的"。[4] 一位华尔街高管指出，2010 年美国个人收入增长（2880 亿美元）的 93％ 由年收入超过 35 万美元的个人所获得。[5]

---

①　See John Bellamy Foster and Robert W. McChesney, *The Endless Crisis: How Monopoly-Finance Capital Produces Stagnation and Upheaval from the USA to China* (New York: Monthly Review Press, 2012).

②　Paul Krugman, "Jobs, Jobs and Cars," *New York Times*, Jan. 27, 2012, A21. Krugman 援引苹果官方数据为 43000（国内）。这一数字后来升至 60000，见 "An iPopping Phenomenon," *The Economist*, Mar. 24, 2012, 15。

③　Charles Duhigg and David Barboza, "In China, the Human Costs That Are Built into an iPad," *New York Times*, Jan. 26, 2012, A1, B10.

④　Robert Reich, "Bye Bye American Pie: The Challenge of the Productivity Revolution," *The Huffington Post*, Mar. 2, 2012, huffingtonpost.com/robert-reich/worker-productivity_b_1315814.html.

⑤　Steven Rattner, "The Rich Get Even Richer," *New York Times*, Mar. 26, 2012, A23.

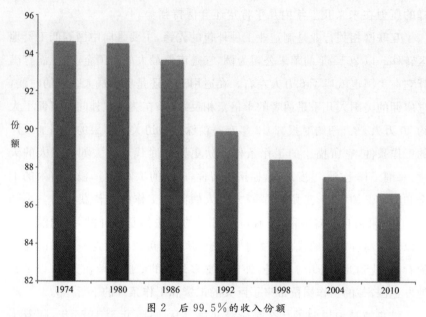

图 2　后 99.5% 的收入份额
来源：Thomas Piketty and Emmanuel Saez,"Income and Wage Inequality in the United
States 1913—2002",in Anthony B. Atkinson and Thomas Piketty,eds. , *Top Incomes over
the Twentieth Century*: *A Contrast Between Continental European and English-Speaking
Countries* (New York: Oxford University Press,2007),ch. 5. Excludes capital gains as neg-
ligible.

从图 2、图 3 和图 4 可体会这一持续加剧的不平等。

企业界很清楚,在过去的几十年间收入和财富是如何被彻底重塑的。花旗集团(Citigroup)在 2006 年的一份机密备忘录中表示,美国业已成为当代的富豪经济体(plutonomy),"经济增长由少数富人驱动,并主要由他们来消费"。2011 年,《广告时代》(*Advertising Age*)的一篇特别报道总结道,"大众富裕的时代已经结束",报告称美国前 10% 的家庭是麦迪逊大道①需要倾注注意力的地方,因为他们现在几乎占到总消费支出的一半,而该支出中不成比例的份额来自其中前 10% 的顶端富人。② "简而言之,"《广告时代》的大卫·赫希曼(David Hirschman)总结说,"一个由富裕精英构成的小小富豪统治集团(plutocracy)所驱动的支出占消费总

———————

① 译注:指美国广告界。

② David Hirschman,"On the Road to Riches: Those uUnder 35 With $100K Househol
Income," *Advertising Age*,May 22,2011.

图 3　前 1％ 的收入份额

来源：Ibid. Includes capital gains.

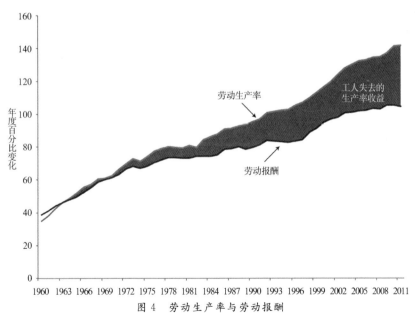

图 4　劳动生产率与劳动报酬

来源：U. S. Bureau of Labor Statistics, "Labor Productivity（Output Per Hour）" （PRS85006091）and "Real Hourly Compensation"（PRS85006151）, Nonfarm Business, bls. gov.

支出的份额越来越大，他们有超大的购买影响力，尤其是在诸如技术、金融服务、旅行、汽车、服装和个人护理等类别中。"[1]

在光谱的另一端，2010 年的人口普查显示，48％的美国人不是属于贫困人口就是属于"低收入者"群体。[2] 18 岁至 34 岁的年轻人（规模达 7000 万的新兴"中产阶级"美国人，他们长期以来一直是企业的梦想目标市场）这个被大肆吹嘘的市场已经失去了很多诱惑力。2009 年，18 至 24 岁人群的就业率为 54％，这一比例是自 1948 年政府开始记录以来的最低值。2009 年，户主年龄在 35 岁以下的家庭（households led by people under thirty-five）经通胀调整后的财富比 1984 年缩水了 68％。2012 年一位广告公司高管表示，营销人员长期以来一直认为"我们将会迎来向他们兜售货品的美好时光"，但是，那扇门似乎已经"砰一声把他们关在门外了"。[3]

经济学者长期用基尼指数或基尼系数衡量一国内部的不平等状况，其数值为 0 表示经济完全的平等（每个人得到同样的收入），数值为 1 表示经济完全的不平等（一个人获得该经济体所有的收入）。根据美国人口调查局（U.S. Census Bureau）的最新数据，[4]2009 年美国的基尼系数为 0.47，美国收入差距在过去四十年扩大了 20％。2005 年至 2009 年间德国（0.27）、意大利（0.32）、爱尔兰（0.29）和瑞典（0.23）所计算出的数值，给出了一些欧洲国家的相关情况。就富裕国家的经济平等状况而言，美国已成为全球异类。"我们现在的基尼系数与菲律宾、墨西哥相当——这是你根本想不到的，"宝洁公司（Procter & Gamble）北美市场研究部副总监菲丽斯·杰克逊（Phyllis Jackson）说，"我认为我们通常并不认为美国是一个收入鸿沟如此巨大的国家。"[5]

---

[1]　Ken Layne，"As American Middle Class Vanishes，Advertisers Focus Only on Richest 10％，" *Wonkette*，June 2，2011，wonkette. com/446740/as-middle-class-vanishes-advertisers-focus-only-on-richest-10.

[2]　Hope Yen，Associated Press，"Half Now Low-Income or Poor，" *Wisconsin State Journal*，Dec. 15，2011，A1，A10.

[3]　Matt Townsend，with Ashley Lutz and Christopher Palmeri，"A Star Customer Falls back to Earth，" *Bloomberg Businessweek*，Mar. 26—Apr. 1，2012，19—20.

[4]　译注：美国人口调查局是美国商务部的下属机构。至少每隔十年进行一次人口普查，此外还提供美国国家、人民和经济的统计数据。

[5]　Ryan Chittum，"Procter & Gamble and the Hollowing Out of the American Economy，" *Columbia Journalism Review* online，Sept. 12，2011，cjr. org/the_audit/ procter_gamble_and_the _hollowi. php? page＝all&print＝true.

美国的经济不平等状况是对以政治平等为前提的有效民主的最严重的威胁。蒂莫西·诺亚（Timothy Noah）称其为"大分流"（Great Divergence），并于 2012 年出版了富有启发性的同名专著。他从自己的研究得出结论，大多数专家都对经济不平等的存在，以及越来越多的经济不平等成因达成了共识。[①] 除了表面的民主之外，这种极端的不平等很难与任何其他事物调和。

具有讽刺意味的是，最能说明这一点的可能就是不平等本身。哈佛商学院的迈克尔·诺顿（Michael Norton）和杜克大学的丹·艾瑞里（Dan Ariely）发起一个调查，以确定美国人认为可取的社会不平等程度。他俩着眼于财富，而不是收入，财富基本上是指一个人的资本和储蓄，因此它是测量资本主义社会实际经济权力的指标。艾瑞里和诺顿访问了数以千计的美国人，了解他们对理想的财富分配的看法。平均而言，受访者所描述的财富分配状况不像美国，而像瑞典，甚至比瑞典更好——最富有的 1/5 人口掌控的财富仅为 32％，最贫穷的 1/5 人口所拥有的略超过 10％。而在今天的美国，最富有的 1/5 人口拥有 84％ 的财富，最贫穷的 1/5 人口的财富比重为 0.1％。甚至在那些 2004 年投票给小布什（George W. Bush）的受访者中，有 90％ 的人选择瑞典式的财富分配。"人们严重低估了美国财富分配不平等的程度"，艾瑞里指出，"而他们想要的财富不平等程度甚至"比瑞典的"更平等"。[②] 尽管存在这些价值诉求，但是财富和收入的不平等在美国政治中实际上是不予讨论的（绝对不可能），除了临近选举的时候，民主党人周期性地夸夸其谈。什么样的提案才能如 2012 年的所谓"巴菲特规则"（Buffett rule）[③]（向年收入超过 1 百万美元的人征收 30％ 的最低所得税）那样有听证会的待遇？而那个提案会是 1965 年的美国商会梦寐以求的立法，因为当时富人的最低所得税

① Timothy Noah, *The Great Divergence*（New York：Bloomsbury Press, 2012）.

② Drake Bennett, "Commentary：The Inequality Delusion," BloombergBusinessweek. com, Oct. 21, 2010；and Linda McQuaig and Neil Brooks, *Billionaires' Ball：Gluttony and Hubris in an Age of Epic Inequality*（Boston：Beacon Press, 2012）, 214—15.

③ 译注：也称"巴菲特税"，指百万收入者投资收入的税率不应低于普通收入者的税率。巴菲特曾以自己纳税的税率不如其秘书高，直指美国税制的不合理性。巴菲特缴税的税率约 15％，其秘书则为 30％。

率为 67%。从那时起,美国政治的腐败就一直如此。

但是,经济不平等的问题变得更加广泛和深入。在过去十年里,关于不断加剧的不平等对美国社会或任何国家的运转造成的后果的研究层出不穷。理查德·威尔金森(Richard Wilkinson)和凯特·皮克特(Kate Pickett)的《精神层面》(*The Spirit Level*)一书获得的好评无可非议,因为它记载了持续加剧的不平等——远远不只是社会精英阶层拥有的实际财富数量——如何损害了从预期寿命、心理健康到暴力和人类的幸福等几乎所有衡量福祉的指标。相当讽刺的是,这在很大程度上对无论是非常富有的人还是贫困的人都是成立的。在更加平等的社会中,人才能活得好,文化才能繁盛。[①] 互联网除了可能与经济的金融化有连带关系,它也许不用为持续恶化的不平等负责,但数字革命并没有显著改善这种状况。

垄　断

资本主义内在的第二个破坏性因素是其垄断倾向。一方面,随着时间的推移,成功的企业规模越来越大,因此新来者进入他们的市场并试图攫取一些利润,就需要更多的资本。大企业比小企业有明显的规模优势,最终是它们说了算。到了 20 世纪,19 世纪常见的资本主义典故中的地方性自营业主,被全国性和跨国性的大型企业所取代,后者成了经济中的主导单位。股东们在股票市场买卖股份,而经营则是由专业人士来处理的另一个领域,他们对庞大的科层体系和在多个不同的产品类别中展开的竞争实施监管。当新产业出现时(正如互联网),它们通常会经历一个狂热的初创阶段,直到以上述方式尘埃落定。

但是,正如自亚当·斯密以降的观察家所理解的那样,事情远不止于此。资本家如果面临的竞争减少,成功的可能就会大大增加。这套资本主义信条中关于竞争性自由市场的概念——其中的任何企业将失去它所赚取的任何超额利润,因为新的竞争对手将进入这个领域并增加产量,从而导致价格和利润下降——对于经济学教科书和消费者来说或许是极好的,但对

---

① Richard Wilkinson and Kate Pickett, *The Spirit Level: Why Greater Equality Makes Societies Stronger* (New York: Bloomsbury Press, 2009).

任何神志清醒的资本家来说,这都是一场噩梦。他们梦寐以求的剧本是这样的:你在市场中发现只有你在销售有需求的产品。然后你就可以自己设定价格,而不是让别人为你决定价格。这样就极大地降低了风险,增加了利润。这就是为什么有那么多的商贾巨富是建立在近乎垄断的基础上的。斯蒂格利茨指出,在资本主义经济体中"成功的真正关键,是要确保在一段足够长的时间内不存在竞争,从而在这段时间内能够大发垄断之财"。[①]

纯粹的垄断是某一产品完全由一家公司销售,这家公司能吓跑或者碾压任何潜在的竞争者,这种垄断几乎从未存在过。现实反而是,资本主义往往演变为所谓的竞争性垄断,或寡头垄断(oligopoly)。在这样的市场中,少数几家企业在行业内主导了生产或销售,他们的市场权力大到可以制定他们产品的价格。寡头垄断的关键在于,由于现有的企业规模和权力,无论市场多么有利可图,新玩家都很难进入这个市场。在寡头垄断的条件下,为扩大市场份额而搞价格战的动机非常不充分,因为所有的主要角逐者都大得足以在价格战中生存下来,而价格战只会缩小这些企业所力争的产业收益的规模。事实上,寡头垄断行业的价格往往会向完全垄断行业的价格靠拢,因此竞争者会为了切得最大可能的收益蛋糕而战。[②]

乍一看,这是美国经济在 20 世纪和 21 世纪制高点的相当准确的写照。几乎所有领域对互联网的呼声都很高:互联网将赋权消费者、打破市场准入壁垒,并在传统行业和网络上创造更大的市场竞争。尽管有些行业已经发生了翻天覆地的变化,但是作为一种规律,垄断在数字时代的经济中持续存在,可以说还在加速。衡量这一点的一个指标是行业集中度,即少数公司控制的销售百分比。[③] 图 5 显示,自上世纪 80 年代中期——

① Stiglitz, *Price of Inequality*, 43.

② 第一个认识到资本主义这一根本变化的,是史上最具原创性和最伟大的美国经济学家凡勃伦(Thorstein Veblen),当然也有很多人追随他的脚步。See Thorstein Veblen, *Absentee Ownership and Business Enterprise in Recent Times* (New York: Augustus M. Kelley, 1964). 这本书初版于 1923 年,是凡勃伦最后的著述。

③ 一个行业中最大的四家公司至少占行业总出货量 50%,该行业被认为是集中。美国人口调查局每年都会增减新产业。1987 年和 1992 年使用标准工业分类系统(SIC)时,分别有 457 和 458 个工业类别。SIC 系统在 1997 年被北美工业分类系统(NAICS)所取代。此后,美国产业数量稳定在大约 472 个(1997 年和 2002 年均 473 个;2007 年 471 个)。译注:行业集中度又称"行业集中率"(CRn),指一个行业中前 n 家最大企业所占市场份额的总和。例如,CR4 是指四家最大的企业占有相关市场的份额。下句即以 CR4 计算。

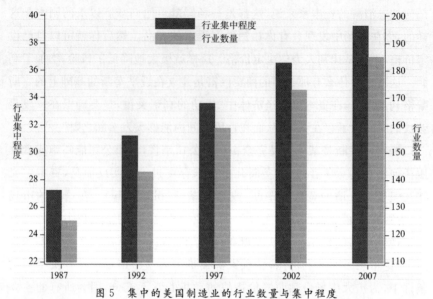

图 5　集中的美国制造业的行业数量与集中程度

来源：Census of Manufactures,"Shipments Share of 4,8,20,& 50 Largest Companies in each SIC：1992—1997," and Economic Census of 1997,2002, and 2007, American Fact-Finder (U.S. Census Bureau),census. gov (accessed February 2011).

即数字时代——以来，四家公司的集中度达到 50％或以上的制造业（例如汽车制造业）的数量和百分比都大幅上升。经济的制造部门中有越来越多的行业是高度寡头垄断或准垄断市场，具有相当程度的垄断特征。如果有什么变化，那就是垄断的速度在加快。

在大多数其他经济部门（如零售业、交通运输业、信息业和金融业），集中度也在迅速提高。1995 年，六大银行控股公司（摩根大通银行、美国银行、花旗集团、富国银行集团、高盛以及摩根士丹利——其中有些公司在当时有不同的名称）的资产相当于美国国内生产总值的 17％。至 2006 年底，这一比例已经升至 55％，至 2010 年第三季度，达到 64％。[①] 在零售业，排名前 50 的公司所占零售总额的比重从 1992 年的 22.4％上升到 2007 年的 33.3％。

垄断不可阻挡的出现破坏了"自由市场之精妙"的立论基础，并且近

---

① Simon Johnson,"The bill Daley Problem," *Huffington Post*,Jan. 11,2011, huffing-tonpost. com/simon-johnson/bill-daley-obama-chief-of-staff_b_806341. html.

一个世纪以来一直是经济界一个高度敏感的问题。斯蒂格利茨2012年的时候写道，为何"三十年来，商业领域最重要的一些创新并没有集中于如何提高经济效率，而是集中在如何更好地确保垄断权力上"。[1] 哈耶克（Friedrich Hayek）曾坚持认为，"只有在竞争普遍存在的情况下（即单个生产者不得不适应价格变化，而又无法控制价格变化），价格机制才能发挥作用"。[2] 2011年，巴菲特对经济运行做了一个真实的描述："判定一家公司优劣的唯一重要标准是定价权。如果你有提高价格又不被竞争对手抢走业务的能力，那么你的企业就是非常优秀的。如果你在提价10％之前还得祈祷，那么你的企业就很糟糕。"对巴菲特而言，这一切都关乎垄断权力，而不是管理。"如果你拥有城里唯一的一份报纸，到差不多五年前，你还是有定价权的，你不必去办公室"担心管理的问题。[3]

如果把价格机制和市场竞争作为主要的调节机制去除，对主流经济学的后果将是灾难性的。经济将低效运行，且是不公平的。总的来说，经济学家在这个问题上总是含糊其辞，而不是正视巴菲特的现实世界和哈耶克的担忧所带来的影响。[4]

尽管行业集中度对行业来说很重要，也很能说明问题，但与过去相比，在全方位了解公司巨头的垄断权力时，这一指标在今天的价值更为有限。这是因为今天典型的巨型公司不只在一个行业内运行，而是联合大企业（conglomerate），横跨了多个行业。因此，要全面把握顾及了典型公司巨头的多行业特性的经济集中化趋势，最佳途径是看一看总体集中度（aggregate concentration）的一些指标，譬如：与所有公司相比，200家最大的公司的经济地位。[5]

---

[1]　Stiglitz, *Price of Inequality*, 35.

[2]　Friedrich Hayek, *The Road to Serfdom* (Chicago: University of Chicago Press, 1944), 49.

[3]　Andrew Frye and Dakin Campbell, "Buffett Says Pricing Power More Important Than Good Management," Bloomberg, Feb. 18, 2011, bloomberg. com/news/2011-02-18/buffett-says-pricing-power-more-important-than-good-manage ment. html.

[4]　我和福斯特更详细地讨论了主流经济学是如何绕开垄断问题的：Foster and McChesney, *Endless Crisis*。

[5]　Eric A. Schutz, *Markets and Power: The 21st-Century Command Economy* (Armonk, NY: M. E. Sharpe, 2001), 80—81.

从客观的角度看最大的 200 家公司需要知道,2000 年美国有 550 万家股份公司(corporations)、200 万家合伙企业(partnerships)、1770 万家非农个人独资公司(sole proprietorships)、180 万家农业个人独资公司。[①]图 6 呈现了自 1950 年以来,美国前 200 家公司的收益占经济总收益的百分比。最大 200 家公司的收益大幅上升,从 1950 年大约占公司总收益的21%,升至 2009 年的 32%左右。[②]

寡头垄断(或用更通俗的说法,公司权力)的盛行,削弱了资本主义与民主联姻的理由。弗里德曼(Milton Friedman)精辟的核心论点是:对于民主而言,资本主义的精妙之处在于,它是一个将对经济的控制与对政府的控制分开来的体系。他认为,这种权力的分离创造了保护个人自由的空间。如弗里德曼所指出的,纵使政府不喜欢什么人,它也不能制止其在私营部门从事有报酬的工作。在他的分析中,关键因素是私营部门具有竞争性、开放性和流动性,不存在任何根深蒂固的垄断来扭曲这一体系。[③]

随着大型垄断企业的崛起,这种分离遭到损害。治理往往变得腐败,因为成功的政客和政策是由强大的公司利益决定的。国家(state)与资本有效地融合在一起,国家契合财富的利益。政治辩论是存在的,但最重要的辩论发生在不同的公司或经济部门互相争斗的时候。在 20 世纪,政治学家假设,工会和其他代表非富人的组织可以提供一种结构上的平衡,以抵消企业的权力,并使治理体系对民众的关切做出回应。这种看法有时被称为多元主义,它兴许能对 20 世纪 30 年代到 70 年代的众多进步主义胜利做出很好的解释。今天,随着劳工的消亡与公司规模和权力的不断扩张,这一理论解释了为何多元民主(pluralistic democracy)的观念陷

---

① Lawrence J. White,"Aggregate Concentration in the Global Economy: Issues and Evidence," Stern School of Business, New York University, Economic Working Papers, EC-03-13, Jan. 1, 2003, http://hdl. handle. net/2451/26166, pp. 3—4.

② 今天的巨型企业追求两个相互关联的目标:最大的销售收入和最大的盈利能力。长远来看,这两个目标是趋同的,因为更大的市场份额为更高的垄断利润提供了基础,而更高的利润被用于扩大市场份额。See Peter Kenyon,"Pricing," in Alfred S. Eichner, ed. , *A Guide to Post-Keynesian Economics* (White Plains, Ny: M. E. Sharpe, 1979), 37—38.

③ Milton Friedman, *Capitalism and Freedom* (Chicago: University of Chicago Press, 2002).

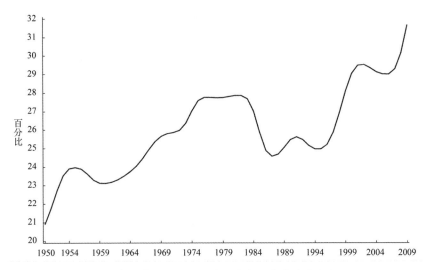

图 6　美国前 200 强公司的收益占经济总收益的比例

来源：美国前 200 强公司数据摘自麦格劳-希尔旗下标准普尔公司的 Capital IQ 数据库下属
Compustat 网站（Compustat. com）发布的"基础年报"摘要（访问日期：2011 年 2 月 15 日）。
总收益数据来自"收入统计"（SOI）中"企业所得税申报"部分，美国国税局，华盛顿特区，1950
年—2008 年。"总收益"（BEVT，Compustat 网站）与单项"收入总额"（SOI）持平。鉴于
Compustat 网站北美数据集仅包含在美运营的外国公司的企业集团级数据，因此，所有国外
（即未在美国注册）企业均从样本中剔除。数据经鲁棒线性平滑器处理，得到近似的 5 年移
动平均值。Compustat 网站数据通过沃顿研究数据中心（WRDS）提取。本文撰写使用了
WRDS 数据。该中心及其提供的数据构成 WRDS 及/或其第三方供应商的宝贵的知识产权
及商业秘密。

入如此深重的危机之中。2012 年，《经济学人》杂志（*The Economist*）预
测将出现企业合并浪潮，以及垄断性的市场权力将进一步巩固。[1] 几乎
没有理由认为这是民主治理（democratic governance）的良性发展。[2]

　　任何社会秩序的意识形态最终都会接受并鼓吹现存体系，既然垄断
的盛行已不再可能被忽视，因此它受到现状鼓吹手的赞美。2012 年戴
维·布鲁克斯（David Brooks）总结道："美国的未来，将很可能取决于美
国人在垄断方面的成功程度。"[3]美国前财政部长罗伯特·鲁宾（Robert
Rubin）在被问及是否应该拆分大型银行——最具争议的一种现代大型

---

[1]　"Surf's up," *The Economist*，May 19，2012，83.

[2]　Luigi Zingales 很好地阐述了这一观点. See Zingales，*Capitalism for the People*，8—
39.

[3]　David Brooks，"The Creative Monopoly," *New York Times*，Apr. 24，2012，A23.

企业——时回答说："你看不出来吗？'大到不能倒'（too big to fail）不是这个体系的问题。它就是体系。"①

广　告

对媒体、传播和互联网来说，有一个重要的发展在很大程度上是由经济中垄断的增长所引发的，那就是广告。现代的商业广告并不是竞争性市场的一种功能。竞争性市场是有利可图的市场，新企业可以轻易进入，增加产量，降低价格，帮助消费者从此以后过上幸福的生活。这样的市场往往只有相对较少的广告，因为生产商能够以市场价格销售他们生产的所有产品，而他们对市场价格几乎或根本没有控制权。这就是为什么 19 世纪晚期之前，美国的经济在很大程度上是地方性和竞争性的，按过去一百年的标准来看，几乎没有广告。

现代说服广告作为竞争不那么激烈的市场的一种功能而得到蓬勃发展，在这种市场中，少数公司主导了产品的生产或销售。广告出现在了市场的前沿和中心，主要用以增加或保护市场份额，而不参与损害利润的破坏性价格竞争。广告代表着资本主义运行方式的巨大变化，使其与那套信条言说相距甚远。正如 1964 年保罗·巴兰（Paul A. Baran）和保罗·斯威齐（Paul M. Sweezy）所指出的：

> ［公司］促销活动的目的不再仅仅是促进商品的销售，商品的功能是满足在任何特定的时间内普遍存在的人类需要（needs）。促销的目的是创造欲望（wants），从而产生对产品的需求（demand）。因此，垄断生产商不仅能够操纵价格高低和产量大小，还能根据需求调整其产品的物理特性。……换句话说，促销从生产过程的辅助环节发展成为不可或缺的环节，甚至是决定性的重要环节。不再是生产什么决定了销售什么，相反，而是什么可能卖出去决定了生产什么。

---

① David Rothkopf, *Power, Inc.: The Epic Rivalry Between Big Business and Government—and the Reckoning That Lies Ahead* (New York: Farrar, Straus & Giroux, 2012), p. 266.

在这一情境下，人类欲望的塑造和满足人类欲望的产品设计，就不再是市场客观力量的结果，而是相对较少的垄断企业有意识操纵的结果。①

到 20 世纪 20 年代，广告业已成为一个完全成熟的行业，占美国 GDP 的 2％左右，这一比例一直保持到今天。

鉴于其内容，广告一直是个有争议的行当，它可以使市场看起来更为荒谬而不是有效。在寡头垄断的条件下，企业倾向于生产类似的产品，并以相似的价格出售。因此，突出价格和产品信息的广告即使不是适得其反，也是徒劳的。（这类价格与产品信息广告可以在竞争更激烈的零售市场中或者在分类广告中看到。）一个基于"嘿，买我们的软饮料吧，因为它跟我们的竞争对手价格一样，口感一样"的广告宣传很可能拿不到什么奖项，不会带来晋升的机会或长期的职业生涯。企业不遗余力地打造有别于竞争对手的品牌，广告则是给这些品牌戴上光环的关键所在。说句公道话，产品之间偶尔也存在有意义的差别，广告公司通常欢迎推广这种产品的机会。

但是，这种情况很少发生。在 20 世纪 60 年代，据说传奇广告人罗瑟·瑞夫斯（Rosser Reeves）②在他的达彼思（Ted Bates）广告公司对新聘的文案撰稿人多年重复同样的演示。他会拿起两个一模一样的闪亮银币，两手各一个，并如实地跟他的观众说："永远不要忘记，你的工作很简单，就是让人们觉得我左手的银币远比我右手的银币有吸引力。"③瑞夫斯鼓吹的就是这种欺骗性的广告策略：将一件产品实际上是旧的、普通的特质呈现为新的和独特的。此外，基于品牌产生的产品差异化很多时候是微乎其微的，并不真的与实用性相关，但却为广告宣传提供了巧妇之

---

① See Paul A. Baran and Paul M. Sweezy, "Some Theoretical Implications," *Monthly Review*, July—Aug. 2012, 40—41. 这是一篇此前没有发表过的文章，原打算写在他们 1966 年的《垄断资本》（*Monopoly Capital*，每月评论出版社［Monthly Review Press］）中，但因保罗·巴兰在他们完成之前就去世了，所以未收入书中。译注：简体中文版《垄断资本》由商务印书馆出版。

② 译注：瑞夫斯提出的 USP 理论对广告界影响深远，他曾为艾森豪威尔创作总统竞选广告。

③ 瑞夫斯的达彼思广告公司的一位前广告业专业人士告诉我这个故事。该故事的不同版本，参阅 Reed Hundt, chairman, Federal Communications Commission, "The Children's Emmy: An Award Worth Winning," speech to Children's Action Network, Los Angeles, Nov. 19, 1996, and Richard S. Tedlow, *The Watson Dynasty* (New York: HarperBusiness, 2003), 118。

米。"因为大多数品牌基本上并没有那么大的不同,"威廉·格雷德(William Greider)写道,"广告制造的幻想就给选择某一个品牌而不是另一个提供了很好的理由。"①

　　看看没完没了的啤酒广告、肥皂广告、石油公司广告,或者无数其他产品的广告,你就会发现多数广告是空洞无物的。例如,帕斯特(Pabst)啤酒同时在市场中把自己定位为低端的工人阶级啤酒、都会潮人耍酷的啤酒,以及在中国作为香槟的替代品和炫耀性消费之能指的啤酒。② 如帕雷瑟(Eli Pariser)所说,"同一种饮品对不同的人群意味着非常不同的东西"。③ 同样,广告往往善于利用情绪,并把恐惧用作一种激励的武器。尤其是电视广告,在不到 30 秒的时间内利用文化线索(cultural cues)传递相当复杂的讯息,运用刻板印象和文化元素,把很多意义装进了转瞬即逝的片刻中。电视广告利用视觉效果的方式是,如果你只是阅读文本或听文案,就会错过电视广告所要传达的核心要点。④ 不止一位批评者强调,在许多广告(尤其是针对妇女的广告)中,一个重复出现的主题是:你有问题,而产品就是解决方案。⑤ 这并不是对广告本身的"激进"批评,它们都来自主流的微观经济理论。"显而易见,许多广告基本上没有提供任何信息,"芝加哥大学经济学者加里·贝克尔(Gary S. Becker)和凯文·墨菲(Kevin M. Murphy)1993 年写道,"相反,它们娱乐大众,在性诱惑和广告产品之间建立正面的联系,向不消费受运动员、美女和其他精英欢迎的产品的人灌输不适感,并以其他方式诱导人们想要那些产品。"⑥

---

① William Greider, *Who Will Tell the People*: *The Betrayal of American Democracy* (New York: Simon & Schuster, 1992), 271.

② 译注:该公司拥有蓝带等多个品牌。

③ Eli Pariser, *The Filter Bubble*: *What the Internet Is Hiding from You* (New York: Penguin Press, 2011), 159.

④ Darrell M. West, *Air Wars*: *Television Advertising in Election Campaigns*, 1952—2008 (Washington, DC: CQ Press, 2010), 89. 有关竞选活动电视新闻报道视觉效果的重要性的分析,参阅 Maria Elizabeth Grabe and Erik Page Bucy, *Image Bite Politics*: *News and the Visual Framing of Elections* (New York: Oxford University Press, 2010)。

⑤ 关于妇女不快乐和广告的研究的精辟讨论,参阅 Richard Layard, *Happiness*: *Lessons from a New Science* (New York: Penguin, 2005), 88—90。

⑥ Gary S. Becker and Kevin M. Murphy, "A Simple Theory of Advertising as a Good or Bad," *Quarterly Journal of Economics* 108, no. 4 (1993): 933.

寡头垄断市场中广告的本质导致了两个悖论。其一,产品越相似,价格越相近,公司必定要做更多的广告来说服人们它们是不同的。贝克尔和墨菲指出其中的吊诡之处,许多广告力度最大的产品"通常传递的信息确实非常少"。[1] 广告的第二个悖论是,为了使自己区别于竞争对手,公司做的广告越多,媒体和文化中的广告拥堵现象(clutter)就会越多。因此,企业不得不加大广告投入力度,以穿过拥堵到达公众。[2] 如果广告业有什么近乎铁律的话,那就是:重复是行得通的,对品牌的广告接触得越多越好。以下这点是从社会科学研究中得出的结论:人们更倾向于相信他们之前听到过的。[3] 这不能保证马到成功,但可以大大地提高胜算。

综上所述,上述力量不断将广告散播到社会每一个可能的犄角旮旯和裂隙中,用以销售产品。广告是资本主义的先遣部队。[4] 虽然对任何特定的一支广告或一次广告宣传活动的效果存在许多争论,但是,广告作为一个整体在美国无疑是主导性的文化力量。[5] 如马克·克里斯宾·米勒(Mark Crispin Miller)曾说的那样,广告是世界上最复杂的应用宣传系统。[6]

传统经济学被自由市场模式所束缚,很少关注广告,传统上认为广告是浪费,是垄断的标志。1960 年,瑞士的自由市场信徒威廉·勒普克(Wilhelm Ropke)对"没有灵魂的"广告发起了一场著名的攻击,称其糟蹋了资本主义之精妙。[7] 对现代广告的最佳辩护是,它刺激了消费者的

---

[1] Ibid. ,934. 关于许多重度广告产品的本质相似性的精彩讨论,参阅 Juliet B. Schor, *The Overspent American* (New York:HarperCollins,1999),60—63.

[2] 关于这些主题的更充分说明,参阅 Hannah Holleman, Inger L. Stole, John Bellamy Foster,and Robert W. McChesney,"The Sales Effort and Monopoly Capital," *Monthly Review* 60,no. 11 (Apr. 2009).

[3] Drew Weston,*The Political Brain*:*The Role of Emotion in Deciding the Fate of the Nation* (Cambridge,MA:Perseus,2007).

[4] James Rorty, *Our Master's Voice*:*Advertising* (New York:John Day,1934).

[5] "大多数广告,尤其那些在昂贵的黄金时间播出的广告,并不对产品的性能做宣传。广告都是影射、联想和影像。"前文案杰瑞·曼德尔(Jerry Mander)2012 年时指出,"商业广告的问题不在于广告是否真实,问题就在影像本身。一旦摄入,它就成为我们的参照系。随着时间的推移,我们开始模仿影像。……我们成为我们所看到的。我们分享它的价值。"See Jerry Mander,*The Capitalism Papers*:*Fatal Flaws of an Obsolete System* (Berkeley,CA:Counterpoint,2012),183.

[6] 来自我与米勒教授在 1999 年或 2000 年的一次私下交谈。

[7] Wilhelm Ropke,*A Humane Capitalism*:*The Social Framework of the Free Market* (Wilmington,DE:ISI Books,1960),137.

需求,维持了公司资本主义经济的良好运转。① 如果人们不把公司资本
主义视为无论代价几何都非如此不可的话,广告的存在也就没有那么理
直气壮了。

互联网最初的一项主张(我们将在第四章和第五章讨论这些主张)
是,它将通过提供获取合法的消费者信息之便利途径——这将使商业
宣传显得荒谬可笑——而消除广告。这是关于互联网将如何从根本上
改善我们的生活和文化的最响亮的主张之一,至少对那些不被商业主
义所迷惑的人来说是这样的。与此形成对照的是,在 20 世纪 90 年代
的大部分时间里,如何使网络广告友好这个问题一直困扰着美国广告
界。在某些方面,这场冲突考验的是推动互联网发展走向的是什么价
值观。

我不会老吊读者的胃口。最后胜出的是广告,我们文化的过度商业
化在迅速推进。企业为牟取私利而利用"事业关联营销"(cause-related
marketing),通过将自己的品牌与一些有社会价值的项目联系起来,以
"拨动消费者的心弦"。② 英格·斯托尔(Inger Stole)指出其中的反讽意
味,同样是这些企业,它们成功地剥夺了公共部门解决社会问题所需的资
源,一转身就把解决同样的问题作为市场营销活动的一部分,其结果令人
生疑,唯有一点是无疑的:公共生活的商业化。③ 迈克尔·桑德尔(Mi-
chael J. Sandel)记录了商业主义的蔓延过程,他认为如果美国要有可靠
的公民文化和能起作用的民主的话,遏制和扭转商业主义的扩张就是一
项根本的要求。④

广告投入了大量的资源将品牌与人们的情绪和深层心理(deep wir-
ing)连接起来。耶鲁大学的罗伯特·莱恩(Robert E. Lane)写道,广告

---

① James Livingston, *Against Thrift: Why Consumer Culture Is Good for the Economy, the Environment, and Your Soul* (New York: Basic Books, 2011), chap. 7.

② Mara Einstein, *Compassion, Inc: How Corporate America Blurs the Line Between What We Buy, Who We Are, and Those We Help* (Berkeley: University of California Press, 2012).

③ Inger L. Stole, "Cause Marketing as Commercial Propaganda: Neoliberal Wolf in Sheep's Clothing?" in Gerald Sussman, ed., *The Propaganda Society: Public Persuasion in Liberal Democratic Regimes* (New York: Peter Lang, 2011), 130—44.

④ Michael J. Sandel, *What Money Can't Buy: The Moral Limits of Markets* (New York: Farrar, Straus & Giroux, 2012), chap. 3.

的功能"是增加人们对任何当前形势的不满"。① 关键是获得"非理性的优势"（irrational edge）。② 经济学家杰弗里·萨克斯（Jeffrey Sachs）在2011年一次探讨广告的力量时写道，"我们被鼓励凭冲动和幻想行事，而不是理性"。

我们需要明白，在一个媒体发达的经济体中，保持平衡的难度比我们在10或15年前料想的还要大。现代神经生物学和心理学的进展所揭示的人类的脆弱程度，甚至连弗洛伊德和伯内斯（Bernays）③都会感到惊讶。……在一代人的时间里，美国人展现了一系列令人震惊的上瘾行为（抽烟、暴饮暴食、看电视、赌博、购物、借贷，不一而足）与自我控制的丧失。这些不健康的行为肯定已经达到了宏观经济的规模，并在一个广告铺天盖地、挥霍无度的时代，对我们的福祉提出了深层次的问题。

萨克斯发展了一套商业主义指数，用以判断发达国家的媒体和文化的商业化程度，再将这个判断与该国整体公共福祉和共同利益的测量指标进行比较。它们之间是强相关：那些最商业化的国家，同时也是公共生活和公民生活失序的征兆最明显的社会。美国以商业化程度最高和社会指标最低而位居榜首。④

---

① Robert E. Lane, *The Loss of Happiness in Market Democracies* （New Haven, CT：Yale University Press, 2000），179. 矛盾的是，广告通过过分关注个人，也可能助推在美国被称为"自恋流行病"（narcissism epidemic）的现象。最近一本这一主题的书的作者认为，广告对个人独特性的极致强调非常之重要。See Jean M. Twenge and W. Keith Campbell, *The Narcissism Epidemic* （New York：Free Press, 2009），184—88. 在这方面，商业主义与新的社交媒体技术也是紧密结合的。海斯（Chris Hayes）指出，研究发现，在1950年只有12%的美国青少年同意"我是个重要的人"。如今，这个数字已经超过了80%。See Christopher Hayes, *Twilight of the Elites：America After Meritocracy* （New York：Crown, 2012），162. 在为本书搜集材料的时候，我发现没有证据表明这种自我迷恋会让人更快乐。正如腾格（Twenge）和坎贝尔（Campbell）指出的，这往往会让人感到抑郁和孤独。

② Daryl Travis, *Emotional Branding：How Successful Brands Gain the Irrational Edge* （Roseville, CA：Orima Venture, 2000）；and Marc Gobe, *Emotional Branding：The New Paradigm for Connecting Brands to People* （New York：Allworth Press, 2001）.

③ 译注：伯内斯，美国公关之父，心理学家弗洛伊德的外甥。

④ Jeffrey D. Sachs, *The Price of Civilization：Reawakening American Virtue and Prosperity* （New York：Random House, 2011），142, 144, 146—51.

我们只能想象,如果用于商业灌输的资源和人才被用于艺术与科学、自由主义价值观和批判性思维的教育上,我们将会生活在一个多么不可思议的社会中。那时,自治(self-government)的基础会更牢固吗?问题不在于做广告的公司道德败坏,毋宁说,这反映的是一种经济体系,它强制要求这种支出,而对这种支出的文化影响不管不顾。

技术与增长

对读过一本关于数字革命的书的读者来说,在资本主义经济的各个层面都能发现的第三个也是最后一个特征并不令人意外:那就是开发新技术的无穷动力。资本家有极大的动力利用技术来提高生产力,并在竞争中取得优势。如果一家企业做不到这一点,而被它的竞争对手捷足先登,那它就可能会陷入困境。因此,技术变革已经内置于体系之中,并将永远如此。与前资本主义时代相比,在你阅读这些字句之前的一个星期,全世界发生的技术变革比 1700 年之前随机选择的任何一个世纪都要多。

技术也凸显了自由市场信条对实际的资本家来说是多么招人反感。按这套信条所言,一家创新的公司可以在短时间内获得超额利润,但随后其他公司都模仿它的产品,新的公司加入战斗,这家公司便失去了利润优势。那有什么好玩的?(在某种程度上,专利权可以使企业在一个特定时间段内保持垄断优势,但并非所有的创新都能获得专利保护。我会在第四章和第五章探讨这个问题。)对企业技术创新的最佳保护是处于寡头垄断地位。由此,企业就能提高生产率,降低成本,但产品价格不必下调。增加的净收入进入了公司的口袋,如果公司有工会的话,也许其中一部分会让工人也分得一杯羹。

技术是增长的核心,增长是资本主义的核心。在这样的经济体系中,产出随着时间推移会大幅增长,在某种程度上,这是因为该体系需要经济增长才能维系。当资本主义经济停止增长或者萎缩,哪怕只是很短的一段时间,它就是处于衰退中。如果萎缩持续了一段时间,就是处在萧条中。这是关乎资本主义经济存亡的一个问题。与单个公司一样,该体系的咒语是"不增长就消亡"(Grow or Die)。

说起来容易做起来难。

　　资本家只有在他们认为有合理的机会获利时才进行投资,否则,与其冒着资金流失的风险,不如不让资本进入流通领域。然而,对单个资本家而言是理性的行为,对整个体系来说却是不理性的。如果一些资本家撤回投资,他们就会破坏对所有产品的需求,很快会有更多的资本家搁置投资。这就是一场衰退,它是在资本主义体制下一直存在的经济周期的一部分。当然,当条件发生改变——库存减少,工资降低,坏账被清除——经济衰退就会结束,通常就进入繁荣期。

　　当代美国人很清楚,即使是在经济周期的高峰,也并不必然带来充分就业。毋宁是,如凯恩斯(John Maynard Keynes)在《就业、利息与货币通论》(*General Theory*)中所断言的,发达资本主义经济体的逻辑落脚点可能是严重的失业和闲置的产能。随着数百万人失业和收入下降,经济周期可能会到达顶点。[1] 凯恩斯主义经济学的一个重要结论是,需要增强政府在经济中的作用。如果私人投资不到位,政府可以借入(或者利用税收获得)闲置资本,把它们花出去、刺激经济,从而提供市场以刺激私人投资。

　　这一方法已经奏效了几十年,以至于 20 世纪 30 年代人们最初对经济停滞的担忧被搁置一旁。自 20 世纪 30 年代以来,政府的首要任务一直是防止经济萧条和促使经济增长,这一工作成了对所有政治生涯加以评判的首要依据。当然,政府可以在许多领域支出以刺激经济。如果交由凯恩斯勋爵或我(或者,我猜测,在公开辩论中的大多数人)来处理,这些支出会流入教育、公共交通、医疗卫生、公园,等等。然而,在美国,有一个领域的政府开支已被证明不会遭遇到商界和政界的强烈反对,而是获得他们强大的支持,那就是军事开支。从 20 世纪 40 年代开始,这成了美国经济的一个重要组成部分。[2] 2012 年,军事开支在联邦年度预算中占了一万亿美元,包括各种战争、情报预算、利息支付和其他支出,它是神圣不可侵犯的。[3] 如今它在多大程度上还能刺激经济,是个可以争论的问

---

　　① 　John Maynard Keynes, *The General Theory of Employment , Interest ,and Money* (New York : Harbinger, 1964 ; first published in 1936), chap. 1, 2.

　　② 　克鲁格曼(Paul Krugman)对军事开支对美国宏观经济的重要性做了精彩讨论。See Paul Krugman, *End This Depression Now*! (New York : W. W. Norton, 2012), 234—37.

　　③ 　John Bellamy Foster, Hannah Holleman, and Robert W. McChesney, "The U. S. Imperial Triangle and Military Spending," *Monthly Review*, Oct. 2008, 1—19.

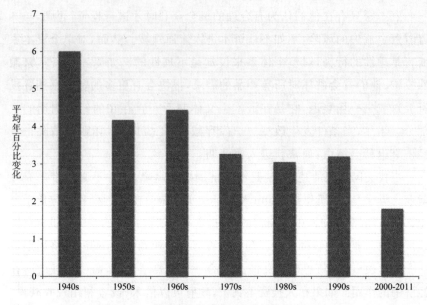

图 7 美国实际 GDP 增长

来源:Bureau of Economic Analysis,"Percent Change from Preceding Period in Real Gross Domestic Product," Table 1. 1. 1,bea. gov.

题;而这种支出几十年来一直如此,这一点并没有争议。[1]

到 20 世纪 70 年代,用来解决经济停滞的凯恩斯主义政策方案不太灵了,体系陷入了长达十年的衰退期和调整期。自 20 世纪 80 年代以来,使经济得以增长的一个关键因素是债务的大幅增加。现在,这个选项气数已尽,大多数人认为,美国未来十年的增长速度将低于"大萧条"以来的任何十年。[2]

一些经济学家和历史学家认为,过去几十年来铁路和汽车等重大技术创新在刺激投资和推动经济增长方面发挥了关键作用,否则增长率不会这么高。与互联网有关的一个重大政治经济问题是,互联网是否也会如此。这种希望是 20 世纪 90 年代围绕着"新经济"的骚动的基础。一方

---

[1] "到 2004 年,"加尔布雷斯(James Galbraith)写道,"很明显,现代战争不会对整个国家的国内经济增长和创造就业产生重大和持续的影响。"James K. Galbraith, *Inequality and Instability: A Study of the World Economy Just Before the Great Crisis* (New York: Oxford University Press,2012),292.

[2] 对于为何停滞是当今的常态,人们有不同的解释。福斯特(John Bellamy Foster)和我提供了我们的解释:*The Endless Crisis*。

面,今天公司资本主义的制高点是数字化。投资涌向互联网和信息技术领域。另一方面,认为这正转化为迄今为止任何形式的经济大幅增长,这方面的证据又是不充分的(underwhelming)。

经济停滞就在眼前,这对大多数人是个坏消息。还有证据显示,经济不平等程度越高,经济增长放缓和停滞的可能性就越大。历史经验表明,我们可能正在进入一个动荡时期。① 当资本主义经济处于停滞状态,会给民主国家和整个社会带来巨大的压力。正如克鲁格曼(Paul Krugman)所指出的,"极度轻视经济长期低迷给民主价值观和制度带来的危险,是很愚蠢的"。② 重重困境过后,可能会走向重大的变革与复兴时期,也可能走向反动甚至野蛮的时期。

政府与市场

也许这套资本主义信条最大的盲点是其对待政府——或者按学界说法"国家"(state)——的方式。照这一信条所言,国家在经济中没有什么特别的重要作用,它通常对市场和营利怀有敌意。在私营部门创造财富的时候,国家只是在一旁观望,然后国家又禁不住通过税收和监管来给这个过程添堵。

事实正相反,早在大萧条之前,政府就在经济中发挥了积极的作用。实际上,政府在创建市场经济和使利润制度成为可能方面,起了基础性的作用。除了制定法律保护私有财产和投资、管制货币、设置关税和贸易条款,政府还在协调一国的基础设施建设中发挥核心作用。其中包括交通和通信基础设施——道路、运河、铁道、邮政系统、电报等等。这些基础设施工程复杂、规模又大,私人利益集团无法在没有国家的大力协调和支持的情况下完成这些项目。小阿尔弗雷德·杜邦·钱德勒(Alfred DuPont Chandler Jr.)可以说是最伟大的美国企业史学家,他认为 19 世纪现代交通和通信基础设施建设是导致我们今天所知的现代公司资本主义产生的主要原因。③

① Galbraith, *Inequality and Instability*, 291.

② Paul Krugman, *End This Depression Now*!, 19.

③ Alfred D. Chandler Jr., *Scale and Scope: The Dynamics of Industrial Capitalism* (Cambridge, MA: Belknap Press of Harvard University Press, 1990).

为市场经济提供基础设施的任务在过去一个世纪中有所增加，现在包括桥梁、供水系统、污水和废物处理系统、水坝、机场、公用事业，这些构成了经济活动的基础。现在越来越多的美国人认识到，互联网和宽带接入是我们基础设施不可或缺的组成部分，因为我们的许多经济活动已经转到线上了。

政府的所作所为不仅将决定一个社会是否有资本主义经济，而且还将决定一个社会将有何种资本主义。诚然，在任何资本主义社会都将存在强大的压力，要求开放供资本开发获利的领域，而不考虑社会代价。毕竟，资本家（就其自身性质而言，考虑到其经济权力）行使着过度的政治权力。但并非所有领域都将受制于市场。事实上，自然界和人类生存的许多领域不可能在受制于这样的支配时不破坏生活本身的结构，资本主义社会的大部分领域在历史上一直并仍然在很大程度上处于资本积累的过程之外。可以把宗教、教育、恋爱、选举、研究和国防视为这样的例子，尽管资本正迫切要求圈占那些它能殖民的领域。很少有（如果有的话）宗教保守主义者认为家庭可能是历史上最反资本主义的机构，尽管最成功的家庭都是按照"各尽所能，按需分配"这一共产主义原则来运转的。①

在资本主义社会中，许多重要的政治辩论都是关于决定哪些领域允许追逐利润，哪些领域不允许。最合乎理性、最人道的情况是，资本主义社会倾向于保留包括卫生保健和养老金在内的大型非商业领域，如果这些领域由商业利益主导是极为有利可图的。至少，一个资本主义社会越是民主，就越有可能就这些问题进行可信的公开辩论。

多年来，经济学家提出了一些概念或工具来理解市场的缺陷，从而为国家在解决这些问题和加强资本主义经济方面设定了适当的角色。这些对于理解媒体和互联网都是至关重要的。经济学家所说的外部性（*externalities*，外部效应）就是这样的概念。外部性是不由买方或卖方承担的市

---

① 那么合乎逻辑的问题就是：如果这是一种理想的家庭形式，那么在社会的任何其他地方，建立一个与这些价值观截然相反的伦理制度是否可取？安·兰德（Ayn Rand）是艾伦·格林斯潘（Alan Greenspan）和保罗·瑞安（Paul Ryan）等无数当代美国自由市场保守派的英雄和导师，她深知宗教尤其是基督教对资本主义价值观的固有敌意。作为一个坚定的无神论者，兰德写道，基督教价值观是"共产主义最好的幼儿园"。See Jennifer Burns, "Atlas Spurned," *New York Times*, Aug. 15, 2012, A21.

场交易的成本和收益。污染,或整体环境恶化,就是经典的负外部性。无论是购车方还是汽车制造方都没有将汽车的巨大环境成本计入产品价格中,因此,市场无法解决污染问题。由于这些成本外在于市场,因此它们由社会来承担。一般来说,如果存在巨大的负外部性,或市场无意产生潜在的巨大且有价值的正外部性,市场会被认为是低效和不适当的。[①]

政府开支常用于能产生大量正外部性的领域,或用于防止或最大程度减小负面发展的领域。公共教育就是一个典型的案例。好的公立学校将导致一个教育程度更高、生活水平更高、文化更发达的社会。这会让每个人都受益,甚至那些没有孩子上公立学校的人。正外部性的丧失将带来没人想要的后果:经济增长放缓、犯罪率上升、社会不安全等等。[②] 这就是为什么人们支持公共教育,也是为什么我们国家的许多开国先贤如此重视公共教育的原因。

正如萨克斯(Sachs)所指出的,广告存在着巨大的负外部性,而这些负外部性尚未得到解决。新闻业充满了强大的外部效应。大量的新闻报道能够使人们了解情况并参与其中,从而导致更加有效的治理、更加健康的经济和充满活力的文化。我们的生活会更加充实、更加丰富。它将惠及每一个人,甚至包括那些选择不直接消费新闻的人。同样,如果市场使新闻业降格并腐蚀了它,这将导致公民的无知并由此带来贪腐和不幸。我们都将深受其害。这就是目前正在上演的一幕。认识到新闻业具有重要的外部性,并不能告诉我们要采用什么样的具体政策,而是告知我们如何建设性地思考政策制定过程。

---

① 值得注意的是,环境破坏的外部性已经成为现代政治经济体系的核心危机之一。它确实威胁着我们人类在这个星球上的继续生存。数字革命的宣称之一是它是生态友好的。例如,数字通信不需要其前身所消耗的大量纸张和墨水。米勒(Toby Miller)和迈克斯韦尔(Richard Maxwell)的新研究推翻了这种生态友好的宣称:Richard Maxwell and Toby Miller, *Greening the Media* (New York: Oxford University Press, 2012)。他们证明,到2020年将存在的大约220亿部互联网设备的生产和废弃处置,将对环境造成巨大的破坏。这是典型的外部性,因为成本不由生产者也不由消费者承担。具有巨大负外部性的市场需要政府规管来减轻危害,但要获得政治力量来施行规管是困难的。

② 有关外部性和媒体的精彩讨论,参阅 Edward S. Herman, "The Externalities Effects of Commercial and Public broadcasting," in Kaarle Nordenstreng and Herbert I. Schiller, eds., *Beyond National Sovereignty: International Communication in the 1990s* (Norwood, NJ: Ablex, 1993), 84—115。

经济学中另一个相关的、可以说更重要的概念是公共产品（*public goods*）。它指的是这样的物质或益处：不能有效地将那些不"付费"的消费者排除在使用之外，并且一个人的使用并不减少它们对另一个人的可获得性。① 国防和防疫公共卫生服务通常被作为公共产品的例子。我们需要被保护，我们需要采取措施预防流行性疾病，尽管这很重要，但是个体却没有能力支付。再者，几乎没有人会自愿支付国防费用，如果有其他人这么做的话。因为他们生活在同一个国度，宁愿"搭便车"。没人想当冤大头。因此，没有哪家企业会生产和销售这个产品。要么我们全都拥有它，要么没人拥有它。社会需要它，但是市场没法生产出足够的数量和质量。它需要集体行动。

一种产品或服务越是具有公共产品的属性，政府就越有必要在制定政策方面发挥作用，以鼓励这种产品的生产，并公平地分摊费用。这并不意味着商业玩家和市场力量在其中不起作用，而是政府在其中起统筹作用，否则游戏就永远没法开启。这是一个需要政策审议和辩论的问题。此外，正如黛安·拉维奇（Diane Ravitch）敏锐地记述的那样，过去 20 年美国教育改革的经验已经表明，像教育这种与生俱来就无利可图的公共产品并不适合"市场规训"。如果适合的话，它们从一开始就能盈利。② 将教育这样的公共产品受制于商业逻辑之下通常会是一场灾难，尽管对于那些痴迷于资本主义信条的人来说，这一点是难以理解的。

公共产品理论对理解媒体和互联网有着多方面的价值。开路广播就其一直以来的实践而言，是公共产品。无论是三百万人还是三亿人观看一个节目，都不会改变节目的制作成本，也不会影响每个观者的满意度。并不存在鼓励节目生产的激励机制，因为当人们可以免费收看节目时没有人会为观看买单。大多数国家解决这个问题的方法，是投入公共资金创建面向所有人的广播内容。在美国，广告成了资助内容生产和使广播得以维持下去的手段。

---

① 经典陈述：Paul A. Samuelson, "The Pure Theory of Public Expenditure," *Review of Economics and Statistics* 36（4）（1954）：387—389。那个时期的另一个经典研究：John Kenneth Galbraith, *The Affluent Society*（Boston：Houghton Mifflin, 1958），especially chapters 18—22。

② Diane Ravitch, *The Death and Life of the Great American School System：How Testing and Choice Are Undermining Education*（New York：Basic Books, 2010）.

互联网同样也有着强烈的公共产品属性，并削弱了旧媒体的"私人产品"属性。互联网服务提供商很显然可以将人们排除在外，但对消费者而言，实际的内容——价值观、想法——可以共享而不损失价值。共享也是极为便宜和方便的。共享内生于网络文化和实践之中，这使得付费订阅模式难以生效。这也可以解释有了互联网之后，电影和音乐产业以及那些生产新闻的公司面临的诸多问题。纵使广告将补贴互联网上的媒体内容，就像它对广播的补贴一样（我会在第五章和第六章处理这个巨大的假设），它也会带来巨大的负外部性，并且大到我们可能希望对它加以限制的程度。无论如何，我们都可以从公益理论中获得教益。

对于那些属于公共产品和/或具有强大正外部性的经济活动，人们很难甚至不可能利用市场来表达他们渴望得到的产品或服务。你如何在市场上表达你想要国防或者公共卫生？你要买什么产品？这是办不到的。有时候，人们想拥有产品，即使并不打算使用也愿意为它买单。在这种情况下，市场也是不起作用的。对美国工人阶级的调查显示，他们中有很多人想要公共广播，即使他们自己不打算看，也愿意通过纳税来支持它。[1] 他们想让自己的孩子看，或者只是想知道有地方可以看到非商业节目。因此，这是政府资金为民所用。[2] 我认为不论是现在还是将来，这同样也适用于新闻业。甚至那些并不经常阅读新闻的人也喜欢新闻的存在，喜欢人们报道政府、经济和当日新闻。他们愿意为新闻业的蓬勃发展买单，即使他们自己无论出于什么原因并不打算参与其中。

重访资本主义与民主的关系

在此基础上，让我们转向经济与政治的关系，并看看美国的经验。比

---

[1]　结论："大多数受访者称赞公共广播是一种极好的资源，几乎避免了商业媒体的所有隐患。它的新闻节目被认为是客观的、信息量大的，不追求哗众取宠，它不含广告的节目样态广受好评，它为儿童和成人提供高质量的教育节目。然而，除了少数的支持者外，绝大多数受访者承认，他们很少（如果有的话）观看公共广播（除了与孩子一起）或收听全国公共广播电台（NPR），他们只是不认为这是一个日常选项，觉得它可能太枯燥了。尽管他们抱怨哗众取宠，但有些人还是不情愿地承认，他们想从他们的新闻中得到乐趣。"Gerstein-Agne Strategic Communications，"Media Reform Focus Groups：understanding Public Attitudes and Building Public Support for Media Reform，" June 1，2005，www. freepress. net/files/focus_groups. pdf.

[2]　Roper Public Opinion Poll on PBS，Jan. 2009，kpts. org/user/file/Roper2009. pdf.

起更晚近的时期,那套信条言说用来描绘 19 世纪上半叶的美国经济是更为准确的,至少对当时的北方各州是如此。由于资本主义信条经历了从原来还能与现实有点类似到变成神话的过程,从中我们可以一窥经济与政府和政治体系的关系发生了怎样的变化。有效的民主政治的关键一直是很清楚的。"民主[是]当贫困人民——而不是财富拥有者——做主人的时候,"亚里士多德在他的《政治学》(*Politics*)中指出,"如果自由与平等……主要存在于民主政治之中,则当所有的人都能一视同仁地最大程度参与到治理之中时,二者将能得到最好的实现。"①

请注意,亚里士多德是在大约两千年前书写民主与共和的,那时还没有人提出资本主义这一词,也没有人把它理解为是一种经济体系。请注意,亚里士多德也强调民主和财产之间的张力。在资本主义之前人们一直是这么理解的,即民主就是赋予没有财产的人权力,不平等的财产所有权是民主的死敌。随着民主在美国和其他地方的出现,很少见到富有的产权所有人带头为扩大民主而斗争,他们有时候是非常心不甘情不愿地加入其中。许多美国民主和公民自由的拥护者——从托马斯·潘恩(Tom Paine)、尤金·德布兹(Eugene Debs)到马丁·路德·金(Martin Luther King Jr.)——往往是政治立场偏左的人,他们遭到许多有财产的人的憎恶。

共和国的缔造者和为摆脱英国而战的人们中,不乏对民主思想缺乏同情的人,在最显赫的那部分人中也不难找到奴隶主和伪君子。话虽如此,但是美国革命的真正革命性还是令人吃惊的。托马斯·潘恩的话鼓舞人们奋起抗争,平等政治的承诺在当时是很了不起的。历史学家戈登·伍德(Gordon S. Wood)说,在 18 世纪晚期,它就像马克思主义在 19 世纪一样激进。② 诺亚·韦伯斯特(Noah Webster)在 1787 年指出,平等不仅仅意味着在政治上或法律上的形式平等。它要求"土地财产的普遍而又相当平等的分配",和由此而来的真正的经济自治权。③ 这样的政治经济体系将使严重的不平等、腐败和暴政变得不大可能,而最有可能促进

---

① Aristotle, *Politics*, trans. Benjamin Jowett (Stilwell, KS: Digiereads, 2005), 60.

② Gordon S. Wood, *The Idea of America* (New York: Penguin Press, 2011).

③ Cited in Thompson, *Politics of Inequality*, 57.

自由（liberty）和民众有效的自我治理。一个地方性的、竞争性的并且主要由一个阶级构成（one-class）的市场经济，是杰斐逊、潘恩以及林肯构想理想的民主的政治经济体系的基础。

奴隶制度和封建制度就其本身性质而言，与任何稍与民主沾边的东西都格格不入。19世纪早期市场经济在美国（尤其是在北方各州）的出现，更有利于平等政治，因为财产所有权得到广泛的传播，以及大部分劳动力是自雇的农民、技工、商贩或商人。随着现代资本主义的发展，公司取代了小规模的企业家，它们雇佣了大量没有财产的工人阶级，创造了在早期难以想象的巨大财富，由此破坏了最有利于美国民主的政治经济体系。不平等现象激增，贫困加剧，商业利益集团有了巨大的动机利用其权力（有时是非法的），让政府以牺牲公民的利益为代价，来增进他们的利益。这一过程在伟大的工业革命时期的19世纪中叶开始发展，并在南北战争之后的几十年内（臭名昭著的"镀金年代"）爆发。

巨额财富的兴起以及随之而来的大企业的政治影响使林肯感到恐惧。1861年12月，林肯发表了第一次国情咨文演讲（State of the Union Address）——可以说是他政治生涯中截止当时最重要的一次演说，当时美国内战已经开启，联邦（Union）正在为生存而战。[1] 全国乃至全世界的眼光都注视着他。不难理解，林肯在演讲中大部分时间都在讨论战争及其重要性。然后，话锋一转，他对远离战场的一个问题拉响警报："在我目前的处境下，如果我不发出警告，反对这种恢复专制统治的做法，那我几乎是站不住脚的。"让林肯如此担心的专制统治是"寻求在政府结构中让资本与劳动平起平坐，甚至高于劳动"。林肯这么阐述他的看法："劳动先于资本，并独立于资本。资本只是劳动的成果，假如不先有劳动，就不可能有资本。劳动高于资本，理应得到更多的重视。"尤其重要的是，不允许富人对政府施加过度的影响。

世间再没有比那些从贫穷中奋起的人更值得信赖的了，他们谁也不愿拿走或触碰不是他们老老实实挣来的东西。要让他们提防交出已经拥有的政治权力，这权力一旦交出，必将被用于关闭令他们得

---

[1]　译注：the Union，美国南北战争时的北方军队，反对南北分裂。

以前进的大门，给他们增加新的障碍与负担，直至失去所有的自由。①

没过多久，林肯的警告就显得很有先见之明。1887 年，卸任的美国第 19 任总统拉瑟福德·海斯（Rutherford B. Hayes）说：

> ……是时候让公众知悉，这个国家巨大的邪恶和危险，超越一切的危险，是少数人拥有或控制的巨额财富。金钱就是权力。在国会，在州议会，在市议会，在法院，在政党大会，在新闻界，在讲坛上，在受过教育和有才华的人的圈子里，它的影响越来越大。少数人拥有过多的财富，意味着极度的贫穷、无知、堕落和许多人的不幸。

海斯回顾林肯在葛底斯堡演说②中对内战的惨烈屠杀所做的激动人心的辩护——只有它保护了民主，才是正当的。海斯写道，"这不再是民有、民治、民享的政府。这是公司拥有、公司统治、公司享有的政府"。③ 美国重要的左翼历史学家保罗·布尔（Paul Buhle）指出，正是在 19 世纪 80 年代的这段时间，资本主义可以说受到民众起义的最大威胁。④ 后来的最高法院法官路易斯·布兰代斯（Louis Brandeis）捕捉到了一种日益凸显的看法："我们可能拥有民主，或者我们也可能把财富集中在少数人手中，但鱼和熊掌不可兼得。"⑤

值得注意的是，除了不平等之外，一些宪法起草者还把另一种现象视为造成不平等和导致自治政府癌变的一个原因，即军国主义。这是自古希腊和古罗马以来一直令人担忧的问题。詹姆斯·麦迪逊（James Madison）认为，这可以说是对共和国最严重的威胁，这也是为什么美国宪法设

---

① Abraham Lincoln, "1861 State of the Union Address," Dec. 3, 1861, presidentialrhetoric. com/historicspeeches/lincoln/stateoftheunion1861. html.

② 译注：1863 年 11 月 19 日，林肯到葛底斯堡战场访问，在为这场战役的阵亡将士墓举行落成仪式上做了简短的演讲。

③ Jack Beatty, *Age of Betrayal: The Triumph of Money in America*, 1865—1900（New York: Knopf, 2007）, xv.

④ 与保罗·布尔的交谈，2012 年 2 月。

⑤ "Justice Louis D. Brandeis," brandeis. edu/legacyfund/bio. html.

立了国家发动战争前需要遵循的严格的规定，并严格禁止军事介入国内事务的一个原因。他写道：

> 在所有真正自由的敌人中，战争也许是最可怕的，因为战争包含并发展了所有其他敌人的萌芽。战争是军队之母，并由此产生债务和税收。众所周知，军队、债务和税收是使多数人受少数人支配的手段。在战争中，行政机关的自由裁量权也得到了扩展，它在分配职务、荣誉和薪酬方面的影响力成倍增加，而所有诱惑人心的手段，都整合到了压制人民力量的手段之中。共和主义的这一邪恶的一面，可以追溯到由战争状态导致的财富不平等和欺诈机会，以及由这两者所产生的行为和道德的堕落。没有哪个国家能够在持续不断的战争中维护其自由。①

这几乎是最有先见之明和精妙绝伦的表达了。到了 20 世纪下半叶，美国成了世界头号军事强国，到了 21 世纪初，美国成了世界历史上最具支配力的军事强国。军国主义也给现代新闻业带来了巨大的困境，这意味着军队在互联网的发展和管理中发挥的作用远远大于人们普遍认为的作用。我会在第五章探讨这个问题。

公司资本主义与脆弱的民主

民主国家总是有潜力实行以牺牲拥有大量财产的人的利益为代价而使全体人民收益的政策。这是共和国的许多奠基人所关心的一个核心问题，他们担心那些反对革命的人可能会对民主的理念很抓狂。尽管本杰明·富兰克林（Benjamin Franklin）和托马斯·潘恩大力提倡男性普选权，但是他们的立场是少数派。富兰克林指出，"那些在选举代表时没有发言权也没有投票权的人，他们不享有自由，而是受那些有投票权的人的绝对奴役"。② 即使是对白人男性的普选，麦迪逊（Madison）也感到害怕

---

① Cited in John Nichols, ed., *Against the Beast: A Documentary History of American Opposition to Empires* (New York: Nation Books, 2005), 14.

② Ron Hayduk, *Democracy for All: Restoring Immigrant Voting Rights in the United States* (New York: Routledge, 2006), 3.

并持反对立场,而约翰·亚当斯[①]则彻头彻尾反对普选。亚当斯说,如果没有财产的男性也可以投票,"一场一触即发的革命就会随之而来"。[②]合众国首任最高法院首席法官约翰·杰伊(John Jay)也没有脱离主流,他说,"拥有(own)这个国家的人应该治理这个国家"。[③] 美国历史上一些最伟大的政治斗争都是关于扩大选民范围的。随着成人普选权在 20 世纪 30 年代在美国北部的出现,以及由于 1965 年《选举权法》(Voting Rights Act of 1965)的通过和成人普选权在南部的到来,对财产和正在浮现的公司秩序的威胁就更为紧迫了。

但是这种威胁总体上得到了遏制,尽管上个世纪许多最进步的政府项目——从组织工会的权利到社会保障和联邦医疗保险(Medicare)——在那些没有财产的人组织起来迫使国家应允他们的愿望时产生了。美国的许多政治问题最终都归结于这一算计。

尽管美国民众看上去有数量上的优势,但为什么民众的力量在历史上未能取得更进一步的成功,为什么民众在最近的一段时间里遭遇惨败?为什么 19 世纪 80 年代是抵抗资本主义的高峰期? 对以上问题,我强调的是有组织的劳工在推动民众政治方面的关键作用。在某种程度上,问题就变成了:为什么有组织的劳工在政治上不能更有效?

对上述问题的回答可能会耗费大量的篇幅,而且关于它们的学术研究也并不在少数。就我们的目的而言,有两点是很重要的。首先,一个世纪前,正当企业的政治经济体系得以巩固的时候,公共关系制度出现了。公关是个复杂的问题。一方面,正如阿列克斯·凯里(Alex Carey)所指出的,公共关系解决了这个时代的根本政治问题:在一个绝大多数合格选民都对可能攻击甚至取消富人特权的政策有着浓厚兴趣的政治世界里,集中的财富如何能保护其特权? 从这个意义上说,公共关系发挥了强有

---

① 译注:美利坚合众国第一任副总统,第二任总统。他关于普选权的看法在独立战争和制宪时期比较普遍。

② See Alexander Keyssar, *The Right to Vote*: *The Contested History of Democracy in the United States* (New York: Basic Books, 2000), 11, 15.

③ 约翰·亚当斯据说也发表过同样的声明。公平而论,亚当斯不是富豪。虽然他不是现代意义上的民主主义者(democrat),但他也深深担忧当权者拥有不受约束的权力。在这一点上,他与杰斐逊在他们晚年时的通信很有启发性。See Michael Perelman, *The Invisible Handcuffs of Capitalism* (New York: Monthly Review Press, 2011), 272.

力的鼓吹作用,颂扬企业和资本主义的美德,诋毁劳工和政府的社会项目。如凯里所言,公关的目的就是为那些拥有这个国家的人"剔除民主的风险"①。

然而,由美国商会和美国全国制造商协会等行业协会按照这些原则明确实施的公共关系只是公关业产出的一小部分。公关经费的大部分用于特定的政治/商业目标。公关是由那些游说政府和需要有倾向性地塑造(massage)舆论的人生产的,在某种程度上,舆论可能会影响到特殊利益集团所想要(或不想要)的政府的规管和政策。人人都可以这么做,包括劳工组织和非营利组织在内,但是巨额投入来自企业和企业行业协会,政府如何对待它们对它们来说至关重要。② 这种公关通常强化了凯里所概括的主题:企业是好的,市场是好的,政府是坏的,劳工很糟糕。有时候,公关是传统广告活动的一个组成部分,目标是销售公司的产品。

公共关系的另一个重要组成部分是:由于利用了专业主义新闻报道的惯常做法,公关为大量"新闻"报道提供了基本素材。受人欢迎的公关案例的数量要比广告少,原因之一是,如果公关神不知鬼不觉地做,往往更加有效。如果有史以来十佳公关活动广为公众所知,那么它们很可能就不在史上十佳公关活动之列了。③ 很显然,与此相反的是史上十佳广告活动。

公关与广告的结合,使我们的时代成为"虚假沟通"(insincere communication)的黄金时代,或者你也可以选择别的俗称替代。这一结合宣扬了这样一种观点:为了得到你想要的你得说些该说的话。任何你能让

① Alex Carey, *Taking the Risk Out of Democracy* (Urbana: University of Illinois Press, 1996).

② 互联网颂扬者的宣称之一是,互联网会破坏企业的公关努力,让消费者有更大的影响力,迫使企业以更合乎道德的方式行事。随着社交媒体的出现,这一宣称再度出现,认为脸书、推特、YouTube,以及智能手机和谷歌搜索,可以让消费者在对抗企业对手时变得强大许多。《彭博商业周刊》指出,这并没有成为常态,因为企业已经成为将公关技巧应用于社交媒体和网络的专家。See Felix Gillette, "It's Getting Tougher to bully brands," *Bloomberg Businessweek*, Aug. 6—12, 2012, 20—22.

③ 最近取得巨大成功的公关活动是能源游说团体的工作,目的是诋毁气候变化方面受一致认可的科学研究。See James Hoggan, *Climate Cover-Up: The Crusade to Deny Global Warming* (Vancouver: Greystone Books, 2009); and James Lawrence Powell, *The Inquisition of Climate Science* (New York: Columbia University Press, 2011).

人们相信的东西就成了真相。这是一个毒害民主的环境,它在煽动犬儒主义的情绪。

因此,它有助于 20 世纪的第二个发展:去政治化的强化。美国人对政治可没那么感兴趣,至少在参考了包括选民投票率在内的大多数指标后是如此。去政治化在社会的领导层看来不一定是坏事,因为不言而喻,如果低收入群体大比例地不参与政治,富人就会收益。1975 年,一个名为"三边委员会"(Trilateral Commission)①的产—学精英团体发布了一份题为《民主的危机》(*The Crisis of Democracy*)的报告,其结论是,"民主政治体系的有效运作通常需要一些个体和群体某种程度的冷漠和不参与"。② 保罗·韦里奇(Paul Weyrich)是"传统基金会"(Heritage Foundation)③的创始人,也是自 20 世纪 70 年代以来公司权利的重要组织者之一,他在 1980 年的一次面向保守派活动家的演讲中直言不讳地说:"我不希望每个人都投票……我们在选举中的影响力随着投票民众的减少而明显上升。"④

最近几次,依据投票地点和选举的不同,15%到 60%不等的成年人参加了投票。如果这个数字接近或超过 60%,人们对民主的关注程度就开始下降。相比之下,在 19 世纪末,78.5%的合条件选民参加了总统选举投票,如果不计南方的话,这个比例是 84%。比如,因为人民党(Populist,平民党)一度与民主党共同推出了候选人威廉·詹宁斯·布莱恩(William Jennings Bryan),1896 年的大选可以说是美国历史上投票率最高的一次选举,⑤密歇

---

① 译注:由北美、欧洲和日本共 14 个国家的学者和政经要人组成。

② Michel Crozier, Samuel P. Huntington, and Joji Watanuki, *The Crisis of Democracy*: *Report on the Governability of Democracies to the Trilateral Commission* (New York: New York University Press, 1975), 114.

③ 译注:美国最有影响力的保守派智库之一,美国新右翼力量的主要政策研究场所,创办初期的口号是"不在于研究政策,而在于支持新右翼的观点"。鼓吹小政府、大市场和个人自由。该基金会与韦里奇领导的争取自由国会生存委员会(Committee for the Survival of a Free Congress)均属亲台湾省的华盛顿院外活动集团。

④ Glenn W. Smith, "Republican Operative: 'I Don't Want Everyone to Vote,'" FireDogLake, Oct. 12, 2008. http://firedoglake. com/2008/10/12/republican-operative-i-dont-want-everyone-to-vote/

⑤ 译注:布莱恩是 1896 年美国大选时民主和当时的第三大党人民党的共同候选人,最后被与北方工业资产阶级和南方种植园主联手的共和党候选人麦金莱击败。这标志着 19 世纪 80 和 90 年代兴盛的平民运动(Populist Movement)的衰微。此后,美国共和党做了一系列法律上的限制安排,使选民登记程序繁复,令民众尤其是下层阶级的民主参与程度大为降低。

根州高达 95％合条件的选民参加了投票。[1]更令人吃惊的是,哪些社会阶层现在已经不再投票了:比例很大的是穷人。这也不是最近才出现的态势。20 世纪 50 年代,弗拉基米尔·奥兰多·基(V. O. Key)的一个开拓性研究表明,20 世纪上半叶的投票率中存在阶级倾向:富人的投票率往往是穷人的将近两倍。[2] 图 8 和图 9 按收入水平将成年人口分成六个大致相等的群体,用图表提供了具体情况。

早在 20 世纪 70 年代,沃尔特·迪恩·伯纳姆(Walter Dean Burnham)等学者的研究就表明,如果所有收入水平的美国人的投票率与大多

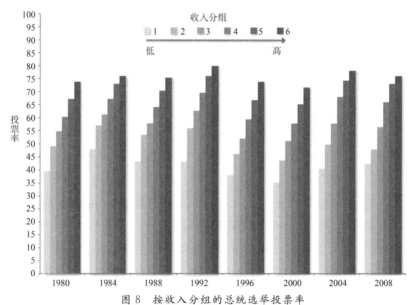

图 8 按收入分组的总统选举投票率

来源:U. S. Census Bureau, "Reported Voting and Registration of Family Members, by Age and Family Income,"various years; and Robert Sahr,"Inflation Conversion Factors," Oregon State University,2011,oregonstate. edu/cla/polisci/sahr/sahr (accessed Sept. 1,2011). 美国人口普查局公布的收入群组数逐年变化,且未考虑通货膨胀因素。人口普查数据也未按百分比数公布,因此每个收入群组在达到投票年龄的人口总数中所占比例差异很大。为了在所列时间段内获取一致的群组数,同时取得更均等的人口分布,特定年份的收入类别在图 8 中进行了折叠。根据美国人口普查局数据得出的按 2008 年不变美元计算的平均收入(收入类别 1—6),同样列于图 9 中。

---

① Richard L. Kaplan,*Politics and the American Press:The Rise of Objectivity*,1865—1920 (New York:Cambridge University Press,2002),24,149.

② V. O. Key Jr. , *Politics,Parties,and Pressure Groups* (New York:Thomas Y. Crowell,1955),chap. 19.

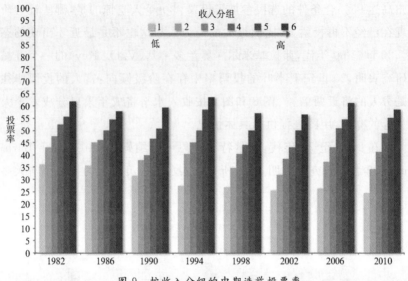

图 9　按收入分组的中期选举投票率

来源：Ibid.

数北欧国家一样，这个国家将选出对社会民主政策和美国所见过的任何
左派都抱以更大同情的政府。[1] 研究表明，20 世纪 70 年代以来，美国人
在一系列核心政治问题上并没有向右倾，事实上，他们可能更加进步。[2]
詹姆斯·加尔布雷斯（James K. Galbraith）的研究表明，随着经济不平等
的加剧，穷人和工人阶级的投票率呈下降趋势。[3]

　　C. B. 麦克弗森（C. B. Macpherson）是最早发现以下洞见的人之一：
在美国这样的现代资本主义社会中，双寡头政党制度往往会导致"精英之
间的竞争"，而正是精英"制定了问题"。[4] 这一政治经济体系的基本原则
是两党一致同意的，并不公开辩论或讨论。在麦克弗森看来，两党制是产
生公民冷漠和去政治化（特别是在经济结构底层的那些人中）以及维护精

　　① Walter Dean Burnham, "The Appearance and Disappearance of the American Voter," in
Thomas Ferguson and Joel Rogers, eds., *The Political Economy: Readings in the Politics and
Economics of American Public Policy* (Armonk, NY: M. E. Sharpe, 1984), 112—37.

　　② See Hacker and Pierson, *Winner-Take-All Politics*.

　　③ Galbraith, *Inequality and Instability*, 164.

　　④ C. B. Macpherson. *The Life and Times of Liberal Democracy* (New York: Oxford U-
niversity Press, 1977), 89—90. 弗洛姆（Erich Fromm）大约在同一时间也提出类似的看法。See
Erich Fromm, *The Sane Society* (New York: Rinehart & Company, 1955), 184—91.

英统治的理想制度。近期，马丁·吉伦斯（Martin Gilens）与凯·雷曼·施洛茨曼（Kay Lehman Schlozman）、西德尼·维巴（Sidney Verba）和亨利·布雷迪（Henry E. Brady）的出色研究揭示出穷人、工人阶级和中产阶级中普遍存在的冷漠有一个合理的基础：有证据清楚表明，与企业和富人相比，他们对政客和政策几乎没有影响力。[1]

　　那套资本主义信条对于美国民主的成色、去政治化的程度和公共关系的能耐都只字不提，而大多数给互联网著书立说的人，对此也是一言不发。他们把事物的现存状态视为事物的自然秩序和"民主"。显然，任何其他东西都属于天上掉的馅饼，都不在成年人的谈话范畴之内。这个标准定得如此之低，以至于大多数美国人现在对民主只有一种空洞的观念：投票给你所知甚少或一无所知的政客，他们很可能会忽视你，即便你是少数几个知道关键问题所在的人之一。我们现在与潘恩、富兰克林或林肯的愿景相距很远。杰斐逊也提出了同样的观点，他认为仅仅投票选代表是远远不够的。他写道，"每一天"公民都必须是"政府事务的参与者"。[2]

　　如果互联网是值得期待的（worth its salt），如果它要实现其最乐观的颂扬者的承诺，并缓和其最焦虑的怀疑论者的担忧，那么互论网必须成为一股推动民主浪潮的力量。这意味着，它必须帮助遏制那些助长不平等、垄断、过度商业化、腐败、去政治化和经济停滞的力量。这样做将使互联网遭受现实存在的资本主义的攻击。这就是我在本书后续部分探讨的冲突。

　　① See Martin Gilens, *Affluence and Influence: Economic Inequality and Political Power in America* (Princeton, NJ: Princeton University Press, 2012); Kay Lehman Schlozman, Sidney Verba, and Henry E. Brady, *The Unheavenly Chorus: Unequal Political Voice and the Broken Promise of American Democracy* (Princeton, NJ: Princeton University Press, 2012).

　　② Richard K. Matthews, *The Radical Politics of Thomas Jefferson: A Revisionist View* (Lawrence: University Press of Kansas, 1984), 83.

第三章　传播政治经济学如何
有助于我们理解互联网？

　　虽然资本主义信条呈现了一幅表面的且具有误导性的资本主义图景，并对脆弱的民主政治视而不见，但美国的商业媒体系统用自己的媒体自由市场信条补充了这一点。它大概是这么描述的：

　　商业媒体相互竞争以满足受众需求。竞争迫使商业媒体服从这一逻辑，否则竞争对手就会窃取它们的市场，并迫使它们倒闭。因此，这个系统"给了人们他们想要的东西"。新闻业也面临着竞争的威胁，公司也得遵循游戏规则。但是商业压力也可能是一个问题，因此最重要的发展是独立的专业记者的崛起，他们致力于不偏不倚、客观地报道新闻。媒体系统中的娱乐和新闻两个部门取得成功的关键是，它们竞争激烈，并且是私营部门的一部分，不受政府控制。如果有什么是无可争议的，那就是政府介入媒体是危险的，应该不惜一切代价予以避免。出版自由是自由社会的关键，自由市场是出版自由和健康的民主文化的基础。

　　与第二章中更宽泛的信条言说一样，这一自由媒体系统的愿景几乎被大多数观察家所接受，然后被用来观照数字技术领域。虽然这一出版自由的愿景有一些准确和吸引人的成分，但是，就有效理解互联网或所有媒体以及对它们采取有效行动而言，这一愿景是可疑的。政治经济学的价值在于揭示资本主义以及资本主义与民主的关系，但传统形式的政治经济学只能对自由媒体系统这一概念展开粗略的批判。幸运的是，政治经济学的子领域传播政治经济学（political economy of communication，PEC）非常适合详细讨论围绕数字革命的大多数核心问题。①

传播政治经济学将传播带入资本主义和民主的研究图景之中。它通过确定媒体和传播系统如何影响社会中的政治权力和社会权力，以及它们在总体上是民主和成功自治的支持力量还是反对力量，来评估媒体和传播系统。这种批判的或明确的规范性基础，使其有别于媒体经济学和媒介法等相关领域。那些研究领域和主流经济学一样，都接受美国的现状（不论是好是坏），并认为自己对现状保持中立，因此他们很少对整个系统进行批判性的思考。这种中立性通常演变成对现状和现有权力结构心照不宣的赞同，认为它们是适合自由社会的。

传播政治经济学大体上有两条研究的思路。首先，它探究定义媒体或传播系统的制度、补贴、市场结构、公司、支持机制和劳动实践。媒体市场的实际运作方式与自由市场信条没有什么共同点，因此，关于竞争和"看不见的手"的套话有的大多是意识形态的价值。传播政治经济学致力于为媒体市场以及政府的真正作用提供更准确的理解。它探究这些结构性和制度性因素如何塑造了媒体内容，以及传播系统如何在社会中发挥作用。传播政治经济学者对评估商业新闻媒体系统生产的新闻报道的品质有着浓厚的兴趣。

其次，传播政治经济学强调政府政策在建立媒体系统、甚至是商业利润驱动的媒体系统方面的基础性作用。传播政治经济学研究和估量传播政策是如何得以辩论和决定的，并且它有一个很强的历史视角，探究媒体政策和媒体系统在过去是如何形成的。传播政策辩论位处原子的核心，如果未来的媒体系统要革新或变化，这个核心是必须要回去的。

在我看来，传播政治经济学的这两个要素，对我们理解互联网是如何一路走来的、曾经和现在的重大问题是什么、还有哪些选项在我们面前，都是不可或缺的。传播政治经济学不能提供所有问题的所有答案，但是，它至少可以贡献一个有用的语境（context，背景），为大部分问题的解答提供基础。

---

① 这是对传播政治经济学特质的看法，既符合我自己的旨趣，也符合这一章和本书的目的。一个更全面但也带有这一子领域特质的视角，我推荐 Vincent Mosco, *The Political Economy of Communication*, 2d ed. (Thousand Oaks, CA: Sage, 2009)。

传播政治经济学基础

　　首先要把媒体理解为一个社会问题。我说的"问题"(*problem*)是《韦氏大学词典》中的第一个释义:"提出以供调查、思考或解决的疑问(question)。"在这个意义上,媒体是一个政治问题,也是个不可避免的问题。这样或那样的媒体系统总会存在,它们不是凭空产生的。各种政策、结构、补贴和机构创建出来用以控制、指导和规范媒体,这就规定了媒体系统的逻辑和性质。理解了这一点,那么一个社会决定如何构建媒体系统的方式,即一个社会如何就解决媒体问题做出决策,就变得至关重要了。这些政策辩论常常会决定媒体系统的轮廓和价值观,然后,媒体系统生产出所有人都可见到的媒体内容。[①]

　　任何社会都存在媒体的问题,无论其社会结构如何。每个社会都不是从零开始来处理这个问题的,选择的范围受到政治经济结构、文化传统和现有通讯技术等因素的影响。在独裁和专制政权中,这个问题由掌权者来解决,他们建立媒体系统的目标一目了然,即支持他们对国家的统治,并将有效反对的可能性降至最低。对媒体的控制与对社会的控制之间的直接联系是不言而喻的。同样,在形式民主的社会,在掌握权力和不掌握权力的人之间存在同样的紧张关系,但斗争的方式不同。在任何社会,媒体都是权力斗争和控制权斗争的中心,在民主国家这一点可以说更为常见,因为这个问题在民主国家是更可争取的。

　　传播政治经济学致力于以产生最有益于民主价值的媒体系统的方式来解决媒体问题。这个问题没有唯一的答案,研究、辩论和实验越多,答案就越好。基于现实情况,传播政治经济学倾向于突出与占主导地位的商业媒介系统相关的问题。伟大的威尔士学者雷蒙·威廉斯(Raymond Williams)率先讨论了改革媒体系统的必要性,认为这是建设一个更加公正、人道和民主的社会的一部分。他在20世纪60年代和70年代初的开创性研究,使商业媒体系统和结构的替代成为现代民主政治工程的中心部分。早在1962年,威廉斯在为费边社(Fabian Society)撰写的小册子

---

　　① 我在一本同名的书中阐述了对媒体的问题的这种理解。更长版本的论述,参阅 Robert W. McChesney, *The Problem of the Media* (New York: Monthly Review Press, 2004)。

中就指出，创建非营利和非商业的媒体结构是现代民主的必要组成部分。[①] 威廉斯被认为是英语世界最重要的传播学者之一，这只会提高他的主张和关切的重要性。

在我看来，指引传播政治经济分析的最有影响力的概念是公共领域（public sphere）。这一术语来自德国学者哈贝马斯（Jürgen Habermas）的研究，他认为现代民主革命的一个关键因素是出现了一个独立的领域，一个公共领域，一块公地，公民可以在那里平等地讨论和辩论政治，而不受政府监督或干涉。[②] 在美国（和其他地方），媒体已经开始承担公共领域的角色。公共领域论证的逻辑在于，强调一个同时独立于国家（state）和占主导地位的公司经济机构（corporate economic institutions）的媒体系统的重要性。这种洞察已经超越了左翼在原则上批评政府，和在传统上拒绝审视由公司控制和广告带来的核心问题方面的许多困难。公共领域的论断否定了鲁伯特·默多克（Rupert Murdoch）和斯大林（Joseph Stalin）是我们的两个选择的观点。在一代人的时间里，它提供了一个民主路线图，并为思考作为必要的民主媒体系统的第三条道路（一个独立的非营利的和/或小型企业部门）开辟了路径。与公共利益理论一样，它并没有告诉我们应该采用哪些政策，但它为思考适当政策的制定提供了一个有价值的框架。[③]

----

① Raymond Williams, *The Existing Alternatives in Communication* (London: Fabian Society, 1962).

② Jürgen Habermas, *The Structural Transformation of the Public Sphere: An Inquiry into a Category of Bourgeois Society* (Cambridge, MA: MIT Press, 1989), first published in German in 1962.

③ 这种摩尼教式的媒体选择框架是冷战和苏联共产主义性质的产物，它与马克思或社会主义理论无关。其实，尽管在其他领域自由主义和激进思想之间存在紧张关系，但在新闻业和出版自由问题上两者存在相当大的合流，参阅 Robert W. McChesney, *Communication Revolution: Critical Junctures and the Future of Media* (New York: The New Press, 2007), chap. 2。进入 20 世纪，激进的社会主义者是独立的、未经审查的新闻业的主要支持者之一。尼克尔斯令人信服地论证了，正是美国的社会主义者"制定"了宪法第一修正案，为"一战"后美国最高法院的重要裁决奠定了基础。See John Nichols, *The "S" Word: A Short History of an American Tradition... Socialism* (New York: Verso, 2011). 同样自 20 世纪 20 年代以来，欧洲的社会民主主义者一直在为争取普遍而独立的公共服务广播而不懈努力。See, for example, Hakon Larsen, "Public Service Broadcasting as an Object for Cultural Policy in Norway and Sweden: A Policy Tool and End in Itself," *Nordicom Review* 32, no. 2 (Nov. 2011): 35—48. 随着全球民主左翼在未来几年的行进，它有一个丰富的媒体传统可资拥抱和发展。正如匈牙利社会主义者 Gyula Hegyi 在 2006 年发给成功的拉丁美洲左翼政府的讯息中所说的，"相信我同志们，没有民主就没有民主社会主义，那种没有民主而存在的社会主义会扼杀你们对未来的梦想。"Gyula Hegyi, "Learn from Our Failures and Create a Socialist Democracy," *The Guardian*, Dec. 22, 2006.

政策是建立媒体系统的关键,政府有能力去改变政策和媒体系统,但是,只在罕见的历史时刻才这么做。事实上,这是如此罕见,以至于可以理解的是,大多数人都没有意识到改变这些政策和系统的权利甚至是存在的。为什么会这样? 这就是关键机遇期(critical junctures)的重要性所在。

关键机遇期的概念有助于解释社会变革是如何运作的:在一些罕见而短暂的时段中,人们在广泛的选项范围内就重大变革展开辩论,并制定方案,之后的长时段内,结构性和制度性的变革缓慢而困难。[1] 正如乔凡尼·卡波西亚(Giovanni Capoccia)和 R. 丹尼尔·科勒曼(R. Daniel Kelemen)所说:"在一个制度的发展过程中,关键机遇期是罕见的事件,制度的常态要么是稳定的,要么是受到约束,做出适应性的改变。"[2]在通常持续不超过一二十年的关键机遇期,社会的选择范围要远大于其他时候,那些一度被禁止或无法想象的想法突然摆上了台面。在这一时期做出的决定确立了各种制度和规则,此后的几十年或几代人,社会就处于难以改变的进程之中。

关键机遇期的概念越来越被历史和社会科学研究所接受。事实证明,它对广泛地思考整个社会的根本社会变革是有价值的,同时,也是理解特定领域(比如媒体和传播)根本性变革的一个途径。我们大多数主要的媒体制度是这种关键机遇期的产物,一旦一个制度得以通过,现有的媒体体制(regime)就有了稳固的基础,其合法性和持久性基本上是毋庸置疑的。在那种情况下,传播政策辩论往往支持主导性的制度,而很少吸引公众的注意和参与。

在媒体和传播领域,关键机遇期在以下两个或全部三个条件成立时往往会出现:

---

[1]　See Ruth Berins Collier and David Collier, *Shaping the Political Arena: Critical Junctures, the Labor Movement, and Regime Dynamics in Latin America* (Princeton, NJ: Princeton University Press, 1991; South Bend, IN: Notre Dame University Press, 2002).

[2]　Giovanni Capoccia and R. Daniel Kelemen, "The Study of Critical Junctures: Theory, Narrative, and Counterfactuals in historical Institutionalism," *World Politics* 59 (Apr. 2007): 368.

- 有一种革命性的新通信技术正在破坏现有的系统；
- 媒体系统的内容，尤其是新闻报道，越来越不可信或被视为不具合法性；和/或
- 出现了严重的政治危机（严重的社会失衡），在危机中既有秩序不再起作用，占统治地位的制度日益受到挑战，并出现了一些重大的社会改革运动。

在过去的一个世纪，美国媒体与传播的关键机遇期发生了三次：进步时代（19 世纪 90 年代—20 世纪 20 年代），当时新闻业深陷危机泥淖，整个政治体系混乱不堪；20 世纪 30 年代，当时无线电广播的出现同时伴随着在大萧条背景下公众对商业主义的反感加剧；20 世纪 60 年代和 70 年代初，当时美国民众的社会运动激发了广泛的社会和政治批评，其中包括对媒体的激进批评。①

进步时代关键机遇期的结果是专业主义新闻报道（professional journalism）的出现。20 世纪 30 年代关键机遇期的结果是对商业广播的松散规管模式，这为后来的电子媒体技术（如调频广播、地面广播、有线电视和卫星电视）提供了模板。20 世纪 60 年代和 70 年代关键机遇期的结果是，尽管实施了一些改革，但对传播的影响动静没那么大。在许多方面，当时提出的问题从未得到解决，并被随后的亲企业时代（pro-corporate epoch）掩埋了。

今天，美国正处在另一个重要的传播关键机遇期。两个条件已经就位：数字革命正在颠覆所有的现有媒体行业和商业模式，新闻业正处于进步时代以来的最低谷。第三个条件——政治和社会体系的总体稳定，将是最后倒下的多米诺骨牌。

人们是否会参与到我们的社会正在面临的结构性危机，还是将问题留给精英，这还有待观察。例如，在 20 世纪 60 年代和 70 年代初期的关键机遇期，精英们对"民主的危机"感到担忧。这一"危机"是由之前人口中被压制、漠视、被动和边缘化的群体（少数族裔、学生、妇女）开始参与政

---

① See Juan Gonzalez and Joseph Torres, *News for All the People：The Epic Story of Race and the American Media* (New York：Verso,2011),chap. 16.

治活动,并对体系提出要求而造成的。[①] 2011 年的"占领运动"和大规模
示威活动,为数十年所未见的大众政治行动主义带来了一线希望。如果
这是一个重大事件的开端,那么我们确实正在进入全速前进的关键机遇
期,而当它结束时,这个国家会是什么模样是不可预测的。

技　术

正如对关键机遇期的讨论所表明的那样,传播技术在传播政治经济
体系中发挥着巨大的作用。在某种程度上,这个作用是不言而喻的,因为
许多媒体都是由它们的技术所定义的,无论是印刷机、无线电广播还是电
视广播。因此,当新技术出现的时候,新的媒体也会出现。但作用远不止
于此。从某些方面来说,最好将这一领域理解为是政治经济体系和传播。
传播政治经济分析不只是对传播系统和政策辩论进行结构分析,尽管这
些十分重要。传播政治经济学者也分析传播如何定义社会存在、如何塑
造人类发展。研究传播可以对我们的历史发展提供深刻的洞察。传播对
政治经济体系的影响,正如政治经济体系影响传播一样。当二者作为相
互依赖的变量被放入料斗时,事情就变得有趣起来了。这正是我们应对
互联网和数字革命所需要的知识鸡尾酒。

在这里,通信技术(即所谓"智能技术")的重要性是至关重要的。加
拿大政治经济学家英尼斯(Harold Innis)开创了强调传播之"偏向"的研
究,这项研究有别于研究传播的政治经济用途,或者更准确地说,是结合
了对政治经济用途的研究。在 20 世纪中叶,他就传播在塑造人类历史进
程中之重要性进行了长期研究。[②] 英尼斯认为,传播的方式与传播技术
对于理解人类发展具有极其重要的意义,并指出它们有着深刻的内在的

---

① Michel Crozier, Samuel P. Huntington, and Joji Watanuki, *The Crisis of Democracy*: *Report on the Governability of Democracies to the Trilateral Commission* (New York: New York University Press, 1975). 有关这一点的精彩论述, 见 Noam Chomsky, *Necessary Illusions*: *Thought Control in Democratic Societies* (Boston: South End Press, 1989), 2—5。

② Harold Innis, *Political Economy in the Modern State* (Toronto: Ryerson Press, 1946), *Empire and Communications* (Oxford: Clarendon Press, 1950), and *The Bias of Communication* (Toronto: University of Toronto Press, 1951).

偏向性。麦克卢汉（Marshall McLuhan）是英尼斯的追随者，尽管这位加拿大的英语教授改动了英尼斯的论点。麦克卢汉最为人熟知的看法是"媒介即讯息"，即媒介内容的性质源自媒介的结构和技术。他认为，占主导地位的媒介技术定义了一个社会，改变了人们的思维方式和人类社会的运行方式。[1] 他的著述对不计其数的思想家产生巨大影响，包括尼尔·波兹曼（Neil Postman），后者认为电视有一种与生俱来的肤浅倾向。[2]

正如尼古拉斯·卡尔（Nicholas Carr）所说，"每一种智能技术，都体现了一种知识伦理，即一套有关人类思维如何运作或者应该如何运作的假定"。这些技术"对我们思考的内容和方式有着最强大、最持久的影响力"。[3] 如果缺了政治经济背景，这种研究取向（approach）可能有点媒介技术决定论的意味，而有了传播政治经济分析，这一取向就凸显媒介技术的重大影响，充分展现了社会学家所说的"相对自主性"。[4] 英尼斯不仅关注传播技术的重要性，他还对企业性质的媒体和媒体的商业化提出了尖锐的批评。[5] 波兹曼也是如此，他指出美国处于技术垄断（technopoly）的状态，这是"一种体系，在这个体系中每种技术都被欣然授予对社会制度和国家生活的主权，并成为自证其成（self-justifying）、自我延续和无处不在的东

---

① See Eric McLuhan and Frank Zingrone, eds., *Essential McLuhan* (New York: Basic Books, 1995); Marshall McLuhan, *Understanding Media: The Extensions of Man* (1964; Cambridge: MIT Press, 1999, intro. Lewis H. Lapham); Marshall McLuhan and Quentin Fiore, *The Medium Is the Message: An Inventory of Effects* (New York: Bantam Books, 1967); and Marshall McLuhan, *The Gutenberg Galaxy: The Making of Typographic Man* (Toronto, University of Toronto Press, 1962). Another classic in this tradition is Jerry Mander, *Four Arguments for the Elimination of Television* (New York: Quill, 1978). 曼德尔写道："没有我们对技术的控制，所有的民主概念都是一场闹剧。……我们被困在一种被动和无能的状态之中，很难与独裁者统治下的生活区分开来。"(p. 352)

② Neil Postman, *Amusing Ourselves to Death: Public Discourse in the Age of Show Business* (New York: Penguin, 1985).

③ Nicholas Carr, *The Shallows: What the Internet Is Doing to Our Brains* (New York: W. W. Norton, 2010), 45.

④ 有关技术决定论的一系列重要文章, see Merritt Roe Smith and Leo Marx, eds., *Does Technology Drive History? The Dilemma of Technological Determinism* (Cambridge, MA: MIT Press, 1995)。

⑤ Harold A. Innis, *Changing Concepts of Time* (Toronto: University of Toronto Press, 1952), 15.

西"。波兹曼写道,"技术垄断的核心是一个庞大的行业,它拥有使用所有可用符号的许可证,通过吞噬消费者的心理,来增进商业利益"。①

这种结合的一个例子是,卡尔强烈批评了互联网对我们大脑如何运转的影响,这一点我们曾在第一章讨论过。同样,帕雷瑟(Eli Pariser)表达了对互联网如何生产"过滤气泡"的担忧,这些气泡使我们困在一个不断强化我们已知的兴趣,以及减少同理心、创造力和批判思维的世界里。上述两个案例中,卡尔和帕雷瑟认为,技术中似乎最具灾难性的几个方面都是由商业利益需求所增强或驱动的。如卡尔所说,谷歌"完全是在分散人们的注意力"。② 事实上,对失控的技术的批评很大程度上是对失控的商业主义的批评。③ 有时归因于互联网的孤独感、疏离感和不愉快也跟疯狂的市场有关。④ 在现代美国,它们是紧密联系在一起的。

由于围绕着数字革命的许多论争都归结于这项技术不仅彻底改变社会,而且可能改变人类的本性,因此,从人类发展的宽广维度开始审视数字传播革命是适恰的。问题并不在于互联网的影响力是否与电报、广播或电视不相伯仲或是超过它们。问题要宏大得多:数字革命是否能够成为人类历史上的第四次传播大转型(great communication transformation)。我用转型一词,指的是量级大到改变我们物种的发展方式的传播革命。伴随这些传播大转型而来的,总是我们的政治经济体系中人类的物质条件和结构的巨大变化。

第一次大转型是言语和语言的出现。虽然语言有一定的遗传基础,但它并不是一夜之间经由一两次突变而出现的。⑤ 有些学者把语言的发

---

① Neil Postman, *Technopoly: The Surrender of Culture to Technology* (New York: Knopf,1992),170.

② Carr, *Shallows*,112,156—57.

③ 技术变化的惊人速度(几乎不考虑后果)通常由商业需求所驱动,这一点常常被认为是理所当然的,以至于在分析中不把它作为要素加以考虑。See, for example, Jim Taylor, *Raising Generation Tech* (Naperville, IL: Sourcebooks,2012).

④ 这种重叠的例子,参阅 Sherry Turkle, *Alone Together: Why We Expect More from Technology and Less from Each Other* (New York: Basic Books, 2011); and Arlie Russell Hochschild, *The Outsourced Self: Intimate Life in Market Times* (New York: Metropolitan Books,2012).

⑤ Steven Pinker, *The Language Instinct: How the Mind Creates Language* (New York: Morrow,1994).

展仅仅追溯到 5 万至 6 万年前。一些——也许是很多——人类学家相信，正是语言的出现使一小群原始人类避免了可能的灭绝，并在一个地质纳秒（geological nanosecond）的时段内从非洲的一个角落扩展到了整个星球。① 语言能力的获得促进了人脑的发展，并使人们有可能制造出更先进的工具。如果没有语言，农业最终的发展（允许剩余的积累，而后是文明和历史的积淀）根本不可能实现。② 因此，第一次传播转型是一件大事。在许多方面，它定义了我们这个物种，是它创造了我们。正如亚里士多德和古希腊人所理解的，我们是"会说话的动物"。

第二次传播大转型是书写，它在农业之后数千年才出现，就是大约 5000 年前。书写不是一种"自然而然"的发展，许多相当先进的社会不曾有过书写，而且人类语言的多样性是绝无仅有的。③ 即使在今天，世界上所有的书面语言都有三到四个基本系统。在不断发展的帝国中，由于农业产生了剩余，书写是由记录信息的需要所驱动的，而那些没有书写系统的帝国，它们的扩张和生存面临着真正的限制。事实上，有文字的帝国较之没有文字的社会具有决定性的优势，并且前者往往征服并吸纳后者。至于书写对人类的好处，列维–斯特劳斯（Claude Lévi-Strauss）写道："书写产生的直接后果是大量的人受奴役。"④英尼斯也对书写的出现持怀疑态度，他对口头文化的丧失感到惋惜。

书写也产生了巨大而意想不到的后果，我们认为是文化遗产的许多东西都是其直接或间接的结果。例如，没有书写，就不可能想象人脑有能力产生定义了我们的科学、哲学和艺术成就。拼音字母的发展有决定性

---

① 有关这一点的讨论：Spencer Wells, *The Journey of Man：A Genetic Odyssey*（New York：Random House，2003）；and Jared Diamond, *The Third Chimpanzee：The Evolution and Future of the Human Animal*（New York：HarperCollins，1992）。See also Richard G. Klein and Blake Edgar, *The Dawn of Human Culture：A Bold New Theory on What Sparked the "Big Bang" of Human Consciousness*（New York：Wiley，2002）。

② Marcel Mazoyer and Laurence Roudart, *A History of World Agriculture：From the Neolithic Age to the Current Crisis*（New York：Monthly Review Press，2006）。

③ Wayne M. Senner, ed., *The Origins of Writing*（Lincoln：University of Nebraska Press，1989）；and Stephen D. Houston, ed., *The First Writing：Script Invention as History and Process*（Cambridge，UK：Cambridge University Press，2004）。

④ Cited in Jared Diamond, *Guns, Germs, and Steel：The Fate of Human Societies*（New York：W. W. Norton，1997），235.

的意义。它的起源可追溯到公元前 1000 年之前的腓尼基人,而希腊人肯定在公元前 750 年左右就拥有了它,并将它予以完善。字母是有"节能效用"的,因为"在阅读表音字母时,大脑被激活的程度要远低于解读词符(logograms)或其他图形符号"。① 此后不久,古雅典以一种仍被有些人视为人类文明高峰的方式蓬勃发展。如果不计书面文字的功劳,雅典什么也不是。不过,英尼斯认为它的得天独厚之处很大程度上在于口头传统依旧强大,并与书写系统共存,这种情况再也不会有了。

第三次传播大转型是印刷机的出现,学者们对此有更充分的理解,因为它一直是大量分析和辩论的主题。② 例如,在印刷机使阅读、书写和读写能力得以普及之前,英语的词汇量仅限于几千个单词。而印刷机之后,词汇量扩展到了一百万个单词。卡尔写道:"随着语言的扩展,意识也在加深。"③印刷机使得对所有重要制度的彻底改造成为可能,最直接的是宗教。没有印刷机和民众的读写能力,政治民主、科学革命以及工业经济的大部分都是难以想象的。印刷机本身当然不会产生现代民主和工业资本主义,但是,它是两者存在的先决条件。④

当前的这个关键机遇期是否会发展成为第四次传播大转型,可能要等到我们都离开很久以后才能尘埃落定。对某些人来说,裁决书已经到了。卡尔写道:"除了字母和数字系统之外,网络很可能是迄今为止广泛使用的一种最强大的能改变思维(mind-altering)的技术。至少,它是自书籍出现以来最强大的。"⑤诺顿(John Naughton)提醒我们,这场传播革命(communication revolution)才刚刚开始,并且,如果以历史为鉴,我们

---

① Carr,*Shallows*,53.

② 经典研究有 Elizabeth L. Eisenstein, *The Printing Press as an Agent of Change: Communications and Cultural Transformations in Early Modern Europe* (Cambridge,UK: Cambridge university Press,1979), and *The Printing Revolution in Early Modern Europe* (Cambridge,UK: Cambridge university Press,1983); Adrian Johns, *The Nature of the Book: Print and Knowledge in the Making* (Chicago: University of Chicago Press,1998).

③ Carr,*Shallows*,75.

④ 并不出人意料的是,电子书的出现极大地改变了阅读的形态,从"读者与页面文字之间的亲密交流"变成了"可测量的和准公开的交流"。同样不足为奇的是,这种变化的动力既来自技术的特性,也来自商业的需要。See Alexandra Alter,"Your E-Book Is Reading You," *Wall Street Journal*,July 19,2012.

⑤ Carr,*Shallows*,116.

真的不知道这场革命终将如何。① 我们可以肯定的是,数字通信与政治经济体系之间的相互作用将决定其发展轨迹,并将强有力地塑造其在人类发展中的最终作用。

与此同时,美国与其他国家和跨国机构一样,面临着无数的影响数字通信的传播政策问题,这些问题往往是与技术选择有关的问题。一旦传播体制(regime)得以确立,技术就会巩固现状。技术是存在"路径依赖"的,这意味着一旦有了一定的技术标准,除非发生重大的技术革命,否则取代它们是非常困难和昂贵的,即使它们存在相当大的缺陷。举个例子,我们仍然生活在 QWERTY 键盘的局限性之中,尽管这种系统的基本原理在几代人之前就已经消失了。② 同样,通信技术总会产生意想不到的后果——技术越是重要,意想不到的后果就越大。这两个特点都表明,我们需要尽可能谨慎和周到地制定传播政策。正如菲利普·霍华德(Philip N. Howard)所说的,"技术设计实际上可以涉及政治战略,并成为一个国家'立宪时刻'的一部分"。③

商业媒体娱乐系统

互联网和数字技术涵盖了所有的通信。大多数人认为,它们扰乱了现有传播产业的商业模式,迫使媒体公司重新安排它们的运营。这些是互联网引发的一些最大的担忧,它们正是传播政治经济学的价值所在。传播政治经济学超越了简单地想办法让消费者得到更多的实惠,或帮助企业找到更有利可图的办法,它可以有助于我们看得更深远,思考数字技术使什么样的文化系统成为可能。让我们从商业娱乐部门开始。

美国有一个充满活力的商业娱乐媒体产业。随着电影、录制音乐、广播和电视的出现,商业娱乐媒体业在 20 世纪迅速发展成为美国经济和文

① John Naughton, *What You Really Need to Know About the Internet*: *From Gutenberg to Zuckerberg* (London: Quercus, 2012).

② QWERTY 键盘被设计用来减慢打字员的速度,这样早期打字员就可以在按键不会卡住的情况下正常工作。如果要设计一个效率最优的键盘,将会使用不同的按键布局。

③ Cited in Rebecca MacKinnon, *Consent of the Networked*: *The Worldwide Struggle for Internet Freedom* (New York: Basic Books, 2012), 53.

化的一个重要组成部分。美国的流行商业文化有它的批评家,但是大多数批评家认为,如果有问题,那是因为观众,是他们对有问题的内容有需求。毕竟,如果人们要求伟大的文化,为人们提供他们想要的东西是符合公司利益的。如果自由市场能在什么地方起作用的话(不论结局是好是坏),那肯定是在娱乐领域。至少,理论上是这样的。

商业媒体确实产生了一些相当不错的内容,满足了许多美国人的需求。在许多方面,商业媒体产出的是典型的美国文化,并已成为我们理解自身文化遗产的方式。传播政治经济学不能也并不过多地探讨美学或内容的本质,也很少分析受众是如何处理媒体内容的。传播政治经济学确实关注结构和制度因素,并评估影响内容生产的压力有哪些种类。① 这套信条断言,商业媒体"给人们他们想要的东西"——观众大声发出命令,媒体公司直接且毫不含糊地竞相满足他们。消费者是上帝。传播政治经济学要检视这些说法。

很快,媒体自由市场信条就碰到现实障碍了。媒体内容产业往往是寡头垄断的,每个领域只有少数公司在主导生产。此外,在过去的两代人中,最大的媒体公司已经变成混合联合企业(conglomerates),这意味着它们往往在几个不同的媒体市场——如电影、电视、唱片和杂志——占有主要的市场份额。② 少数几家大公司控制了电影制作、电视网、有线电视系统和频道、出版以及音乐录制。这不仅仅是资本主义市场集中的标准趋势,还与娱乐媒体市场的性质有关。在这样的市场上,在赚取一分一厘的收入之前很久,就需要支付制作"第一份拷贝"(例如,制作一部电影)的巨大成本。这是一个风险非常高的行业。另一方面,第一拨顾客之后为新顾客提供服务的边际成本是最低的,因此大片可以获得极高的利润。对企业来说,拥有规模和成为混合联合企业是管理风险的最明智的方式。③

---

① 要了解美国流行音乐与商业主义之间复杂的关系,参阅 David Suisman, *Selling Sounds：The Commercial Revolution in American History* (Cambridge, MA：Harvard University Press, 2009)。

② 吴修铭简洁又有说服力地说明了媒体集团化对大公司的经济价值：Tim Wu, *The Master Switch：The Rise and Fall of Information Empires* (New York：Knopf, 2010), chap. 17。译注：吴是美国哥伦比亚大学法学院教授,著有《总开关：信息帝国的兴衰》(*The Master Switch：The Rise and Fall of Information Empires*),最早提出网络中立(Netwok Neutrality)概念。

③ Ibid.

因此，不是消费者主权，而是生产者主权。媒体公司对它们生产什么和不生产什么拥有很大的权力。它们可以给人们他们想要的东西，但只有在它们最有利可图的范围之内——这个范围往往比竞争激烈的市场的范围更狭窄。这就是为什么媒体整合一直是传播政治经济学关注的中心问题。而自由民主理论立即对文化（和新闻业）的集中控制发出危险信号，是有充分理由的。

媒体自由市场信条还假定，媒体公司与创意人才是携手并进，一同迈向高利润与高收入的。这无视几个世纪以来一直存在着的一种张力：纯粹为利润而创作的艺术往往具有可疑的艺术价值。艺术家需要报酬才能从事他们的工作，可能需要在头脑中存有一种观众感，可能渴望并欣然接受公众的好评。但是，如果商业主义凌驾于艺术之上，那么艺术——以霍华德·斯特恩（Howard Stern，译注：美国广播名人，曾主持同名辛迪加节目）为例，他拒绝通过市场调查来决定其广播节目的内容——很可能会很糟糕。创意人员与商业压力之间的冲突经常反复出现。如果没出现，那就是默多克和其他媒体高管他们自己就能编写和执导电影，或者不加选择地雇人以低得多的工资来完成。

垄断加剧了这一张力：如果创意族感到不满足，他们在寡头垄断市场中的选择并不很多，尤其是当所有的市场玩家都彼此模仿的时候。这就是为什么媒体公司和创意人才之间往往会有一种如此复杂且常常是对立的关系。一般来说，最好的东西是在公司干预尽可能少的情况下出现的，这与公司从事高风险投资的这一系统性逻辑背道而驰。公司的本能是重现昨日的成功。让其他笨蛋去试一试运气，如果成功了，依样画葫芦就好。

此外，在混合联合企业的时代，得到批准的项目往往是那些自身能带来前传、续集、周边产品、其他媒体的改编权、玩具、视频游戏和授权收入的项目。吴修铭将 20 世纪 60 和 70 年代最昂贵的十部好莱坞电影与 21 世纪头十年最昂贵的十部好莱坞电影做了对比。早期的那批电影都是收入来源单一的资产（stand-alone properties），它们的票房起伏不定，而大多数评论家认为，20 世纪 70 年代确实是美国电影的黄金时代。近期的大片预算都花在那些有各种各样额外收入来源的电影上，以至于电影本身的实际品质似乎与最终的盈利能力关系不大。[1]当我们研究好莱坞文化的工业生产时,几乎令人迷惑的现象是,一旦一个项目受到公司官僚体系的猛烈攻击,任何好品质都可能达成。[2]

如果对广告加以考量,认为系统总是"给人们他们想要的东西"的观念就会进一步瓦解。广告是特别重要的,因为它在过去 80 年里提供了支持娱乐媒体的大部分收入。这种支持一直是为广告对社会原本可疑的贡献所做的主要辩护理由之一。广告带来了独特的压力:吸引特定类型的观众——通常是更富裕的观众——和避免特定类型的主题。它会严重影响媒体内容的性质,大多数情况下会变得更糟。[3] 那些娱乐部门——如大多数广播与电视,它们收入的最大部分依赖于广告——都是为了给广告主(advertiser,广告商)提供后者想要的,这通常与人们想要的东西不同。它们实际上是广告业的分支机构。

此外,行业内部调查显示,大多数人希望他们的媒体少发广告,甚至愿意花更多的钱来减少商业色彩。[4] 但是这几乎不是一个有利可图的选项,因此它不是人们通常可以在市场上投票赞成的那一类选项。商业市场不能有效地用来抵制商业主义。尽管人们一直在谈论这个系统如何"给人们他们想要的东西",但它也给人们带来大量不请自来、他们避之唯恐不及的东西。

因此,受众对娱乐的需求是通过媒体集团和广告主的商业需要来过滤的。这些公司通过市场调查与其说是要确定受众想要什么,毋宁说是要确定最便宜、最安全且最有利可图的到达目标受众的方式是什么。不能满足商业需要的受众需求很可能得不到满足。

这一信条假定,民众对节目的需求是外生性的(exogenous),源自另一个世界,具有神圣的民主性。但是,人们所接触的东西会显著地塑造他

---

① Ibid. ,228—29.

② 一个相同思路的经典研究:Todd Gitlin, *Inside Prime Time*, 2d ed. (Berkeley: University of California Press,2000)。

③ 这是传播政治经济学传统中的一个重要发现。经典例子:Erik Barnouw, *The Sponsor: Notes on Modern Potentates* (New York: Oxford University Press,1978)。

④ See Robert W. McChesney, *The Problem of the Media: U. S. Communication Politics in the 21st Century* (New York: Monthly Review Press,2004),chap. 4.

们的需求。用萨伊定律(Say's law)的说法就是:供给能够创造需求。媒体公司没有动机去提高观众的品味,它们找到的是什么样的市场,就以既有的面貌接受它。有人可能会说,经过商业化,媒体公司把市场降格了。通常是非营利机构和非商业环境担当起让人们接触到他们通过其他途径不会体验到的文化这一任务。给流行音乐带来了重大突破(从爵士乐、摇滚乐到雷鬼、嘻哈)的,正是边缘社区,而不是大型媒体集团的研发部门。只有当年轻人接触文学、音乐传统以及形形色色的影像娱乐并接受这类教育时,他们才能培养出广泛的品味。人们曾经认为,互联网会提供一个巨大的文化宝库,将极大扩展任何个人的视野。正如帕雷瑟在《过滤气泡》中所提出的以及我在第五章所要讨论的,赛博空间越来越不像是公民如探险家一般进行美妙冒险的前沿地带,毋宁是,它正在变成一条死胡同,在那里,由广告驱动的线索让人们沉浸在他们小小的个人化的气泡中,不大可能有出其不意的东西出现。

今天美国的基础教育似乎很有商业价值。[①] 想一想为儿童市场提供的教育吧,这个市场在过去一代人中呈爆炸式增长。它远不止于向孩子出售产品,大多数人使用从孩提时代就记住的品牌,而儿童也影响父母的购买。[②] 因此,对广告商来说,三岁以下的儿童市场现在是每年 200 亿美元的市场,而 40 年前这个市场几乎不存在。在 3 个月大时,40％的婴儿定期观看屏幕媒体,到两岁时,这个比例达到 90％。到三岁生日时,美国孩子平均能认出 100 个品牌标识。一个普通孩子每年接触 4 万个屏幕广告。比起真实动物的名称,孩子们知道更多品牌角色(branded characters)的名字。到十岁的时候,美国孩子平均知道 300 到 400 个品牌。研究一再表明,学龄前儿童绝大多数会认为广告产品、品牌产品都是上乘的,即使其实际成分是完全相同的。[③]

简而言之,尽管美国在其他学科的教学中存在许多问题,但它在商业

---

① David George, *Preference Pollution: How Markets Create the Desires We Dislike* (Ann Arbor: University of Michigan Press, 2001)有关这种商业教育的可疑性的探讨。

② 有关这几个段落的详细论述,参阅 Juliet Schor, *Born to Buy: The Commercialized Child and the New Consumer Culture* (New York: Scribner, 2004). See also McChesney, *Problem of the Media*, chap. 4.

③ See Martin Lindstrom, *Brandwashed* (New York: Crown Business, 2011), 17—21.

灌输方面处于领先地位。涌向孩子们的广告巨浪,被认为是青少年肥胖症的流行、注意力缺失症①的增长,以及年龄越来越小的女孩子的普遍的性化(sexualization)和其他心理问题的一个推动因素。② 亚历克斯·博古斯基(Alex Bogusky)2009 年被《广告周刊》(*Adweek*)授予"近十年最佳创意总监",并有"广告界的猫王"之称。2010 年,他宣布退出广告界,部分原因是抗议营销人员"花费数十亿美元影响我们无辜且毫无防备的后代"。博古斯基称,向孩子们做广告是一种"破坏性"的行为,没有任何"可取的价值"。③ 纳尔逊·曼德拉曾说,"揭示一个社会的灵魂,最敏锐的途径莫过于看它如何对待孩子"。④ 研究儿童大脑被广告所包围,很难不视其为虐待儿童。⑤

自由市场在运转?

媒体自由市场信条的致命缺陷是认为商业娱乐媒体系统建立在自由市场的基础之上。这一系统无疑是由利润驱动的,但那却是另一回事。我们只需先来看看无偿授予商业电台和电视台的垄断许可证,或无偿授予卫星电视的频谱,或无偿授予的有线电视垄断专营权的价值。美国联邦通信委员会(FCC)的工作人员最近估算,今天公共所有的频谱(其中一些无偿给了商业广播机构)的市场价值约为 5000 亿美元。⑥ 如果考虑到从 20 世纪 20 年代以来,免费赠与广播公司的频谱所创造的所有财

---

① 译注:又称注意力不足过动症。

② Susan Gregory Thomas,*Buy,Buy Baby:How Consumer Culture Manipulates Parents and Harms Young Minds*(Boston:Houghton Mifflin,2007).

③ Cited in Joel Bakan,*Childhood Under Siege:How Big Business Targets Children*(New York:The Free Press,2011),51. See also Danielle Sacks,"Alex Bogusky Tells All:He Left the World's Hottest Agency to Find His Soul," *Fast Company*,Aug. 9,2010. 译者注:1996 年的禁烟广告"Truth"曾使博古斯基声名大噪。

④ Cited in Bakan,*Childhood Under Siege*,6.

⑤ 因此,有些国家(如瑞典)禁止对 12 岁以下儿童做广告。经济学家莱亚德认为,这是非常值得其他国家采纳的政策。我赞成。See Richard Layard,*Happiness:Lessons from a New Science*(New York:Penguin,2005),161.

⑥ 这个数字是前 FCC 委员迈克尔·柯普斯(Michael Copps)的工作人员与不同专家协商,并基于对最近频谱拍卖中所筹集的金额的评估而得出的。See "Remarks of Commissioner Michael J. Copps," National Conference on Media Reform,Memphis,TN,Jan. 12,2007.

富——所有的帝国都建立在免费赠与之上——那么，转让总额肯定达到了数千亿美元。或者想一想康卡斯特（Camcast）等公司凭借政府授予的有线电视系统垄断经营许可而建立起来的庞大帝国。经济学家承认这些公司从垄断专营权中赚取"租金"，即超额利润。（大部分的政策制定过程都是制定者群体为从这些租金中获得某些回报而做出的努力。）在数字时代，这些旧的媒体补贴依旧令人担忧。正如第四章所述，这些公司正在利用它们的垄断专营权和频谱分配，在网络中占得一杯羹。

政府还为商业媒体提供许多其他重要的直接和间接补贴，我已在其他地方对此做了梳理。^①其中有两个特别重要。首先，广告受政府政策和法规的宽容和鼓励。允许企业在纳税申报表上将广告支出作为营业费用（business expense）予以减免，^②这不仅每年使政府损失数百亿美元的收入，而且还鼓励了我们文化中商业主义的加剧。即使是法律所允许的，对广告内容实施的监管也是宽松的，因此商业主义的闸门一直洞开着。此外，联邦、州和地方政府自己每年花费数十亿美元做广告，实际上就是在为商业媒体提供资金。

其次，也是到目前为止对娱乐媒体最重要的，就是版权（copyright，著作权）。媒体产品一直是资本主义经济学的一个基本问题，这可追溯到书籍的出现。如果没有政府的直接干预，市场就不会像我们所了解的那样存在了。问题是，一个人对信息的使用不同于有形的产品和服务，并不妨碍他人来使用信息。（以经济术语说，这是非竞争性和非排他性的。）对于有形产品，也就是充斥经济学教科书的产品类别，一个人对产品或服务的使用妨碍了另一个人使用相同的产品或服务。两个人不能吃同一个汉堡，也不能同时开同一辆车。需要生产更多的产品或服务来满足扩增的需求。但信息却不是这样。据说萧伯纳曾经说过，"如果你有一个苹果，我有一个苹果，我们交换苹果，那么我们每人仍然只有一个苹果。但如果你有一个想法，我有一个想法，我们交换这些想法，那么我们每人会有两个想法"。^③

①　See McChesney, *Communication Revolution*, chap. 3.

②　译注：广告支出算作营业费用，即从营业收入中扣除。

③　Cited in Lewis Hyde, *Common as Air：Revolution, Art, and Ownership*（New York：Farrar, Straus & Giroux, 2010）, 45.

史蒂芬·金(Stephen King)①不需要为每一个读者单独写一本他的小说。同样,无论是200人还是两亿人读他的一本书,都不会减损任何一位读者的阅读体验。对图书出版来说,这意味着任何人买了一本书,就可以印刷更多的书并出售。这样就会有自由市场竞争,而书的价格将会跌到出版一册书的边际成本,这正是它在竞争激烈的市场中应有的价位。但是,作者只能从他们亲自出版或授权出版的书本中获得报酬,而竞争将迫使他们把价格降至报酬为零的地步。消费者可能会得到便宜的书,这对民主文化很有好处,但作者却得不到足够的报酬,从而让他们觉得花时间写书是值得的。市场失灵了。非竞争性资源的问题不是分配消费,而是如何鼓励生产。

早在现代资本主义出现之前这就已经很明显了。这是版权法的基础,其重要性使其被写入美国宪法。作者们获得暂时的垄断权,以控制谁能出版他们的书,以确保他们获得足够的报偿。诀窍在于鼓励生产,同时又不造成有危害的信息垄断。托马斯·杰斐逊只是勉强同意了版权,他憎恶版权是由政府创造的垄断,这实际上是对知识征税。美国宪法明确规定版权许可(copyright licenses)不能是永久性的,其初始期限为14年。②

在共和国早期,作者或出版商必须专门申请版权,才能得到这种保护。在18世纪90年代出版的13000千种书中,仅有556种获得保护。只有美国作家才有资格获得保护,这让查尔斯·狄更斯苦不堪言。但是狄更斯笔耕不辍,幸运的是他在英国的销售收入相当可观。此外,他的廉价书使他在美国广受欢迎,通过在美国的巡回演讲他也能获得不菲的收益。

在20世纪,随着新的媒体技术的发展和强大的媒体公司的出现,它们能够让国会使版权自动生效,并极大延展版权保护的期限和范围,或者用浅显的话来说,就是获得政府垄断保护许可(government monopoly protection licenses)。对于它们的盈利、产业的生存本身,这可谓天赐良机,但对消费者和艺术家而言,想要使用版权保护期超过100年的材料,则要付

---

　　①　译注:美国畅销书作家。
　　②　准确地说,版权背后的驱动力不是作者而是出版方,后者的商业前景取决于获得政府批准的垄断特权。

出巨大的成本。例如，这本书的版权在我死后将持续 70 年。（怎么想的啊？如果在我死后版权保护期只能持续 20 年、30 年或 50 年，我就不写书了吗？）就电影来说，公司持有的版权（corporate copyright）在其上映后 95 年或创作完成后 120 年有效，就看哪个时间点先到。这些数字几乎毫无意义，因为版权期限总是在到期之前就获得延长。① 实际上，通过延期计划我们可以永久拥有版权，而且自 20 世纪 20 年代以来生产的任何作品没有一个被纳入公有领域。版权在很久以前就不再促进作家和创造性艺术家的利益，使他们可以对自己的作品拥有短期的垄断控制，只要期限长到足以让他们在理论上能赚到足够的钱来创造更多的文化。②

如今，版权已经成为一个巨大的市场，对版权的控制常常与原创作品的实际创作者无关，并且版权期限在到期后被延长，这完全不合理。版权现在是完全不同了：它保护企业对文化的垄断权，并为媒体集团提供大部分利润。没有版权，媒体集团就无法生存。③ 版权已经成了鼓励对我们共有的文化进行大规模私有化的一项主要政策。④ 通过出想要获取材料的消费者和文化生产者支付极度高涨的费用这一形式，版权也是每年由公众对版权所有者（主要是大型媒体公司）的一项巨额间接补贴。没人知道这些垄断特权使版权所有者获得的"租金"的确切数额，因为对这一类目并没有进行会计核算。但是少数几起关于版权侵权的诉讼表明，数额是巨大的，可能每年高达数百亿美元。正是出于这个原因，米尔顿·弗里德曼（Milton Friedman）认为版权是一种反竞争机制，他通常反对版权在 20 世纪所获得的各种延展。⑤

---

① Peter Decherney, *Hollywood's Copyright Wars*: *From Edison to the Internet* (New York: Columbia University Press, 2012), 3.

② John Palphrey, *Intellectual Property Strategy* (Cambridge, MA: MIT Press, 2012), 144—45.

③ Wu, *Master Switch*, chap. 17. 吴修铭通过剖析当代媒体集团拍一部电影时的收入来源，出色地论证了这一点。

④ See Lawrence Lessig, *Free Culture* (New York: Penguin, 2004); and Kembrew McLeod, *Freedom of Expression* (New York: Doubleday, 2005).

⑤ Milton Friedman, *Capitalism and Freedom* (Chicago: University of Chicago Press, 1962), chap. 8. 在 2003 年埃尔德雷德诉阿什克罗夫特（*Eldred v. Ashcroft*）一案中（该案围绕国会持续延展已完成作品的版权保护期限是否违宪展开），弗里德曼向美国最高法院提交了一份支持莱斯格（Lawrence Lessig）的辩护状（brief）。

　　学者将这段历史称为版权的悖论。一项旨在鼓励创造力和文化产出的政策，已经成为阻止此类情形发生的主要武器。媒体集团惯常采用不受版权限制的材料（public-domain material）——如《灰姑娘》——并用它赚大钱，因为它是在版权开始例行延长之前生产的。但是，没有企业集团的许可（和通常丰厚的回报），未来的艺术家将无法在他们的创作中做同样的事情。

　　我们来看看鲍勃·迪伦（Bob Dylan）。他从 20 世纪 60 年代早期至中期原创的前六张专辑——从《自由驰骋的鲍勃·迪伦》（The Freewheelin' Bob Dylan）到《金发佳人》（Blonde on Blonde）——都在美国历史上最伟大、最具标志性的专辑之列。其中有许多攀上史上前 50 或 100 最受欢迎音乐专辑的榜单，有些还经常进入前十。如果我每听一次这些专辑中的一首歌就得一美元，我已经可以舒舒服服地退休了。然而，一位国会图书馆的音乐学家（musicologist）在研究了迪伦创作并录制的前 70 首歌曲后发现："那一时期迪伦的旋律，有大约三分之二直接取自盎格鲁美国人和非洲裔美国人的传统曲目"。迪伦承认这是他创作歌曲的方式。因为那些歌曲没有受版权保护，因此迪伦能够做到他所做的那些事。我们很幸运，因为迪伦当时没有被禁止创作他伟大的歌曲。现在的问题是，没有人能像迪伦曾经处理民谣经典那样来处理迪伦的作品了，与此同时还不能对迪伦的旋律做出如他当初所做的那么大改变，因为那些旋律将在很长一段时间内受到版权保护。① 因此，今天的我们都更加贫乏了。

　　在这种情况下，互联网对商业媒体系统所构成的生存威胁就变得清晰起来：现在，只要按个按钮，数字化的内容就可以即刻免费传播到全世界。复制材料的边际成本是零，不用一分钱。依据自由市场经济学，这是它的合理价格。一旦有了足够的带宽，音乐、电影、书籍、电视节目——一切！——就会出现在赛博空间里，任何人都可免费获取。面对无所不能的数字技术，版权保护将束手无策。

　　从资本主义的角度来看，还有更糟糕的。广告一直是商业利益集团

---

① Lewis Hyde, *Common as Air: Revolution, Art, and Ownership* (New York: Farrar, Straus & Giroux, 2010), 199—206.

将无线广播的公共利益转化成利润丰厚的产业的方式，这一方式也同样遭到了互联网的威胁。谁会自愿在自己的电脑上看广告，更别说让自己被广告铺天盖地地轰炸？在互联网上，媒体公司再也不能囚禁人们了。一个商业网站的制作人在1997年叹息道："我们正在谈论一个领域，在这个领域，甚至不清楚谁该给谁付钱。"①

这导致20世纪90年代那些发现媒体公司现状不尽如人意的人，开始一阵狂喜。亨利·詹金斯（Henry Jenkins）兴奋地说："这个世界突然为地球上的每个人开发出了一台印刷机。"②"感恩而死"乐队（Grateful Dead）的作词人、电子前线基金会（Electronic Frontier Foundation）③的约翰·佩里·巴洛（John Perry Barlow）有一个非常知名的说法是，媒体集团绞尽脑汁也不过是加入了"泰坦尼克号甲板躺椅的重新排列"之中。网站的无限性和任何人都有能力与默多克对着干，都给它们敲响了丧钟，"以它们目前的表现，我认为它们完了"。④ 资本主义市场所要求的稀缺性，已经不复存在了！再也不需要传播政治经济分析了，数字革命终结了稀缺性，使传播无处不在、免费、参与性强，以及有着惊人的赋人以权能的特性且非常民主。我们可以让一代有潜力的鲍勃·迪伦们从人类文化的所有成果中汲取灵感。

当然，它还没有发展到那种程度。巨型媒体公司并没有消失，互联网也没有消除电视和好莱坞。市场营销是当代资本主义的一项强制性的核心制度，每年花在广告和促销上的3000亿美元在约翰·佩里·巴洛点上他的烟筒让它离开的时候，并没有马上消失。这些都是极其强大的机构，它们拥有巨大的政治和经济权力，它们使劲儿地施展权力，并带来可观的效果。但是，它们的世界当时正在发生翻天覆地的变化，社交媒体的出现

---

① Don Clark, "Facing Early Losses, Some Web Publishers begin to Pull the Plug," *Wall Street Journal*, Jan. 14, 1997, A8.

② Cited in Joseph Turow, *The Daily You* (New Haven, CT: Yale University Press, 2011), 15.

③ 译注：原文为"Electronic Freedom Foundation"，经与作者沟通，应为"Electronic Frontier Foundation"。

④ J. D. Lasica, "John Perry Barlow: 'People Want to Bypass the Mass Media,'" May 24, 1996, www. jdlasica. com/1996/05/24/john-perry-barlow-people-want-to-bypass-the-mass-media.

只不过是凸显了它们的困境。迈克尔·曼迪伯格（Michael Mandiberg）写道："在 21 世纪的第一个十年结束之际，媒体的生产者与消费者之间的界限已变得模糊不清，单向广播已经部分地碎裂为许多不同类型的多向对话。"①

这种模糊和碎裂指向了一个更根本的问题。无论数字革命可能给商业媒体的商业模式造成多大的破坏，互联网根本没有为媒体内容的资助方式和组织方式这一核心问题带来解决方案。如果能够以内容生产来谋生的人越来越少，那么社会将生产出什么样的文化？网上的逻辑仿佛既是前过剩时代，又是后稀缺时代，既是启蒙时代，又是黑暗时代。简而言之，对传播政治经济分析的需要，对制定有效的制度和政策的需要，曾经是并且依旧是比以往任何时候都更为重要。

新 闻 业

我将新闻媒体与其他商业媒体（娱乐）分开，有三个原因。首先，新闻业是从一个与娱乐业有些不同的传统中发展起来的：建国伊始，新闻业就一直是治理体系（governing system）的关键组成部分，人们对它的理解也是如此。主要是最近几十年来，随着媒体集团将新闻媒体和娱乐媒体两者的所有权合并，特别是在广播（broadcast）和有线电视新闻领域，新闻媒体和娱乐媒体之间的区别即使没有消失，也已经模糊了。

其次，即使是在信条中，市场标准也不能用来衡量新闻业的质量。自建国以来，商业主义一直是新闻业的一个关键因素，而且其重要性与日俱增，但它从未被认为具有完全的合法性。事实上，纯粹追求利润通常会引起新闻媒体的哗众取宠、腐败和危机。这也意味着，对政治信息的掌控权在少数非常富有的人手中。对新闻业的规范性评估采用不同的标准，因此，新闻媒体的资本主义基础与自治（self-government）的信息要求之间的紧张关系，是传播政治经济学新闻媒体批评的核心问题。

第三，虽然广播新闻获得了垄断频谱许可这一丰厚补贴，以及所有新

---

① Michael Mandiberg, introduction, in Michael Mandiberg, ed. , *The Social Media Reader* (New York: New York University Press, 2012), 1.

闻媒体都从广告补贴中获益，但新闻媒体很少从版权中获益，因为它们的产品往往会很快过时。因此，商业娱乐媒体最重要的一项补贴对新闻媒体的价值是微乎其微的。如果新闻业因互联网和/或商业压力而陷入危机，它可能需要一套专门针对它的政策，因为它的经济情况是不同的。

民主理论和新闻学者对于一个健康的新闻业应该具备的要素，有着相当大的共识：[1]

1. 它必须提供政府、企业和非营利部门的掌权者和希望在那些领域掌权的人的细致的报道。

2. 它必须有一个合理有效的方法区分真实和谎言，或者至少防止说谎者不负责任，导致国家陷入灾难——尤其是战争、经济危机和公共纷争。

3. 它必须将所有人的信息需求都视为正当的。如果在报道的数量和基调上存在偏倚，那也应该倾向那些经济和政治权力最小的人，因为他们是最需要信息来有效参与的人。那些位居体系顶端的人，通常会从他们自己的信息来源获得称霸所需的信息。

4. 它必须就我们时代最重要的问题提出广泛而富有见地的意见。研究表明，这是鼓励知情的公民参与政治的一个关键因素。[2]这样的新闻报道不仅解决眼下暂时的问题，而且也应对即将到来的挑战。它必须把重要的科学问题准确地转化为外行听得懂的话。这些问题不能主要取决于当权者在谈论什么。新闻业必须为国家提供早期预警系统，这样才可以在问题发展到危机程度之前对其进行预测、研究、辩论和解决。

---

[1]　See, for example, Clifford G. Christians, Theodore L. Glasser, Denis McQuail, Kaarle Nordenstreng, and Robert A. White, *Normative Theories of the Media: Journalism in Democratic Societies* (Urbana: University of Illinois Press, 2009).

[2]　See, for example, Mauro P. Porto, "Frame Diversity and Citizen Competence: Towards a Critical Approach to News Quality," *Critical Studies in Media Communication* 24, no. 4 (2007): 303—21; Minho Kim, "News Objectivity and Political Conversation: An Experimental Study of Mad Cow Disease and Candlelight Protest," *Development and Society* 41, no. 1 (June 2012): 55—75.

不可能所有的媒体组织都能够或应该向它们的社区提供所有这些服务，那是不切实际的。然而，媒体系统作为一个整体，有必要使这样的新闻业成为公民合乎实际的期待。应该对所有人共享的公地（commons）——社会世界——有一个基本的认识，以便所有人都能有效地参与到自治（self-governance）的政治过程和选举过程中。出版自由的衡量标准是，它在多大程度上符合上述向公民提供维持其自由和权利所需的信息之标准。

还有更多。如本·巴格迪基安（Ben Bagdikian）所说，伟大的新闻业需要伟大的制度。就像任何复杂的事业一样，要取得成功需要劳动分工：除了记者和派任务的编辑之外，还需要文字编辑、事实核查员和校对员。伟大的新闻业还需要制度力量（institutional muscle）——掌权者不仅尊重，而且害怕的制度——来抵抗政府和企业的权力。有效的新闻业需要竞争，因此一篇报道如果被一家新闻编辑部错过了，也不会被其他编辑部漏掉。它要求人们获得报偿去报道如果他们基于自愿从事新闻工作并不会报道的新闻。简而言之，要有民主的新闻业就需要物质资源，这些物质资源必须来自某处，并需要依循制度组织起来。它还必须是个开放的系统，这样任何人都可以参与实践，而不需要许可证、资质证明或自上而下的批准。

当然，新闻业并不是政治信息的唯一供应方，也不是促进知情辩论和参与的唯一因素。政治信息也可以来自学校、艺术、学术研究、娱乐媒体，以及与朋友和家人的谈话。但是如果所有这些其他途径都建立在一个强大的新闻业之上，并支持新闻业，那么它们的效率和价值就会大大提高。信条的一个基本软肋是对新闻业的历史和演变的肤浅理解。信条的捍卫者和网络颂扬者往往没有意识到，20世纪的美国新闻业在实现上述理想方面偏离得有多远。因此，在数字技术的支持下重构新闻系统，始于一个可疑的基础。

在建国后的第一个世纪，新闻业的特点是无所不在的、高度党派化的媒体，它们往往有着广泛的观点，包括一家至关重要的持废奴主义立场的报刊（press）。这一时期最不为人所知的特征是，当时的新闻系统是建立在巨额公共补贴的基础上的（在第六章我还会回到这一主题），这完全不是自由市场的证明。随着广告越来越多地资助报纸，以及出版业成为利润增长的来源,补贴的重要性也在下降。在 19 世纪最后三分之一的大部分时间里,新闻媒体系统在经济方面往往竞争相当激烈。当时大城市通常有十几家相互竞争的日报,报纸出现又消失,几乎所有报纸都由一个出版人拥有,这个出版人自己也是编辑,或者在编辑方向上有很大的发言权。[①]

但是,资本主义强行施加了它的逻辑。在某些情况下,渴求利润的出版商发现,耸人听闻的做法,也就是后来被称为"黄色新闻"的做法,是有利可图的。贿赂记者、偏袒广告商以及许多其他不道德的做法都很常见。最重要的是,到 19 世纪 90 年代,报纸市场开始从竞争性市场转向寡头垄断市场,甚至独家垄断。虽然收入和人口继续急剧增长,但报纸的总体数量开始停滞,然后下降。1902 年,一位报纸高管观察到,"更强势的报纸正在变得越来越强大,较弱势的报纸正在艰难度日"。[②] 报纸开始为它们所在社区的越来越多的人提供服务(与过去相比,它们对新竞争的恐惧要小得多),并因此拥有了相当大的影响力。

此外,普利策、赫斯特和斯克里普斯(Scripps)等连锁报业集团几乎是在一夜之间形成的。这些新的出版巨头不再需要与政党紧密联系,事实上,随着地方性报纸的垄断性越来越强,党派偏见可能会引起部分市场的敌意,并损害报纸的商业前景。然而,许多出版商继续利用它们现在的垄断权力来倡导自己的政治观点,这些观点通常是保守的、亲企业和反劳工的。[③] 伟大的进步主义者罗伯特·拉福莱特(Robert La Follette)在他1920 年出版的政治哲学著作中,有一章专门探讨新闻界的危机。他写道:"金钱权力控制着新闻媒体……任何新闻报道但凡涉及企业对政府的控制,报道就失之偏颇了。"[④]

到了 20 世纪前 20 年,这种偏见成了美国新闻业的一大危机。新闻

---

① 有关 19 世纪末和 20 世纪初报纸市场的确凿数据,参阅 Robert W. McChesney and John Nichols, *The Death and Life of American Journalism*: *The Media Revolution That Will Begin the World Again* (New York: Nation Books, 2010), chap. 3。

② Richard L. Kaplan, *Politics and the American Press*: *The Rise of Objectivity*, 1865—1920 (New York: Cambridge University Press, 2002), 123—24.

③ 经典论述,参阅 Upton Sinclair, *The Brass Check* (1919; Urbana: University of Illinois Press, 2003)。

④ Robert M. La Follette, ed. Ellen Torelle, *The Political Philosophy of Robert M. La Follette* (Madison, WI: Robert M. La Follette Co., 1920).

业因唯利是图和不实报道而不断遭到攻击。甚至连斯克里普斯拥有的《底特律新闻报》(*Detroit News*)的出版人也在 1913 年私下承认,商业所有权和追逐利润产生的腐蚀性影响如此之大,以至于理性的民主解决方案将是,通过编辑的普选建立报纸的市政所有权(municipal ownership of newspapers)。[1] 鉴于美国历史上报纸明显的政治倾向,这一想法并不像今天看起来那么荒谬。在各大连锁报业中,斯克里普斯一直最专注于工人阶级,在意识到商业主义破坏了新闻的诚信(integrity)之后,它甚至于 1911 年在芝加哥推出一份没有广告的日报。[2]

将垄断的商业新闻媒体与政治民主对新闻业的要求调和起来是困难的。在许多富裕的欧洲国家,解决方案是以强烈的党派之争和偶尔的公共补贴来支持致力于工人阶级和劳工利益的新闻报道,以及建立独立的公共广播。在拉丁美洲,新闻媒体常常是富裕家庭的私人领地,他们的政治立场极其保守,如果他们亲企业的候选人没有胜出,他们对政治民主就没有兴趣。他们很少关心扩大本国数量众多的穷人的权力或特权。可以理解的是,经由民众选举产生的社会主义或民众主义政府努力创造一种对其政策不怀有极度敌意的新闻媒体(或者,按政府的说法,有代表大多数人利益的元素),却遭到了审查的指控。[3] 但即便那些为拉丁美洲媒体大佬辩护的人也承认,他们常常是靠不住的(dubious),他们的支配地位并不是一个非常现实的问题的民主解决方案。[4]

在美国,这个问题的解决方案是报业以专业主义新闻报道(professional journalism)的形式实行自律。这体现了一种革命性的观念,即所有者和编辑可以分离,除了社论版,专业新闻在本质上不会表达所有者(和广告主)的政治观点。

纵观整个美国新闻业的历史,这一方案是个 180 度的转变,因为美国新闻业是建立在明显的党派和高度竞争的媒体这样的理念之上的。现

---

[1]　Cited in Kaplan, *Politics and the American Press*, 166.

[2]　See Duane C. S. Stoltzfus, *Freedom from Advertising*: *E. W. Scripps's Chicago Experiment* (Urbana: University of Illinois Press, 2007).

[3]　William Neuman, "In 'Battle' with Media, a New Tactic in Ecuador," *New York Times*, Mar. 13, 2012, A10.

[4]　"The Media and the Mouth," *The Economist*, Mar. 3, 2012, 47.

在,新闻将由受过培训的专业人士来决定和生产,新闻会是客观的、无党派的、事实准确且不偏不倚的。一个社区有十份报纸还是只有一两份报纸都无关紧要,因为训练有素的记者——就像解决代数问题的数学家——都会想出同样的新闻报道。正如报业巨头爱德华·斯克里普斯(Edward Scripps)解释的那样,读者一旦"不在乎编辑的观点是什么……说到新闻,一份报纸就相当于一打报纸"。① 在 1900 年,美国(或全世界)还没有新闻学院。到了 20 世纪 20 年代,所有主要的新闻学院都成立了。1923 年,美国报纸编辑协会(American Society of Newspaper Editors)成立了,并确定了供编辑和记者遵循的专业准则。

　　上个世纪出现在美国的专业主义新闻报道这一类别,并非不可避免或自然而然的。在这个国度逐渐占据主导的新闻专业主义价值观曾遭到质疑。20 世纪 30 年代,记者的工会组织报业公会(Newspaper Guild)曾试图打造对所有当权者持更严厉的批评态度的无党派新闻报道,但未能成功。他们主张,新闻业应该是位处权力之外的人的代理人,如幽默作家芬利·彼得·邓恩(Finley Peter Dunne)所说——"安慰受苦的人,折磨舒坦的人。"报业公会将新闻业视为独立于政府和大企业之外的第三股力量,并希望禁止出版商对新闻内容有任何控制权。正如该公会形成的重要历史所显示的,"通过对新闻出版自由的一种新的管理方式,报业公会可以重新平衡公众和出版商之间的权力斗争。这一想法成为他们这个组织之使命的核心宗旨"。② 这种制度化的独立性如今依旧是一个令人向往的新闻业构想,它值得成为良好新闻系统的组成部分,今天我们的一些最优秀的记者还在践行着它。

　　然而,这种新闻实践方式对大多数出版人却是一种诅咒,他们并不想要针对他们的企业主同道或者他们经常与之合作并依靠其取得成功的政客们的任何进攻性报道。他们也永远不会放弃对新闻编辑部的直接控制,编辑和记者的自主权完全取决于媒体所有者。由此产生的专业主义的程度在多数情况下是符合所有者心意的,更有利于他们的商业和政治

---

　　① Cited in Kaplan, *Politics and the American Press*, 126.

　　② Ben Scott, "Labor's New Deal for Journalism: The Newspaper Guild in the 1930s," PhD dissertation, University of Illinois at Urbana-Champaign, 2009, chap. 7.

需要。它也是可渗透的（porous），所以商业因素会影响挑选新闻的价值观，而广告可以影响新闻报道的性质和内容。[①]

随着专业主义新闻业的成形，其核心问题在于，它过于依赖官方信源作为新闻议程的适当设定者，以及作为美国政治文化中合法辩论范围的决策者。这种发展具有相当大的讽刺意味。想一想沃尔特·李普曼（Walter Lippmann），他通常被认为是专业主义的主要倡导者，也是对20世纪初美国新闻业糟糕品质的猛烈批判者。在1919年和1920年的两篇才情横溢的文章中，李普曼认为，新闻业专业主义的主要理由和要求是，它提供了一群训练有素的无党派的独立记者，他们能够成功地、系统地、严厉地揭穿政府（无疑，还有企业）的花言巧语，而不是做他们的传声筒。[②]

这种依赖官方信源（当权者）来设定正当议程和辩论范围的做法，排除了新闻中的一些争议，并降低了新闻生产的成本。让记者重复权势者说的话花不了多少钱。新闻并因此有了当权派的调子。记者必须小心翼翼别惹当权者生气，因为记者依赖他们来"获取"新闻。[③] 前《纽约时报》记者、普利策奖获得者克里斯·赫基斯（Chris Hedges）这样描述对官方信源的依赖："这是个肮脏的交易。只要媒体忠实地报道精英想要被报道的内容，就可以接触他们。一旦交换条件不起作用，记者——真正的记者——就无人理睬，被拒之门外。"[④]

专业主义新闻报道的这一基本局限，并不体现在报道那些在各主要政党的重要派别之间或内部存在着丰富而明显的辩论的议题上。那种情境下，记者有很大的践行空间，专业主义的标准可以发挥作用，确保一定程度的事实准确性、平衡性和可信性。在政治活跃的年代，比如20世纪60年代，当民众的政治运动要求当权者的关注、尊重和敬畏时，问题往往会稍微少一些。

---

① See Ronald K. L. Collins, *Dictating Content: How Advertising Pressure Can Corrupt a Free Press* (Washington, DC: Center for the Study of Commercialism, 1992).

② 两个经典文本：Walter Lippmann, *Liberty and the News* (Princeton, NJ: Princeton University Press, 2008); and Walter Lippmann and Charles Merz, "A Test of the News," *New Republic*, Aug. 4, 1920.

③ See John Nichols and Robert McChesney, "Bush's War on the Press," *The Nation*, Dec. 5, 2005.

④ Chris Hedges, *Empire of Illusion* (New York: Nation Books, 2009), 170.

当政治精英们不就某个议题展开辩论，而是步调一致地前进时，专业主义新闻报道的真正问题就变得显而易见了。这种情况下，专业主义新闻报道往好了说是无效的，往坏了说是在背书。在美国的外交政策中，这种情况经常发生，美国两党都受制于一个庞大的全球军事联合体，都接受在符合美国利益的情况下美国入侵他国的专属权利。① 在战争和外交政策方面，记者如果质疑其基本假定和政策目标，并试图提出任何一党的领导层中没人愿意讨论的问题，就会被认为是"意识形态的"和"不专业的"。这对记者有很强的惩戒作用。②

因此，即使在20世纪60年代新闻业的辉煌时期，我们的新闻媒体也帮着把我们引向越南战争，尽管可疑的政府声明——例如，北部湾骗局③——在很多情况下原本很容易受到质疑和揭露。I. F. 斯东（I. F. Stone）当时写道，"对公众的洗脑过程始于对新闻记者的非正式吹风会"。两位伟大的持不同政见的民主党参议员，阿拉斯加州的欧内斯特·格鲁宁（Ernest Gruening）和俄勒冈州的韦恩·莫尔斯（Wayne Morse），他们不仅与自己的政党还与共和党人分道扬镳，两人对在越南等地的帝国主义行径发出警告。历史已经证明，他们的观点是正确的，但他们的观点在当时却在主流新闻媒体中被边缘化。斯东注意到，新闻界"数周前就对莫尔斯和格鲁宁的反战演说拉下了铁幕"。④ 莫尔斯意识到，新闻媒体缺乏批评性报道和辩论，正在破坏公众对外交政策的参与。"在为时太晚之前，美国人民需要得到

---

① 有关这个问题的各种讨论，参阅 Howard Friel and Richard A. Falk, *The Paper of Record：How the "New York Times" Misreports U. S. Foreign Policy*（New York：Verso,2004）；Edward S. Herman and Noam Chomsky,*Manufacturing Consent*（New York：Pantheon,1989）；and Jonathan Mermin,*Debating War and Peace：Media Coverage of U. S. Intervention in the Post-Vietnam Era*（Princeton,NJ：Princeton University Press,1999）；and Matthew A. Baum and Tim J. Groeling,*War Stories：The Causes and Consequences of Public Views of War*（Princeton,NJ：Princeton University Press,2010）。

② 有关这个问题的精湛讨论，参阅 W. Lance Bennett,Regina G. Lawrence,and Steven Livingston,*When the Press Fails：Political Power and the News Media from Iraq to Katrina*（New York：Cambridge University Press,2007）。

③ 译注：1964 年的"北部湾事件"（又称"东京湾事件"）及随后美国国会通过的《东京湾决议案》导致美国在越南的军事介入大幅升级。

④ I. F. Stone,"What Few Know About the Tonkin Bay Incidents," *I. F. Stone's Weekly*,Aug. 4,1964,also cited in Jeff Cohen,"Izzy Stone,Patron Saint of Bloggers," Common Dreams,June 16,2008,commondreams. org/archive/2008/06/16/9646。

由[报纸所有权的]垄断行为所导致的威胁正在出现之警告。"①

回顾过去,新闻学院哀叹这些失误,但情况从未改善,这就是专业守则的无形牵引力,它把人们拉向掌权者们在战争与和平事务上的共识。2003 年入侵伊拉克完全基于虚构的"大规模杀伤性武器",这场侵略是美国新闻业历史上最黑暗的事件之一。战争付出了天文数字的、几乎无法想象的人力和经济代价。驻外记者迈克尔·黑斯廷斯(Michael Hastings)曾与斯坦利·麦克利斯特尔将军(General Stanley McChrystal)②及其工作人员共处了相当长的时间。他在 2012 年的《操盘手》(*The Operators*)一书中写道,军方官员私底下如何洋洋得意于"他们大规模操纵媒体",其中包括最富名望的记者。③ 2012 年 3 月,格伦·格林沃尔德(Glenn Greenwald)批评了美国全国公共电台(National Public Radio)受尊崇的报道,尤其是一篇关于伊朗的报道,记者在报道中

> 召集了几位现在和过去的政府官员(中间穿插了一位表示赞同的权威智库专家),不加批评地发表他们的言论,然后再自己重复。这就是为当权派服务的华盛顿记者在夸耀自己(而不是批评他们的人)从事所谓"真实报道"(real reporting)时的言下之意。它意味着:给华盛顿的重要人士打电话,不加批判地重复他们说的话。④

看来,唯有当精英记者的行为被曝光时,他们才会表现出愤怒。黑斯廷斯写道,新闻记者的"不成文规则"很简单,"你不该本本分分地描写当权者,尤其是那些被媒体视为碰不得的人"。⑤

---

① "The Press: The Newspaper Collector Samuel Newhouse," *Time*, July 27, 1962.

② 译注:2003 年至 2008 年任美国联合特种作战司令部(JSOC)司令,其间因下令炸死基地组织伊拉克分支领导人扎卡维而出名。

③ Michael Hastings, *The Operators: The Wild and Terrifying Inside Story of America's War in Afghanistan* (New York: Blue Rider Press, 2012), 90—91.

④ Glenn Greenwald, "What NPR Means by 'Reporting,'" Salon.com, Mar. 27, 2012. 译注:格林沃尔德,前《卫报》专栏作者,最为人所知的是 2013 年 6 月开始基于斯诺登揭露的文件所做的一系列报道。2014 年与其他记者联合成立非营利新闻机构 The Intercept。出版《无处可藏:斯诺登、美国国安局与全球监控》(中信出版社,2014)。

⑤ Hastings, *Operators*, 329.

随着专业主义新闻业在美国的发展，它的另一个内在软肋是，它为庞大的公共关系行业打开了大门，这个行业渴望向记者提供其客户的资料。新闻通稿和媒体包（packets）准备妥当，以满足专业主义新闻业的需要，它们往往是由前新闻记者制作的。公关的用意是让客户的讯息出现在新闻报道中，以至于看起来像是正当的新闻。最好的公关就是没人看出它是公关。尽管记者普遍明白公共关系的可疑特性，并从未欣然接受它，但是他们不得不用它来完成工作。出版人总是对公共关系心存感激，因为它降低了生产成本。新闻业不可告人的秘密是，即便在 20 世纪 70 年代的辉煌时期，即便是最富盛名的报纸，美国的新闻有很大一部分（介于40％至 50％之间）是基于新闻通稿。即便如此，在相当长的一段时间里，也只是在刊发前对这些通稿做了松散的调查。①

20 世纪 60 年代末和 70 年代初是专业主义新闻业的鼎盛期。然而，即使在最好的情况下，它也倾向于把背景和兴奋点从政治中剥离出来，把政治变成一项枯燥的、有时不连贯的观赏运动（spectator sport）。与美国第一个世纪的党派新闻报道不同，专业主义新闻报道倾向于促进参与，同时也促进去政治化和冷漠。克里斯托弗·拉什（Christopher Lasch）指出了美国式专业主义新闻报道的一个局限："民主需要的是激烈的公共辩论，而不是信息。当然，它也需要信息，但是，它需要的是只有通过辩论才能产生的那种信息。只有当我们提出正确问题的时候，我们才知道我们需要知道什么；只有通过把我们自己关于世界的看法置于公共争议中去检验，我们才能确认什么是正确的问题。"②

自 20 世纪 80 年代初以来，商业压力已经侵蚀了专业主义新闻业给新闻编辑部带来的大部分自主权，而正是这一自主权为过去 50 年最好的新闻报道提供了基础。这导致了标准的软化，以至于有关性丑闻和名流

①　Ronald D. Smith, *Strategic Planning for Public Relations* (Mahwah, NJ: Routledge, 2004), 191; Norman Solomon, *Unreliable Sources: A Guide to Detecting Bias in News Media* (New York: Carol Publishing Group, 1992), 66; and Trevor Morris and Simon Goldsworthy, *PR—a Persuasive Industry? Spin, Public Relations, and the Shaping of the Modern Media* (Basingstoke, UK: Palgrave Macmillan, 2008). See also: Michael Turney, "Working with the Media," 2002, nku. edu/~turney/prclass/readings/media_rel. html.

②　Christopher Lasch, *The Revolt of the Elite and the Betrayal of Democracy* (New York: W. W. Norton, 1995), 162—63.

(celebrity)的报道变得更有正当性,因为它们有商业价值:这类新闻成本低廉,它们吸引观众,并且在不会威胁到任何当权者的情况下,还给人一种有争议的错觉。

互联网的出现对新闻媒体的损害远远大于对娱乐媒体的损害。正如我在第六章中所述,整个领域正在瓦解。但是,由于缺乏对新闻业的政治经济学批判,有关这个问题的讨论大多是空洞的。专业主义一直被认为是天然的美国新闻系统或天然的民主新闻系统,是受利润驱动的媒体公司的自然结果,那些公司在被数字革命泼冷水之前一直表现出色。由于受到这种虚假认知的禁锢,评论员们一直无法解决一个可谓我们这个时代唯一重要的传播问题:在数字时代建立一个满足切实可行的自治之要求的新闻系统。

政策制定

娱乐媒体、新闻业和互联网的性质最终取决于政策制定。随着数字通信席卷了所有的传统媒体、全部的电话通讯系统以及许多商业和社会生活,风险是巨大的。在这方面,传播政治经济分析有重要的启示意义。一般来说,政策由精英和利己的商业利益集团来制定,除非存在有组织的民众干预。在今天的美国,人们普遍对民主治理持犬儒心态,以至于许多人对于强大商业利益集团之外的任何人都有发言权,已不抱希望了。

犬儒心态是有根据的。电影《教父 2》(*The Godfather II*)中那场发生在哈瓦那庭院的著名场景,是最能体现美国传播政策制定的一个隐喻。在那场戏中,柯里昂(Michael Corleone)、罗斯(Hyman Roth)和其他美国黑帮分子正在瓜分巴蒂斯塔(Batista)①独裁统治下的古巴。他们每个人拿了一块罗斯的生日蛋糕(形状正好像古巴)来展示他们的这一举动。罗斯在瓜分了战利品后表示,有一个懂得如何与"私营企业"合作的友好政府在古巴是多么美好。这几乎就是美国的传播政策制定的方式。垄断广播许可证、版权扩展和税收补贴一直在提供,但是公众对此一无所知。就像柯里昂、罗斯一样,极具权势的说客们相互决一胜负,在我们这个案例

---

① 译注:1959 年被古巴革命推翻。

中为的是从美国联邦通信委员会(FCC)和相关的国会委员会那里获得来钱容易的待遇，这些委员会的成员和高层职员在"公共服务"期满后，经常转到私营企业赚钱。

最重要的是，美国联邦通信委员会一直致力于让占主导地位的公司变得更大、更有利可图。国会也受制于大资本。大公司都同意的一点是，这是他们的体系，公众在决策过程中不起作用。并且，由于新闻媒体——通常是这一隐秘体系的受益者所拥有——几乎从不在一般新闻中报道这个，99%的公众对此毫不知情。描述公众在传播政策协商中的角色的最好方式是：如果你上不了谈判桌，你就成了盘中餐。

美国国会有关版权问题的"辩论"就是腐败的政策制定的一个例子。它是完全一边倒的，过去三十年来，对于已经出版的材料，版权保护期已经延长了好几次。为何如此？从1998年至2010年，拥有大部分版权的强势的媒体公司和利益集团，在公共关系和游说国会方面花费了13亿美元。同一时期，保护公有领域(public domain)和公平使用(fair use)的支持者——图书管理员、教育工作者等——花费了100万美元。两者的比率是1300比1。① 此外，除了通过新闻媒体，很少有美国人意识到这个问题，因此他们对这个问题的接触主要是通过企业花费巨资开展的反"盗版"的唬人公关活动。

甚至很少有国会议员知道有这么一个问题需要讨论，这有什么奇怪的？给予版权行业它们想要的，这基本上是无可辩驳的，而国会扩大和保护版权所有者地盘的具体方式正在审议之中。由此，庞大的游说费用产生了。国会通过延长、扩大和强制执行垄断权利，为这些行业创造了巨额利润。版权产业唯一一次似乎遭到了反对，是在它们与希望在其运营中使用受版权保护的材料的其他企业游说团体对抗的时候。这就是2011年至2012年关于《禁止网络盗版法案》(Stop Online Piracy Act, SOPA)的辩论，当时谷歌也加入了公众强烈的反对之中，以对抗版权游说集团所期望的政府监控权力的空前扩张。在这种罕见的情况下，支持版权的力量无法使自己梦寐以求的法案获得通过。

---

① Lawrence Lessig, *Republic, Lost: How Money Corrupts Congress—and a Plan to Stop It* (New York: Twelve Books, 2011), 59.

　　但是,犬儒心态必须避免,因为它助长悲观主义和去政治化,并使它们成为现实。犬儒心态也是错误的。事实上,美国有着民众参与传播政策制定的丰富历史,而我们体系中最民主的方面有许多都是由于民众的政治压力。这些民众参与的时刻大多发生在关键机遇期,那时的预期收益(stakes)更高,结果的可能范围也更大。在 19 世纪,废奴主义者和平民主义者(populists)努力争取保住期刊邮资的低价位,他们取得了成功,使这些出版物得以生存下来,有时还能蓬勃发展。正是民众的压力迫使电话垄断业者美国电报电话公司(AT&T)承担普遍服务(universal service)和公共承运(common carriage)职责。进步时代的民众压力促使报纸明显减少了右翼新闻。[①] 基于公共利益对商业广播和广告的规制,来自 20 世纪 30 和 40 年代底层民众有组织的努力。[②] 20 世纪 60 和 70 年代的社会运动能够增加少数族裔的媒体所有权、创建社区广播电台,并建立公众近用的电视频道。[③] 我在这里只列出了一部分。

　　由于我们现在正处在可以说是最重要的一次关键机遇期,因此值得注意的是,随后而来的是有组织的民众媒体政策行动主义的爆发。从 20 世纪 90 年代开始,随着由赫尔曼(Edward S. Herman)、乔姆斯基(Noam Chomsky)和贝格迪基安等人以及公平与正确报道(Fairness & Accuracy In Reporting,FAIR)等组织发起的对商业新闻媒体的政治经济学批判的兴起,催生了一代活动家,他们认为改变媒体是创造一个更公正、更人道的世界的

---

① See Amy Reynolds and Gary Hicks, *Prophets of the Fourth Estate*: *Broadsides by Press Critics of the Progressive Era* (Los Angeles: Litwin books,2012).

② 这些事件在传播政治经济学研究中得到了详细的讨论。See Robert W. McChesney, *Telecommunications*,*Mass Media*,*and Democracy*: *The Battle for the Control of U. S. Broadcasting*,*1928—1935* (New York: Oxford University Press,1993); Victor Pickard,"The battle over the FCC blue book: Determining the Role of broadcast Media in a Democratic Society,1945—1948," *Media*,*Culture & Society* 33,no. 2 (2011): 171—91; Victor Pickard,"Whether the Giants Should be Slain or Persuaded to be Good: Revisiting the Hutchins Commission and the Role of Media in a Democratic Society," *Critical Studies in Media Communication* 27,no. 4 (2010): 391—411; Inger L. Stole,*Advertising on Trial*: *Consumer Activism and Corporate Public Relations in the 1930s* (Urbana: University of Illinois Press,2006); and Inger L. Stole,*Advertising at War*: *Business*,*Consumers*,*and Government in the 1940s* (Urbana: University of Illinois Press,2012).

③ 对这一时期的精彩讨论见 Juan Gonzalez and Joseph Torres,*News for All the People*: *The Epic Story of Race and the American Media* (New York: Verso,2011),chap. 16.

必要组成部分。互联网的出现为这种愿望推波助澜，既是把互联网作为到达该目的的手段，也是因为强烈意识到公民需要组织起来，防止商业利益集团对互联网做出它们对美国广播的所作所为。[①] 由于我一直是这一运动的参与者，我可以报告说，它的存在建立在传播政治经济学研究的基础之上。

具体来说，2002 年底我与约翰·尼克尔斯（John Nichols）、乔什·希尔沃（Josh Silver）共同创立了公共利益团体"解救媒体"组织（Free Press）。这个团体背后的理念很简单：为了获得民主的媒体政策，我们需要让公众知情并有组织地参与传播政策的制定。我们需要唤起公众对这些问题的认识，并将其作为一种政治力量加以组织。当我们就影响华盛顿决策的问题进行游说时，我们的目标必须是扩大辩论和选择的范围，使其突破公司主导的华盛顿特区官场文化所赞同的范畴。在企业界内部争夺最大一块媒体蛋糕时，我们不能继续只是以"两害相权取其轻"的原则选边站了。我们需要一只脚踏进未来，一只脚踩在当下，我们的目标必须是说服所有有组织的民众团体，媒体改革必须成为它们的中心议题。如果我们做不到这一点，则我们成功的机会——真正的结构改革的机会——是很渺茫的。

另一方面，"解救媒体"组织取得了惊人的成功。它与合作伙伴一起，围绕着一系列问题组织或参与了取得成效的重大活动（campaigns）。这些问题包括媒体所有权的多样化、杜绝假新闻、保护公共广播和社区广播、防止骚扰报道政治示威的独立记者、促使电视台在网上披露政治广告的付费方、建立低功率社区广播电台，以及保持网络中立。这个团体现在有大约 50 万活跃成员，35 名全职工作人员。它已成为华盛顿的一支力量，在帮助起草符合公共利益的法规方面起了关键作用。或许对它的最高认可，是通信企业对它的攻击程度。格伦·贝克（Glenn Beck）和由金钱驱动的（coin-operated）右翼公关公司认为"解救媒体"组织是对美国的一个主要威胁，因为它挑战了美国电报电话公司的垄断权力。[②]

---

①　我记录了这段历史：McChesney，*Communication Revolution*，chap. 3。

②　仅举一例，"'Glenn Beck'：Net Neutrality Pits Free Speech Against Free Press，" *Glenn Beck Show*，Fox News Channel，Apr. 5，2010，foxnews. com/story/0,2933,590506,00. html#ixzz1pgCJQ4Lw。译注：格伦·贝克，美国知名保守派政治评论员，广播节目主持人和电视节目制片人，主持全美播出的辛迪加节目《格伦·贝克电台秀》（*Glenn Beck Radio Program*）。

　　同时，"解救媒体"组织的经验表明，我们还有很长的路要走，而我们的时间却太少了。它太孤立于其他有组织的民众团体，这些团体仍然不能理解媒体政策制定的重要性。它常常被迫在华盛顿官场划定的参数范围内运作，因此它必须不断表达对"自由市场竞争"的承诺，即便这是一个不可行的选项，否则它就陷入无人搭理的境地。它必须花费过多时间来打防御战，陷入在企业界内部的争吵中选边站的游戏之中，因为那才是行动的所在。这使得激发公众的兴趣难上加难，因为那些议题看起来严抠细节（wonky），预期收益看起来却很低：无论结果如何，胜出的都是公司。

　　民主党和共和党实际上都对通信公司负责，这一事实凸显了华盛顿所有民众团体的困境。正如一位资深活动家所说，无论哪个政党执政，决定的主要是"美国电报电话公司是公开地还是偷偷地制定法律"。[1] 政治体系的腐败与破产再明显不过了。缺乏更广泛的政治基础正在扼杀"解救媒体"组织和媒体改革运动，这就像试图在爱荷华州最肥沃的表层土壤中种上植物，却没有阳光。

　　在未来十年内，将会有一系列对互联网的命运至关重要的政策辩论。希瑟·布鲁克（Heather Brooke）在 2011 年的《革命将是数字化的》（*The Revolution Will Be Digitised*）中写道："未来十年发生的事情，将定义下一个世纪及更长远的民主的未来。"[2]简而言之，这定义了一个关键机遇期。如果将互联网留给那些拥抱和挥舞着资本主义信条的人，它将被用来为资本服务，后果将是可疑的或灾难性的。借助传播政治经济学的洞察力，我们可以仔细审视资本主义与互联网的联姻，以及由此引发的数字时代的传播与民主危机。还有其他的可选路径，通往更光明的未来。

---

[1]　作者与华盛顿公共利益团体负责人的谈话，2012 年 3 月。

[2]　Heather Brooke, *The Revolution Will Be Digitised: Dispatches from the Information War* (London: Heinemann, 2011), 15.

第四章 互联网与资本主义(一):
恐龙在何处游荡?

有了第二章和第三章的基础,我们就可以具体地转向对互联网与资本主义关系的审视。我们也可以重新考虑 20 世纪 80 年代后期和 90 年代早期最狂热的拥趸所理解的互联网的前景。出于合理的原因,这些看法几乎清一色的乐观。由于所有的信息都以光速提供给每个人,且不受审查的影响,因此所有现存的制度都将变得更美好。全球的双向流动或者多向流动将会出现,这一传播民主化现象在当时之前是不可想象的。企业再也不能欺骗消费者和挤压新来的竞争者了;政府和军队再也不能因为御用媒体的大肆宣传而秘密行动了;最贫困地区和最偏远地区的学生将可以获得一度仅限于精英阶层的教育资源。简而言之,人民将拥有前所有未的工具和权力。不仅世上所有人之间将会有信息平等和不受限制的即时交流,而且,人们还将接触到未经审查的知识宝库,仅仅在几年之前,即便是对世界上最有权势的统治者和最有钱的亿万富翁来说,后者也是不可想象的。真正的民主将有史以来第一次成为大多数人的现实。不平等、剥削、腐败、暴政和军国主义很快就会遭致最大的打击。

那好像是一千年以前的事了。尽管数字革命取得了诸多成就,但它并未能兑现一度被视为技术与生俱来的许多承诺。人们期望互联网带来更具竞争性的市场、更负责任的企业、更开放的政府,结束腐败,减少不平等,或者直截了当地说,期望它增加人的幸福感。现实却是令人失望的。如果在过去 20 年中互联网确实如它的拥护者曾经预言的那样改善了世界,我不敢想象,如果互联网未曾存在过,世界会是什么模样。

在某种程度上,乌托邦主义者的愿景与现实之间的差距可以解释为,他们未能充分认识到,互联网会与等级森严的资本主义强权发生直接冲突。柯兰(James Curran)认为,资本主义对互联网的影响远远大于互联网对资本主义的影响,并且,如果互联网持续作为一种公共服务机构而存在,它很可能会被边缘化。但是,把分析停留在这一点上,仅仅触及今天业已发生和正在发生的事情的表面。

资本主义对互联网的挪用和互联网的资本主义式发展,使数字革命的美好前景受到损害。在开放性与封闭的企业盈利体系之间的巨大冲突中,资本的力量在任何对它们来说重要的问题上都会获胜。互联网已受到资本积累过程的影响,这一过程有其自身清晰的逻辑,这对数字传播的许多民主潜能是不利的。曾经那个似乎越来越开放、远离了商品交换世界的公共领域,似乎正在演变成由越来越封闭、专有甚至是垄断的市场构成的私人领域。资本主义对互联网的这种殖民扩张并没有原本可能的那么突兀,因为广袤的网络空间继续允许非商业性使用的存在,尽管后者越来越边缘化。

在这一章中,我将评估资本主义是如何在 20 世纪 90 年代征服互联网的(在互联网最初的 20 年里,它是非常非商业性的系统,甚至是反商业的),以及随之而来的后果。我所说的资本主义指的是现实存在的资本主义,它由大企业、垄断性市场、广告、公共关系,以及与政府和军队的密切的、合谋的、重要的、必要的且往往是腐败的关系所组成。我不是指美国政客和权威人士的那种童话般的教条言说:英勇的新晋小企业家们在竞争激烈的自由市场中奋力拼搏,而无良政府正在一旁观望,用一堆愚蠢的自由主义条例破坏创造就业机会的私营部门。我将回顾具体存在于现实世界的强大的电信和媒体企业巨头,它们是如何应对互联网对其运作方式发起的生存挑战的。这些恐龙能存活下来吗?

一旦互联网在很大程度上被移交给了资本家去赚尽可能多的钱,最重要的问题就成了:什么是杀手级应用程序(killer app)?① 哪些新兴公司将成为未来新的标准石油公司和通用汽车公司?我的分析会在第五章中继续,我将评估新出现的数字企业巨头,看看它们为何以及如何不仅在互联

---

① 译注:被认为是必不可少的或者比竞争对手优越得多的应用。

网而且在整个经济中占据优势。对这些新巨头中的大多数来说,关键问题是:要使之成为一个可行的市场,资金将从何而来? 答案是广告。我将分析互联网是如何转变为一种以广告为基础的媒体,以及这对媒体意味着什么,更不用说对传统的自由和民主价值观了。在第五章中,关注的中心将是政府的政策和补贴在建立和扩大商业体系方面所起的关键作用。在该章最后,我会讨论美国的军事利益和国家安全利益——主要是通过与企业巨头充分合作——如何在互联网规管和治理中发挥日益突出的作用。

　　第四章和第五章在许多方面都提出了反对互联网资本主义式发展(但不一定是反对资本主义本身)的论据。我援引大量有关电信、版权、垄断、微观经济学、公民自由、隐私和广告等方面的研究,这些研究是由受人尊敬的学者和作家完成的,他们中的绝大多数会被视为同情市场体系。事实上,有些评论是由自由主义者和自称为保守派的人提出的。我所依赖的许多当下的数据来自商业和行业媒体以及投资分析师。话虽如此,从整体来看,这两章的批评确实带出了对整个资本主义体系自身的基本疑问,这些疑问将在最后一章即第七章中讨论。

谁发明了互联网?

　　在 2000 年的总统竞选中,民主党候选人、副总统戈尔(Al Gore)因声称自己"发明"了互联网而多次受人嘲笑。最合乎常规的反应是这样的:"怎么会有政府官僚认为他能与互联网这样具有创业精神和天才灵感的事务有任何关系呢?"共和党候选人乔治·布什(George W. Bush)讽刺戈尔:"如果他真有那么聪明,为什么所有的互联网地址都以字母 W 开头?"[1]当然,对戈尔的指控是错误的,却成了一个都市传奇。[2] 他实际上

　　① Transcript,"Special Event: George W. Bush Addresses Rally in Appleton, Wisconsin," Oct. 28,2000,http://archives. cnn. com/TRANSCRIPTS/0010/28/se. 02. html.
　　② 斯特里特指出,"'戈尔说是他发明了互联网'这句讥嘲似乎也是有道理的,因为它对戈尔最终计票的损害至少和纳德(Ralph Nader)一样大。"See Thomas Streeter, *The Net Effect: Romanticism, Capitalism, and the Internet* (New York: New York University Press, 2011), 114—15. 译注:拉尔夫·纳德,美国现代消费者权益之父,曾五次参加美国总统竞选,其中,2000年被提名为绿党候选人。有人认为,他的参选分走了民主党的部分选票,使戈尔最后以极小的差距败给共和党的布什。

只是声称,作为一名国会议员他在引导资金支持互联网发展方面发挥了关键作用。[1]常被视为互联网之父的温顿·瑟夫(Vint Cerf)[2]为戈尔辩护,却收效甚微。他说:"副总统戈尔在担任参议员期间,是第一个或者肯定是第一波大力支持先进网络的国会议员之一。虽然不能准确地说副总统戈尔发明了互联网,但是,他在政策方面发挥了强大的作用,支持了它的持续发展和应用,我们对此应该心存感激。"[3]

这一事件表明,互联网的真实历史被集体失忆所吞噬并被自由市场神话所取代是多么迅速。[4] 事实上,整个数字通信领域都是在二战后的几十年中,通过政府资助和指导的研究而发展起来的,这些研究通常是由军方和顶尖的研究型大学开展的。如果把这个问题留给私营部门,互联网可能永远也不会存在。

这个故事已经讲过很多次了,但有些方面需要重复。20 世纪 60 年代初,当计算机科学家保尔·贝恩(Paul Baran)[5](不是在其他地方提及的经济学家保罗·巴兰[Paul A. Baran])设想一个去中心化的网络时,电话垄断企业美国电话电报公司嘲笑他的想法,说他"不清楚通信是如何

---

① Transcript,"Vice President Gore on CNN's Late Edition," Mar. 9,1999,www. cnn. com/ALLPOLITICS/stories/1999/03/09/president. 2000/transcript. gore/index . html.

② 译注:Vinton G. Cerf,常被称为 Vint Cerf,谷歌副总裁,曾参与互联网的早期开发。1976 年至 1982 年在美国国防部高级研究计划局任职。"互联网之父"称号有别于伯纳斯-李的"万维网之父"称号。

③ *Matrix News* 9,no. 4 (Apr. 1999),http://web. archive. org/web/20000125065813/http://www. mids. org/mn/904/vcerf. html.

④ 一些保守派人士执迷于抹煞或至少淡化政府和军队在建立互联网过程中起基础性作用的观点,这出于明确的政治原因。正如前《华尔街日报》出版人克罗维茨(Gordon Crovitz)在该报网站上所写的那样,如果人们明白政府可以创建互联网,那么就可以被"用来证明大政府的合理性"。L. Gordon Crovitz,"Who Really Invented the Internet?" *Wall Street Journal* online, July 22,2012,online. wsj. com/article/Sb10000872396390444464304577539063008406518. html. 这个"论点"立即遭到既是主张自由市场的自由论者又是经济学家的丹·米切尔(Dan Mitchell)的断然拒绝,认为是在进行意识形态活动。政府在建立互联网方面的作用是"公认的、很容易发现的真相"。米切尔解释道,"有时候创新实际上是这样发生的——政府将资金和工程技术人才投入到一个研究项目中,然后研究成果被释放到市场中,在那里它们得到商业利益的开发利用和进一步发展"。See Dan Mitchell,"Untruths at the Origins of the Internet," CNN Money,July 24,2012,tech. fortune. cnn. com/2012/07/24/untruths-at-the-origins-of-the-internet.

⑤ 译注:波兰裔美国人,兰德公司研究员,在阿帕网出现之前,即有分布式网络和分组交换模式的构想。

运作的"。① 互联网被设计成一种"开放的、可设计的技术",科学家可以通过这种技术在无层级的环境中轻松地做出贡献。它不同于封闭的电信企业系统,在封闭的系统中,对瓶颈(bottleneck)——也就是吴修铭(Tim Wu)所说的总开关——的私人控制是盈利的基础。② 在瑟夫和罗伯特·卡恩(Robert Kahn)的主导下,互联网的前身阿帕网(ARPAnet)在设计时没有中央控制,因而系统会是中性的或是哑的,③ 从而把开发特定应用程序的权力留给位居边缘的人们,让他们按照自己的意愿参与。④ 这种"分散控制意味着网络上的所有机器或多或少都是对等的。没有一台电脑在主管网络"。⑤ 因此,在互联网成形的几十年里,企业对它的兴趣微乎其微。1968 年,IBM 甚至拒绝竞标提供子网计算机,称该项投资没有足够利润。⑥ 1972 年,政府提出让美国电报电话公司控制阿帕网(也即互联网),这一著名的提议遭到了这家垄断公司的拒绝,"理由是这无利可图"。⑦

　　互联网的起源给我们带来两点重要的启示。首先,能够产生如互联网这种创新的基础研究是一种公共产品,而私营企业几乎没有动力进行这种研究。正如瑟夫所观察到的那样,如果没有带来回报的压力,以政府为基础的研究就"有能力长期维持下去"。⑧ 此外,企业的研究实验室"很少(如果有的话)投资于基础技术,这些技术可能会削弱他们目前所享有的经济优势"。⑨ 以企业的思路来看,政府的正确角色是这样的:进行大规模的初

————————————

　　① 　Peter Nowak, *Sex*, *Bombs and Burgers*: *How War*, *Pornography*, *and Fast Food Have Shaped Modern Technology* (Guilford,CT: Lyons Press,2011),203.

　　② 　Sascha D. Meinrath,James W. Losey,and Victor W. Pickard,"Digital Feudalism": Enclosures and Erasures from Digital Rights Management to the Digital Divide," *CommLaw Conspectus*,19,no. 2 (2011): 459; and Tim Wu,*The Master Switch*: *The Rise and Fall of Information Empires* (New York: Knopf,2010).

　　③ 　译注:指只能向计算机传送数据或从计算机接收数据,没有独立的处理能力。

　　④ 　John Naughton, *What You Really Need to Know About the Internet*: *From Gutenberg to Zuckerberg* (London: Quercus,2012),45—46.

　　⑤ 　Susan Landau,*Surveillance or Security? The Risks Posed by New Wiretapping Technologies* (Cambridge,MA: MIT Press,2010),18.

　　⑥ 　Nathan Newman,*Net Loss*: *Internet Prophets*,*Private Profits*,*and the Costs to Community* (University Park,PA: Penn State University Press,2002),52—53.

　　⑦ 　James Curran,"Rethinking Internet history," in James Curran,Natalie Fenton,and Des Freedman,*Misunderstanding the Internet* (London: Routledge,2012),37.

　　⑧ 　Nowak,*Sex*,*Bombs and Burgers*,9.

　　⑨ 　Newman,*Net Loss*,51.

始投资,并承担所有的风险。然后,倘若有利可图的应用趋于明朗化,就让商业利益集团进场捞取筹码,很快,随之而来的就是无耻地谴责政府的税收和规制对私营部门生产性工作的干涉。另一条路径是,同意政府对研究的投资是可取的和必要的,但是指出,公众——通过政府——理应因他们的投资而从商业利益中获得与私人投资者所期待的同样的投资回报,假如私人投资者为所有的初始研发提供了资金,并在风险最大的时候承担了所有风险的话。① 在 20 世纪 90 年代,当互联网络被移交给私营部门之时,这种对公众的回报实际上正在进行协商(并被放弃)。

其次,互联网的经验凸显了自 20 世纪 40 年代以来,军事开支在为美国的技术(和经济发展)提供资金方面发挥了极其重要的作用。一项研究表明,自 1945 年以来,整整三分之一的美国研究教授获得了国家安全机构的资助。② 内森·纽曼(Nathan Newman)写道:"纵观高科技产业的各个领域,与任何地区科技公司崛起相关的唯一压倒性因素是国防开支水平。"③对于通信领域来说尤其如此。例如,美国空军在 20 世纪 60 年代初进行的一项研究,为个人电脑和鼠标的发展奠定了基础。④ 同样,计算机设计的基本架构、分时小型计算机的进步和大多数网络技术都是军事开支和"政府大量资助"的结果。⑤ 正如一家互联网公司的首席执行官、谷歌地球(Google Earth)创始人之一约翰·汉克(John Hanke)所说,"硅谷的整个历史都与军队紧密相连"。要不是军方"愿意为每个用户支付数百万美元使其成为可能",谷歌地球就不会存在。彼得·诺瓦克(Peter Nowak)写道:"我们已经到了这样一个地步,几乎不可能将任何美国制造的技术与美国军方分离。"⑥这也不是什么古老的历史。2012 年,克里斯·安德森

---

① 斯蒂格里茨写道,在他担任总统经济顾问委员会(Council of Economic Advisers)主席期间,委员会确定,"政府研发的平均社会回报"要"远远超过 50%",远高于私营部门研发的回报。See Joseph E. Stiglitz, *The Price of Inequality: How Today's Divided Society Endangers Our Future* (New York: W. W. Norton, 2012), 174.

② Nowak, *Sex, Bombs and Burgers*, 11.

③ Newman, *Net Loss*, 26.

④ Linda McQuaig and Neil Brooks, *Billionaires' Ball: Gluttony and Hubris in an Age of Epic Inequality* (Boston: Beacon Press, 2012), 77, 83.

⑤ Newman, *Net Loss*, 21.

⑥ Nowak, *Sex, Bombs and Burgers*, 11, 12.

(Chris Anderson)为《连线》杂志(*Wired*)写了一篇封面文章,描述无人机战争对通讯和社会的巨大潜在好处,他热情地写到:"新一代廉价的小型无人机本质上是一支智能手机飞行舰队。"[1]军事的研发开支是美国资本主义体系的核心部分,几乎无法想象这个体系没有了它会如何存在。

联邦政府对互联网的补贴总额是不可能得到精确确定的。正如新美国基金会(New America Foundation)的主要政策专家萨沙·曼莱斯(Sascha Meinrath)所说,计算互联网历史上联邦补贴的数额,"取决于如何分析政府开支——就直接现金支出而言,数额是相当适度的。但是,一旦考虑到捐赠的途径和整个研究议程(通过国防高级研究计划署、国家科学基金会等),数额是相当可观的。如果算上无线补贴、税收减免(例如,对网上购物不征收销售税)等成本,那么将足以达到数千亿美元的额度"。[2]曼莱斯还没有把大量的志愿者劳动算进去,这些志愿劳动提供了"源源不断的免费软件来改进其功能"。[3]在此背景下,即使是对曼莱斯估算的保守看法,考虑到通货膨胀,联邦政府对互联网的投资至少是曼哈顿计划的十倍。[4]

问题不仅在于没有投资回报的公共补贴,这也关乎一种公共精神。早期的互联网不仅是非商业的,而且是反商业的。在20世纪六七十年代,许多人都认为计算机是平等主义和合作的先驱,而非竞争和利润的先驱。苹果的斯蒂夫·沃兹尼亚克(Steve Wozniak)回忆说,在他70年代的电脑俱乐部里,每个人都"把计算机看成是造福人类的工具,是通往社会正义的工具"。[5]70年代初,萨尔瓦多·阿连德领导的智利民主社会主义政府将大量资源投入到计算领域,认为它可以带来经济的高效运转,而不存在资本主义的不公平和非理性。[6]到了20世纪七八十年代,

---

[1]　Chris Anderson,"Here Come the Drones,"*Wired*,July 2012,107.

[2]　曼莱斯(Sascha Meinrath)给作者的电子邮件,2011年1月6日。

[3]　Newman,*Net Loss*,57.

[4]　Kenneth David Nichols,*The Road to Trinity*:*A Personal Account of How America's Nuclear Policies Were Made*(New York:William Morrow,1987),34—35.译注:"曼哈顿计划"为美国原子弹研制计划。

[5]　Wu,*Master Switch*,276.

[6]　Eden Medina,*Cybernetic Revolutionaries*:*Technology and Politics in Allende's Chile*(Cambridge,MA:MIT Press,2011).译注:该书中文版《控制论革命者:阿连德时代的技术与政治》由华东师范大学出版社出版。

构成互联网社区的计算机专业人士和学生"有意培养了一种开放、无等级的文化,对网络的使用没有施加什么限制"。① 丽贝卡·麦金农(Rebecca MacKinnon)称其为数字公地(digital commons),它将为后来的所有商业应用提供基础。② 那一时期出现的黑客文化的典型特征是,它致力于信息的免费和可获得性,反对集权和保密;以及学习和知识的乐趣。③

没有什么比广告和商业主义更能激怒互联网社区了。在 20 世纪 90 年代早期之前,美国国家科学基金会网络(NSFNet)是互联网的直接前身,它明确地将网络限制为非商业用途。1994 年 4 月,第一封商业电子邮件被发送到庞大的 Usenet 系统的每个讨论组(board),这个系统将非商业的互联网文化视为其核心,这封电子邮件引起了相当大的关注。④ 那封邮件的发送人遭到无数 Usenet 用户的抨击,他们用轻蔑的讯息把广告商的收件箱塞得满满当当,要求删除推销邮件,并使这种行为永远不再发生。互联网用户的这种内部监管是基于这样的假设:商业主义和诚实、民主的公共空间不能混为一谈。大多数大众媒体已经被广告所渗透,而并非人们找不到足够的广告。互联网将成为这样一个地方,一个公民可以寻求庇护并逃避无休止的推销的地方。

这种对数字商业主义的蔑视在商界得到了充分的理解。1993 年,行业出版物《广告时代》(Advertising Age)哀叹互联网如何被一种"嫌恶(原文如此)广告的"文化所包围。⑤ 营销人员担心,他们使用网络的努力将会受到"由学者和知识分子组成的网络社区"的猛烈抨击,他们将商业化的互联网视为"广告地狱"。⑥ 直到 1998 年,谷歌的创始人拉里·佩奇

---

① Richard Adler, *Updating Rules of the Digital Road: Privacy, Security, Intellectual Property* (Washington, DC: Aspen Institute, 2012), 4.

② Rebecca MacKinnon, *Consent of the Networked: The Worldwide Struggle for Internet Freedom* (New York: Basic Books, 2012), 18—19.

③ Heather Brooke, *The Revolution Will Be Digitised: Dispatches from the Information War* (London: Heinemann, 2011), 24. See also Johan Soderberg, *Hacking Capitalism: The Free and Open Source Software Movement* (New York: Routledge, 2008).

④ Naughton, *What You Really Need to Know About the Internet*, 82.

⑤ Joseph Turow, *The Daily You: How the New Advertising Industry Is Defining Your Identity and Your Worth* (New Haven, CT: Yale University Press, 2011), 38.

⑥ Ibid., 40.

(Larry Page)和谢尔盖·布林(Sergey Brin)还拒绝让广告支持他们的搜索引擎。"我们预计,由广告资助的搜索引擎将在本质上偏向广告商,而远离了消费者的需求,"他们写道,"搜索引擎越好,消费者找到他们想要的东西所需的广告就越少。"①人们曾预计互联网会让广告变得无关紧要和过时,这正是美国广告业曾深为担忧的。

随着互联网的发展,它逐渐吸引了商业公司的兴趣,这些公司急切地想知道如何利用互联网。也许第一次小规模冲突发生在 1972 年,一位黑客借助文件传输协议创建了电子邮件。在阿帕网的支持下,电子邮件很快就超过了所有其他形式的计算机资源共享。② 这是第一款"杀手级应用程序"。到了 20 世纪 70 年代末,美国邮政(U. S. Postal Service)提议创建一项由它负责管理的电子邮件服务,先是为有兴趣的商业客户服务,然后,随着系统的发展为其他客户服务。甚至在当时,邮政分析师认为,"美国邮政要生存下去,必须大力参与电子邮件系统"。也许再早个十年,这项提议有可能已经落地,但是在里根政府时期,来自美国电报电话公司等公司的商业反对足以使这一提议流产。③假如美国邮政成功了,它可能已经把互联网作为一种非盈利的公共服务媒介,带入一个完全不同的轨道。④ 1982 年,瑟夫离开了政府,在电信公司 MCI 工作,在那里他组建了第一个商业电子邮件系统。当 MCI 的电子邮件系统于 1989 年正式连接到互联网上时,商业互联网诞生了。⑤

互联网的另一个商业应用是计算机上网服务的浪潮,如美国在线(America Online)、CompuServe 和 Prodigy 等专有网络,这些服务提供了"带围墙的花园",其中的内容由服务方控制。这些服务取得了短暂的成功,但是,在 20 世纪 90 年代万维网出现之后,它们全都失败了。万维

---

① Quotation from Eli Pariser, *The Filter Bubble*: *What the Internet Is Hiding from You* (New York: Penguin,2011),31.

② Newman, *Net Loss*,57.

③ Dan Schiller, *Telematics and Government* (Norwood,NJ: Ablex,1982),210—14.

④ 瑞恩·埃利斯(Ryan Ellis)目前是斯坦福大学的博士后研究员,他正在做这方面的历史研究。See Ryan Ellis,"Binding the Nation Together? Postal Policy in the Era of Competition," International Communication Association Conference,San Francisco,May 2007,57—65.

⑤ Nowak, *Sex,Bombs and Burgers*,206.

网免费提供的资料数量远远超过这些收费服务所提供的。① 在 90 年代末的前宽带时代,美国在线通过提供拨号上网(而非封闭的系统)得以生存和繁荣。

在这一阶段,互联网社区最大的担忧是专利数量的增长,以及商业利益集团试图将曾经开放和免费的东西变成私有(proprietary)。正如柯兰(James Curran)所记录的那样,随着人们看到商业利益集团对互联网越来越感兴趣,理查德・斯托曼(Richard Stallman)②和林纳斯・托瓦兹(Linus Torvalds)③等人领导了一场"书呆子的反抗",他们在 20 世纪 80年代发起了开放软件运动(open-software movement)。④ 今天互联网上的许多非商业机构的存在,可归因于这一运动及其成果。1990 年,当蒂姆・伯纳斯-李(Tim Berners-Lee)创建了万维网时,他说要申请专利或收取费用是"不可想象的"。互联网的意义是"为共同的利益而共享"。情况即将改变。随着 90 年代市场的爆炸式发展,专利变得炙手可热。如伯纳斯-李所指出的,利用专利权创造不必要的、危险的垄断,而不是将它作为研究的激励手段,成了一个"非常严重的问题"。到 1999 年,他公开质疑互联网究竟正在变成"技术上的美梦还是法律上的噩梦"。⑤

20 世纪 90 年代,互联网从一种公共服务转变为一个独特的、甚至卓越的资本主义部门。1994 年到 1995 年,当国家科学基金会网络(NSF-Net)把互联网的主干网交给私营部门时,互联网正式私有化了。从此之后,市场力量决定了它的走向。这一转向结束了由政府和私营部门进行的长达六年的大部分不公开的高层审议。与 20 世纪 30 年代围绕新生的无线电广播的政治辩论或 19 世纪末对西联电报公司(Western Union)电报垄断的讨伐相比,关于这一私有化和商业化是否适当以及可能产生的影响,几乎连一丝民众讨论的痕迹都没有。当时没有新闻报道,所以公众

---

① Richard Adler,*Updating Rules of the Digital Road: Privacy, Security, Intellectual Property* (Washington, DC: Aspen Institute, 2012), 4.

② 译注:可参见《若为自由故:自由软件之父理查德・斯托曼传》(*Free as in Freedom: Richard Stallman's Crusade for Free Software*),人民邮电出版社,2015 年 4 月。

③ 译注:可参见《只是为了好玩:Linux 之父林纳斯自传》(*Just for Fun: the Story of an Accidental Revolutionary*),人民邮电出版社,2014 年 8 月。

④ Curran, "Rethinking Internet History," 45.

⑤ Tim Berners-Lee,*Weaving the Web* (New York: HarperCollins, 1999), 197—98.

对此毫无头绪;媒体监督组织"新闻查噤榜"(Project Censored)①将互联网的私有化列为 1995 年度被噤声的新闻的第四位。位居榜单首位的是导致 1996 年《电信法》出台的审议过程(deliberations)。②

为什么没有有组织的或一致的反对意见? 鉴于在 1995 年之前推动互联网发展并一直是其最具吸引力的特征之一的就是非商业的主导精神,反对意见的缺乏令人震惊。在我看来,有四个关键因素可以解释互联网私有化未经过争议就取得了胜利。

首先,第三章强调的要点开始发挥作用:整个 20 世纪 90 年代(及以后)的决策过程是由大公司及其行业协会主导的。惯常的模式是,政府开发新的通信技术,一旦能盈利就把它们交给资本家。几乎没有什么讨论是关于这类赠与将附带什么(通常是次要的)公共利益义务。媒体报道仅见于财经媒体(business press),因此,公众几乎不知道发生了什么。两党的政客都得益于与大量现任官员的关系,这些在任者基本上掌控了在华盛顿特区以及各州首府的委员会。由于在这些谈判中权力的不平衡,受益方总是私人利益集团。互联网对许多超级强大的企业和行业构成了明显的挑战,同时,也给它们和其他行业带来了几乎不可想象的前景。它们不会为了人类的福祉而悄然消失,也不会允许公众就如何最好地利用数字技术以改善民主、经济和生活品质展开公平、广泛的讨论。

第二,并没有一项政策或一套连贯的政策决定了互联网的性质。1994 年到 1995 年私有化的影响一点也不清楚。要使互联网达到今日 2013 年③的状况,需要大量的关键政策变革和技术革新,而在 20 世纪 90 年代,所有这些都是无法预料的。有许多机构、产业和政府机构对互联网的发展起了作用,但没有一个是全能的。互联网很难驾驭。互联网被"老大哥"或鲁伯特·默多克接管的威胁似乎还很遥远。对于那些关注公共利益保护和防止互联网被企业支配的活动家来说,很难弄清楚什么样的

---

① 译注:www.projectcencored.org,其口号为"没有成为新闻的新闻"(The News That Didn't Make The News),定期列出与美国公众利益关联度大但是美国主流媒体不报或少报的新闻。

② Project Censored, http://www.projectcensored.org/top-stories/articles/category/top-stories/top-25-of-1996/page/3. 译注:1996 年《电信法》是对 1934 年《通讯法》(Communication Act of 1934)的修订。

③ 译注:英文版初版于 2013 年。

政策会有效。如果这是一个关键机遇期(在 20 世纪 90 年代许多人就是这么理解的),那么当时完全不清楚具体的问题何在,以及替代方案是什么。在无限的数字领域,每个人都有足够的空间来做自己的事情,因此,商业用户和非商业用户似乎可以轻松共存。当时唯一清晰的政策关切是防止政府对互联网言论进行明确的审查,1996 年的《通信规范法》(Communications Decency Act)就是一个例子,该法案几乎立即就被裁定为是违宪的。

　　黑客中也有一种傲慢的成分,他们往往相信,不论公司里的家伙们谋划了什么,自己都能绕道而行。技术的革命性可以战胜市场的垄断性。这或许可以解释为什么 20 世纪 90 年代,一些拥护互联网的著名反主流文化人士,如斯图尔特·布兰德(Stewart Brand)①、约翰·佩里·巴洛(John Perry Barlow)②和埃斯特·戴森(Esther Dyson),与乔治·吉尔德(George Gilder)和纽特·金里奇(Newt Gingrich)等自由市场理论家和技术狂热爱好者结成了某种形式的联盟。③

　　第三,即使是在一个由企业主导的政体背景下,20 世纪 90 年代的政治文化在亲资本主义情绪方面也接近历史高点,而在公共服务或规制理念方面接近历史低点。公共产品和符合公共利益的规制的概念在那时即便没有被奚落,也是遭到质疑的。数字革命爆发的时候,正是人们通常所说的新自由主义方兴未艾之时,它有关"自由市场"的华丽辞藻是最令人遐想的。技术革命的活力使企业的夺权行为戴上了正直、美德和公共服务的光环。核心观点是,企业应该始终被允许开发任何可以获得利润的领域,这是对经济资源最有效的使用。④ 数字技术增强了自由市场的力量,因为它削弱了对寡头垄断产业的规制。他们认为,新的技术创造了新

---

①　译注:布兰德,《地球的法则:21 世纪地球宣言》,中信出版社,2016 年。

②　译注:约翰·佩里·巴洛是电子前沿基金会(Electronic Frontier Foundation,EFF)联合创始人,曾在 1996 年发布《网络空间独立宣言》(A Declaration of the Independence of Cyberspace),2018 年 2 月去世。

③　对这个故事的最精彩表述,见 Fred Turner, *From Counterculture to Cyberculture* (Chicago: University of Chicago Press, 2006)。

④　维迪亚那桑(Siva Vaidhyanathan)以"公共失败"(public failure)的概念发展了这一观点。See Siva Vaidhyanathan, *The Googlization of Everything* (*and Why We Should Worry*) (Berkeley: University of California Press, 2011), 39—44.

的竞争,并让市场发挥其魔力。

相反,任何稍带左翼色彩的东西都是可疑的。重新致力于自由企业的民主党人,正全速摆脱自由主义(*liberal*)这个词。他们可以这样做而不受惩罚,因为他们的选民不太可能给共和党投票。克林顿总统宣称,"大政府时代已经结束"。任何干扰资本主义扩张的事情都被视为糟糕的经济学和意识形态色彩浓厚,并且都是由一个落魄的特殊利益集团提出的,这个集团无法在自由市场竞争的世界中立于不败之地,因此他们寻求政府规制和官僚体制之腐败地狱的保护。[①] 这一信条促使整个经济放松管制,并促使许多一度属于公共部门的活动私有化。在互联网问题上,克林顿政府和共和党人是步调一致的:正如克林顿和戈尔在 1997 年的《全球电子商务框架》(*Framework for Global Electronic Commerce*)中所说的,首要原则是"私营部门应发挥主导作用"。"应在全球范围内促进互联网上的"电子商务。马修·克雷恩(Matthew Crain)对这一时期开创性的论文研究表明,克林顿政府在所有与互联网相关的政策事务上与私营企业进行了广泛、安静与和谐的合作,与此同时,对隐私和广告这种公共利益问题的关注在早期就被边缘化了。当有争议的问题出现时,首选的解决方案是行业自律。[②]

两党通过的 1996 年《电信法》(Telecommunications Act)给公众利益带来了具有象征意味的致命一击。该法案只是间接地处理了互联网问题,主要是贝尔的地区性垄断企业(贝比贝尔[Baby Bells])[③]与长途运营商之间地盘争夺战的结果。"解救媒体"组织的德里克·特纳(Derek Turner)指出,事实上,仔细阅读该法案就会发现,它包含了一些措施,这些措施本可以催生更多的竞争,推进数字领域的公共利益。真正的悲剧

---

① 对于这一观点以及新自由主义经济学其他意识形态压舱石的出色辩驳,见 Ha-Joon Chang, 23 *Things They Don't Tell You About Capitalism* (New York: Bloomsbury Press, 2010)。

② Matthew Crain, "The Revolution Will Be Commercialized: Finance, Public Policy, and the Construction of Internet Advertising in the 1990s," PhD dissertation, University of Illinois at Urbana-Champaign, 2013.

③ 译注:由于贝尔系统(Bell System)对美国电信业的长期垄断,1984 年,依据反垄断法,其市话业务被拆分出去,并在 7 个地区划分成 7 家小的贝尔公司即贝比贝尔(Baby Bells),经营本地市话业务。同时,贝尔电话公司正式更名 AT&T,专营长途电话业务和通信设备制造。

是,国会在这个时候放弃了基本政策的制定,终结了有意义的公众参与的可能性。这些问题都被移交给了对法律规定之公共利益条款的无休止的法庭挑战,这些挑战由企业方发起,被移交给了联邦通信委员会(FCC),后者几乎没有为在暗夜中满足了大公司的利益需求而感到愧疚,因为大公司希望开发利用互联网。特纳写道:"甚至未及 1996 年的法案墨迹变干,强大的媒体和电信巨头以及他们那支报酬过高的游说大军,就直接去阻挠和破坏这项新法案旨在创造的竞争。到了 21 世纪初,那些他们原来在法庭上无法推翻的东西,被由同一拨说客组成并领导的新一届 FCC 欣然推翻了。"[①]

在 1996 年的《电信法》所附的公开声明中,电信法的这一附加说明是基于这样的看法,即传统上对电信"自然垄断"和媒体所有权集中的关注,因互联网而变得毫无意义,互联网将引发如此之多新的竞争,以至于不再有任何正当的理由进行规制。宣传很是密集,没人停下来问一问,如果放松管制会让大型垄断企业面临更为激烈的竞争,从而减少利润,它们为什么还要游说放松规制?

放松管制的最大谎言是,政府可以退出这些市场,让市场竞争发挥其魔力。相反,包括电话、有线电视和卫星电视、广播、电影以及音乐录制在内的所有传播市场,都是由政府创建或决定性地塑造出来的,并且是建立在政府垄断许可或特权的基础上。放松规制丝毫没有消除政府或者政策制定的重要性。在每一个重要领域,政府依然发挥着核心作用。放松管制所做的是消除或严重削弱政府为公众利益采取行动的想法。简单明了地说,政府规制的目的就成了帮助企业实现利润最大化,这就是新的公共利益。通信(communication)领域的放松管制,实际上意味着"重新严格规制,以服务于最大的公司利益"。丹·席勒在 1999 年敏锐地写道:"如果当前的趋势没有被全面中断,网络空间成为商业消费媒介的程度在很大程度上将由追逐利润的企业自身来决定。"[②]这种重新规制让企业找到

---

① S. Derek Turner,"The Internet," in *Changing Media*: *Public Interest Policies for the Digital Age* (Washington, DC: Free Press, 2009), 12, www. freepress. net/files/changing_media. pdf.

② Dan Schiller, *Digital Capitalism*: *Networking the Global Market System* (Cambridge, MA: MIT Press,1999),128.

最有利可图的用途,然后制定政策来支持这些活动。

尽管这种做法公然迎合少数公司,但还是有第四个因素削弱了反对甚或辩论的声音。20 世纪 90 年代末的互联网泡沫使得促进网络空间商业发展的政策显得不仅恰当,而且卓有成效。在经历了 90 年代初的严重衰退和 1987 年的可怕崩盘后,互联网催生的"新经济"似乎是资本主义增长问题的解决方案。90 年代末是个令人目眩神迷的时刻,美国新闻媒体对这幸福的一对几乎无法抑制自己的热情。资本主义和互联网看起来就是佳偶天成。[1] 新兴的首席执行官们是当时征战天下的英雄、远见卓识的预言家、世界历史上的天才和实干家,他们完全应该得到他们的回报。哈佛大学的小亨利·路易斯·盖茨(Henry Louis Gates Jr.)曾在 1998 年说过:"我认为比尔·盖茨有权利赚 500 亿美元,如果他足够聪明能搞清楚这些事情的话。"[2]戈尔凭什么认为他应该因这些巨人的所为而获得称赞呢?

尽管资本决定性地赢得了政策之战,但重要的是承认,人们仍然有足够的空间按自己的意愿使用互联网,所以这不是无线电广播那样的案例,在无线电广播领域,系统被交给了少数商业利益集团来垄断。存在着大量非盈利和非商业的互联网站点,以及免费或开放的软件和应用程序——本科勒(Yochai Benkler)认为有成千上万个——正如许多在线用户所经历的那样,它们已经成为数字领域的核心部分。[3] "维基百科"就是最引人瞩目的例子。正如诺顿(John Naughton)所说,业余爱好者"事实上创造了迄今为止世界上最伟大的工具书"。[4] 维基百科的创始人吉

---

① 在今天的新闻媒体中,对互联网颂扬式的报道和很大程度上是昏庸的报道仍在继续。马辛(Michael Massing)在《哥伦比亚新闻评论》2012 年的一篇报道中指出,"记者马不停蹄地记录着 IT 精英的财富、豪宅与华服"。然而,美国媒体"在无休止地报道互联网的同时,却未能审视互联网的一些重要问题"。具体而言,"记者们倾向于称赞这些大人物的精明与冷静,而不是审视他们积聚的巨额财富,以及他们的政治和经济目的"。我还要补充一点,在决定互联网发展方向的关键政策辩论方面也好不了多少。Michael Massing, "The Media's Internet Infatuation," *Columbia Journalism Review* online, Aug. 15, 2012, cjr. org/the_kicker/internet_infatuation. php.

② Jane Slaughter, "Interview with Henry Louis Gates Jr. , Harvard Professor," *Progressive* 62, no. 1, Jan. 1998.

③ Yochai Benkler, *The Penguin and the Leviathan: How Cooperation Triumphs over Self-Interest* (New York: Crown Business, 2011), 212—23.

④ Naughton, *What You Really Need to Know About the Internet*, 89. See also Joseph Michael Reagle Jr. , *Good Faith Collaboration: The Culture of Wikipedia* (Cambridge, MA: MIT Press, 2010).

米·威尔士(Jimmy Wales)从一开始就明白,如果它是商业性的,就不可能获得信赖和成功,而且维基百科对广告的态度依然让人回想起怀揣着理想的网络青葱岁月。①

往好的方面说,这些非商业的合作项目会让人回想起互联网颂扬者对这一技术最推崇的优点与潜力。② 这些发展中最引人注目的是找到了一个与占主导地位的商业玩家相契合的利基(niche)市场。如丽贝卡·麦金农(R. MacKinnon)所说,"开源软件本质上并不是反商业的",许多像谷歌这样的巨头都在用得着它的地方使用它。③ 新美国基金会的詹姆斯·洛西(James Losey)指出,"许多企业都建立在开源基础之上,比如苹果公司的 OSX 系统就建立在 Unix 的基础之上"。④ 正如希瓦·维迪亚那桑(Siva Vaidhyanathan)指出的,谷歌和维基百科有着如此强大的协同作用——维基百科在大多数谷歌搜索中位列前茅——"任何参考来源都不太可能取代维基百科"。⑤ 这一合作领域对企业也很重要,因为它为商业互联网带来了合法性,而不只是为亿万富翁提供数字化的自动提款机。2012 年,当马克·扎克伯格(Mark Zuckerberg)在准备脸书的首次公开募股时,他在写给潜在投资者的信中表示,脸书"最初并不是为了成为一家公司而创建的"。相反,"它的建立是为了完成一项社会使命——使世界更加开放,更加紧密相连"。⑥

互联网服务提供商:从垄断到卡特尔?

互联网最直接威胁到的两个行业是电话业和有线电视业。几代人以来,大型电话公司和(在较小程度上)有线电视公司一直通过享有政府垄

---

① Lawrence Lessig, *Republic, Lost* (New York: Twelve books, 2011), 34.

② See, for example, Charles M. Schweik and Robert C. English, *Internet Success: A Study of Open-Source Software Commons* (Cambridge, MA: MIT Press, 2012).

③ MacKinnon, *Consent of the Networked*, 20.

④ 洛西(James Losey)给作者的电子邮件, 2012 年 5 月 31 日。

⑤ Vaidhyanathan, *Googlization of Everything*, 63. 吴修铭指出,维基百科的词条一向排在谷歌搜索结果的最前面,在搜索词的官方网站之前。See Wu, *Master Switch*, 287.

⑥ Somini Sengupta and Claire Cain Miller, "Zuckerberg's 'Social Mission' View vs. Financial Expectations of Wall St.," *New York Times*, Feb. 3, 2012, B1.

断专营权而获得巨额的政府间接补贴。几乎所有这些公司都依靠地方性垄断在运作。虽然它们常常不受消费者欢迎，但它们可谓美国最非凡的游说力量，因为它们的存活有赖政府的授权和支持。

这些行业面临的巨大挑战是如何在数字革命中生存下来。互联网几乎不需要什么成本就可以提供各种各样的语音通信和各式各样的视听娱乐，在当时看来只是个时间问题，而这会使这些行业变得多余，或至少是规模缩小很多，也没有那么多的利润。它们凭借无可匹敌的政治力量，能够在华盛顿和州、市政府等各个层面迎接挑战。它们的巨大影响力源于这样的事实：拜政府设立的垄断专营所赐，它们控制了接入互联网所需的线路，至少在更为复杂的无线网络建成之前是这样的。电话公司把它们的线路借出用于互联网传输，在 20 世纪 90 年代它们意识到，线路是它们的未来，而且是利润丰厚的未来。很快有线电视公司也认识到了这一点。但是，有些关键的政治胜利需要先赢取，但当时根本不清楚它们能否赢得这些胜利。

这些公司面临的第一个威胁是即将到来的新的竞争，因为 1996 年《电信法》中规定了对所有权放松管制。在 90 年代中期，大约有十几家主要的电话公司、一些长途电话公司，以及由于美国电报电话公司于 1984 年被分拆而形成的七个地区性的电话垄断公司。另外还有大约八家主要的有线电视和卫星电视公司，每家有线电视供应商在其经营的区域都拥有专营许可证（monopoly license），每家卫星电视公司都拥有电子频谱波段的专营权（monopoly rights）。它们的理论是，有了数字通信，所有这些公司都将离开它们垄断专营的边界而开始相互竞争，电话公司、有线电视公司和卫星电视公司将相互竞逐对方的业务。此外，由于官方的垄断专营许可即将到期，而数字金矿又近在眼前，各种各样的新玩家肯定会进入这个领域。这种让人想起"蛮荒西部"（Wild West）的互联网意象，暗示着在电信、有线/卫星电视领域出现大量新的竞争对手。其原则是"处处竞争"，创造吴修铭所说的"所有人对所有人的霍布斯式的斗争"。[1]

这些电话和有线电视巨头开始容忍并最终支持对其行业"放松管制"的漫长过程，这一过程在 20 世纪 90 年代达到高峰，并不是因为它们热切期待着激烈的新竞争，而是因为它们猜测新的体制会让自己变得越来越

---

[1]　Wu, *Master Switch*, 244.

大,拥有更多的垄断权力。① 那是个无所顾忌(cynical)的时刻。放松管制的公开理由是,这些传统的电话和有线电视垄断企业将被允许使用它们的线路在当地市场相互竞争,以形成真正的竞争。作为交换,对兼并的限制将会放松,由此,无助的巨头们就可以为即将到来的竞争大决战做好准备。

这完全是一派胡言。无论是商业上还是政治上,强大的现有参与者拥有足够的垄断权力,以确保不会出现新的强大竞争对手。例如,在德克萨斯州,SBC 公司(后来重组了 AT&T 的贝比贝尔)有近 100 名注册说客,他们在影响由 181 名成员组成的立法机构。毫不奇怪,德州通过的法律使得任何初来乍到者都很难挑战 SBC 的电话垄断地位。② 在大多数情况下,占据主导地位的企业知道,不与另一家现有企业发生纠纷符合它们的利益,而外部企业则意识到,试图进入这些行业无异于将它们的资本付之一炬。结果是一波大规模的合并浪潮,电话和有线电视巨头的数量缩减至 6 到 10 家,数量多少取决于评判标准(这一数字不及 90 年代中期总数的一半),美国电报电话公司、威瑞森(Verizon)、康卡斯特逐渐成为占据主导地位、利润更高的实体。

放松管制导致两个世界最糟糕的情况:大型公司更少,同时规管力度大为减弱。最终,这些公司在华府和各州首府的政治权力达到了历史新高。③ 于是,政客们几乎无视他们有关竞争加剧的套话。如吴修铭所说,布什政府"倾向于认为,竞争不一定要求存在任何现存的竞争对手"。④ 这些垄断者是裙带资本主义的典型代表。裙带资本主义在理论上受亲市场人士的鄙视,但在实践中,却总得到他们的拥护,至少在他们接近政治权力的时候是如此。

---

① 围绕电信法案展开的政治斗争主要发生在长途电话公司之间,如 MCI 和 Sprint,和地区性的贝比贝尔公司之间,主要关于放松管制的条款。

② Wu, *Master Switch*, 245—46.

③ 2012 年,密西西比州通过了一项新法律,根据该州北部地区专员普雷斯利(Brandon Presley)的说法,该法律"将允许"美国电报电话公司"在没有任何监管的情况下提高费率"。普雷斯利指出,美国电报电话公司是该州最大的游说力量,并且拿到了他们起草的法案。"我们有一个由金钱驱动的政府,"他说,"这是错误的。"See Phillip Dampier, "Mississippi Public Service Commissioner on Big Telecom $: 'We Have a Coin-Operated Government," Stop the Cap!, July 10, 2012, stopthecap. com/2012/07/10/mississippi-public-service-commissioner-on-big-telecom-we-have-a-coin-operated-government.

④ Wu, *Master Switch*, 247.

　　增强垄断权力和压制竞争威胁听上去都很美妙，但是，这并没有解决互联网带来的问题。90 年代末，电话公司为互联网接入提供了主要线路，但是 FCC 要求它们履行"公共承运"条例，这就意味着数量越来越少的贝比贝尔公司不得不允许作为互联网服务提供商（ISP）的其他公司以非歧视性的价格使用它们的线路。这导致 ISP 数量的激增（这曾是个竞争非常激烈的市场），其中美国在线在 20 世纪末跃至市场首位。电话公司对这项规定感到深恶痛绝，它们通过法院和监管系统，力促终止这项规定，这样它们就可以成为有权独家使用自己网络的 ISP。[1] 否则，它们的未来将是相当严峻的：把自己的哑管道（dumb pipes）出租，让别人用来致富，尤其是当电话通讯系统将切换到互联网协议的时候。

　　到了新世纪的第一个十年，有线电视的粗大管缆被接入网络，提供宽带互联网接入。有线电视公司最初也必须遵守电话公司面临的公共承运人（common-carrier）条款。然后，2002 年，布什政府的 FCC 将线缆调制解调器（cable modem）服务[2]重新归类为"信息服务"，而不是"电信服务"，这一改变是静悄悄进行的，没有辩论，没有公开听证会，几乎也没有新闻媒体报道。这是一个党派路线的决定，民主党人迈克尔·科普斯（Michael Copps）投了唯一的反对票。[3] 这一改变使有线电视得以摆脱公共承运人条款的规定。有线电视公司可以成为唯一使用自己线路的ISP。美国最高法院支持 FCC 在 2005 年"全国有线电视协会诉 Brand X公司"（NCTA v. Brand X）一案中做出这一重新归类的宪法权利，尽管不一定同意 FCC 的做法。[4] 此后不久，FCC 将电话公司的互联网接入服务

---

　　① 感谢 Free Press 的特纳（Derek Turner）对这部分的帮助。

　　② 译注：通过有线电视线路提供调制解调服务，属于宽带。

　　③ 当时 FCC 只有四名委员，民主党的乔纳森·艾德尔斯坦（Jonathan Adelstein）正在等待确认能否得到那个空缺的席位。

　　④ 译注：Brand X Internet 是加州一家地方性 ISP，NCTA 是美国全国有线电视协会，2001年协会全称由 National Cable Television Association 改为 National Cable & Telecommunications Association，2016 年再改为 The Internet & Television Association，缩写 NCTA 一直不变。2002年 3 月 FCC 规定有线电视的线缆调制解调器服务是"信息服务"而非"电信服务"，之后，Brand X、EearthLink 等公司向联邦巡回法院递交对 FCC 该规定的复审申请，案件由第九巡回上诉法院审理，并在 2003 年 10 月的裁定中推翻了 FCC 的规定。之后，FCC 上诉至美国最高法院，2005年 6 月最高法院撤销巡回上诉法院的裁定，支持 FCC 的决定，即有线宽带互联网接入服务属于"信息服务"。

重新归类为信息服务,由此,电话公司也可以避免开放接入的要求了。此时,自 2000 年以来的独立 ISP 已经倒闭了近 50％,很快,几乎所有剩下的也都将倒下。正如一项重要研究指出的,"美国的宽带竞争已经瓦解"。① 未来的一场关键的政策斗争,是让 FCC 撤销其 2002 年的决定,将基于有线电视和电话的宽带重新回归到"电信服务"的类别中去。

这种重新归类对少数几家电信巨头的最终盈亏产生了重大影响,对美国宽带的发展也带来了灾难性的影响。近 20％的美国家庭只能通过不超过一家宽带供应商——垄断企业——接入网络。根据 FCC 的数据(该委员会承认,这些数据可能夸大了实际竞争的程度),除了 4％的家庭之外,其余所有家庭都有最多两种宽带有线接入的选择:由一家垄断当地市场的电话供应商(它可能会、也可能不会积极推动有线宽带)和一家有线电视供应商构成的双寡头垄断。② 如果这意味着这些双寡头垄断企业必须降低垄断价格和减少利润,那么它们就没有拓展市场的动机,因此"数字鸿沟"持续存在,这一点我将在后面讨论。奥巴马政府拨出 72 亿美元作为刺激经费,以将高速互联带到服务不足的地区,虽然这在一些农村地区起到了促进作用,但是,"对大多数美国消费者来说,这对更广泛的市场竞争态势并没有影响"。③ 此外,它还向大型供应商提供了间接补贴,"因为当时得到资助的许多项目,需要从主要的电信公司处购买网络连接"。④

另一个重大发展是,蜂窝电话、智能手机和互联网无线接入的兴起。由于企业高超的应对战术,在没有公开研究、公开辩论的情况下,为数不多的几家老牌电话公司大口吞占了频谱,逐渐成为占据主导地位的手机和无线 ISP。四家公司控制着美国 90％的无线市场,其中的两家(美国电报电话公司和威瑞森)控制了 60％的无线市场,并拥有 90％的自由现金流(free cash flow)。⑤

---

① Meinrath,Losey,and Pickard,"Digital Feudalism," 434.

② 这一段落的信息来自:*Connecting America*:*The National Broadcasting Plan*(Washington,DC:Federal Communications Commission,2010),37—38。

③ 斯科特(Ben Scott)给作者的电子邮件,2012 年 6 月 14 日。

④ 曼莱斯(Sascha Meinrath)给作者的电子邮件,2012 年 6 月 14 日。

⑤ Susan Crawford," 'Survey:Mobile App Privacy Fears Continue to Escalate,' " scrawford. net/blog,July 17,2012,scrawford. net/blog/survey-mobile-app-privacy-fears-continue-to-escalate/1627. 译注:自由现金流是股东和投资方评估公司价值的一个重要测量工具,是公司给付所有现金开支以及运营投资后所持有的剩余资金。

这已成为一个经典的双寡头垄断,两大寡头的巧妙做法是彼此模仿。一位美国消费者联盟(Consumers Union)的律师评论说,"美国电报电话公司和威瑞森彼此不是真正的竞争对手。它们互相模仿"。[①] 因此,当2012年美国电报电话公司对用户可以下载的数据采取限制措施时,威瑞森很快也采取了同样的措施。[②] 几个月后,威瑞森宣布了一项新计划,允许用户购买一定大小的无线数据容量,可以在用户家庭的不同数字机器上分散使用。该计划旨在使威瑞森的收入最大化。调查公司Ovum的一名电信分析师表示:"威瑞森终于以一种没人想要的方式,提供了一种人人都想要的东西。"据预估,美国电报电话公司将在短期之内推出几乎完全相同的计划。[③]

　　双寡头垄断的代价是什么? 美国人平均每年为手机服务支付635美元,而在瑞典、荷兰和芬兰,人们花费不到130美元就能享受到优质服务。此外,1997年,手机公司将每一美元收入的高达50％投入到手机网络中去。如今,由于几乎没有竞争压力,资本支出占比已经降至收入的12.5％。[④] 电信专家苏珊·克劳福德(Susan Crawford)的解释是:"美国电报电话公司并不想在这个网络上投入超过它绝对需要的资金。建造更多的高塔,并将它们全部连接到光纤上,将降低它的股票价格。"[⑤]这是有关垄断权力的典型案例,而且它得到了回报。2011年,美国电报电话公

①　Michael Moyer,"Verizon and AT&T Accused of Being Threats to Democracy," *Scientific American*,Mar. 13,2012.

②　Brian X. Chen,"A Squeeze on Smartphones," *New York Times*,Mar. 2,2012,b1,b4.

③　Brian X. Chen,"A Data Plan That Devices Can Share," *New York Times*,June 13,2012,B1.

④　Matt Stoller,"Corruption Is Responsible for 80％ of Your Cell Phone Bill," *Republic Report*,Apr. 11,2012. 斯托勒(Stoller)的数据来自经济合作与发展组织(OECD)、FCC以及前移动通信行业协会(现在以缩写CTIA更为人所知)。

⑤　Susan Crawford,"What's Good for Verizon and AT&T Is Terrible for American Consumers," Wired business,July 26,2012,wired. com/ business/2012/07/whats-good-for-verizon-and-att-is-terrible-for-american-consumers. "公共知识"组织(Public Knowledge)的电信政策专家费尔德(Harold Feld)写道:"当利润最大化的每一个动机都依赖于通过提供更少的服务以赚取更多的钱,以及使得人们不愿使用你的服务时,问题就很严重了。"Harold Feld,"The Wireless Market Is Seriously Messed up When Every Incentive Is Anti-Consumer," *Wetmachine*,July 24,2012,tales-of-the-sausage-factory. wetmachine. com/the-wireless-market-is-seriously-messed-up-when-every-incentive-is-anti-consumer.

司和威瑞森分别位列《财富》500强企业榜单的第12位和第16位,两家公司的总收入为2300亿美元,利润总额为200亿美元。[①]

令人担忧的不仅是有线宽带和无线领域都是垄断的,而且,它们正在成为"公共知识"组织(Public Knowledge)[②]的哈罗德·费尔德(Harold Feld)所说的卡特尔组织。[③] 2011年和2012年,占据市场主导的有线电视公司和电信公司达成了多项排他性协议(exclusive deals),由此它们就可以在标准方面密切合作,并整合各自的服务。[④] 在某种程度上,它们承认有线电视已经赢得了有线宽带之战。到2011年,75%的宽带用户选择有线电视。[⑤] 有线电视公司同意放弃它们的频谱,以便手机公司可以拥有更多频谱。同时,手机公司实际上退出了对有线宽带用户的激烈竞争。2011年12月,有线电视巨头康卡斯特和无线巨头威瑞森达成了一项相互推销对方服务的协议,在大公司之间达成的许多类似交易中,最重要的进展是这一宗。[⑥] 正如费尔德所说:"这些附属协议相当于一种默契,目的是在它们之间分割市场,避免竞争。"[⑦]

2012年8月,当美国司法部和FCC都批准了威瑞森公司交换频谱、瓜分市场并与康卡斯特及其他主要有线电视公司合作时,整个有线和无线的ISP市场的卡特尔化实际上得到了许可。[⑧] 电信业分析师杰夫·卡根(Jeff Kagan)说:"这些公司不再竞争了。现在它们是合作伙伴。我所

① "Fortune 500," CNN Money, http://money. cnn. com/magazines/fortune/fortune500/2011/full_list.

② 译注:美国数字维权组织。

③ Harold Feld, "My Insanely Long Field Guide to the Verizon/SpectrumCo/ Cox Deal," *Wetmachine*, Mar. 22, 2012, http://tales-of-the-sausage-factory. wetmachine. com.

④ Stacey Higginbotham, "Verizon to Buy Cox Spectrum to Remake Its Broadband Model," *Gigaom*, http://GigaOM. com, Dec. 16, 2011.

⑤ Christopher Mitchell, *Broadband at the Speed of Light: How Three Communities Built Next-Generation Networks* (Washington, DC: Benton Foundation, Apr. 2012), 61.

⑥ Susan Crawford, "Water, Internet Access and Swagger: These Guys Are Good," Wired. com, Mar. 9, 2012.

⑦ Feld, "My Insanely Long Field Guide."

⑧ Hayley Tsukayama, "Justice Allows Verizon Deals with Cable Companies, with Conditions," *Washington Post* online, August 16, 2012, washingtonpost. com/blogs/post-tech/post/justice-approves-verizon-deal-with-cable-companies/2012/08/16/783aab14-e7a9-11e1-8487-64e4b2a7 9ba8_blog. html.

看到的都是坏的。"①科技政策记者蒂莫西·李(Timothy Lee)写道:"我们似乎要休战了,而不是电话和有线电视运营商之间的军备竞赛。"②费尔德指出,供应商可以大力推行"反消费者的激励措施,而不用承担什么后果"。③ 考虑到电信和 ISP 市场的规模和对经济的重要性,这是一种非同寻常的状况。

垄断体系的后果是显而易见的。丹麦国家信息技术与电信局(Danish National IT and Telecom Agency)的数据显示,2000 年,美国在宽带普及和接入方面处于世界领先地位,"比任何欧洲国家都早 12 至 24 个月"。④ 今天,美国在宽带接入、服务质量和每兆位(megabit)⑤成本等全球大多数衡量指标上排名第 15 至 30 位。⑥ 在 Pando Networks 于 2011 年 9 月发布的一份全球报告中,美国消费者的平均下载速度在全球排名第 26 位。⑦ 2012 年新美国基金会对全球 22 个城市进行的一项调查得出结论,与国外消费者相比,美国大城市的消费者总是为更慢的网速支付更高的价格。⑧ 2012 年 FCC 全国宽带计划的作者布莱尔·莱文(Blair Levin)指出:"这是一个重要的事实:自从商业互联网开始以来,美国第一次没有一个商业电缆供应商计划建立一个比目前最好的可用网络更好的网络。"⑨克劳福德指出,这意味着大多数美国人将永远得不到"世界其他

① David Lazarus,"Why Is Verizon in Bed with Time Warner and Comcast?" *Los Angeles Times* online,July 26,2012,latimes. com/business/la-fi-lazarus-20120727,0,2605145. column.

② Matthew Lasar,"Do We Need a New National Broadband Plan?" *Ars Technica*,July 27,2012,arstechnica. com/tech-policy/2012/07/do-we-need-a-new-national-broadband-plan.

③ Feld,"Wireless Market Is Seriously Messed Up. "

④ Meinrath,Losey,and Pickard,"Digital Feudalism," 425.

⑤ 译注:1 百万比特。

⑥ 经合组织国家数据,参阅 United Nations Organisation for Economic Co-operation and Development,Directorate for Science,Technology and Industry,OECD Broadband Portal,http://oecd. org. See also: James Losey and Chiehyu Li,*Price of the Pipe*: *Comparing the Price of Broadband Service Around the Globe* (Washington,DC: New America Foundation,2010)。

⑦ Cited in Benjamin Lennett,Darah J. Morris,and Greta Byrum,*Universities as Hubs for Next-Generation Networks* (Washington,DC: New America Foundation,Apr. 2012),2. 报告的作者指出,即使在人口稠密的地区,美国的网速也落后于其他国家,这驳斥了美国幅员辽阔导致表现不佳的说法。

⑧ New America Foundation,*The Cost of Connectivity* (Washington,DC: New America Foundation 2010),1.

⑨ Lasar,"Do We Need a New National Broadband Plan?"

地方所习惯的速度"。① 据新美国基金会估算,在未来十年,电缆垄断给美国用户带来的直接成本为 2500 亿美元。②

围绕着卡特尔的出现,有不少的悲剧。现有和潜在的未使用频谱大量存在,这些频谱可用来建立一个极好的无线联网以替代现有的卡特尔,并降低价格。③ 正如《经济学人》杂志指出的,未使用的频谱可能提供"第三条管道","在互联网接入上,它可媲美有线电视和电话的宽带"。④ 问题何在? 电磁频谱是政府在一个"临时的、零碎的系统"中分配的,通常是为了应对一时的压力,不论是商业压力还是军事压力。无线网络应用对频谱的需求正以每年翻一番的速度增长,因此出现了人们所夸大的频谱"短缺"。⑤ 但是,正如曼莱斯所指出的,"大多数频谱处于闲置状态",因为频谱"利用率全国大部分地区都是个位数,并不是人们占用了频谱,而是他们把频谱囤积起来——束之高阁,这样就没有人能用了"。⑥

存在的是一种"虚假的稀缺性",美国电报电话公司和威瑞森在继续越来越多的攫取提供无线服务所需的频谱容量。⑦ "解救媒体"组织的马特·伍德(Matt Wood)指出:"在当前的频谱分配系统中,威瑞森和美国电报电话公司有着无可匹敌的优势,这使得它们在不论是 FCC 的频谱竞拍,还是在其他许可证持有方打算出售的'二级市场'上,可以出高于所有其他竞拍者的价格,然后囤积所拥有的频谱,而不会真的很快就好好投入使用。"⑧2011 年,一份行业出版物的报告称,美国电报电话公司拥有价值100 亿美元的闲置频谱的许可证,同时它还在游说政府将更多频谱转移

① Susan P. Crawford, "Team USA Deserves No Gold Medal for Internet Access," *Bloomberg View*, Aug. 5, 2012, bloomberg. com/news/2012-08-05/team-usa-deserves-no-gold-medals-for-internet-access. html.

② 曼莱斯(Sascha Meinrath)给作者的电子邮件,2012 年 8 月 13 日。

③ 皮卡德和曼莱斯研究发现,政府掌控着大量未使用的频谱可投入流通,而不损害政府的需求。See Victor W. Pickard and Sascha D. Meinrath, "Revitalizing the Public Airwaves: Opportunistic unlicensed Reuse of Government Spectrum," *International Journal of Communication* 3 (2009): 1052—84.

④ Nick Valery, "White-Space Puts Wi-Fi on Steroids," *The Economist*, Nov. 17, 2011, 48.

⑤ Richard Bennett, *Powering the Mobile Revolution: Principles of Spectrum Allocation* (Washington, DC: Information Technology and Innovation Foundation, 2012), 4, 5.

⑥ 曼莱斯(Meinrath)给作者的电子邮件,2012 年 8 月 13 日。

⑦ Feld, "My Insanely Long Field Guide."

⑧ 伍德(Matt Wood)给作者的电子邮件,2012 年 8 月 22 日。

到它那里。① 这就确保了替代方案不会出现。②

在一个健全（sane）的社会，关于频谱的政策辩论会关注如何最好地利用这一公共资源。正如彼得·巴恩斯（Peter Barnes）所指出的那样，这样的政策未必是"社会主义的"，它将通过降低企业成本和其他所有人的成本，以及显著改善服务来提振企业活力。③ 在美国，在任者（incumbents）阻止这样的辩论出现，政客们很快就会把出售频谱视为一种让自己看起来像"赤字鹰派"④的途径，而不顾这种政策的短视性质。无论如何，美国电报电话公司和威瑞森都在宣扬这样一种观念：存在频谱短缺，它们需要的是能够获得更多的频谱。卡特尔的这种主张遭到众多专家的反驳，但对结果并没有产生实质性的影响。大卫·里德（David P. Reed）接受《纽约时报》采访时表示："认为美国的频谱可能会耗尽，就像说它将耗尽一种颜色一样。"据《纽约时报》报道，里德是"互联网最初的设计者之一、前麻省理工学院计算机科学和工程教授，他表示，电磁频谱（electromagnetic spectrum）并不是有限的"。技术的存在是为了适应用户的急剧增长，而这种"短缺"可以通过制定政策来解决。⑤ 正如麦金农所指出："没有迹象表明，国会在认真处理这一核心问题，即美国许多地区的无线和宽带公司的垄断和准垄断属性。"⑥

FCC、政府和商业界的一些成员对这种情况表示担忧。毕竟，数字经济依赖于无处不在的高速互联网，但是现在它却受制于卡特尔。《福布斯》杂志的一位撰稿人反映，企业界越来越担心美国在宽带网速和价格方面严重落后于大多数发达国家。"这种劣势几乎完全是电信行业缺乏真正的竞争和保护消费权益的规管的结果。"⑦总统经济顾问委员会在 2012

---

① Karl Bode, "AT&T Wants FCC to Free More Spectrum—for Them to Squat On," *Broadband DSL Reports*, Jan. 14, 2011, http://dslreports.com.

② 有关频谱问题的详细探讨，参阅 Meinrath, Losey, and Pickard, "Digital Feudalism," 435, 437, 465, 466。

③ Peter Barnes, *Capitalism 3.0: A Guide to Reclaiming the Commons* (San Francisco: Berrett-Koehler, 2006), 127.

④ 译注：反对政府高赤字，主张削减或消灭政府债务的政客。

⑤ See Brian Chen, "Carriers Warn of Crisis in Mobile Spectrum," *New York Times*, Apr. 17, 2012. 陈引用了手机发明者库珀（Martin Cooper）的话，后者认为这种说法毫无根据。

⑥ MacKinnon, *Consent of the Networked*, 120.

⑦ Bruce Upbin, "Complacent Telcos Deliver Americans Third Rate Service at High Prices," *Forbes* online, July 21, 2012, forbes.com/sites/bruceupbin/2012/07/21/americans-suffer-from-third-rate-broadband-at-high-prices.

年 2 月发布了一份报告,呼吁拍卖更多的频谱以改善无线宽带。[1] 2012 年晚些时候,包括微软和谷歌高管在内的一个总统咨询委员会敦促奥巴马总统"采取能够更有效利用无线电频谱的技术"。[2] 不过,尽管华盛顿的一些人士期待看到这种新频谱能够成为 ISP 卡特尔的可靠挑战者,但是,这种影响在五至十年内不会显现,也没有证据表明,两党中有哪一个党想就卡特尔视之为生死攸关的事——对互联网接入保持其虎钳般的控制——与其正面冲撞。那些最接近华盛顿行动的人对任何有意义的改革都持高度怀疑态度。2012 年,一位高层活动家告诉我,奥巴马时代的 FCC"一直故意无知,并有意避免解决美国宽带行业缺乏竞争的问题"。[3] 曼莱斯同意这一看法,称频谱谈判只是装装样子,并表示"更诚实的评价是,FCC 正在积极支持电信业卡特尔"。[4] 令人吃惊的是,当 FCC 主席朱利叶斯·格纳考斯基(Julius Genachowski)在 2012 年想要找到更多的频谱时,他更愿意游说五角大楼将其部分频谱移交给私营公司,而不是追究卡特尔未使用的频谱。[5] 一位著名的公共利益政策分析师 2012 年 5 月指出,"宽带竞争的前景和以往一样糟糕。事实上,前景比我们六年前首次为此摇旗呐喊的时候更糟"。[6]

这与医疗卫生有着惊人的可比之处:由于医疗保险业的寄生性存在,美国人的人均医疗费用远远高于其他任何国家,但享受的服务却更差。奥巴马(Barack Obama)总统表示,如果美国从头开始,(从公共福利和成本的角度看)显然公共医疗保险而非个人医疗保险更有意义。[7] 同样的

——————————

[1]   Council of Economic Advisers, *The Economic Benefits of New Spectrum for Wireless Broadband* (Washington, DC: Executive Office of the President, Feb. 2012).

[2]   Brian X. Chen, "Sharing the Air," *New York Times*, June 7, 2012, B1; and Brian X. Chen, "On Sharing the Spectrum," *New York Times*, June 4, 2012, B5.

[3]   罗西(James Losey)给作者的电子邮件,2012 年 8 月 13 日。

[4]   曼莱斯(Meinrath)给作者的电子邮件,2012 年 8 月 13 日。

[5]   Josh Smith, "FCC Chairman Lobbies Pentagon for More Spectrum," *National Journal* online, Aug. 3, 2012, techdailydose. nationaljournal. com/2012/08/fcc-chairman-lobbies-pentagon. php.

[6]   特纳(S. Derek Turner,"解救媒体"组织的研究主管)给作者的电子邮件,2012 年 5 月 2 日。

[7]   Lynn Sweet, "Obama on Why He Is Not for Single Payer Health Insurance: New Mexico Town Hall Transcript," *Chicago Sun Times*, May 14, 2009, http://blogs. suntimes. com/sweet/2009/05/obama_on_why_he_is_not_for_sin. html.

逻辑也适用于宽带互联网接入。值得注意的是,这就是参议员戈尔(Al Gore)在担任国会议员期间理解问题的方式——当时他支持为互联网提供资金。1990 年,戈尔提出"信息高速公路"的基础应该是一个类似州际公路系统的公共网络。① 商业利益可以使用网络,就像商业企业使用公路一样。电信公司将发挥作用,获得合同,并逐步增加它们的作用,但是,政府将坐在驾驶座上,协调系统,并保证普遍存在的接入和公共利益标准。② 一旦华尔街把目光投向这一领域,这一普遍没有争议的评估就被淹没在了雪崩之下,致使副总统戈尔开始改变论调。这段过往早被遗忘了。

还可以进一步与医疗卫生进行类比:就像医疗保险公司对可能损害其盈亏底线(bottom lines)的不健康的客户或"有风险的"人群不感兴趣,有线宽带供应商也无意在贫困地区或农村地区招揽客户,因为公司发现,这些地区不是收入太低,就是成本太高,或者二者兼而有之。在一个不平等和贫困问题如美国这般严重的国度,这可能是毁灭性的。例如,美国有线宽带的价格几乎是瑞典的两倍,而且价格从 2008 年到 2010 年上涨了近 20%。③ 2012 年的一份广泛的调查报告显示,截至 2010 年 10 月,40%的家庭没有接入宽带。富裕街区的家庭宽带订购率在 80%至 100%之间,而同一城市的贫困家庭宽带订购率只有该数字的一半。全国最贫困的几个州的订购率全部都低于 50%。报告指出:"宽带接入已经成为任何人跟上美国社会发展步伐的关键。寻找工作和申请工作通常完全是在网上进行的。学生通过电子邮件收到布置的作业。基本的政府服务常常在网上提供。"因此,数字鸿沟加剧了美国严重的不平等。未连线上网的家庭的"解决方案"是可上网的手机,但正如报告所总结的那样,智能手机并不能取代有网线连接着的家庭电脑,至少今天还不能。④ 而我们很快

① Al Gore,"Networking the Future: We Need a National 'Superhighway' for Computer Information," *Washington Post*, July 15,1990,b3.

② See Streeter, *Net Effect*, 106—15.

③ Gerry Smith,"Without Internet, Urban Poor Fear Being Left Behind in Digital Age," *Huffington Post*, Mar. 1,2012.

④ John Dunbar,"Poverty Stretches the Digital Divide," Investigative Reporting Workshop, American University School of Communication, Mar. 23,2012.

就将看到,也许明天也不能。[①]

　　目前,美国有两场重大的政策斗争,可能会减少 ISP 卡特尔造成的损害。首先是地方社区建立自己的宽带网络的运动,"就像一个世纪前地方政府希望他们的社区能够负担得起可靠的电力供应一样"。数不清的城市被这个卡特尔忽视或感觉受到欺骗,全国有 150 多个城市建立了自己的网络。私营 ISP 往往不愿"投资于下一代宽带网络,除非是在利润最丰厚的市场"。[②] 对许多被冷落的社区来说,这是个生死攸关的问题。新美国基金会 2012 年的一项研究表明,美国大学很有可能成为"主要的锚定机构"(anchor institutions),提供"坚实的实体基础设施,这些基础设施可以被用来为社区提供高速互联网接入"。[③]

　　卡特尔对社区宽带的回应,与医疗保险业在 2009 年至 2010 年的医疗改革辩论中对可行的"公共选项"的回应如出一辙。它部署了庞大的资源,游说舰队在几乎所有的州都展开猛烈攻势,以使市政宽带即使不是违法的,也几乎不可能实现。到 2012 年,已经有 19 个州通过了这样的法律。[④] 以北卡罗莱纳州为例,2011 年该州通过了一项法律,限制地方政府建设宽带网络,而在 2006 年至 2011 年间,大型电信公司及其行业协会向该州的候选人提供了近 180 万美元的资金。[⑤] 与此同时,总数只有 19 个州反映了这样一个事实,即为了保护社区建立宽带网络的权利而开展的民众运动,已经能够挫败或至少是困住这个卡特尔。一位驻亚特兰大的

---

① 2012 年 6 月,奥巴马政府宣布了大幅扩大宽带接入的计划。See Carl Franzen, "White house Debuts Ambitious Plan to Remake the Web using broadband," TPM Idea Lab, June 13, 2012, idealab. talkingpointsmemo. com/2012/06/white-house-debuts-ambitious-plan-to-expand-broadband-again. php. 一位政策专家在研究了这项举措后告诉我,它包含了精彩的时髦用语,但几乎没有对卡特尔的实际要求(或者竞争挑战)。"就像奥巴马政府近年来宣布的所有事情一样,(它)似乎是对'把它留给私营部门,什么都会奇迹般地解决'的政策做了一次常规的粉饰。"

② Lennett, Morris, and Byrum, *Universities as Hubs*, 3.

③ Ibid.

④ 这一段落的材料来自:Mitchell, *Broadband at the Speed of Light*。

⑤ Denise Roth Barber, "Dialing Up the Dollars: Telecommunication Interests Donated Heavily to NC Lawmakers," National Institute on Money in State Politics, Mar. 20, 2012, followthemoney. org/press/ReportView. phtml? r=484.

《经济学人》撰稿人对查塔努加市①政府拥有的高速宽带网络赞不绝口:"与此同时,在人口超过 400 万的亚特兰大,我却被康卡斯特的平庸服务困住了,每当我觉得它不对劲的时候,它就会失灵。"②一旦人们体验到了社区宽带或市政宽带,就像在加利福尼亚州的圣莫尼卡,卡特尔的一群群说客和一堆堆竞选捐款就很难把它夺走了。③ 2005 年和 2007 年,包括约翰·克里(John Kerry)和约翰·麦凯恩(John McCain)在内的一个由两党参议员组成的小组提出了一项法案,旨在阻止各州阻止其城镇建设自己的宽带网络。尽管卡尔特当时就能够破坏立法,但是这种做法仍然是解决这个问题的最好的直接解决方案。

第二场政策之争是关于网络中立(Net neutrality)。这是一项要求,即 ISP 不得歧视用户,遵循的是原来对电话垄断业者的"公共承运人"(common carrier)要求。从技术上说,这意味着 ISP"不能歧视通过其网络传输的数据包"。④ 在 20 世纪 90 年代,很多美国人认为互联网是一个神奇的平台,由于技术的发展,每个人都有平等的发言权。事实上,互联网的民主特性在于禁止 ISP 歧视合法的互联网活动这一规管,因此,朋克摇滚网站或纯素食网站与微软网站得到的待遇是相同的。ISP 痛恨这一规定,如果它们能够区别对待不同的用户,它们就能有效地将互联网私有化,使其像有线电视一样。对于卡特尔成员而言,与其说它们想审查持不同政见者的言论,毋宁说它们想从自身网络的商业用户处榨取额外的费用。美国电报电话公司的首席执行官艾德·惠特克(Ed Whitacre)在 2005 年接受《商业周刊》(*BusinessWeek*)采访时也表达了同样的观点。互联网网站和应用程序"想要免费使用我的管道,但我不会让他们这么做"。⑤ 不论过去还是现在,用户确实都要向 ISP 支付费用以使用它们的

---

① 译注:位于田纳西州东南部,田纳西河流域管理公司(Tennessee Valley Authority)所在地,后者是美国政府为管理田纳西河流域特设的国有公司,成立于"罗斯福新政"期间,长期以来是美国保守派的眼中钉。

② "Municipal broadband: Triumph of the Little Guys," *The Economist* online, Aug. 10, 2012, economist. com/blogs/democracyinamerica/2012/08/municipal-broadband.

③ Masha Zager, "Santa Monica City Net: how to Grow a Network," *Broadband Communities*, May—June 2011, 44—47.

④ Higginbotham, "Verizon to buy Cox Spectrum."

⑤ Wu, *Master Switch*, 285.

网络,而卡特尔想要的是歧视的权利,向大用户收取更多的费用,并收取额外的不应得的"租金"。在一个没有网络中立原则的世界里,ISP 利润增长的潜力在过去和现在都是令人难以置信的。

业务分析人士和《经济学人》等出版物认为,这一问题的显而易见的市场解决方案是增加竞争。如果消费者可以选择,没有人会选择审查网站或歧视网站的 ISP。但是,卡特尔把这一点在政治上说得如同通过一项禁止异性恋的宪法修正案一般,因此,维护网络中立的运动成为防止互联网作为一个开放的公共领域被消灭的关键战役。

在"解救媒体"组织的领导下,一场维护网络中立的大规模运动在2005 年到 2006 年左右如雨后春笋般涌现。有人出于政治原因表示支持,认为允许一小部分私营企业对这个已成为主要思想市场的地方拥有审查权力,是极其危险的。麦金农指出:"在许多国家,由于缺乏网络中立性,审查(无论是由公司、政府,还是两者的某种结合进行的)更容易施行,更不易被公众看到,更不用说追究责任了。"[①]网络中立原则也得到企业界的支持,特别是像谷歌这样的大公司,它们不想为了搭上 ISP 的网络而遭后者勒索。2008 年,时任谷歌高管的瑟夫沮丧地问,如果互联网数据管道基础设施"像公路一样由政府拥有和维护",情况是不是会更好。[②]后来成为美国总统的候选人奥巴马大声宣布,他将"在我对网络中立的承诺上,我不会对任何人退让",而这将是他传播政策体制的核心。[③]

2010 年 12 月 FCC 批准通过了正式的网络中立政策,该政策对有线 ISP 保持了有效的中立性原则,但实际上对无线 ISP 却舍弃了这一原则,而无线 ISP 领域当时正有许多行动在运作中。正如贾维斯所说,"这是互联网与施密特网(schminternet)的较量"。[④] 实际的政策与谷歌

---

① MacKinnon,*Consent of the Networked*,121.

② Erick Schonfeld,"Vint Cerf Wonders If We Need to Nationalize the Internet," *Tech-Crunch*,June 25,2008,techcrunch. com/2008/06/25/vint-cerf-wonders-if-we-need-to-nationalize-the-internet.

③ 引语和奥巴马声明的视频链接:Timothy Karr,"Obama FCC Caves on Net Neutrality—Tuesday betrayal Assured," *Huffington Post*, Dec. 20,2010, huffingtonpost. com/timothy-carr/obama-fcc-caves-on-net-ne_b_799435 . html.

④ Jeff Jarvis,*Public Parts:How Sharing in the Digital Age Improves the Way We Work and Live* (New York:Simon & Schuster,2011),208. 译注:谷歌当时的 CEO 为施密特(Eric Schimidt)。

和威瑞森在 2010 年 8 月私下达成的网络中立协议非常接近。[①] 那次会面的气氛就像《教父》(God father)中的五户人家为了瓜分纽约市的非法毒品交易而举行的会面,贾维斯称其为"魔鬼的协定",而这是制定传播政策的教科书式范例。[②] 截至 2013 年,手机已经取代个人电脑,成为最常见的上网方式,那将是一个越来越专有(proprietary)的世界。[③] 它的影响也不会就此结束。哈佛大学的乔纳森·齐特林(Jonathan Zittrain)表示:"封闭的智能手机架构现在是所有消费者计算领域(consumer computing)的'矿井里的金丝雀'"。他的结论是"个人电脑已死"。[④]

"解救媒体"组织、新美国基金会和大多数公共利益倡导者都认为这项政策是失败的,是对奥巴马政府经常声明的立场的背弃。这个政策到处可见无线 ISP 的指印,很容易看出,奥巴马政府在对抗这样一个强大而富有的游说团体时的恐惧,尤其是在几十亿美元的选举即将到来的时候。共和党人反对任何的网络中立规定。ISP 觉察到他们的偏好,并在法庭上奋力争取,甚至想把 FCC 的政策都驳回(如果驳回的不是网络中立这一观念本身的话)。行文至此,这就是目前形势的进展。如果网络中立不再是政客们的议题,那将是因为卡特尔获胜了。[⑤]

泰坦尼克号再度起航?

从 20 世纪 70 年代到 90 年代末,美国媒体体系经历了一场戏剧性的变革,由少数几家娱乐巨头所支配,包括时代华纳(Time Warner)、新闻集团(News Corporation)、维亚康姆(Viacom)、迪士尼(Disney)、通用电

---

①　MacKinnon,*Consent of the Networked*,122.

②　Jarvis,*Public Parts*,208.

③　Charles Arthur,"Walled Gardens Look Rosy for Facebook,Apple—and Would-Be Censors," *The Guardian*,Apr. 17,2012.

④　Ibid.

⑤　译注:在奥巴马第二个任期的 2015 年,FCC 以 3:2 通过了"网络中立原则",当时的 FCC 由 3 名民主党委员和 2 名共和党委员构成。特朗普执政后对 FCC 进行了重组,委员会由 2 名民主党委员和 3 名共和党委员构成,2017 年 FCC 以 3:2 废除了"网络中立原则"。2018 年 6 月正式生效。但个别州与 FCC 的立场不同,制定了本地化的网络中立规则。

气（General Electric），以及其他一两家公司。经过一波规模空前的并购潮之后，这些公司拥有了所有主要的电视网、许多最大市场的电视台、数百家广播电台、所有主要的电影制片厂、许多有线电视系统、大多数有线电视频道，以及很多音乐唱片公司。这些公司还在杂志、图书出版和一些报纸上持有大量股份。其中一些公司，如索尼、通用电气和迪士尼，在传统媒体之外还持有大量股份。从 1984 年到 20 世纪 90 年代末，短短 15 年时间，五大传媒集团在媒体领域总收入中所占比重翻了一番，达到 26％左右。① 按照美国新近的标准，这听起来没那么多，但是媒体领域包括多达十个截然不同的行业，这些行业传统上通常都有自己独具特色的公司。其中有几个行业，如图书出版业，在不久前竞争还一直相当激烈。② 这种集中有点类似于让五家公司控制食品生产、食品杂货店和餐馆等的所有分支机构 26％的收入。

　　到 2000 年，出现了由大约十几家规模较小的企业集团构成的第二梯队，这些企业集团往往是报业帝国，比如甘乃特集团（Gannett）、论坛报公司（Tribune Company）、考克斯集团（Cox）、华盛顿邮报公司（Washington Post）和纽约时报公司，它们对电视台和出版业都有兴趣。这些公司与超级大集团相比是小巫见大巫，它们的增长速度并没有那么快，但它们是媒体系统的重要组成部分，尤其是对新闻业而言。在最大的二十多家公司之后，剩下的是规模小得多、实力也小得多的公司。这就像走了很短的一段路就从红杉林到了野草丛。组成 20 世纪 90 年代末这最大的二十几家公司的，在 70 年代时还是几百家独立的媒体公司。③

　　到 2000 年，有 18 家媒体和广告公司够资格进入财富 500 强榜单，而 1970 年只有 8 家；2000 年有 8 家大企业集团够资格进入前 150 名，而

①　Eli M. Noam, *Media Ownership and Concentration in America* (New York: Oxford university Press, 2009), 365—69.

②　Barry C. Lynn, "Killing the Competition: How the New Monopolies Are Destroying the Competition," *Harper's*, Feb. 2012, 33.

③　Mergent Online, Moody's Investors Service, 2012, by subscription at http://mergentonline.com (accessed Apr. 24, 2012). 我在 20 世纪 90 年代末详细记录了这些媒体帝国的规模和性质：Robert W. McChesney, *Rich Media, Poor Democracy: Communication Politics in Dubious Times* (New York: The New Press, 2000), chap. 1。

1970 年只有两家。[1] 在许多人看来,媒体的集中似乎违背了民主文化所需要的开放和多样化的媒体原则。在某种程度上,媒体的集中被视为对新闻界的影响,并越来越受到关注。[2] 这些公司变大的原因与其他资本主义公司变大的原因相同:在其他条件相同的情况下,规模越大,风险越小,盈利能力越强。[3] 重要的是要记住,集团化需要对联邦法律和法规进行大量的重大修改——这在很大程度上是因为这些公司大多在电台、电视台或有线电视系统进行交易,而这些牌照的所有权规定非常严格,以防止垄断——但事实证明,媒体公司非常擅长在华盛顿达成所愿。

到 90 年代中期,对于默多克和迪士尼的迈克尔·埃斯纳(Michael Eisner)等媒体大亨来说,世界就好像在他们的掌控之中。但是,尽管他们建立的帝国如此之深、如此之广,尽管他们拥有的政治影响力如此之广,互联网似乎对他们的生存构成了威胁。正如拉尼尔(Jaron Lanier)所言:"旧媒体帝国走上了一条可预见的没落之路。"[4] 互联网大致有三个原因构成这种威胁。首先,它为新玩家进入媒体市场打开了方便之门。随着互联网成为主导平台,潜在的市场进入者将不再需要大笔资金来获得广播执照或购买现有的电影制片厂。随着市场进入壁垒的消除,数字时代可能使另一类资金雄厚的巨头(如微软或美国电报电话公司)成功地利用作为平台的互联网进入媒体领域,而如果没有互联网,这将是不可想象的。

与电话巨头一样,媒体集团及其说客也认为,所有权的规定与他们的行业不再相关,应予以废除。为什么?因为随着所有媒体转向数字格式,不同媒体之间的传统差异将消失(这一过程被称为融合),随之而来的是

---

[1] 我说"够资格"(qualified),是因为《财富》2000 年的榜单按规定不包括在美国拥有庞大业务的外国传媒集团,但为了准确起见,我把索尼、威望迪、贝塔斯曼等也包括进来。这样做是为了对媒体巨头数量的增加提供一个粗略的看法,而不是作为这个问题的最终结论。详细的统计数字分析,参阅 Noam,*Media Ownership and Concentration*。

[2] Ben H. Badgikian,*The Media Monopoly*(Boston:Beacon Press,1983)是经典研究,后续有许多修订版本。

[3] 如第三章所讨论的,它们所以成为媒体混合联合企业(conglomerate),还因为传媒经济与传统的商品和服务市场大不相同。混合联合企业是降低风险的一种特别有效的方法。有关这一点的深入讨论:Wu,*Master Switch*,ch. 17。

[4] Jaron Lanier,*You Are Not a Gadget:A Manifesto*(New York:Knopf,2010),87.

数字竞争浪潮。媒体巨头需要被允许变得越来越大,以抵御即将到来的竞争之战,否则它们很可能会死,而强迫它们在数字化的生存竞赛中竞争,又把它们的鞋带绑在一起,是不公平的。例如,一定程度上由于这一论点,1996 年的《电信法》大大放宽了无线电台的所有权规定,导致了之后三年里大规模的合并。20 世纪 90 年代,许多数字活动家(digital activists)接受了媒体巨头面临新的数字竞争这一看法,他们认为大型媒体公司正受到应有的报应,它们很快就会被互联网淹没,后者有着数量无限的网站。[1] 各种各样的初来乍到者都可以进入这个曾经受到限制的领域,如果他们能找到追随者,就能创造足够的收入,干出名堂。拉尼尔还记得这个理想主义信念——在一个即将从商业垄断中解放出来的文化体系中,一个数字乌托邦即将到来。[2]

　　媒体集团面临的第二个威胁,是难以让客户为在线媒体内容付费,因为免费复制和分发音乐、电影、电视节目等完美的数字拷贝,竟如此轻而易举。互联网放大了文化产品市场的固有问题,并实际上使得商业媒体系统成为不可能。版权终于被击败了。人们可以想象唱片业、好莱坞和图书出版业的终结。商业媒体系统的预期消亡,可能会引发公众对如何最好地鼓励文化生产和使文化工作者得到有效补偿的研究和辩论,即在数字时代,何种政策可以取代版权。但是,媒体集团对这种讨论没有兴趣,因而讨论从未发生过。它们的商业模式建立在版权急剧扩张的基础上,而没有版权,就不会有什么产业。

　　商业媒体曾经通过把广告作为收入来源,来实现地面广播和电视广播的公共利益要求。理论上,这也可以是他们解决互联网困境的路径之一。但是,所有的证据都表明,人们永远不会对着电脑浏览超过 30 秒,他们会去另一个网站。广告曾经使电视在几代人的时间里成为巨大的利润引擎之一,现在却被数字化给盯上了。这是互联网对媒体集团构成的第三大威胁。

　　三种威胁结合在一起,将通过在无限的万维网上提供各式各样新的

---

　　[1]　Steven Levy, "How the Propeller Heads Stole the Electronic Future," *New York Times Magazine*, Sept. 24, 1995, 58.

　　[2]　Lanier, *You Are Not a Gadget*, 87.

免费服务，把受众带走。这将使"盗版"猖獗，几乎没有任何商业动机来制作内容。稀缺性将不复存在，因此，市场的基础可能就不存在了。① 而且广告不可能为互联网媒体提供资金，因为顾客不会容忍广告，而在这片数字产品丰饶的土地上，顾客将有无穷无尽的选择。这足以让任何媒体首席执行官上传简历，并寻找一片新的领域来征服。

　　20 世纪 90 年代互联网的爆炸式发展，把媒体巨头们吓得魂飞魄散，他们的反应是——把竞争对手买下来。这是他们的第二天性。他们疯狂地斥资数十亿美元收购数字企业，这样就不会遭到任何数字媒体新贵的埋伏。他们会尽其所能买下互联网上的一切，因此，不管互联网如何发展，他们都会拥有这该死的东西。如今，这段经历被认为是商业史上最疯狂的奇思异想之一，对媒体巨头而言，这是一场不折不扣的灾难，他们的表现就如同互联网在仅仅几个月之内就将把他们摧毁。他们投资的一些数字项目可笑得令人难以置信。最低点出现在 2000 年 1 月，当时美国在线和时代华纳宣布合并，美国在线是这笔交易的主要合作伙伴，尽管它的资产、销售额或利润跟时代华纳比只有一丁点。美国在线当时拥有的是世界级炒作的大宝藏。情势很快就明朗了，一旦互联网从拨号上网转向宽带，美国在线就没有了商业模式，几乎一文不值了。② 时代华纳，这个大传媒集团中的最强者，怎么会错过如此基本的配备呢？

　　尽管互联网泡沫对企业的资产负债表造成了冲击，但是 2000 年的商业媒体市场依然有利可图，而且不远将来的前景看起来也还不错，尤其是对大部分业务在好莱坞的企业集团而言。威胁要成为现实，需要宽带的普及。与此同时，媒体巨头凭借大量现金和相当大的游说力量，试图在宽带全面普及之前改变数字媒体的方向。那时候，他们已经学到了一个重要的教训：如果媒体巨头不能找到网络媒体的成功的商业模式，其他人也都找不着。就人人都能通过制作在线媒体内容来获利而言，这些拥有大量内容和资源的媒体巨头相比其他任何人都更具有显著的优势。这改变了斗争的性质，将它们的上架期延长几十年，并且，只要内容有价值，就给

---

　　① 　Adam Smith, *The Wealth of Nations* (1776；New York：Modern Library,1937),173.

　　② 　这段历史记录见 John Motavalli,*Bamboozled at the Revolution：How Big Media Lost Billions in the Battle for the Internet* (New York：Viking,2002)。See also *Rich Media, Poor Democracy*,chap. 3.

了它们相当大的影响力。

在过去 15 年的大部分时间里,媒体企业竭尽全力限制互联网的开放性和平等性。媒体企业的生存和繁荣取决于使这个系统尽可能封闭和专有(proprietary),鼓励企业和国家暗中监控互联网用户,并打开商业主义的闸门。① 到 2012 年,媒体公司已经站稳了脚跟。尽管资产重组和交易仍在继续,例如,康卡斯特在 2011 年从通用电器手中收购了 NBC 环球(NBC Universal)的控股权,但集中程度已稳定在 2000 年前后的水平。最大的媒体公司依然掌控着市场,它们在 2011 年《财富》杂志 150 强和500 强的排名与 2000 年大致相同。②

最重要的游说活动是扩大版权保护的范围和时长,使执法尽可能严厉,使处罚尽可能繁重。版权游说团体主导了国会和监管部门的审议。如麦金农所说:"对许多当选的官员而言,保护知识产权的需要已经成为比正当法律程序(due process)(即一个人在被证明有罪之前是无辜的这一假定)更重要的优先事项。"③这场权力争夺战的另一个主要方面,是对数字设备和软件的功能施加人为限制的数字版权管理(DRM)技术的发展。④

从 1998 年的《数字千年版权法案》(Digital Millennium Copyright Act)到 2011 至 2012 年未获通过的《禁止网络盗版法案》(Stop Online Piracy Act,SOPA),版权法已经从法学院课程体系的沉闷象牙塔(sleepy backwater)——为长期以来确立的商业体系提供规则——走到了最前沿,成为塑造我们媒体和通讯系统的进攻性武器。《禁止网络盗版法案》赋予了政府关闭整个域名的权力,几乎没有透明度,也不会对错误行为产

---

① 一个不同寻常的发展是,传媒集团正在进军教育领域,把教科书尤其是数字教材作为潜在摇钱树。默多克的新闻集团聘请前纽约市教育局长乔尔·克莱因(Joel Klein)执掌其营利性的教育子公司 Amplify。这些企业集团进入教育行业,意味着教育对商业主义和商业价值更大程度的开放。这是一个 70 亿美元的现成市场,是供巨头们争夺的公共领域。See Brooks Barnes and Amy Chozick,"The Classroom as a Cash Cow," *New York Times*,Aug. 20,2012,B1,B8.

② "Fortune 500," CNN Money, money. cnn. com/magazines/fortune/fortune500/2011/full_list.

③ MacKinnon,*Consent of the Networked*,101.

④ See Tarleton Gillespie,*Wired Shut*:*Copyright and the Shape of Digital Culture* (Cambridge,MA:MIT Press,2007).

生任何有意义的影响。法案对 ISP 本已广泛存在的对被指控为"盗版"的网站的审查活动,予以扩大化和合法化,并对正当法律程序和公平原则设定最低标准。根据《连线》杂志的报道,法案还将为"私人版权所有者在没有法院干预的情况下,轻松切断流向被法案支持者称为'流氓网站'(rogue websites)的那些广告和银行交易铺平道路"。谷歌的谢尔盖·布林在接受《卫报》采访时表示,《禁止网络盗版法案》"会导致美国采用它批评伊朗等国使用的同样的技术和方法"。[①] 众议员佐依·洛夫格伦(Zoe Lofgren,加州民主党)的口吻可能只是略带夸张,她说,法案的通过"将意味着我们所知道的互联网的终结"。[②] 这些细节太可怕了,维基百科关闭了一整天以示抗议。尽管法案在 2012 年没有获得通过,但是,这个问题在未来几年还将回到国会,也许到时候会披上羊皮。

另一个衡量版权游说团体之权力的指标,是联邦政府如何将落实版权法作为达成贸易协定的最优考量事项(the highest possible priority),以及如何向其他政府施压,迫使它们接受美式版权保护法律及执法,以至于一些不经意的观察人士可能会认为美国官员是受雇于媒体业的。[③] 美国带头为《防仿冒贸易协定》(Anti-Counterfeiting Trade Agreement,ACTA)而战。截至 2012 年,协定已有 30 多个签署国,并正在走批准流程。在维基解密(WikiLeaks)于 2008 年公布之前,美国一直对其核心条款保密。《防仿冒贸易协定》将授权各国政府在没有正当法律程序的情况下切断涉嫌侵犯版权者的互联网接入,并在无任何违法证据的前提下删除内容。在全球范围的抗议过后,这些条款勉强做了缓和修改,但是,版权所有方的担忧显然是出台这一协定的着眼点,其优先级高过人权。2012 年 7 月,欧洲议会否决了该协定,主要由于公众对繁复的版权延展期提出了强烈抗议,这几乎扼杀了 ACTA。随后,人们的注意力转向美

---

① Ian Katz,"Web Freedom Faces Greatest Threat Ever,Warns Google's Sergey Brin," *The Guardian*,Apr. 15,2012.

② David Kravets,"Analysis:Internet Blacklist Bill Is Roadmap to 'the End' of the Internet," *Wired*,Nov. 17,2011.

③ See,for example,Brooke,*Revolution Will Be Digitised*,47;and Dominic Rushe,"The Online Copyright War:The Day the Internet hit back at big Media," *The Guardian*,Apr. 18,2012.

国和环太平洋国家正在谈判的《跨太平洋伙伴关系协定》(Trans-Pacific Partnership treaty,TPP)。费尔德从这些谈判中看到,在《防仿冒贸易协定》遭到公开谴责后,美国贸易代表开始意识到,要使这个贸易协定得以通过,可能有必要采取更为温和的手段,更多地接受诸如公平使用、公共域(public domain)等议题。[①] 但一些知情人士并不期待美国无论是在国际或国内的版权问题上会发生重大的立场变化。洛西(James Losey)告诉我,"这些努力与公众的意见完全无关"。[②] 曼莱斯则对政策制定者为安抚关心新版权法和版权协定的公民所做的努力持怀疑态度:"所有我听说的多利益相关方的努力,更多的是公共关系废话,而不是任何有意义的事情。"[③]

请注意,在麦金农看来,俄罗斯等国的教训是,这些国家的政府经常利用版权执法作为政治上打击异议的方便掩饰。[④] 在商业力量和版权持有者之间也存在着利益的协同作用,前者想要在网上暗中监视人们,以便更好地将其出售给广告商;后者想要监视线上用户,看看谁会在未经许可的情况下使用他们的资料。[⑤]

吊诡之处是,研究表明,尽管积极执行繁重的版权法可以压制异议,但由于技术原因,这种方法在减少网上"盗版"材料的供应方面是无效的。[⑥] 正如戴维·弗里德曼(David Friedman)所说:"从长远来看,仅仅执行现行法律将不是一个选择。"[⑦]帕特·奥夫德海德(Pat Aufderheide)和彼得·贾西(Peter Jaszi)等学者提出了明智的改革方案,而本科勒

[①] Harold Feld,"Op-ed:MPAA/RIAA Lose Big as US Backs Copyright 'Limitations,'" *Ars Technica*,July 8, 2012,arstechnica. com/tech-policy/2012/07/op-ed-eus-rejection-of-acta-subtly-changed-trade-law-landscape.

[②] 洛西(Losey)给作者的电子邮件,2012 年 8 月 13 日。

[③] 曼莱斯(Meinrath)给作者的电子邮件,2012 年 8 月 13 日。

[④] MacKinnon,*Consent of the Networked*,104—11.

[⑤] Antoine Champagne,"Watching Over you:The Perils of Deep Packet Inspection," *CounterPunch*,Mar. 8,2012.

[⑥] Brendan Greeley,"Hollywood Tries to Wash the Web with SOPA," *Bloomberg Businessweek*,Dec. 19—25,2011,35—36. 2011 年 1 月,美国社会科学研究理事会(Social Science Research Council)发布了一份 400 页的报告,得出了这些结论。

[⑦] David D. Friedman,*Future Imperfect:Technology and Freedom in an Uncertain World*(New York:Cambridge University Press,2008),16.

(Yochai Benkler)、劳伦斯·莱斯格(Lawrence Lessig)和弗里德曼等学者则表明,也许有办法使文化生产与互联网兼容。① 众筹网站 Kickstarter 的联合创始人杨希·斯特里科勒(Yancey Strickler)在 2012 年的时候表示:"我认为,现在我们要问的是,你是否真的需要一个电影产业来制作电影,或是否真的需要一个音乐产业来制作音乐。"②当然,问题在于,替代方案与保持着巨大体量和巨额利润的媒体巨头是不相容的。

在立法战线之外,2012 年媒体巨头开始与电信卡特尔和谷歌等互联网巨头私下制定协议,以施行让前者满意的版权保护。版权信息中心(Center for Copyright Information)的成立是为了让互联网服务提供商对其网络中的"盗版"材料进行监管。在六次警告过后,任何侵犯版权的用户都会使该材料的级别大幅降低或被移除。该系统的具体运作方式一直不甚清楚,被告的权利也不甚清楚。这个可能产生爆炸性后果的计划原定于 2012 年 7 月生效,但被推迟了,以解决细节问题。正如一位观察者所指出的:"互联网服务提供商并不是最受欢迎的公司,为好莱坞扮演警察角色根本不会让情况变得更好。"③

2012 年 8 月,媒体公司确实让谷歌同意修改其搜索的算法,以有利于受版权保护的材料。谷歌更喜欢私下达成协议,而不是像《禁止网络盗版法案》(SOPA)这样的法案,后者可能会对版权监管提出更加繁重和昂贵的要求。那些在版权方面不断受到挑战的网站将在谷歌搜索中被列得很靠后,以至于它们实际上会不复存在。一位公共利益倡导者告诉《热点话题备忘录》(Talking Points Memo),④人们再次担心,这个过程是不透明的,"似乎激励版权所有者提交许多删除请求"。事实上,2012 年夏天,谷歌在 30 天内收到了超过 430 万个网址的版权删除请求,这比它在 2009 年全年收到的请

---

①　Patricia Aufderheide and Peter Jaszi,*Reclaiming Fair Use*: *How to Put Balance Back in Copyright*(Chicago: University of Chicago Press, 2011); Benkler, *Penguin and the Leviathan*, 222—29; and Lawrence Lessig, *Remix*: *Making Art and Commerce Thrive in the Hybrid Economy*(New York: Penguin Press, 2008).

②　Rushe, "Online Copyright War."

③　洛西(Losey)给作者的电子邮件,2012 年 8 月 13 日。对这个未来计划的一系列担忧,参阅 Douglas Rushkoff, "Will Your Internet Provider Be Spying on You?" CNN Opinion, July 6, 2012, cnn. com/2012/07/06/opinion/rushkoff -online-monitoring。

④　译注:https://talkingpointsmemo.com,美国一家政治新闻网站,2000 年成立。

求还要多。① 一位公益律师指出,"谷歌已经建立了一个体系,这个体系可能会被那些想要压制其对手和竞争者的恶意行为者滥用"。② 正如"解救媒体"组织的伍德所说,"电影公司、互联网服务提供商和搜索引擎公司之间准备好、乐意和能够达成的任何数量的交易",都可能像"糟糕的立法"一样威胁到开放的互联网。③ 在欠缺公共意识和公众参与的情况下,私人的自利性的垄断企业真的应该制定指引网络空间未来发展的秘密政策吗?

　　在媒体巨头打击"盗版"的斗争中,最重要的进展是苹果 iTunes、网飞(Netflix)这样的合法流媒体系统和电子书以在线销售内容的方式出现了。40％的美国人表示,他们曾非法下载视频,但合法的专有流媒体服务降低了这样做的可能性。④ 到 2010 年,全球唱片公司近三分之一的收入来自数字发行,而且这一比例还在迅速上升。到 2011 年,亚马逊网站的电子书销量超过了印刷书籍。⑤ 一家主要出版商的电子书销售收入占总收入的比例从 2010 年的 11％上升到 2011 年底的 36％,这是整个行业的趋势。⑥ 对公众而言,这些合法的替代方案是喜忧参半的,因为它们是封闭、专有的系统,旨在建立和维持人为的稀缺性,从而赋予私营的垄断企业巨大的权力。媒体巨头面临的问题是,它们给了苹果和亚马逊这样的公司很大的定价权力。例如,2012 年亚马逊、苹果和图书出版商之间围绕电子书定价的较量表明,在未来,除了在销售现有的受版权保护的内容外,出版商可能是没必要存在的。因此,媒体巨头正在加大力度争取繁重的版权法、极端的执法和严厉的惩罚。⑦

---

　　① Amy Chozick, "Under Copyright Pressure, Google to Alter Search Results," *New York Times*, Aug. 11, 2012, B2.

　　② Carl Franzen, "Google's Copyright Filtering Causes Concern," Talking Points Memo, Aug. 10, 2012.

　　③ 伍德(Wood)给作者的电子邮件。

　　④ Greeley, "Hollywood Tries to Wash the Web," 36.

　　⑤ Adler, *Updating Rules of the Digital Road*, 2.

　　⑥ Steve Wasserman, "The Amazon Effect," The Nation, May 29, 2012. See also Julie Bosman, "Survey Details How E-Books Continue Strong Growth Trend," *New York Times*, July 19, 2012, B4.

　　⑦ 道恩斯(Larry Downes)敏锐地指出,在这种环境下,人们很难尊重版权,"[版权]对大多数消费者来说,不再具有任何道德权威。不再有遵守甚至理解它的道德义务。自我约束正在衰退,规则如此之严厉,违犯如此之频繁,有效的执法已经变得几乎不可能。……版权只是一种有名无实的法律,就像在某些司法管辖区对谁可以或必须穿什么衣服的规定一样过时（转下页注）

尽管存在媒体集团的盈亏底线,但目前还不确定这些专有系统(proprietary systems)能否有效形成收入基础来维持一个庞大的原创文化生产系统。拉尼尔就是其中之一,他放弃了乌托邦主义,转而选择他所谓的经验主义。"让我震惊的是,我很难找到几个音乐人",他们绕开公司体制并在网上获得成功(除了安妮·迪芙兰蔻[Ani DiFranco]①这样的艺术家)。拉尼尔在对互联网和文化的评估中总结道:"十年来我看到很多很多人都在尝试,我担心,对绝大多数记者、音乐人、艺术家和电影人来说,这就是行不通,他们正眼看着职业生涯被人遗忘,因为我们的数字理想主义失败了。"②

对媒体集团来说,一个真正有希望的迹象是电视的超长耐久性。2012 年,电视广告支出约 600 亿美元,其中大部分流向大型媒体集团,而网络视频的广告收入仅为 30 亿美元,尽管比 2011 年增长了 55%。③ 现在正在发展的是数字电视和互联网之间的某种合并。目前,每周有三分之一的电视观众观看在线流媒体。④ 视频网站 Hulu 的首席执行官杰森·基拉尔(Jason Kilar)指出,"美国人每天要花四到五个小时的时间在视频上",谁来控制这四到五个小时的争夺战已经开启,无论是电视上、笔记本电脑上,抑或智能手机上。⑤ 据思科系统(Cisco Systems)的数据,2012 年视频占互联网流量的 40%,2015 年将达到 60% 左右。⑥ 由于这

(接上页注)和无关紧要"。See Larry Downes,"How Copyright Extension Undermined Copyright: The Copyright of Parking (Part 1)," *Techdirt*, May 21, 2012, techdirt. com/articles/20120521/03153118987/how-copyright-extension-undermined-copyright-copyright-parking-part-i. shtml.

①　译注:美国民谣摇滚(folk rock)音乐人,20 世纪 90 年代最早创立个人音乐厂牌的音乐人之一。

②　Lanier, *You Are Not a Gadget*,89,91.

③　Ben Sisario,"New Layer of Content Amid Chaos on YouTube," *New York Times*,Mar. 12,2012,B1.

④　Evan Shapiro,"The 8 Most Important Things to Happen to TV in the Past 5 Years," *Huffington Post*,Mar. 8,2012,huffingtonpost. com/even-shapiro/tvs-top-8_b_1328846. html.

⑤　"Charlie Rose Talks to Hulu CEO Jason Kilar," *Bloomberg Businessweek*,Mar. 5—11,2012,48. 译注:Hulu 成立于 2007 年,当时所有内容都免费并依赖广告。2010 年 Hulu 推出订阅模式。2016 年 8 月,Hulu 宣布将结束由广告支持的免费流媒体服务。

⑥　RBC Capital Markets,"Brightcove, Inc. : Introducing the Video Cloud," Report for Subscribers,Mar. 28,2012,1.

个领域在很大程度上靠广告支持,随着数字电视像互联网一样"可寻址",融合正在加速。约瑟夫·塔洛(Joseph Turow)写道:"当代的活动表明,就广告商对待人们及其数据的方式而言,'互联网'和'电视'终将没有什么不同。"①无论是哪种具体的媒体,媒体集团都在努力成为主要的内容供应者并控制渠道。②

苹果、亚马逊和谷歌等公司都加入了控制视频消费的战斗,更不用说ISP卡特尔了,它们都急于加快数字电视和互联网的联姻,并从中获利。正如《纽约时报》所说,这些"战斗是智能手机、平板电脑和电视这三大屏幕大战的一部分"。2012年皮尤的一项调查显示,52％的成年手机用户"将他们的移动设备融入到他们的电视观看体验中"。③ 例如,谷歌的YouTube正在推出像电视那样的由广告支持的互联网频道。④ 一位微软高管解释说:"我们想让您的所有屏幕以一种独特而无缝的方式协同工作。"越来越多的共识是,"无论哪一家公司最终拥有了客厅,即大部分内容被消费的地方,它就可以拥有整个领域"。⑤

目前尚不清楚这一过程最终将走向何方(以及企业部门之间的权力分配),只知道这一过程主要是由广告驱动的,其形式与人们传统上对广告的理解截然不同。精明的投资者表示,在这些新的数字巨头与媒体集团争夺最大市场份额的时候,不要做空(bet against)它们。⑥ 让我们去找找原因。

---

①　Turow,*Daily You*,161.

②　Bill Carter,"Where Have All the Viewers Gone?" *New York Times*,Apr. 23,2012,B1,B3.

③　Kit Eaton,"The Future of TV Is Two Screens,One Held Firmly in Your Hands," *Fast Company* online,July 17,2012,fastcompany. com/1842995/future-tv-two-screens-one-held-firmly-your-hands.

④　Brian Stelter,"New Internet TV Network to Feature Larry King," *New York Times*,Mar. 12,2012,B5.

⑤　Nick Bilton,"In a Skirmish to Control the Screens," *New York Times*,June 4,2012,B5.

⑥　Nick Bilton,"TV Makers Ignore Apps at Their Own Peril," *New York Times*,Mar. 12,2012,B4;and Mike Hale,"Genres Stretch,for Better and Worse,as YouTube Takes On TV," *New York Times*,Apr. 25,2012,A1,A3. 有关互联网给媒体公司和内容制作带来的困境的缜密分析,参阅 Robert Levine,*Free Ride：How Digital Parasites Are Destroying the Culture Business,and How the Culture Business Can Fight Back* (New York：Anchor,2011)。

第五章　互联网与资本主义（二）：不合理的帝国？

在这一章中，我将完成对互联网与现实存在的资本主义联姻的分析。我关注的是新兴的数字巨头，它们正日益成为互联网和我们社会生活的主人。然后，我会评估互联网向以广告为基础的媒体的非同寻常的转变，以及新的数字广告业是如何彻底背离我们所知的广告业的。最后，我把政府、国家安全和军事机构也纳入讨论之中，讨论它们如何使用互联网，以及它们的行动如何与占主导地位的企业啮合。在这三部分中，出现了资本主义驱动的互联网与有效的自治需求之间的兼容性问题。

新的数字巨头是谁？为什么？

极具讽刺意味的是，大肆宣扬增强消费者权力和激烈竞争的互联网，已经成为经济史上最大的垄断制造者之一。数字市场的集中在迅猛发展，比第二章描述的其他领域以传统的模式集中要迅猛得多。随着"杀手级应用程序"的出现，新的数字产业已经以惊人的速度从竞争型向寡头垄断型向垄断型转变。需要明确的是，互联网作为资本主义发展的一个领域仍在型构过程中，而且它似乎是动态的，因此并非所有的特征都是清晰可辨的。然而，垄断的趋势是强大的，现有的巨头似乎准备长期统治美国和全球的政治经济。在现在的时间节点，是否会有新的数字垄断巨头加入其中，还是这个系统正在走向集中化，人们只能猜测。

在大多数可以产生利润的互联网领域，私人利益集团已经能够将滩头阵地变为垄断的堡垒，并产生无尽的利润。例如，谷歌占有搜索引擎市场

近 70％的份额。它可能很快就会挑战约翰·洛克菲勒的标准石油(Stand-
ard Oil)在巅峰时期的市场份额。谷歌已经占据蓬勃发展的移动搜索市场
97％的份额。[1] 尽管受到苹果的夹击并存在开源的 Linux 的发展,90％以
上的电脑仍然使用微软的 Windows 操作系统。[2] 据估计,苹果通过
iTunes 控制着 87％的数字音乐下载市场和 70％的媒体播放器市场。[3] 苹
果平板主宰了快速增长的平板电脑市场。[4] 2012 年,一位前微软高管表
示:"智能手机领域 90％的利润将流向苹果和三星。没有任何真正的迹象
表明这种情况很快会改变。"[5]亚马逊销售的实体书和电子书占据线上书
籍销售的 70％到 80％,[6]易趣(ebay)和脸书以及其他几家巨头也享有相当
大的垄断权。最近对美国经济不平等的一项分析得出结论,"信息时代的
技术进步所带来的巨大收益几乎完全被一小撮精英所捕获"。[7]

　　利用数字革命获利的垄断公司已经发展到具有世界历史意义的规模。
2012 年,按市值估算,美国十大公司中有四家(包括排名第一和第三)是互
联网巨头,分别为苹果、微软、谷歌和美国电报电话公司。加上 IBM,就是
十大公司中的五家。如果往下看排名前 30 的公司,名单中还包括威瑞森、
亚马逊、康卡斯特、迪士尼,以及不那么直接依赖消费者市场的互联网巨
头:英特尔、思科、高通(Qualcomm)和甲骨文(Oracle)。这是市值排名前
30 的公司中的 13 家。相比之下,排名前 30 的公司中,只有两家"大到不
能倒"(too big to fail)的银行,它们因在政治经济体系中的支配地位而臭
名昭著。[8] 简而言之,互联网的垄断者占据着美国和世界资本主义的制高

---

① "Google," *Trefis*,Mar. 29,2012,2.

② "Microsoft Corp. ," *Standard & Poor's Stock Report*,Apr. 14,2012.

③ Adam L. Penenberg,"The Evolution of Amazon," *Fast Company*,July 2009,66—74.

④ "Apple,Inc. ," *Standard & Poor's Stock Report*,Apr. 14,2012.

⑤ Claire Cain Miller, "Motorola Set for Big Cuts as Google Reinvents It," *New York Times*,Aug. 13,2012,B1.

⑥ Barry C. Lynn,"Killing the Competition:How the New Monopolies Are Destroying the Competition," *Harper's*,Feb. 2012,33.

⑦ Linda McQuaig and Neil brooks, *Billionaires' Ball:Gluttony and Hubris in an Age of Epic Inequality* (Boston:Beacon Press,2012),38.

⑧ "U. S. Commerce—Stock Market Capitalization of the 50 Largest American Compa-nies," Weblists, iweblists. com/us/commerce/MarketCapitalization. html (accessed June 14, 2012). 这些公司中有许多尤其是排名前十之后的公司,由于其股价的变化,经常上下浮动一两位。在我核查的那天,银行占据了第 31 和第 32 位,所以大银行有可能在任意一天占据前 30 中的 4 位。

点。在《财富》杂志评选的上一代最优秀的 12 位企业家中,互联网巨头苹果、微软、亚马逊和谷歌的创始人占据了名单的前四位。[1]

为什么垄断在互联网上比在大多数经济领域中更明显,更不受直接竞争挑战的影响?这一悖论现象是令人讶异的,因为互联网上的稀缺性必须被创造出来,并因此是人为制造的。正如《连线》杂志编辑安德森(Chris Anderson)所说:"人为的稀缺性是追逐利润的天然目标。"[2]

有几个相互紧密相关的解释。首先,也是最重要的一点,互联网展示了经济学家所谓的网络效应,即,几乎所有人都通过共享一项服务或资源而受益。尤其是,信息网络产生需求侧规模经济,这与获取用户有关,它跟供给侧的规模经济(在寡头垄断的传统行业中普遍存在)不同,后者与随着规模扩大而降低成本有关。[3] 当一个行业中最大的公司获得更大的市场份额时,它对消费者的吸引力会增加一个数量级,这使得份额下滑的竞争对手几乎不可能保持吸引力或竞争力。就此,《连线》杂志的安德森简明扼要地指出:"实际上,垄断更有可能出现在高度网络化的市场中,比如网络世界。网络效应的黑暗面是,富节点(rich nodes)变得更富。梅特卡夫定律(Metcalfe's law)[4]指出,网络的价值与连接的平方成正比增长,从而创造了赢家通吃的市场,在这个市场中,排名第一和排名第二的玩家之间的差距通常很大,而且在不断扩大。"[5]

鲍勃·梅特卡夫(Bob Metcalfe)是将计算机连接在一起的以太网协议的发明者,他认为网络效应是如此普遍,以至于他制定了一条以自己名字命名的定律:随着你把每一个新用户添加到网络中,网络的效用就会以

---

① John A. Byrne,"The 12 Greatest Entrepreneurs of Our Time," *Fortune*, Apr. 2012, 68—86.

② Chris Anderson,"The Web Is Dead: Long Live the Internet: Who's to Blame: Us," *Wired* 18 (Sept. 2010): 164. 这需要熊彼特所谓的"垄断的做法"(或"对竞争的编辑")的全面铺开来实现。See Joseph A. Schumpeter, *Capitalism, Socialism and Democracy* (New York: Harper & Row, 1950), 90, and *Essays* (Cambridge, MA: Addison-Wesley Press, 1951), 56.

③ Carl Shapiro and Hal R. Varian, *Information Rules* (Boston: Harvard business School Press, 1999), 173.

④ 译注:由以太网的发明人、3Com 公司的创始人罗伯特·梅特卡夫(Robert Metcalfe)提出,罗伯特的昵称是鲍勃(Bob),即下段的鲍勃·梅特卡夫。梅特卡夫定律与摩尔定律、吉尔德定律并称互联网三定律。

⑤ Anderson,"Web Is Dead," 122—27,164.

加速的速度增加。① 谷歌搜索就是一个例子：它的算法质量随着用户数量的增加而提高，其他搜索引擎的效率和吸引力随之下降。以脸书为例，2012 年它的全球用户超过 10 亿。《经济学人》观察到，"那些注册（而且是免费的）的人可以进入更广阔的圈子。而那些没有这样做的人可能会感到被排斥。这种强大的反馈回路已经使脸书成为许多国家最大的社交网站。在全球范围内，每七分钟就有一分钟花在脸书上"。② 梅特卡夫定律可以解释何以默多克会作茧自缚。2005 年，默多克的新闻集团斥资 5.8 亿美元收购 MySpace。当时，MySpace 似乎有一个不错的机会在刚刚起步的社交媒体市场获得遥遥领先的位置，并获得谷歌式的垄断地位。很快，它就发现自己被谷歌赶超，并被远远甩在后面。2011 年默多克以 3500 万美元的价格出售了 MySpace。③

　　梅特卡夫定律也有另外一面：那些被排除在网络之外的人所面临的排斥的代价在加速增大。根据网络的重要性，这种排斥的严重性可以等同于非人格。通过这个途径，我们就能很好地理解为网络中立和普遍负担得起的宽带而斗争的重要性。④

　　鼓励垄断的第二个因素是技术标准的重要性，如果不同的公司和消费者想要有效地使用互联网，技术标准就变得势在必行。一旦技术标准确定了，拥有专利甚至是领先优势的公司就开始参赛了。为了保证公众利益，这些标准并不赋予单独哪家公司特权，但事情并不总是如此。聪明的公司尽其所能使它们的技术系统成为行业标准，由此占得有利位置并在同行中遥遥领先。早在 1996 年，比尔·盖茨在讨论制定有利于微软的行业标准的重要性时承认了这一点："我想我不该这么说，但是在某种程度上，它导致了一个产品类别的自然垄断。"⑤ 微软已经能够利用大量软

---

① 梅特卡夫定律的讨论见 Eli Pariser, *The Filter Bubble*: *What the Internet Is Hiding from You*（New York: Penguin, 2011），41。

② "A Fistful of Dollars," *The Economist*, Feb. 4, 2012, 11.

③ Somini Sengupta and Nick Bilton, "Facebook Plays Offense and Defense in a Single Deal," *New York Times*, Apr. 11, 2012, B4.

④ 关于这一点的讨论，参阅 Rahul Tongia and Ernest J. Wilson III, "The Flip Side of Metcalfe's Law: Multiple and Growing Costs of Network Exclusion," *International Journal of Communication* 5（2011）: 665—81。

⑤ Peter Martin, "Big Guy Embraces the Net," *Financial Times*, June 13, 1996, 10.

件应用程序对其底层操作系统的依赖,从而似乎永久地绑定其系统,这使它享有长期的垄断定价权。任何试图引入一种新的、与之竞争的操作系统的竞争对手,都面临着巨大的"应用程序进入壁垒"。[①]

　　有些则是隐蔽地在进行。比如 H. 264 编解码器(H. 264 codec),它由 MPEG LA 集团(MPEG LA Group)拥有,持有微软、苹果和其他公司的许可证。它正在迅速成为在线视频的标准,目前占据了 66％ 的市场份额。把控了这样的互联网流量瓶颈(bottleneck),H. 264 的所有者可以创造许多"收费时刻"。经济学家经常把这种勒索(shakedowns)称为"经济租金"(economic rents),后者指的是经济行为者凭借其拥有的稀缺资源而获得的不应得的收入,与生产或再生产的成本无关。[②] 或者想想无线巨头高通公司,它掌控着码分多址(DCMA)芯片组市场 69％ 的份额,以及安卓设备中 77％ 的无线芯片组。高通和博通(Broadcom)一起控制着关键 wi-fi 芯片组的市场的一半。[③]

　　鼓励垄断的一个相关因素是专利的广泛使用,以至于蒂姆·伯纳斯-李现在可能会把他曾经深感遗憾的 20 世纪 90 年代末视为开放的黄金时代。2011 年美国专利局授予了 24.8 万项专利,比十年前多了 35％。[④] 专利与版权类似:通过为临时垄断许可证提供政府保护,专利具有奖励和鼓励创新的必要功能;与版权一样,专利在数字时代也得到了迅猛发展。[⑤]

---

　　① Hal R. Varian,Joseph Farrell,and Carl Shapiro,*The Economics of Information Technology* (Cambridge,UK：Cambridge University Press,2004),37,49,71—72； and Richard Gilbert and Michael L. Katz,"An Economists's Guide to US v. Microsoft," *Journal of Economic Perspectives* 15,no. 2 (2001)：30.

　　② Sascha D. Meinrath,James W. Losey,and Victor W. Pickard,"Digital Feudalism：Enclosures and Erasures from Digital Rights Management to the Digital Divide," Comm Law Conspectus 19,no. 2 (2011)：458—59.

　　③ Ibid. ,476—77. 斯蒂格里茨(Joseph Stiglitz)对经济租金与垄断权力和不平等的关系做了有益的探讨:Joseph E. Stiglitz,*The Price of Inequality*：*How Today's Divided Society Endangers Our Future* (New York：W. W. Norton,2012),chap. 2。

　　④ Eduardo Porter,"Tech Suits Endanger Innovation," *New York Times*,May 30,2012,B2.

　　⑤ 有关企业如何利用专利法和知识产权来占用工人在生产中形成的知识和创新的精彩历史,参阅 Catherine L. Fisk,*Working Knowledge*：*Employee Innovation and the Rise of Corporate Intellectual Property*,1800—1930 (Chapel Hill：University of North Carolina Press,2009)。

《彭博商业周刊》(*Bloomberg Businessweek*)将专利的迅速增加——以微软为例,2010 年该公司取得了 2500 多项专利,而 2002 年仅取得几百项专利——称为"高科技军备竞赛"。一位专利专家指出,二三十年前,一台机器可能拥有五到十个专利。"今天你口袋里的手机大约有 5000 个专利。"如今,数字巨头之间的专利之争已经司空见惯。史蒂夫·乔布斯在 2010 年表示:"我们可以坐视竞争对手窃取我们的专利发明,或者我们也可以对此做点什么。"他在法庭上发起了所谓的苹果的专利权"圣战"。[①] 2011 年,谷歌斥资"令人震惊的"125 亿美元收购摩托罗拉移动(Motorola Mobility)时,它为摩托罗拉的 17000 项专利付出了巨大的代价。这些"移动专利宝库"将使谷歌的安卓系统经得起法律的挑战,并减少任何新的市场进入者的威胁。[②]《政客》杂志(*Politico*)指出,"随着科技公司纷纷抢购专利,它们在世界各地的法庭上都相互较量"。一位反垄断律师称其为"相互确保毁灭"。输家肯定是那些规模较小的公司,它们"无法全部买下 20000 项专利",也无法为没完没了的诉讼支付法律费用。[③]

　　就如同版权法业已成为创造力的基础,同时也成为创造力的障碍,专利也是如此。[④]《纽约时报》写道,"认为加强知识产权保护不可避免会带

---

① Paul M. Barrett, "Apple's Jihad," *Bloomberg Businessweek*, April 2—8, 2012, 59; Ashlee Vance, "Hiring a Mercenary for the New Patent War," *Bloomberg Businessweek*, Aug. 13—26, 2012, 41.

② "Opening Remarks," *Bloomberg Businessweek*, April 9—15, 2012, 14; and Peter Burrows, "Google's Bid to Be Everything to Everyone," *Bloomberg Businessweek*, Feb. 20—26, 2012, 37.

③ Elizabeth Wasserman and Michelle Quinn, "Tech Firms behaving badly," *Politico*, Apr. 23, 2012, politico. com/news/stories/0412/75498. html. 2012 年 8 月,苹果在与三星的智能手机专利之争中赢得了互联网时代最大的专利案。如《纽约时报》所指出的,"这可能会在不断增长的智能手机和平板电脑业务中形成力量的平衡,还可以为苹果提供一个工具,让它能够更积极地保护自己的创新,不让对手可与其竞争的服务充斥市场"。See Nick Wingfield, "Jury Gives Apple Decisive Victory in a Patents Case," *New York Times*, Aug. 25, 2012, A1.

④ 一些人认为,Craigslist 之所以能够保持其垄断地位,是因为它用违反专利法的威胁来阻止任何新的竞争,尽管它提供的服务在很多人看来是不合格的。See Nick Bilton, "Innovations Snuffed Out by Craigslist," *New York Times*, July 30, 2012, B1, B6. 公共知识组织的格里芬(Jodie Griffin)认为,政府批准的由电话和有线电视巨头瓜分 ISP 市场的交易(第四章讨论过),将使它们有可能共享专利,并"垄断下一代互联网接入服务的基础技术"。See Jodie Griffin, "Verizon, Comcast, and the Patent Wars," Public Knowledge, July 27, 2012, publicknowledge. org/blog/verizon-comcast-and-patent-wars.

来更多创新的观点，似乎大错特错"，因为"创新往往是一个累积的过程，每一步都依托于之前的想法"。专利阻止了这一进程。尽管存在诉讼成本，专利对于保护根深蒂固的垄断权力来说却是极好的。斯坦福大学经济学家蒂姆·布雷斯纳汉(Tim Bresnahan)问道："谁拥有专利？是那些已经有一段时间经验的人，而不是那些最近做了很多创新的人。"《彭博商业周刊》指出："初创企业不再争先恐后地开发原型产品。相反，它们必须首先保护自己，拥有系列知识产权构筑的铜墙铁壁，那可能需要花费数年时间才能建成。"《纽约时报》的结论是，专利允许"占主导地位的企业阻止未来可能破坏其商业模式的发明"。这篇文章提出了一个激进的观点，即"软件或许根本就不应该获得专利"。[1] 伯纳斯-李可能会同意这个观点，他将以天才科学家而不是亿万富翁的身份去见上帝，因为他给了我们万维网。

上述所有因素都解释了这些数字巨头的盈利能力是如何集中在建立专有系统上的，巨头控制了这些系统的访问权限和关系条款，而不是建立一个尽可能开放的互联网。早在 2006 年，乔纳森·齐特林(Jonathan Zittrain)就预测，在未来的十年个人电脑将被新一代的(专有的)信息设备所取代。吴修铭说他"完全正确"。[2] 苹果从一开始就致力于这种方式，"乔布斯对封闭式电脑的愿景没有动摇过"。[3] 吴指出，苹果的各种设备都是"好莱坞友好型"，都是为与单一 ISP 合作而设计的。[4] 科技作家史蒂文·约翰逊(Steven Johnson)称赞苹果提供了"史上监管最严格的软件平台"之一。例如，苹果手机的精妙设计在于，它是一个"被拴住"的设备，所有的控制权都掌握在苹果手中。正如诺顿(John Naughton)所说，联网的手机"功能强大、令人愉快，甚至可能很漂亮，但是它在很大程度上是在他人的控制之下"。[5] 到 2008 年，比尔·盖茨承认，苹果的封闭

---

① Porter，"Tech Suits Endanger Innovation." 正如波特(Porter)指出的，现在有一个完整的"专利钓鱼"(patent trolls)行业，其唯一业务就是购买专利和要求支付专利使用费。See also Vance，"Hiring a Mercenary."

② Tim Wu，*The Master Switch：The Rise and Fall of Information Empires*（New York：Knopf，2010)，290—91.

③ Peter Decherney，*Hollywood's Copyright Wars：From Edison to the Internet*（New York：Columbia University Press，2012)，215.

④ Wu，*Master Switch*，292.

⑤ John Naughton，*What You Really Need to Know About the Internet：From Gutenberg to Zuckerberg*（London：Quercus，2012)，279，285.

系统已经被证明是最好的方法。[1] 投资界对此表示赞同,到 2012 年,苹果成为美国最有价值的公司,市值超过 5500 亿美元。但是,苹果并不是唯一一家可以这样描述的数字公司。脸书的精妙之处在于它正在打造一个专有的领域,一个与其他网站互动时新的必不可少的层级。[2]

具有讽刺意味的是,谷歌曾经大声抗议这些"带围墙的花园"作为互联网基础的出现。2012 年,在线广告网络联邦媒体(Federated Media)的约翰·巴特尔(John Battelle)解释说:"旧的互联网正在萎缩,取而代之的是谷歌的爬虫程序无法爬过去的带围墙的花园。对许多人来说,脸书之外的空间将越来越像一个蛮荒地带,在那里,诈骗、恶意软件和盗版猖獗。"[3]谷歌的布林(Brin)一直在猛烈抨击苹果和脸书的"专有平台",称它们"正在扼杀创新,使网络分裂"。他说,他和联合创始人拉里·佩奇"将无法创建谷歌,假如互联网曾被脸书主宰的话"。[4] 不过,谷歌已经推出了自己的专有服务谷歌+(Google+),微软也朝着专有的方向迈进。而且,两者都依赖于专有软件,这些软件可能是数字伊甸园中最早食用的苹果之一。谷歌已经被描述为是"开源运动的对立面"。[5] 而当事情转向隐私这一最突出的问题时,谷歌与脸书携手并肩,放弃了在道德高地上占有一席之地。

伴随并支持专有系统的一个关键开发是云计算,在云计算中,每一家巨头都将大量的材料存储在各自成规模的服务器上。用户不需要有大容量的计算机内存来存储自己的资料,只需要访问云他们就可以(实际上是必须)通过一个小型设备访问拥有的一切。仍然有一些小公司提供服务器托管业务,这是一个建设性的活动。不过,在光谱的另一端,包括谷歌、脸书、亚马逊、苹果和微软在内的数字垄断企业都投资建造了巨大的私有云。

[1]　援引了约翰逊说法的相关讨论,见 Decherney, *Hollywood's Copyright Wars*,220。

[2]　译注:网络七层协议(Open System Interconnection,OSI)中包括:应用层、表示层、会话层、传输层、网络层、数据链路层、物理层。

[3]　Charles Arthur,"Walled Gardens Look Rosy for Facebook, Apple—and Would-Be Censors," *The Guardian*, Apr. 17,2012.

[4]　Ian Katz,"Web Freedom Faces Greatest Threat Ever, Warns Google's Sergey Brin," *The Guardian*, Apr. 15,2012.

[5]　Peter Lunenfeld, *The Secret War Between Downloading and Uploading* (Cambridge, MA: MIT Press,2011),177.

云计算是一种让互联网对用户和社会更有效、更便宜的绝妙方式，但是，将云计算容量的优势交到少数几家大公司手中的政策是否明智，则完全是另一回事。云可以是一个装满有价值的数据的藏宝箱，供巨人们利用。①

　　云计算需要大量的资本投入，这一传统的市场进入壁垒，固化了寡头垄断或垄断。以谷歌为例，它每年在计算机上花费数十亿美元，因此它可以对查询提供几乎即时的响应。② 任何一个谷歌搜索查询"都会在美国的数个大型数据中心触发 700 到 1000 台独立的计算机"。③ 谷歌和其他巨头一样，在世界各地拥有庞大的"服务器农场"（server farms），将所有这些信息保存在云中。这些公司对它们的位置和规模保密，但有证据表明，一家服务器农场就是一项巨大的工业工程，要在不止于 1963 年的俄亥俄州阿克伦（Akron）或是印第安纳州加里（Gary）④，或者今天的中国站稳脚跟。诺顿将一个数据中心描述为由十个巨大的"房间"组成，每个房间容纳 3 万台计算机和一个相当大的工业冷却系统。2008 年，谷歌在美国拥有 19 个这样的数据中心，在其他地方也几乎一样多。⑤ 谷歌被认为购买了当时在美国销售的服务器的 15％。⑥

　　综上所述，这些因素表明，微软和谷歌等巨头的说法是多么荒谬。它们声称"只要点击一下，竞争就会到来"。而如果有人在自家车库开发出

---

① 2012 年，思科重新配置了其大型云服务，从而使该服务协议允许思科正式有权监控其客户的互联网使用情况并出售这些发现，此举引发轩然大波。当这些变化被公布时，思科放弃了计划中的部分内容，但保留了未来执行这些政策的权利。See Cory Doctorow，"Cisco Locks Customers Out of Their Own Routers，Only Lets Them back In if They Agree to being Spied upon and Monetized，" Boing Boing，July 3，2012，boingboing. net/2012/07/03/cisco-locks-customers-out-of-t. html.

② Matthew Hindman，*The Myth of Digital Democracy*（Princeton，NJ：Princeton university Press，2009），84—86. 辛德曼出色地展示了谷歌为确保其统治地位而产生的巨额资本支出，这几乎保证了没有其他公司有能力或未来将在搜索引擎市场挑战它。

③ Siva Vaidhyanathan，*The Googlization of Everything（and Why We Should Worry）*（Berkeley：University of California Press，2011），54.

④ 译注：美国俄亥俄州阿克伦和印第安纳州加里位于"铁锈带"，前者曾以轮胎和橡胶产业著称，后者曾以钢铁产业著称。20 世纪 60 年代是这两个城市繁荣的鼎盛期。

⑤ Naughton，*What You Really Need to Know About the Internet*，201—2. 这些庞大的数据中心也给环境带来了严重的负面影响。See James Glanz，"Power，Pollution and the Internet，" *New York Times*，Sept. 23，2012，1，20.

⑥ Peter F. Cowhey and Jonathan D. Aronson，*Transforming Global Information and Communication Markets*（Cambridge，MA：MIT Press，2009），44.

更好的算法,它们就会对自身的生存感到致命的恐惧。[1] 同样,亚马逊也不只是一个算法和一堆专利。公司在美国拥有 69 个数据和执行中心,其中的 17 个是自 2011 年以来建立的,并计划未来建设更多。公司有不属于工会的雇员,其位于宾夕法尼亚州阿伦敦(Allentown)的一个主要执行仓库的工作条件,被一篇调查性报道描述为类似"电影《摩登时代》中卓别林讽刺的那种令人印象深刻的严酷的工作条件"。[2]

今天,互联网作为一种社交媒体和信息系统,是少数几家大公司的领地。其中的每一家都专注于建立一个能够产生大量现金的垄断大本营。据一些人统计,2012 年苹果手头有 1100 亿美元现金,而谷歌有 500 亿美元,微软有 510 亿美元,亚马逊有 100 亿美元。[3] 脸书在 2012 年 5 月的 IPO 中获得了 160 亿美元的现金,但是,即便是在 IPO 之前,脸书自 2010 年以来也成功进行了大约 20 多宗收购,其中规模最大的一笔交易是以 10 亿美元收购了 Instagram。[4]《纽约时报》指出,这些巨头组成的"行业似乎一天比一天充斥着更多的资金"。[5]

保护和保持垄断大本营是第一项工作,一切都由此而来。想象互联网的最佳方式是把它想象成这样一个星球:谷歌、脸书、苹果、亚马逊、微软和 ISP 卡特尔成员各自占据一个代表其垄断大本营的大洲。一个拥有易趣这种垄断大本营的小帝国就相当于日本。传统媒体巨头的影响力较小,因此它们的位置相当于夏威夷、新西兰和马达加斯加。(融入规模更大的数字巨头的模式——如 NBC 环球整合入康卡斯特——是一个看似

---

① David Streitfeld and Edward Wyatt, "U. S. Is Escalating Inquiry Studying Google's Power," *New York Times*, Apr. 27, 2012, A16.

② Steve Wasserman, "The Amazon Effect," *The Nation*, May 29, 2012. The investigative report by Spencer Soper, "Inside Amazon's Warehouse," appeared in the local newspaper, the *Morning Call*, on September 18, 2011.

③ Courteney Palis, "What Apple Looks Like in Numbers," *Huffington Post*, May 9, 2012, huffingtonpost. com/2012/05/09/what-apple-looks-like-in-_n_1503017 . html. ; and Todd bishop, "Charts: Apple has More Cash Than Google and Microsoft Combined," *GeekWire*, Feb. 23, 2012, geekwire. com/2012/charts-putting-apples-growing-cash-pile-perspective.

④ Jenna Wortham, "At Facebook, Its Targets May Hint at Its Future," *New York Times*, May 14, 2012, B1, B2.

⑤ Jenna Wortham, "Facebook to Buy Mobile Start-up for $1 billion," *New York Times*, Apr. 10, 2012, A1.

合理的结果。）那些<u>止步不前</u>的数字竞争者（如网景、美国在线，以及现在的雅虎）都未能稳据垄断权力，它们发现自己置身大洋之中找寻着无人居住的岛屿。[①] "处在谷歌和脸书等公司竞争日益激烈的情境下"，推特一直在与苹果商讨结成某种正式的联盟，直至正式收购。[②] 每个帝国的目标都是征服世界，防止被别人征服。可以说，没有一家公司是孤岛，它们不能满足于自己的垄断大本营而眼看着世界扬帆前行。这些公司有时候会展开激烈的竞争，但同时它们也是彼此的客户，并在与一些帝国结盟以对抗其他帝国的过程中发现价值。[③] 正如一位行业观察者在 2012 年所指出的那样，这些"公司可以互相合作，互相剜对方眼睛，没有不和谐的体验"。[④] 这就是博弈论或许最能解释它们行为的地方。[⑤]

　　凭借在交易中极具吸引力的巨额现金与股票，以及现有垄断大本营带来的好处，这些帝国都试图进入邻近领域，推出新的垄断服务，并希望最终能够成功。苹果在这方面做得非常出色，它凭空创造出新的垄断行业。在过去八年里，谷歌已经从搜索领域转移到无数其他领域，Gmail 和 YouTube 只是冰山一角。[⑥] 史蒂文·约翰逊在《连线》杂志上写道："当脸书推出照片服务时，它几乎立刻就成为世界上最大的数字照片存储库，尽管其功能设置明显不如 Flickr 和 Photobucket 等竞争对手。"[⑦] 亚马逊希

[①]　雅虎的年销售额从 2008 年的 72 亿美元降至 2011 年的 50 亿美元。"yahoo! Inc.," *Standard & Poor's Stock Report*, Apr. 14, 2012. See also, Nicole Perlroth, "Revamping at yahoo to Focus on Its Media Properties and Customer Data," *New York Times*, Apr. 11, 2012, B4; and Michael J. de la Merced, "New Cast Atop Yahoo Faces Stubborn Problems," *New York Times*, May 15, 2012, B3.

[②]　Evelyn Rusli and Nick bilton, "Apple Officials Said to Consider Stake in Twitter," *New York Times*, July 28, 2012, A1, B6.

[③]　因此，微软以 5.5 亿美元的价格向脸书出售了一些重要的专利，帮助脸书与它们的共同对手谷歌竞争。See Nick Wingfield, " $550 million Patent Pact for Facebook and Microsoft," *New York Times*, Apr. 24, 2012, B1.

[④]　Wasserman and Quinn, "Tech Firms behaving badly."

[⑤]　当脸书完成 IPO 时，《纽约时报》发表了一篇文章，勾勒了脸书与许多其他巨头的竞争，包括谷歌、苹果、推特和卡特尔。See Brian X. Chen, "As Facebook Moves On from Its I. P. O., the Challengers Draw Battle Lines," *New York Times*, May 21, 2012, B8.

[⑥]　有关谷歌帝国及其支配市场的详尽且令人震惊的评述，见 Vaidhyanathan, *Googlization of Everything*.

[⑦]　Steven Johnson, "Can Anything Take Down the Facebook Juggernaut?" *Wired*, June 2012.

望利用其销售图书的电子商务专长来统领几乎所有的电子商务市场。由于零售销售总额相当平稳，因此，亚马逊和其他在线零售商的增长将以《经济学人》所称的"实体店"的损失为代价。① 随着美国电子商务预计将从 2010 年的 1760 亿美元攀升至 2015 年的 2790 亿美元，亚马逊的未来看起来一片光明。其他帝国也垂涎于从中分得一杯羹。②

亚马逊及其首席执行官杰夫·贝佐斯（Jeff Bezos）和曾经的杰伊·古尔德（Jay Gould）③或约翰·洛克菲勒一样，都明白垄断权力的特权。它利用自己的垄断定价权和市场权威，将潜在的竞争对手逐出市场或迫使其屈服。④ 然后，跟洛克菲勒一样，它可以把价格定在产生最大利润的水平上。⑤ 美国最大的图书出版社之一的首席执行官在 2012 年的一次采访中说："亚马逊是个恶霸。杰夫·贝佐斯是个恶霸。任何有权势的人都可以任意摆布别人，亚马逊就是这样。"⑥这不是什么新鲜事。约瑟夫·斯蒂格里茨（Joseph Stiglitz）描述了微软如何在 20 世纪 90 年代利用其"垄断权力"击溃了网景。⑦ 比尔·凯勒（Bill Keller）则呈现了脸书在 2010 年如何在其系统中禁用游戏"怪兽岛"（Critter Island），在 48 小时内"怪兽岛"的用户就从 1400 万减少到了零。⑧ 如果你不让每个人都知道谁说了算，做垄断者又有什么意义？

各大帝国都花费数十亿美元收购数字新贵和中型企业。从贝宝支付、YouTube 到 Skype 和 Hotmail，互联网上的许多知名品牌都由一家巨头公司拥有。例如，仅在 2011 年一年，谷歌就花费 140 亿美元进行了

---

① "Making It Click," *The Economist*, Feb. 25, 2012, 75.

② "Amazon. com Inc. ," *Standard & Poor's Stock Report*, Apr. 14, 2012.

③ 译注：美国铁路巨头和金融投机者，被认为是"镀金时代"的强盗大亨。

④ See Steve Pearlstein, "Pick Your Monopoly: Apple or Amazon," *Washington Post*, Mar. 10, 2012; David Welch, "Why Wal-Mart Is Worried About Amazon," *Bloomberg Businessweek*, April 2—8, 2012, 25—26; "The Walmart of the Web," *The Economist*, Oct. 1, 2011, 65—66; and David Carr, "For E-Book, Navigating a Tightrope by Amazon," *New York Times*, Apr. 30, 2012, B1, B3.

⑤ Stephanie Clifford, "Amazon Is Taking a Leap into the High End of the Fashion Pool," *New York Times*, May 8, 2012, A1, A3.

⑥ Interview quoted in Lynn, "Killing the Competition," 33.

⑦ Joseph E. Stiglitz, *The Price of Inequality: How Today's Divided Society Endangers Our Future* (New York: W. W. Norton, 2012), pp. 45—46.

⑧ Bill Keller, "Wising Up to Facebook," *New York Times*, June 11, 2012, A19.

80 次收购。① 有时候,这些公司愿意支付过高的价格来圈占一个新行业的潜力,或者阻止另一个帝国抢在它们之前。正如《经济学人》所承认的,成为现金充裕的巨头的好处之一是,你"有足够的钱买下潜在的竞争对手"。② 网上创造的财富不仅流向帝国的所有者,也流向出售给这些帝国的新兴企业的所有者。有人知道马克·库班(Mark Cuban)吗?③ 事实上,这正是许多精明企业家的目标——被巨头收购。④ 要想出现另一个独立的巨大帝国——如另一个谷歌或脸书——就需要创建一个新的数字产业,以避免专利的丛林,并可以迅速被垄断。它的所有者还必须抵御住以难以置信的价格将其出售的巨大诱惑。尽管在技术变动的当下,这些帝国并不是无所不能的,但现有的巨头将另一个数字巨头出现的可能性降至最低,是符合它们自身利益的。

还记得我在第三章中提到电影《教父2》中的哈瓦那庭院的经典场景吗?所有帝国都认为这是它们的世界,而不是其他人的,然后它们为了控制它而彼此争斗。至于说现有的市场还存在竞争,这是因为巨头们决定涉足竞争对手的大本营。巨头之外都没有成功的机会。占有现有市场的15%,排名第二,仍然是相当有利可图的。所以在2012年6月的一个星期之内,苹果宣布了一系列新功能,直接进攻谷歌的垄断市场,而谷歌也对微软做了同样的事情,据报道,微软将要推出一款平板电脑以追击苹果。⑤

---

① "Internet Weekly," *Deutsche Bank Markets Research*, Apr. 2, 2012, 4.

② "A Fistful of Dollars," *The Economist*, Feb. 4, 2012, 11. 根据 Compstat 汇编的年报数据,2000 年至 2011 年之间,亚马逊、苹果、AT&T、康卡斯特、易趣、谷歌、IBM、英特尔、微软和雅虎的收购净值超过 1210 亿美元。其他权威来源估计同期的收购总价值接近 2000 亿美元。无论如何,自 2000 年以来,该行业一直是美国经济中收购交易的主要领军者,约占所有收购交易的 20%,几乎是整个金融业(660 亿美元)收购总额的两倍。Compustat North America, Fundamentals Annual, Wharton Research Data Services, University of Pennsylvania (retrieved June 4, 2012).

③ 译注:美国知名投资人,1995 年成立视频门户网站 broacdast. com,1999 年以 57 亿美元售予雅虎。

④ Jenna Wortham and Nicole Perlroth, "When to Believe the Buzz," *New York Times*, May 7, 2012, B1, B2.

⑤ Nick Wingfield, "Battle Nears for Office Apps," *New York Times*, June 11, 2012, B7; Brian X. Chen and Nick Wingfield, "Apple Updates Laptops and Mobile Software," *New York Times*, June 12, 2012, B3; and Nick Wingfield, "Microsoft Is Expected to Introduce a Tablet," *New York Times*, June 16, 2012, pp. B1, B3.

一旦有发展潜力的新领域出现并且不清楚哪个帝国将占上风时,战斗可能会很激烈,直到问题得以解决,这通常不会超过几年时间。因此,大多数或所有的主要帝国都在智能手机、搜索引擎、平板电脑、互联网电视、社交媒体、电子书、游戏、电子商务以及其他任何一家巨头目前正在蓬勃发展且具有增长前景的领域大展拳脚(或准备这么做)。智能手机已经开辟了 OTT(over the top)业务的新领域,[①]包括通常被人们称为应用程序的那些服务。随着这些服务的出现,卡特尔和互联网巨头正在争夺新领域的主导地位,同时也在吞并那些有前途的新公司。[②]

2012 年巨头做出的最具攻击性的举措,或许是谷歌在堪萨斯城推出了谷歌光纤网络(Google Fiber network)。谷歌系统提供的速度比美国"宽带"快 100 倍,与其他发达国家越来越常见的网速相似。这也是对有线电视和卫星电视行业的一次攻击,因为它提供全频道电视接入服务。目前尚不清楚事态将如何发展,也不清楚谷歌对成为卡特尔强有力的资金竞争对手有多认真。华盛顿的一位活动家说:"据我们所知,谷歌没有在其他城市或更大的全国范围内扩展的计划。"为什么?"成本非常高"——这是老式的市场进入壁垒,更不用说与游说势力的重量级冠军进行较量了。[③]

很明显,只有如谷歌一般的互联网巨头才有资格考虑这种攻击。最差的可能是,它会带来各种正面的宣传,并通过对卡特尔发出警告,甚至迫使其采取行动加入 21 世纪(至少是在富裕社区),从而增加谷歌与政界人士和卡特尔谈判的筹码。最好的可能是(姑妄一猜),谷歌会在有线ISP /付费电视市场上占得可观的有利可图的份额。这将使谷歌比任何其他巨头都更能掌控自己的命运。[④] 简而言之,对于一家资金充裕、回报

---

① 译注:OTT 业务指互联网公司越过传统的广播电视、电信等运营商(如有线电视系统)向用户提供的应用服务。据说 over the top 来自篮球等体育运动,有"过顶传球"之意。

② "Joyn Them or Join Them," *The Economist*,Aug. 11,2012,60.

③ 伍德(Matt Wood)给作者的电子邮件,2012 年 8 月 22 日。

④ Susan P. Crawford,"Is Google a Monopoly? Wrong Question," Bloomberg View,July 8,2012,bloomberg. com/news/2012-07-08/is-google-a-monopoly-wrong-question. htm l;Stacey Higginbotham,"The Economics of Google Fiber and What It Means for U. S. Broadband," GigaOM,July 26, 2012, gigaom. com/2012/07/26/the-economics-of-google-fiber-and-what-it-means-for-u-s-broadband;Marcus Wohlsen,"Google Attacks Cable and Telcos with New TV Service," Wired Business,July 26, 2012, wired. com/business/2012/07/cable-companies-shouldnt-fear-googles-networkyet.

潜力巨大的公司来说,这是一项明智的低风险投资。

　　为什么要痴迷于全球主导地位,或者如彼得·巴罗斯(Peter Burrows)所说的那样,"成为所有人的一切"?[①] 在由专有权利构筑的领域中,每个帝国都希望尽可能自给自足,吸引消费者进入自己的世界,在那里,它将为消费者提供一系列服务和产品,并在自己的云中收集大量数据,以便挖掘潜在的广告商。据《纽约时报》报道:"最大的科技公司不再满足于仅仅为你每天的一部分增色,它们想清除界限,做其他大科技公司正在做的事情,拥有你醒着的每一时刻。新的策略是构建一个新的设备,卖给消费者,然后卖给他们在设备上使用的内容,也许还有一些广告。"[②]

　　硬件和软件之间的界限已经被苹果等公司抹掉了,亚马逊等公司也在竞相效仿。正如一位分析师所说,"你需要控制硬件来控制整体体验"。[③] 另一位分析师表示:"这关乎生态系统。其理念是让消费者尽可能紧密地与这个生态系统联系起来,这样他们和他们的内容就被锁定在一个系统之中了。"[④]在这些带围墙的花园中,关键所在是利用经济学家现在有时称为"剩余提取增强效应"的东西,即提高在围墙内榨取利润的能力。[⑤] 一旦一个帝国把你限制在它的范围之内,把它们的全线产品推送给你就容易得多了。实际上,这些巨头正在竞相成为全国或全球公司城(company town)中的数字公司商店(digital company stores)。[⑥] 这行得通吗? 谁也不知道。一位分析人士指出:"谁知道这个模式将如何展

　　① Burrows,"Google's Bid to Be Everything to Everyone," 37—38.

　　② David Streitfeld,"Seeking the Captive Consumer," *New York Times*, Feb. 13,2012, B1. 2012 年的财经媒体上充斥着关于所有互联网巨头如何谋划进军几乎所有数字活动主要领域的文章。See,for example,Claire Cain Miller,"Back to the Drawing Board for Nexus Q," *New York Times*, Aug. 9,2012,B1,B2;"Social Whirl," *The Economist*,June 23,2012,65—66; Ashlee Vance,"Dear PC Makers:It's Our Turn,Now," *Bloomberg Businessweek*,June 25—July 1,2012,38—41; Nick Wingfield and Nick Bilton,"The Race in Tablets heats up," *New York Times*,July 16,2012,B1,B6.

　　③ Burrows,"Google's Bid to Be Everything to Everyone," 37.

　　④ Streitfeld,"Seeking the Captive Consumer," B7.

　　⑤ Anderson,"The Web Is Dead," 127; and Varian,Farrell,and Shapiro,*Economics of Information Technology*,14.

　　⑥ 译注:公司城指一家巨头公司对一个城市、城镇的经济有控制作用(如就业、住房),有时对其社会结构和地方政府也有控制作用。公司商店指由公司开设的向其员工出售食品、服装和生活必需品的零售商店。

开,谷歌也不清楚。但是,如果今天你不去打造它,那么五年后你也赢不了。"①目前的逻辑指向的是,一旦尘埃落定,剩下的可能是数量更少的超级巨头。

垄断的赞歌?

传统经济学理论认为,市场集中不利于一个经济体中资源的有效配置。垄断是竞争的敌人,竞争使这个体系保持真诚(honest)。例如,正是垄断权力使得脸书有可能无视用户对隐私的担忧,而在竞争激烈的市场中,消费者将能够转而使用隐私保护更得力的社交媒体。② 如果没有有效的竞争,资本主义将失去其存在的大部分或全部理由,而它声称自己是与政治民主相匹配的一个理性和公平的体系。一些经济学家承认,这样的垄断已经出现,但是他们声称,由于数字世界的技术发展动力,这种垄断只是暂时的。其假定是,新技术将在熊彼得式的创造性破坏浪潮中推倒任何垄断市场的壁垒。③ 但几乎没有证据支持这一说法。考虑到这些巨头公司的庞大规模及其金融和政治权力,可能会有一些洗牌,但是,除非进行政治干预,否则某种形式的巨头垄断很可能会持续存在。

在《连线》杂志的克里斯·安德森看来,垄断凌驾于一切之上(über alles)的新世界秩序,就是这个世界的运作模式,"一项技术被发明出来,传播开来,开枝散叶,然后有人想办法拥有了它,把其他人锁在了门外。每次事情都这样发生。……事实上,几乎没有一笔财富是在没有某种垄断或至少是寡头垄断的情况下创造出来的。这是[资本主义]工业化的自然路径:发明、传播、采纳、控制。……在非货币经济中,开放是一件好事情。……但最终,我们对无限竞争的疯狂混乱程度的容忍达到了极限"。④ 正如贝

---

① Streitfeld,"Seeking the Captive Consumer," B7.

② Ruben Rodrigues,"Privacy on Social Networks: Norms, Markets, and Natural Monopoly," in Saul Levmore and Martha C. Nussbaum, eds. , *The Offensive Internet* (Cambridge, MA: Harvard University Press, 2010), chap. 13.

③ Schumpeter, *Capitalism*, *Socialism and Democracy* (New York: harper and Row, 1942),90; and Paul A. Baran and Paul M. Sweezy, *Monopoly Capital* (New York: Monthly Review Press,1966),73—74.

④ Anderson,"The Web Is Dead," 126.

宝支付的创始人、亿万富翁彼得·蒂尔(Peter Thiel)在斯坦福大学讲课时告诉学生的那样,这则故事的寓意是,是时候成熟起来,接受新的垄断体系了。竞争被高估了,它甚至是具有破坏性的,而有了少数垄断者,资本主义会运行得更好,他们"做的事情非常有创意,从而建立了一个与众不同的市场、利基(niche)和身份。创建了一个创造性的垄断企业后,如果每个人都想要你的服务,他们就必须来找你"。在这种观点看来,正是这些垄断企业背后的企业家才是社会进步的力量。[1]

　　事实上,正如本章所示,这一切都不是自然的,也没有反映出"我们的"偏好;"我们"在这件事上几乎没有发言权。如果不戴着蒂尔资产组合的瑰丽色镜片看问题,ISP卡特尔和数字帝国可能就显得没那么仁慈了。如果没有政府在一系列问题上的支持性和授权性政策,以及政府之前的大量投资,这些垄断企业都是不可能存在的。在蒂尔自鸣得意的赞歌中漏掉了这一点。如果行动胜于言语,这些大企业深知它们的存在依赖有利于它们的规管措施和税收政策。它们的存在是基于这样的政府:它不仅接受巨头的经济权势,而且还加快和促进经济权势的增长。正如洛里·安德鲁斯(Lori Andrews)所观察到的,如果不是有法律阻止了脸书"因侵犯隐私、诽谤或基于他人帖子的犯罪行为而遭到起诉",它是不可能存在的。正如她所观察到的,"所有的权利都朝着一个方向运行。脸书掌控着主导权,它的公民除了完全退出这项服务,几乎无计可施"。[2] 但不要屏息等待蒂尔或那些企业巨头承认他们亏欠政府和社会的巨额债务。正如两位学者所揶揄的那样,"人们更关心的是什么不公正地伤害了他们,而不是什么不公正地使他们获益"。[3]

　　几乎所有有关数字巨头运营方式的事情都有违反反垄断法的意味,或至少是违反了一个世纪前通过的相关法规的精神。客气地说,反垄断执法一直是有弹性的。在过去的30年中,执法力度有所下降,现在——尽管许多公务员为人正直、尽心尽责——执法得以施行似乎更多是在竞

---

　　① See David Brooks,"The Creative Moment," *New York Times*,Apr. 23,2012.

　　② Lori Andrews, *I Know Who You Are and I Saw What You Did: Social Networks and the Death of Privacy* (New York: The Free Press,2011),9.

　　③ Liam Murphy and Thomas Nagel, *The Myth of Ownership: Taxes and Justice* (Oxford,UK: Oxford University Press,2002),cited in McQuaig and Brooks,*Billionaires' Ball*,34.

争对手抱怨占市场主导地位的公司的时候,而不是出于民众的担忧或经验事实。20 世纪 90 年代的微软就是这样。① 到 2012 年,这些巨头的垄断倾向再次引起联邦贸易委员会(FTC)、司法部和国会的关注。苹果、亚马逊和脸书等几家巨头卷入各种案件和谈判中。谷歌尤其受到来自联邦贸易委员会的施压,后者质疑谷歌"是否滥用其主导地位,操纵搜索结果,使得与其竞争的公司或产品在搜索结果页面的顶部出现的可能性降低"。②

　　在许多经济学理论中,此类垄断要么应该是公有的,要么至少应该受到严格规管以防止滥用权力,特别是因为它们往往倾向于垄断关键的公共职能。③ 如果它们能够被有效地改造成竞争性产业,那么这条路径也应该被考虑,尽管(基于上述原因,而且正如《连线》杂志的安德森和垄断的热烈拥护者彼得·蒂尔所赞同的)该领域的垄断压力使这条路径基本上是不现实的。自由市场的选项行不通。新出版社(The New Press)的创始人安德烈·西弗林(André Schiffrin)认为,我们应该就谷歌进行一场关于公有制的辩论。④ 万维网在公共域(public domain)内蓬勃发展,为什么搜索引擎不呢?

　　然而,企业的政治权力基本上消除了公有制的威胁,也消除了符合公共利益的可靠规管。叶夫根尼·莫罗佐夫(Evgeny Morozov)写道:"很

---

① 2012 年,当美国司法部调查康卡斯特对新生的在线视频竞争对手的反竞争行为时,Sanford C. Bernstein & Company 的一位媒体分析师表示,"有理由认为 Netflix 是调查的主要推动者"。See Brian Stelter and Edward Wyatt,"Cable TV's Data Curbs Get Scrutiny," *New York Times*,June 14,2012,B1.

② David Streitfeld and Edward Wyatt,"U. S. Is Escalating Inquiry Studying Google's Power," *New York Times*,Apr. 27,2012,A1. See also: Wasserman and Quinn,"Tech Firms Behaving Badly."

③ 阿尔佩洛维茨(Gar Alperovitz)引用芝加哥大学战前经济学家、米尔顿·弗里德曼的导师塞门斯(Henry C. Simons)的研究成果。塞门斯认为,"我们很难用为了合理充分地利用生产经济,它们目前的规模是必要的这样的理由来为我们的大型企业辩护"。塞门斯对政府规管大型企业的能力表示怀疑,因为规管过程总是会被企业所"捕获"。这也是后来的芝加哥经济学家如弗里德曼和斯蒂格勒(George Stigler)的观点。对塞门斯来说,证据指向一个方向:"每个行业都应该有效地竞争或社会化。"这意味着,国家实际上应该接管、拥有和直接管理"那些实际上不可能保持有效竞争条件的行业"。See Gar Alperovitz,"Wall Street Is Too Big to Regulate," *New York Times*,July 23,2012,A19.

④ André Schiffrin,*Words and Money* (London: Verso,2011). 译注:The New Press,1990 年成立,美国最早的非盈利出版社之一。本书英文版在美国即由该出版社出版。

多时候,那些想要对谷歌实施规管的政策制定者更愿意视其为与人权观察组织(Human Rights Watch)而不是与哈里伯顿(Halliburton)①对等的机构。"他补充道:"如果我们真的考虑让互联网发挥其民主潜能,我们将需要重新考虑这种态度。"②仍然存在的反垄断或其他形式的规管,不仅是为了保护商业垄断所威胁到的公共利益价值,也是为了确保盈利的公司和行业的存在。合法的政治辩论的范围不能质疑这些大公司的正当性,只能在边边角角处咬上一口。

目前,政府对这些新巨头的任何行动都不会危及其生命。只要市场中有两三家公司的市场份额达到两位数,当前美国或欧洲的反垄断监管机构即便在最严格的时候都不认为这样的市场有明显的问题。监管机构似乎在当代资本主义的市场现实面前挥舞着白旗,但那些最令人震惊的垄断企业除外。③ 对谷歌和其他巨头来说,最大的反垄断威胁来自欧盟,但欧盟并不一定把总部在美国的巨头视为主场在欧洲的企业。到2012年,欧盟就其垄断行为与谷歌展开了激烈的谈判,谷歌占有欧洲搜索市场85%的份额,比其美国市场份额高出约15%。④ 美国贸易委员会与欧盟官员之间保持着定期的沟通与合作。谷歌的担心是,欧洲对谷歌发起正式的反垄断诉讼,可能会给美国监管机构壮胆,给后者提供有力的弹药。⑤

所有这些都指向一个方向:互联网巨头需要仿效卡特尔和版权游说团体的做法,并在游说军团中增加核武器。一位科技业内人士表示,随着"重

①　译注:全球能源业服务供应巨头。老布什政府时期的美国国防部长切尼在克林顿政府时期任该公司首席执行官,之后切尼在小布什政府时期任美国副总统,领导美国的反恐战争。

②　Evgeny Morozov,*The Net Delusion*:*The Dark Side of Internet Freedom*,paperback e-dition(New York:PublicAffairs,2011),323.

③　关于监管部门如何纵容在经济理论中被视为高度集中的市场的近期案例,参阅James Kanter,"Microsoft Faces a New Antitrust Action and Fines in Europe," *New York Times*,July 18,2012,B3;Jeff John Roberts,"Justice Department Slams Apple,Refuses to Modify E-book Settlement," paidContent,July 23,2012,paidcontent.org/2012/07/23/justice-department-slams-apple-refuses-to-modify-e-book-settlement。

④　"Over to you,and hurry,"*The Economist*,May 26,2012,65—66. See also Charles Arthur,"Google Faces Mobile Services Pressure in Antitrust Case," *The Guardian*,July 20,2012.

⑤　James Kanter and David Streitfeld,"Europe Weighs Antitrust Case Against Google," *New York Times*,May 22,2012,A1,A3.

大政策问题迫在眉睫",这些巨头"今天需要参与进来,以保护他们在华盛顿的长期利益"。① 他们正在这么做。② 谷歌在 2012 年前三个月在华盛顿的游说上花费了 500 万美元,这几乎相当于它在 2011 年全年的游说支出,而谷歌 2011 年的游说支出已经是其 2010 年游说支出的两倍。③ 脸书也壮大了它在华盛顿的游说队伍,其部分工作是帮助国会议员将脸书融入他们的竞选活动以及选民关系中。④ 单个公司的支出只是游说努力的一小部分,还有几个行业协会代表着互联网巨头,每个协会都有数千万美元的预算。⑤ 数字帝国要在游说方面赶上互联网服务提供商或媒体巨头,还有很长的路要走,但是它们已经开始缩小差距。考虑到它们庞大的规模和财富,以及政治体系的腐败,它们应该很快就能在华盛顿拥有与之匹配的政治权力。

当我们审视国际政治时,就会感到这些数字巨头的权力正在迅速增长。在国际政治中,这些巨头发挥着基础性的作用。脸书的扎克伯格受邀参加 2011 年的八国集团峰会,他坐在会议桌旁讨论世界政治。⑥ 麦金农以"脸书斯坦"(Facebookistan)和"谷歌王国"(Googledom)将脸书和谷歌描绘成虚拟的民族国家,二者致力于限制任何地方的政府干预它们盈利和增长的能力,盈利和增长正是它们的驱动因素。美国政府除了在理论上对这些巨头进行国内的规管,通常也在全球范围内充当它们强有力的支持者。麦金农指出:"目前,我们与数字君主的社会契约处于原始的、霍布斯式的保皇派水平。如果幸运的话,我们会得到一个好君主,我们祈祷他的儿子或被选中的继承人不是邪恶的。大多数人不再接受这种主权是有原因的。"⑦

---

① Wasserman and Quinn, "Tech Firms Behaving Badly."

② 对这个问题的精彩概述,参阅 Des Freedman, "Outsourcing Internet Regulation," in James Curran, Natalie Fenton, and Des Freedman, *Misunderstanding the Internet* (London: Routledge, 2012), 95—120。

③ Michael del Castillo, "Google Spends Big in Washington," Portfolio. com, Apr. 24, 2012, portfolio. com/companies-executives/2012/04/24/google-lobbying-expenses-surpass-major-competitors.

④ MacKinnon, *Consent of the Networked*, 7.

⑤ David Saleh Rauf, "Tech Group Executives Making big Money," *Politico*, July 9, 2012, politico. com/news/stories/0712/78306. html.

⑥ Andrews, *I Know Who You Are*, 1.

⑦ MacKinnon, *Consent of the Networked*, 165.

美国政府能在多大程度上对这些数字巨头进行有效的规管,其中的一个考验是税收问题。① 由于数字经济的流动性质(fluid nature),互联网公司能够利用为传统企业设计的联邦所得税法,将其在美国赚取的利润不成比例地转移到国外低税率国家的账户中,并大幅降低其总体纳税额,尤其是向美国政府缴纳的部分。尼古拉斯·沙克森(Nicholas Shaxson)在2011年出版的《金银岛》(*Treasure Islands*)一书中描述了这一过程的方方面面:

> 2010年10月,彭博社的一名记者解释了谷歌公司如何通过名为"双重爱尔兰"(Double Irish)和"荷兰三明治"(Dutch Sandwich)等转让定价(transfer pricing)游戏,在过去三年中减税31亿美元,最终获得2.4%的海外税率。问题正越来越严重。由于类似的原因,微软的税单一直在大幅下降。思科正为此在忙活。它们都在为此忙活。仅转让定价一项,估计美国每年就要损失600亿美元,而这只是离岸税收游戏中的一种形式。②

例如,苹果公司率先采用了复杂的会计技术,尽管这些技术在法律上可能是合法的,但这些技术对美国税收收入造成了极大的损害。2011年,该公司为342亿美元的利润缴纳了不到10%的税款。相比之下,沃尔玛2011年的利润为244亿美元,按24%的税率缴税,这是非技术公司的平均税率。高科技公司在利润与美国企业界的利润相当的情况下,实际上所缴纳的税款要少三分之一。③

---

① 要公正地处理这一问题,需要更大的篇幅,超出了我在本章所能论证的范围,因此我把互联网销售税暂停的问题搁置一边,即电子商务企业不需要为与州外客户的交易支付州销售税。保守地说,这每年造成州政府120亿美元的收入损失。See Declan McCullagh,"Politicians,Retailers Push for New Internet Sales Taxes," CNET,Apr. 17,2012; and Deborah Swann,"Weekly Round-up: Another State Strikes a Deal with Amazon," BNA. com,June 1,2012.

② Nicholas Shaxson,*Treasure Islands*: *Uncovering the Damage of Offshore Banking and Tax Havens* (New York: Palgrave Macmillan,2011),14—15.

③ See Charles Duhigg and David Kocieniewski,"How Apple Sidesteps Billions in Taxes," *New York Times*,Apr. 29,2012,A1,A20,A21.

　　这将是对政治体系的一次考验,看它是否能让高科技行业像其他公司一样纳税,并帮助解决美国的赤字问题。而赤字问题据称是许多政界人士最为关心的问题。苹果和其他互联网巨头面临的一个问题是,它们分配到美国之外的利润,如果不向美国纳税就不能汇回美国。为了应对这个问题,这些数字巨头正在发起一场游说活动,要求设立"资金汇回免税期"(repatriation holiday)。上一次这样的资金汇回是在 2004 年。这将允许有一个短暂的赦免期,在此期间,美国企业可以将这些美国之外的利润汇返美国,而无需为这些利润缴纳任何税款。① 然后整个过程将重新开始。

　　正如新美国基金会 2011 年一份报告的作者所言,按照目前的发展路径,"互联网将发展成为一个封建化的空间,它限制民主自由,同时强化一个由强大的看门人构成的寡头垄断"。② 这是一个没多久前还被认为是不可能的世界,但是,当真实存在的资本主义控制了掌舵权时,这就是一个不可避免的目的地。

我们主子的声音:响亮又清晰?

　　1934 年,记者兼前广告人詹姆斯·罗蒂(James Rorty)开创性的著作《我们主子的声音:广告》(*Our Master's Voice*:*Advertising*)出版。这是个历史性的时刻,当时广告相对不受欢迎,且争议颇多。广播改革者有关在美国广播领域内保留一大部分给非盈利、非商业性的广播的呼吁,引发人们对广播广告的普遍反感。无线电发明者李·德弗雷斯特(Lee De-Forest)③对广播广告及其"弱智内容"深感厌恶,以至于在 20 世纪 30 年代初,他试图发明一种设备,能使广播广告静音,然后在节目继续时音量恢复到可听见的水平。④ 正如英格·斯托尔(Inger L. Stole)所记载的那样,消费者运动发起活动,要求联邦法律对广告进行严格规管,以便向消

---

　　①　Ibid.

　　②　Meinrath,Losey,and Pickard,"Digital Feudalism," 426.

　　③　译注:美国科学家,真空三极管的发明者,"无线电之父"。

　　④　Robert W. McChesney,*Rich Media*,*Poor Democracy*:*Communication Politics in Dubious Times*（New York:The New Press,2000),237.

费者提供准确和有用的信息，而不是混淆视听的宣传。[①] 罗蒂对他之前职业的悲叹最终归结到一个关键点：广告是企业和拥有它们的富人的声音；其最终效果是产生一种巩固他们权力的文化。尤其是，广告承担费用的这一作用赋予了主人对该媒体系统的主控权，而自由的美国人民需要这一媒体系统来处理公司权力的问题。[②]

　　这种对广告的激进批评和相关的政治运动，在战后的几十年里从公众的视野中消失了，但广告在很大程度上仍然是可疑的，并且正如成堆的《疯狂杂志》(Mad)[③]和《周六夜现场》节目(Saturday Night Live)[④]的恶搞所证明的那样，由于它的虚伪、荒谬和愚蠢而成为喜剧的素材。与此同时，相当多的学者研究了广告对美国娱乐业和新闻业内容的可疑贡献。互联网出现的时候，关于它会是一个明显的非商业空间的观念并没有争议，被广泛接受。我当时就在那里，我可以告诉你，在 20 世纪 90 年代初，没有人抱怨互联网上缺广告，或者其他任何地方缺广告。

　　但在 90 年代，非商业互联网的观念很快在两个方面受到挑战。首先，一些大型广告公司(罗蒂所说的"主子")担忧，它们无法在网上有效地向潜在消费者推销自己的产品。正如塔洛(Joseph Turow)在他精湛的《每日的你》(The Daily You)一书中所写的，宝洁公司的首席执行官爱德文·阿提兹(Edwin Artzt)有一个"令他不寒而栗的想法"，即"新兴技术给人们提供了完全摆脱广告掌控的机会"。到 90 年代中期，阿提兹已在重点关注这个问题，他恳请各大广告主(advertiser)用广告征服以往媒体的方式来应对来自互联网的威胁，"让我们再一次把这项新技术全部紧紧咬住，把它变成开发广告的富矿"。[⑤]

———————

　　① Inger L. Stole,*Advertising on Trial：Consumer Activism and Corporate Public Relations in the* 1930s (Urbana：University of Illinois Press,2006),and *Advertising at War：Business,Consumers,and Government in the* 1940s (Urbana：University of Illinois Press,2012).

　　② James Rorty,*Our Master's Voice：Advertising* (New york：John Day,1934). See also James Rorty,*Order on the Air*！(New York：John Day,1934).

　　③ 译注：美国幽默讽刺杂志。

　　④ 译注：美国全国广播公司(NBC)的周播深夜档电视节目，以恶搞热门话题为特色。

　　⑤ Joseph Turow,*The Daily You：How the New Advertising Industry Is Defining Your Identity and Your Worth* (New Haven,CT：Yale University Press,2011),40—41. 有关 20 世纪 90 年代整个互联网商业化辩论的精彩讨论，参阅 Dan Schiller,*Digital Capitalism：Networking the Global Market System* (Cambridge,MA：MIT Press,1999).

　　让互联网对广告更加友好的一个方法是支持为 cookies[①] 创建技术标准,这是秘密下载到用户电脑上的小文件,可以暗中跟踪互联网用户,并为他们的活动创建个人画像,以便将他们细分为营销的对象。然后,网站可以"悄悄地确定进入其域名不同部分并点击其广告的单独个体的数量"。[②] 互联网协会(Internet Society)的互联网工程工作组(Internet Engineering Task Force)的反主流文化人士对此持相反的看法,他们提议,cookies"应该关闭,除非有人决定接受它们"。这场标准之争成为第一次围绕广告的政策之争。正如一位广告业高管所说:"我们担心的是提议的基调,即广告对我们没有好处,所以我们想避免它。"网景和微软在设计它们的浏览器时都屈服于商业压力。[③] 虽然学者、活动家和互联网纯粹主义者都对侵犯隐私的行为发出警告,但是互联网的本质和逻辑一下子就被颠覆了,尽管在至少十年内它都不会完全显现出来。[④]

　　但这仍然没有解决问题。90 年代后期,大多数企业在网上做的广告是无效的。一位专家称互联网广告的点击率"很惨",不到 0.5%。[⑤] 也许理想主义者是对的,互联网根本不会成为销售媒介,因为用户不会被挟持为人质。

　　推动广告在网络上生效的第二个因素是,需要为在线内容和服务提供收入来源。在可预见的未来,将计算机转换成自动售货机并拥有按次付费观看系统的想法是不现实的。一方面,互联网的创始人永远不会同意对系统进行如此彻底的变革,公众也不会同意,因为他们已经尝到了互联网开放的滋味。另一方面,如果网站试图出售内容访问权,用户情况追踪很快就显示,大多数互联网用户会忽略这些网站,转向提供无限免费内容的世界。少数像《华尔街日报》、ESPN 这样的知名品牌可能会成功,但

---

　　① 译注:为了识别用户身份、进行 session 跟踪而储存在用户本地终端上的数据,这些数据通常会经过加密处理。

　　② Turow, *Daily You*, 49.

　　③ Ibid., 57—63.

　　④ See Lauar J. Gurak, *Cyberliteracy: Navigating the Internet with Awareness* (New Haven, CT: Yale University Press, 2001); and Reg Whitaker, *The End of Privacy: How Total Surveillance Is Becoming a Reality* (New York: The New Press, 1999).

　　⑤ Turow, *Daily You*, 57—63.

对其他所有网站来说,还是算了吧。随着所有其他可替代选项的逐步后退,广告成为商业互联网如何融资的唯一答案。本世纪初,宽带的广泛使用对这个事情的帮助很大,现在广告可以像在电视上那样使用引人入胜的视听讯息。用于秘密监视的工具(如 cookies)得到了增强和显著改进。但问题依然存在:如何让人们关注和回应广告。所有人都被召集起来做这项工作。脸书早期的一名员工告诉《大西洋月刊》(*The Atlantic*)的亚历克西斯·马德里加尔(Alexis Madrigal):"我们这一代最聪明的人,都在考虑如何让人们点击广告。"[1]

近年来的最大发展是出现了一种有针对性的广告,它基于从人们的互联网活动中秘密收集的详细信息。帕雷瑟在 2011 年写道:"曾经是人人都可以成为任何人的匿名的媒体,现在却成了索取和分析我们个人数据的工具。"[2]2012 年,美国互联网广告总额达到 400 亿美元,首次超过所有印刷媒体的广告总额,预计 2014 年将增至 600 亿美元,到2016 年每年将增至 800 亿美元。[3] 市场调查机构博雷尔(Borrell Associates)估计,在移动应用投放的广告将从 2011 年的 12.5 亿美元增加到2016 年的 212 亿美元。[4] (美国占了全球互联网广告的近一半。[5])在可预见的未来,互联网广告在所有广告支出中所占的比重将呈爆炸增长之势,电视广告在某种程度上仍然与众不同,而它正变得越来越像互联网广告。

没有什么比谷歌的迅速崛起更能说明互联网广告的兴起。谷歌搜索广告(search advertising)占了美国互联网所有广告收入的一半(另一种类型的在线广告是陈列式广告[display advertising]),谷歌在 2011 年

①　Alexis Madrigal,"I'm Being Followed：How Google—and 104 Other Companies—Are Tracking Me on the Web," *The Atlantic*,Feb. 2012.

②　Pariser,*Filter Bubble*,6.

③　"US Internet Advertising to Surpass Print in 2012," eMarketer. com,Jan. 19,2012, www. emarketer. com/PressRelease. aspx? R=1008788.

④　Olga Kharif,"Taking the Pulse of Neighborhood News," *Bloomberg Businessweek*, Mar. 12—18,2012,39. 美银美林(Bank of America Merrill Lynch)预计,2015 年移动广告市场规模将飙升至 183 亿美元。See Sarah Frier,"Big Brands Move to Little Screens," *Bloomberg Businessweek*,July 9—15,2012,33.

⑤　Brian Wieser,"Internet Advertising：Content Passes the Crown," *Pivotal Research Group Report*,Feb. 24,2012,1.

创造了 360 亿美元的全球广告收入。[1] 它采用了商业广播的逻辑——"如果你不出钱,你就不是客户,而是被销售的产品"——并把它提升到无法想象的高度。[2] 或者如布鲁斯·施奈尔(Bruce Schneier)所说:"谷歌有很好的客户服务。问题是,你不是客户。"[3]借助大量不同的互联网服务收集人们的在线数据,谷歌可以精准投放广告,这是其他公司都做不到的。

脸书除外。除了围绕脸书 2012 年戏剧性的首次公开募股(IPO)的喧嚣之外,[4]伴随着社交媒体同样戏剧性的跌宕起伏,一些非同寻常的事情正发生于社交媒体上。脸书"不只是世界上最大的社交网络,它还是一台高速运转的数据机器,捕捉并处理其平台上的每一次点击和互动"。[5] 到 2011 年,脸书成为第一个在一个月内拥有上万亿访问量的网站。它超过十亿的用户中有一半以上每天都会查看;而在美国,18 至 34 岁的人中有一半的人在醒来后几分钟内查看脸书,28% 的人在起床前查看。美国人平均有 20% 的在线时间都花在脸书上。短短一天就有 3 亿张照片上传到脸书,这一数字在周末跃升至 7.5 亿。[6] 一位投资分析师在 2012 年指出:"脸书的流量将超过其他任何公司,而他们拥有的数据也将超过其他任何公司。因此,除非他们不知道如何将这些数据变现,否则脸书最终应该就是互联网上最有价值的资产。"[7]美国企业界(Corporate America)很高兴能挖掘这一取之不尽的数据源泉。菲多利(Frito-Lay)的北美首席营销官表

---

[1]　"Mad Men Are Watching You," *The Economist*, May 17, 2011, 67; and Lori Andrews, "Facebook Is Using you," *New York Times*, Feb. 5, 2012, Week in Review section, 7.

[2]　此话出自 Andrew Lewis,转引自 Pariser, *Filter Bubble*, 21。

[3]　Somini Sengupta, "Trust: Ill-Advised in a Digital Age," *New York Times*, Aug. 12, 2012, 5.

[4]　译注:2012 年 5 月脸书 IPO 当日,纳斯达克由于延迟和技术故障导致一些交易者以高于订购价的价格买入脸书股票。

[5]　Somini Sengupta and Evelyn M. Rusli, "Personal Data's Value? Facebook Set to Find Out," *New York Times*, Feb. 1, 2012, A1.

[6]　Somini Sengupta, "Facebook Test: How to Please the New Faces," *New York Times*, May 15, 2012, B2; and Stephen Marche, "Is Facebook Making us Lonely?" *The Atlantic*, May 2012, 62, 69.

[7]　Peter Eavis and Evelyn M. Rusli, "Investors Get the Chance to Assess Facebook's Potential," *New York Times*, Feb. 2, 2012, B1.

示:"我们会获得大量新创意。"①洛里·安德鲁斯(Lori Andrews)写道:"脸书正在单方面重新定义社会契约,让私人的变成公共的,让公共的变成私人的。"②

数字广告业远不止于谷歌和脸书。塔洛(Turow)记录了麦迪逊大道的广告公司是如何被重新配置的,从而使媒体购买(原来就是起到找到投放广告的媒体这样多少有些例行公事的作用)成为广告业务中可谓最重要的部门。此外,谷歌、微软、雅虎和美国在线都建立了广告网络,在网站上投放广告。2008年这四家公司占据在线陈列式广告收入的28%。③

尽可能多地收集互联网用户的信息,并知道在哪里可以在线接触到他们,是获得广告收入的关键。塔洛称之为"史上最大的隐蔽营销行动之一。"④《卫报》的一篇报道称,我们时代的"缩影是大数据"。⑤《纽约时报》的一名记者写道:"个人数据是信息时代的石油。"⑥塔洛指出:"每天,大多数(即使不是所有的)使用互联网的美国人在穿行于网络世界的时候,被悄无声息地窥视、搜查、分析并加上标签。"⑦杰夫·切斯特(Jeff Chester)指出,在线广告业已经把互联网变成"一个服了兴奋剂的数字数据吸尘器"。

不只有谷歌、脸书和 ISP 在跟踪人们。⑧ 帕雷瑟(Praiser)写道:"你光滑的新苹果手机能准确地知道你去哪里,你给谁打电话,你读什么。有

---

①　Stephanie Clifford,"Social Media as a Guide for Marketers," *New York Times*,July 31,2012,A1. 译注:1965 年,休闲食品巨头菲多利与百事可乐公司合并。

②　Andrews,*I Know Who You Are*,5.

③　Turow,*Daily You*,75.

④　Ibid.,1.

⑤　Aleks Krotoski,"Big Data Age Puts Privacy in Question as Information Becomes Currency," *The Guardian*,Apr. 22,2012.

⑥　Joshua Brustein,"Start-ups Aim to Help Us Put a Price on Their Personal Data," *New York Times*,Feb. 13,2012,B3.

⑦　Turow,*Daily You*,2.

⑧　领先的数据库营销公司 Acxiom 拥有 23000 千台计算机服务器,收集全球 5 亿消费者的数据。Acxiom 对每个人设了 1500 个数据点,并将数据出售给企业客户。它将大量的离线数据和在线数据结合起来。See Natasha Singer,"A Data Giant Is Mapping,and Sharing,the Consumer Genome," *New York Times*,Sunday Business Section,June 17,2012,1,8. 他们的数据集有多详尽? 帕雷瑟在《过滤气泡》(p.42—43)中写道,布什政府发现 Acxiom 掌握了"9.11"事件中 11 名劫机者的资料,比整个美国政府掌握的都要多。

了内置麦克风、陀螺仪和 GPS,苹果手机能分辨出你是在走路、在车上还是在聚会中。"①两名《专业出版》(ProPublica)②的调查记者在结束他们有关智能手机的调查报道时写道:"我们别再称它们是电话了。它们是追踪器。"③2010 年《华尔街日报》对 101 款适用于苹果手机和安卓系统的智能手机应用程序进行的调查发现,其中的 56 款应用程序"在用户不知情的情况下将手机独一无二的设备 ID 发送给其他公司;47 款应用以某种方式发送了手机的位置;5 款应用向外界发送了年龄、性别和其他个人信息。"④《华尔街日报》的结论是,在互联网上,企业对个人的了解非常多,这些个人"只是在名义上是匿名的"。⑤

事实上,更准确的说法是,互联网上现在充斥着大量匿名和不负责任的公司,它们在追踪任何移动的东西。《华尔街日报》的调查查明,美国前 50 名的网站平均在访问者的电脑上安装了 64 项跟踪技术。⑥ 2012 年,《大西洋月刊》的马德里加尔调查了 36 个小时的时间内究竟是谁在监控他的在线活动。他发现有 105 家公司在跟踪他并收集数据。其中的许多公司在收集数据后再卖给别的公司。他总结道:"现在,你在互联网上看到的很大一部分内容都存储在世界各地的数据库中。"对马德里加尔来说,剩下的个体匿名性并不能给他多少安慰。"这一过程的结果是不可避免的。如果由它们自行其是,广告跟踪公司最终将能够连接到您的各种数据自我(data selves)。然后,如果允许的话,它们会将保护名字的屏障推倒。"⑦2011 年,微软收购了 Skype,一个月后,微软为一项"合法拦截"

---

① Pariser,*Filter Bubble*,7. See also Noam Cohen,"It's Tracking your Every Move and You May Not Even Know It," *New York Times*,Mar. 26,2011,A1,A3.

② 译注:ProPulica. org,美国一家就公众利益开展调查性报道的非盈利新闻机构,成立于 2007 年。曾被《快公司》杂志(*Fast Company*)形容为科技巨头最害怕的"看门狗"。第七章还将提到该机构。

③ Peter Maass and Megha Rajagopalan,"That's No Phone,That's My Tracker," *New York Times*,July 13,2012.

④ Scott Thurm and Yukari Iwatani Kane,"Your Apps Are Watching you," *Wall Street Journal*,Dec. 17,2010.

⑤ Emily Steel and Julie Angwin,"The Web's Cutting Edge:Anonymity in Name Only," *Wall Street Journal*,Aug. 3,2010.

⑥ Cited in Heather Brooke,*The Revolution Will Be Digitised:Dispatches from the Information War* (London:Heinemann,2011),133.

⑦ Madrigal,"I'm Being Followed."

的技术申请了专利,这项技术可以"悄无声息地复制"Skype 等 VoIP① 服务上进行的每一次通信。微软拒绝透露该技术是否已经集成到 Skype 的架构中。②

维克托·迈尔-舍恩伯格(Viktor Mayer-Schonberger)认为,这无异于将信息权力从无权者处重新分配给了有权者。③ 施奈尔可以说是全球计算机安全领域的顶尖专家,他最担心的不是网络恐怖主义、网络犯罪、身份盗窃、维基解密,以及非法下载音乐和互联网电影。他告诉《纽约时报》,他最担心的是由"私人公司和政府机构"进行的"无处不在的监控","以促进它们自身的利益,无论是为了监控还是商业目的"。④ 调查记者大卫·罗森(David Rosen)在详细调查了这个主题后写道:"你需要知道一个简单的事实:你的电子通信没有隐私。你在线上做的任何事情——无论是通过有线电话还是通过无线设备——都在政府安全机构和私人公司企及的范围之内。"⑤一位科技记者说:"只要有足够的数据、情报和权力,企业和政府就能以过去只存在于科幻小说中的方式把点与点连接起来。"⑥还有必要补充说这一定是反乌托邦科幻小说吗?

这可能是资本主义制度下互联网的致命弱点:钱来自暗中违反任何已知的对隐私的理解。如拉尼尔(Jaron Lanier)所说,谷歌和脸书的商业模式,以及一定程度上所有互联网公司的商业模式,都需要"出现一个魔法配方,在这个配方中,某些侵犯隐私和尊严的方法是可接受的"。⑦《纽约时报》的凯勒指出,这些公司面临的挑战,是"如何在不把我们吓跑的情况下继续把我们卖出去"。⑧ 这不是互联网巨头热衷于公开讨论或辩论

---

① 译注:Voice over Internet Protocol 的缩写,在使用了互联网协议的网络上进行语音通话。

② Ryan Gallagher, "Skype Won't Say Whether It Can Eavesdrop on Your Conversations," *Slate*, July 20, 2012, slate. com/blogs/future_tense/2012/07/20/ skype_won_t_comment_on_whether_it_can_now_eavesdrop_on_conversations_ . html.

③ Quoted in Pariser, *Filter Bubble*, 147.

④ Sengupta, "Trust." For elaboration, see Bruce Schneier, *Liars and Outliers: Enabling the Trust That Society Needs to Thrive* (Indianapolis: John Wiley & Sons, 2012).

⑤ David Rosen, "America's Spy State: how the Telecoms Sell Out your Privacy," Alter-Net, May 29, 2012.

⑥ Quotation of Alexander Howard in Krotoski, "Big Data Age Puts Privacy in Question."

⑦ Jaron Lanier, *You Are Not a Gadget: A Manifesto* (New York: Knopf, 2010), 55.

⑧ Bill Keller, "Wising Up to Facebook," *New York Times*, June 11, 2012, A19.

的问题,而且理由很充分。2010 年,参议员克莱尔·麦卡斯基尔(Claire McCaskill,民主党,密苏里州)举行了一次隐私听证会,她惊讶地发现互联网实际是如何运作的。她说:"我知道广告在资助互联网,但是我有些害怕。这令人毛骨悚然。"一位行业顾问承认,由于市场营销人员对数据的进一步深入挖掘,出现了"令人作呕"的情形。①

　　民意调查数据证实人们对网络隐私攻击的普遍反感。《消费者报告》(*Consumer Reports*)2008 年做的一项调查发现,"93％的人认为互联网公司在使用个人信息之前应该征求许可,72％的人希望有免除在线跟踪的权利"。普林斯顿调查研究协会(Princeton Survey Research Associates)2009 年的一项研究发现,69％的人认为美国应该通过一项法律,"让人们有权了解网站所掌握的关于他们的所有信息"。② 2012 年,一项针对美国智能手机用户的调查发现,94％的人认为网络隐私是一个重要问题,55％的人说他们经常考虑这个问题。62％的受访者知道自己被广告商跟踪(尽管不一定知道跟踪的范围),但只有 1％的人"喜欢"被暗中追踪。③ 塔洛在过去七年中进行了一系列调查,并得出了类似的结果。他发现,"与许多人所建议的不同,美国的年轻人(18 至 24 岁)对隐私的态度与老年人几乎没有什么不同"。简而言之,沉迷于智能手机和社交媒体的年轻人,也想要自己的隐私。如果人们的意愿得到尊重,互联网广告的发展可能会有效终止。④ 2012 年,一位隐私和计算机犯罪方面的法律专家告诉《纽约时报》,互联网巨头"把这种极其令人毛骨悚然的入侵行为视为对人们生活的一大恩惠,因为它们可以根据你的需求定制服务。但是大多数人愿意放弃那么多隐私吗? 不"。⑤

---

①　Turow,*Daily You*,171.

②　Lori Andrews,"Facebook Is Using You," *New York Times*,Feb. 5,2012,Week in Review section,7.

③　Jason Ankeny,"Survey:Mobile App Privacy Fears Continue to Escalate," FierceMobileContent,July 16,2012,fiercemobilecontent. com/story/survey-mobileapp-privacy-fears-continue-escalate/2012-07-16. 这项调查由哈里斯互动调查公司(Harris Interactive)为隐私管理公司 TRUSTe 而开展。

④　Turow,*Daily You*,184—89.

⑤　Quotation by Paul Ohm,cited in Kate Murphy,"How to Muddy Your Tracks on the Internet," *New York Times*,May 3,2012,b9.

　　然而,该系统似乎不受政治挑战的影响,民调数据也在很大程度上提供了原因。① 调查显示,大多数美国人对自己和自己的网上数据的实际情况非常无知。塔洛称这种无知程度"令人担忧",并指出年轻人的无知程度更严重,而且随着互联网接触的增加,这种状况并未得到改善。② 例如,只有一小部分人知道,脸书收集的大约 84 个用户数据类别中,有一半以上是无法让他们看到的。③ 一位消息人士估计,脸书对任何给定用户所拥有的信息中,只有 29% 是通过该网站的工具获得的。而根据美国法律,没有任何权利要求一家公司交出它所掌握的关于你的信息。④ 当一个人按照在线协议选择退出(opt out),并认为自己已经停止了数据跟踪时,她停止的只是从一家特定公司获得定向投给她的广告。数据跟踪的势头并未减弱,而且不存在停止在线跟踪的办法。⑤ 这些误解的部分原因在于在这个问题上缺乏媒体报道或政治兴趣,还有部分原因在于谷歌和脸书等公司的官方"隐私声明"毫无价值。2008 年卡内基梅隆大学(Carnegie Mellon)研究人员的一项研究的结论是,这些隐私声明"难以阅读、阅读频率不高、不支持理性决策"。⑥《纽约时报》2012 年报道指出,"法律和技术研究人员估计,互联网用户大约需要一个月的时间才能阅读他们在一年内访问的所有网站的隐私政策"。⑦

----

　　① 舆论在美国治理中的作用很耐人寻味。当绝大多数人赞成有利于强大利益集团的事情时,领导人会在山顶上大声疾呼,必须尊重人民的意愿,因为他们有无穷的智慧。而当舆论与同一强大利益集团的需求发生冲突时,山顶是空的,几乎听不到一点声响。有关这一点的讨论,参阅 W. Lance Bennett,"Toward a Theory of Press-State Relations in the U. S. ," *Journal of Communication* 40 (Spring 1990): 103—25; W. Lance Bennett, "Marginalizing the Majority: Conditioning Public Opinion to Accept Managerial Democracy," in Michael Margolis and Gary Mauser,eds. ,*Manipulating Public Opinion: Essays on Public Opinion as a Dependent Variable* (Pacific Grove,CA: Brooks/Cole,1989)。

　　② Turow,*Daily You*,185—87.

　　③ Kevin J. O'brien,"Facebook,Eye on Privacy Laws,Offers More Disclosure to Users," *New York Times*,Apr. 13,2002,B4.

　　④ James Ball,"Me and My Data: How Much Do the Internet Giants Really Know?" *The Guardian*,Apr. 22,2012.

　　⑤ Tanzina Vega, "Opt-Out Provision Would Halt Some,But Not All,Web Tracking," *New York Times*,Feb. 27,2012,B1.

　　⑥ Cited in Richard Adler,*Updating Rules of the Digital Road: Privacy,Security,Intellectual Property* (Washington,DC: Aspen Institute,2012),10.

　　⑦ Murphy,"How to Muddy Your Tracks. "

从 2010 年至 2012 年,网络隐私已经成了整个欧洲的一个政治议题,美国联邦贸易委员会也参与了进来。① 在不受支持的政治环境中,联邦贸易委员会可能已经尽了最大努力,在 2010 年 2 月和 2012 年 3 月发布了有关网络隐私的批评报告,②并在 2011 年 11 月与脸书达成和解,此前,联邦贸易委员会对脸书使用数据的方式提出指控,称其"不公平,具有欺骗性,并违反了联邦法律"。③ 2012 年 8 月,联邦贸易委员会在一起隐私诉讼中对谷歌处以 2200 万美元的罚款,但没有迹象表明这将导致谷歌的业务出现任何实质性的变化。④ 正如《Slate》杂志(*Slate*)的一位撰稿人所说,这笔罚款"约占公司收入的 0%"。作为和解协议的一部分,谷歌无需承认有任何不当行为。⑤ 在这份和解协议中,几乎没有证据表明联邦贸易委员会或国会会变得更加积极有作为,这在很大程度上是由于互联

---

① 最有可能促使美国人采取行动的领域是在线数据收集和面向儿童的广告。1998 年的《儿童在线隐私保护法》(Children's Online Privacy Protection Act,COPPA)或许是公众利益方面的一次重大立法胜利。这项由联邦贸易委员会执行的法律规定,未经父母同意,公司收集 13 岁以下儿童的个人身份信息是违法的。脸书不允许 13 岁以下儿童注册,但是孩子们可以谎报年龄,据统计,近 600 万不满 13 岁的美国儿童已经这样做了。2012 年脸书正致力于为未满 13 岁的儿童设立一个正式的项目,制定更严格的隐私规定,以平息这场公关噩梦。与此同时,脸书有明确的动机"让孩子们尽早上钩"。See "Let the Nippers Network," *The Economist*, June 9, 2012, 18; and "Kid Gloves," *The Economist*, June 9, 2012, 70. 有关 COPPA 的详细讨论,参阅 James P. Steyer, *Talking Back to Facebook* (New York: Scribner, 2012), chap. 1. 关于网站违反 COPPA 和收集儿童数据的报告持续激增。See Natasha Singer, "Web Sites Accused of Collecting Data on Children," *New York Times*, Aug. 22, 2012, b1, b7. 2012 年 8 月,联邦贸易委员会宣布对网站收集儿童数据加强管理的计划。See Edward Wyatt, "F. T. C. Seeks Tighter Rules on Web Sites for Children," *New York Times*, Aug. 2, 2012, b3; Carl Franzen, "FTC Seeks More Nuanced Rules for Child Data Collection Online," TPM Idea Lab, Aug. 2, 2012, idealab. talkingpointsmemo. com/2012/08/ftc-child-data-collection-online-web. php.

② Federal Trade Commission, *Protecting Consumer Privacy in an Era of Rapid Change: Recommendations for Businesses and Policymakers* (Washington, DC: FTC, Mar. 2012), ftc. gov/os2012/03/120326privacyreport. pdf.

③ "Sorry, Friends," *The Economist*, Dec. 3, 2011, 79.

④ Claire Cain Miller, "Google, Accused of Skirting Privacy Provision, Is to Pay ＄22. 5 Million to Settle Charges," *New York Times*, Aug. 10, 2012, b2; Ryan Singel, "FTC's ＄22M Privacy Settlement with Google Is Just Puppet Waving," Wired Threat Level, July 10, 2012, wired. com/threatlevel/2012/07/ftc-google-fine.

⑤ Will Oremus, "For Violating users' Privacy, Google Pays FTC Fine of Approximately 0 percent of Revenues," *Slate*, Aug. 9, 2012, slate. com/blogs/future_tense/2012/08/09/google_ftc_privacy_settlement_22_5_million_fine_or_about_0_percent_of_ revenues. html. Oremus 指出,罚款相当于年收入 50000 美元的人支付 25 美元罚金,或不及一张停车券的价格。

网巨头的政治力量,它们迫切需要扩大数据收集以获利。2012 年,即使在欧洲的关注下,尽管谷歌知道会招致批评,还是制定了一项新的隐私政策,由此谷歌可以将 60 种不同谷歌活动的所有数据整合到一个数据库中。① 推特在 2012 年承认,它的未来取决于解决广告商的担忧,而且这不是一门选修课。②

　　互联网巨头显然认为,它们的政治实力,加上互联网对经济的重要性,谁也管不了它们的数据跟踪系统。一份投资人报告指出,“政府规管和消费者对隐私的抵触”可能正是互联网广告的核心威胁。③ 正如《经济学人》所言,在这个时候任何束缚互联网广告的行为“都将严重破坏互联网经济”。④ 2012 年 2 月,奥巴马政府表示隐私标准很重要,但他们必须允许“电子商务发展”。⑤

　　在华盛顿,行业自律是解决隐私问题的首选基础,联邦贸易委员会承认“强有力的、可执行的自律措施”的中心地位。⑥ 互联网界有头有脸的人物知道,这是一个需要解决的问题,以缓解公众日益增长的担忧。一位微软高管承认,“隐私是大数据中巨大张力和焦虑的来源。技术专家需要与规管方重新磨合”。⑦ 微软甚至在 2012 年把联邦贸易委员会支持的“禁止跟踪”(Do Not Track)作为其 IE10 浏览器的默认选项。⑧ 这类似于“谢绝来电”(Do Not Call)登记。⑨ 这并不会停止跟踪,但它可能会限

---

　　① 156 Karen Weise,“Who Does Google Think You Are?” *Bloomberg Businessweek* ,Feb. 6—12,2012,39; Tony Romm,“Google Privacy Changes: Tech Giant bucks Scrutiny,” *Politico* , Mar. 1,2012,www. politico. com/news/stories/0312/73495. html; and Eric Pfanner,“France Says Google Plan Violates Law,” *New York Times* ,Feb. 29,2012,B9.

　　② Brad Stone,“Idiot Proof,” *Bloomberg Businessweek* ,Mar. 5—11,2012,64—65.

　　③ Brian Wieser,“Internet Advertising: Content Passes the Crown,” *Pivotal Research Group Report* ,Feb. 24,2012,1.

　　④ “Mad Men Are Watching You. ”

　　⑤ Edward Wyatt,“White house,Consumers in Mind,Offers Online Privacy Guide,” *New York Times* ,Feb. 23,2012,B1.

　　⑥ Federal Trade Commission, *Protecting Consumer Privacy* ,72.

　　⑦ Quentin Hardy,“Big Data Era and Privacy,” *New York Times* ,June 11,2012,B7.

　　⑧ “Change of Track,” *The Economist* ,June 9,2012,70. 译注:“Do Not Track”具有通知用户是否愿意接受网络广告商或网站追踪他们动态的功能。许多美国大企业对微软此举进行了抨击,麦当劳、通用、英特尔、维萨等公司都要求与微软商谈相关事宜。

　　⑨ 译注:美国联邦贸易委员会旨在让美国消费者少接到促销电话的计划。消费者可注册电话。

制一些有针对性的广告,尽管该功能似乎很大程度上是用户自行选择的(voluntary),并难以执行。不过,这只是一场公共关系的胜利,几乎可以肯定,这足以让政客们把这个问题留待明天再解决。《大西洋月刊》的马德里加尔在查阅了这些公司错综复杂的自律隐私方案之后,意识到这些方案是牟取私利的(self-serving),也耗费你很多时间。[1] 据《纽约时报》报道,如果美国国会最终确实通过了正式的在线隐私保护措施,它只有在得到谷歌、微软、苹果和其他巨头同意后才会这么做。[2]

我们还应该期待世界一流的公关活动,它颂扬消费者在网上拥有的所有权利,隐私标准有多么严格,由于广告的存在互联网是多么美妙。这不会是一场轻松的公关活动。正如《经济学人》所言:"人人都讨厌数字广告。"[3]福瑞斯特研究机构(Forrester Research)关于数字商务的一份报告得出这样的结论:"消费者不会说,'哦,我真的想跟公司和品牌建立联系。'"[4]出于各种原因,一些自由主义者和进步主义者也会鼓吹企业的自律。[5] 例如,贾维斯(Jeff Jarvis)认为,我们不应该"过分沉迷于隐私"。一个关键原因是,贾维斯承认自己是"广告的辩护者"——虽然"大多数广告很糟糕"——因为在互联网上"广告是资助新闻报道和媒体的最显在的手段"。[6] 但这种态度带来一个问题:广告是否产生了足够有用的线上内容,以证明人们所支付的价格是合理的?

在线商业媒体体系在某些方面还处于新生状态,多年之后才能成型,因此未来会出现不可预见的曲折。但初步迹象表明,网络广告与内容生产的关系在网络上与 20 世纪的媒体将会大不相同,贾维斯的辩护不大可能适用。回顾第三章,在 20 世纪的大部分时间里,广告与媒体的关系是模糊的。一方面,它的确提供了资金,以普遍接受的条件(on recognized terms)资助了许多媒体。马德里加尔写道:"广告商和出版商之间的社会契约曾经是,出版物将特定类型的人聚集到被称

① Madrigal,"I'm Being Followed."

② Wyatt,"White house... Offers Online Privacy Guide."

③ "Attack of the Covert Commercials," *The Economist*, July 7, 2012, 60.

④ Mark Milian,"Technology," *Bloomberg Businessweek*, July 2—8, 2012, 29.

⑤ Pariser, *Filter Bubble*, chap. 8; and Jarvis, *Public Parts*, 210—17.

⑥ Jarvis, *Public Parts*, 5, 120.

为受众的集合中,然后广告商付费在该出版物中登广告,以到达该受众群体。"①对广播来说也是如此。实际上,在过去如果广告商想要到达目标受众,就必须为媒体内容提供资金。由于媒体公司在寡头垄断的市场中具有影响力,它们"经常认识到,通过采纳有时与广告商的利润最大化的直接利益相冲突的方针和原则,以对受众、倡导者组织和政府监管部门保持信誉是有价值的"。②

然而,人们不应夸大这些媒体公司在与广告商的关系中对公共服务的诚信和承诺。更准确的说法可能是,它们有足够的影响力来推行足够可信的编辑方针,通过不屈服于短期的商业压力或机遇,保障它们长期的盈利能力。此外,正如文献中充分证明的那样,在前数字时代,广告对媒体内容的性质有着强大的直接和间接影响,而且往往是坏的影响。这几乎不是一种没有附加条件的资助形式。③

随着有线电视和卫星电视系统的先后出现,由于它们过多的频道,权力的平衡开始发生变化。尽管大多数频道都由同样的少数几家大企业集团拥有,但每个频道仍在争夺广告收入,因此有了更多的"供应",广告商就有了更多的选择。当数字录像机出现的时候,广告商开始担心他们的广告会被赋了权的观众跳过去。市场营销人员开始要求在节目中"植入产品"。媒体集团急于赚钱,因此在权衡自己的选择时,并没有明显的道德焦虑。"品牌化"(branded)的娱乐变得更加普遍。这意味着"将产品嵌入电视节目和电影的情节之中,使人们难以忽视它们"。④

互联网加剧了这一趋势,因为有无数的网站在追逐有限的广告收入。广告代理公司高管里沙德·托巴柯瓦拉(Rishad Tobaccowala)向塔洛解释说,"如果所有类型的出版商——印刷的、电子的、数字的——都想靠广告生存,它们就必须适应广告主人们的新要求"。⑤ 媒体公司正积极地寻

---

①　Madrigal,"I'm Being Followed."

②　Turow,*Daily You*,113.

③　有关报纸广告局(Newspaper Advertising Bureau)一位资深高管对这一问题的经典论述,参阅 Leo Bogart, *Commercial Culture*: *The Media System and the Public Interest* (New York: Oxford University Press,1995)。

④　Stuart Elliott,"This Time the Co-brand Makes It into the Title," *New York Times*, Feb. 29,2012,b3.

⑤　Turow,*Daily You*,111.

找广告客户,以使内容符合这些要求。如今,这种做法在网上非常普遍,以至于几乎不再受到关注。2012 年,一位从事网络娱乐的企业品牌经理表示:"我们不只是做广告和公关,还是文化对话的一部分。当你通过娱乐内容接触到这个品牌时,办公室的闲谈就变得非常不同。"天联广告(BBDO)北美公司首席创意官表示:"好莱坞和广告公司以前曾尝试合作过,但这次是对一些真正不同的东西进行了积极改造,墙倒了,就成现在这样了。"[1]

简而言之,权力的平衡已经发生了变化,使得广告主可以对媒体内容施加更大的显在的影响。[2] 塔洛说,"新的系统正在迫使许多媒体公司为了广告公司而出卖自己的灵魂"。[3] 这一发展本身就是惊人的,根据大多数学者的研究,这预示着新闻业和娱乐媒体的质量和性质将受到严重影响。

但这还不是最糟糕的。互联网不仅让媒体机构更急于取悦广告商,而且使它们越来越无足轻重。托巴柯瓦拉告诉塔洛,"市场营销人员从来就没有想要资助内容产业。他们是被迫这么做的"。[4] 那样的日子已经过去了。市场研究公司匹维托研究(Pivotal Research Group)2012 年的报告称,在互联网上"广告主越来越不关心讯息出现在什么环境中,至少与其他媒体相比是这样"。[5] 在线媒体——或按时兴的行话说,即在线"出版商"——不再出售出现在其网站上的许多广告位。[6] 据业内人士所说,"多达 80% 的互动广告是通过第三方销售和转售的,广告主并不总是知道他们的广告投放到了哪里"。[7] 塔洛指出,有证据表明,在广告主即时购买广告位(这意味着广告几乎即刻就出现)以到达不计其数的目标受众的环境中,广告主对广告可能立刻出现在数千个广告位中的任何一处的周遭内容的品质大多漠不关心。该系统允许广告主"自动、实时地购

---

① Andrew Adam Newman,"Boundaries Expand When Marketing Links Drama of TV and the Web," *New York Times*, May 24, 2012, b3.

② Elliott,"This Time the Co-Brand Makes It into the Title."

③ Turow, *Daily You*, 8.

④ Ibid., 112.

⑤ Wieser,"Internet Advertising," 1.

⑥ "Mad Men Are Watching You."

⑦ Madrigal,"I'm Being Followed."

买"它们想要的个人信息，"无论人们登陆的是什么页面"。① 正如马德里加尔所说，"现在你抛开出版物就可以买到受众了"。② 传统意义上的媒体几乎是不必要的了。

据帕雷瑟的报道，2013 年数字出版商"将广告主在其网站上花费的每一美元的大部分都收入囊中"。在"2010 年，它们仅收到了 0.20 美元"。③ 缺失的 80％流向了广告网络和处理数据的人。对那些想吸引广告投放的出版商来说，拥有可供第三方批发商打包和出售的有关其用户的高质量的详细数据，与拥有高质量的内容或任何内容相比，正变得越来越重要。智能或有针对性的广告正在兴起，并正在迅速成为许多互联网广告的基础。正因如此，像 target.com 这样的零售网站④正在成为主要的广告站点，因为它们拥有如此多的流量，并收集如此广泛的数据。⑤《经济学人》宣称，"不再是内容为王。有关用户的信息才是真正重要的"。⑥ 塔洛的结论是，"新兴的发展轨迹表明，除了相对少数的定位精英的出版商（如《纽约时报》《大西洋月刊》等），如果企业想生存下去，将个性化与营销目标同步（sync to）的压力将是难以避免的"。⑦ 这其实并不令人意外。广告商总是出于机会主义的原因资助媒体，因为它们过去没有更好的选择。现在它们有了更好的选择，因此很多媒体都会被抛到一边。

利润动机将这一过程迅速推向新的危险领域。有越来越多的研究——说服剖析（persuasion profiling）——确定哪种推销说辞对每个个体是最有效的，而广告也相应地做出调整。此外，研究人员目前正在进行情绪分析，以了解一个人在特定时刻的情绪，以及什么样的产品和销售言辞是最有效的。⑧ 广告商正在开发情绪分析软件，由此网络摄像头就可

———————————

① Turow,*Daily You*,69,118—22.

② Madrigal,"I'm Being Followed."

③ Pariser,*Filter Bubble*,49.

④ 译注：美国连锁超市塔吉特（Target）的网站。

⑤ Alan D. Mutter,"Retailers Are Routing Around the Media," *Reflections of a News-osaur*,Mar. 13,2012,newsosaur. blogspot. com/2012/03/retailers-are-routing-around-media. html.

⑥ "Mad Men Are Watching You."

⑦ Turow,*Daily You*,159.

⑧ Pariser,*Filter Bubble*,120—21.

以监控一个人的面部对屏幕上的内容做出的反应。《经济学人》指出，"说服互联网用户授权访问他们的图像的一个方法，是给他们提供折扣或网站订阅"。[①] 帕雷瑟记录了一系列初露端倪的发展，包括使机器更"人性化"。这样的兼有人性的机器（machines-cum-humans）就可以与真人建立起"关系"，并从他们那里获得更多的信息。[②]

尼尔森（Nielsen）的研究显示，与传统广告相比，人们远为重视同行推荐和大众评分，因此，相当大的努力都花在了隐蔽的推销上。[③] 将友谊商业化就是杀手级应用。[④] 脸书是这方面的理想案例。一位广告高管向塔洛解释说："在脸书上，你会考虑到朋友，谁谁给这个点了赞，你也会这么做的。一开始人们觉得这让人毛骨悚然，但是……慢慢他们就习惯了。"[⑤]2011年杜克大学（Duke University）对企业营销人员的调查发现，他们预计在五年内将至少18％的广告预算用于社交媒体。[⑥]

传统媒体面临的问题并不意味着广告商和新出现的系统对内容是完全不可知的（agnostic，不知情的）。初步研究表明，网站的内容确实会影响广告的成功。关键是，这种效果是否足以证明广告商对媒体内容的任何补贴是合理的。[⑦] 有时候广告商完全"绕过中间环节"，以销售产品作为唯一目的，自己制作内容。这一系统的逻辑是，它为个人提供个性化的内容，而这些内容则从那些被认为最有可能助推销售的内容

---

①　"The All-Telling Eye," *The Economist*, Oct. 22, 2011, 100—101.

②　Pariser, *Filter Bubble*, 120—21.

③　Alan D. Mutter, "Newspaper Digital Ad Share Hits All-Time Low," *Reflections of a Newsosaur*, Apr. 23, 2012, newsosaur. blogspot. com/2012/04/newspaper-digital-ad-share-hits-all. html.

④　在这方面有关 BuzzFeed 如何与企业界合作，参阅 Felix Gillette, "I Can Haz Click Crack," *Bloomberg Businessweek*, Mar. 26—Apr. 1, 2012, 72—75。

⑤　Turow, *Daily You*, 94. 通过脸书用户对广告中产品的背书，将广告发送给用户的朋友，脸书因为这种广告技术遭到负面报道。在其4000字的服务条款协议中，藏着脸书的这项权利：获取客户对产品的好评，并将其用于针对其他脸书用户的产品广告之中。当一位脸书用户开玩笑地评论一桶55加仑的人体润滑剂时，他发现自己正在向他所有的脸书好友推销这款产品，这一行为引起了公众的关注。See Somini Sengupta, "So Much for Sharing His 'Like,'" *New York Times*, June 1, 2012, A1, b4.

⑥　Alan D. Mutter, "Publishers Need to Focus on Facebook," *Reflections of a Newsosaur*, newsosaur. blogspot. com, Nov. 8, 2011.

⑦　ComScore, "Changing how the World Sees Digital Advertising," vCE Charter Report, Mar. 2012.

中加以选择。帕雷瑟在《过滤气泡》中记录了互联网如何迅速成为一种个人化的体验,人们通过谷歌搜索进行完全相同的查询时会得到不同的结果,这取决于他们自己的历史记录。他们很快就能在屏幕上看到与其他输入相同 URL① 的人不同的网站。这些发展是由广告和商业主义推动的。② 事实上,随着"内容农场"(content farms)的出现,一个按需生产内容的行业已经出现,它为广告商提供了到达其所需的消费者的途径。谷歌前首席执行官施密特(Eric Schmidt)指出,把目标对准个人"将非常之好,人们将很难观看或消费在某种意义上不是为他们量身定制的东西"。③

　　所有这些都还有很长的路要走,但有些事情已经是非常清楚了:互联网将赋予个人权力,让他们掌握自己的数字命运,这一 20 世纪 90 年代的观念已经被颠覆了。人们将在一个共同的全球联邦中团结在一起的想法,已经成为遥远的记忆。拉尼尔悲叹道:"互联网已经变质了,这实在是有悖常理。"④帕雷瑟总结道,虽然"在许多情况下,这给人们提供了更快乐、更健康的生活,它也为一切——甚至是我们的感觉器官本身——的商业化提供了条件"。⑤ 正如罗蒂(Rorty)在 1934 年提出的那样,塔洛的结论是,证据指向一个方向:"企业权力的中心地位是数字时代最核心的直接现实。"⑥1935 年,《新共和》(New Republic)编辑布鲁斯·布利文(Bruce Bliven)将自己描述为"那些认为广告很讨厌以至于希望收音机从未被发明出来的人"之一。⑦ 人们想知道,互联网是否会产生现代的像布利文那样的人,或者,就如同广播,人们是否会将互联网的退化视为世界的自然现象,而几乎识别不出正在发生什么,更遑论提出质疑了。

---

　　① 译注:Uniform Resource Locator 的缩写,即通用资源位标,通过它浏览器能找到某个资源所在的位置。

　　② Pariser,*Filter Bubble*,204.

　　③ Turow,*Daily You*,158.

　　④ Lanier,*You Are Not a Gadget*,14.

　　⑤ Pariser,*Filter Bubble*,215.

　　⑥ Turow,*Daily You*,17.

　　⑦ Bliven quote cited in "Gleanings from Varied Sources," *Education by Radio*,Apr. 18,1935,20.

军事—数字复合体?

　　1961 年,美国总统艾森豪威尔在告别演说中不详地警告说,军事—工业复合体(military-industrial complex)在战后成为美国政治经济的基石,其力量在美国的历史上前所未有。这位二战期间驻欧洲盟军最高指挥官谴责了战争制造者、大公司和政客的共享利益,这将使公众在很大程度上无力提出任何反对意见。他用严肃的措辞描绘了这将如何导致任何人道或民主社会的终结,与麦迪逊和杰斐逊一样,都是出于对战争的忧虑。这是美国历史上由总统或任何政治领袖发表的最精彩的演讲之一。[①] 他的警告没有任何效果,原因正是他所表达的担忧:有许多强大的社会因素受益于永久性战时经济,而没有任何强大的因素受到永久性战时经济的严重损害。

　　艾森豪威尔的话在当时是准确的,他的分析已被证明有着令人沮丧的先见之明。除了 20 世纪 70 年代越南战争后的短暂失灵,这一体系一直没有受到挑战。军事和国家安全支出持续增长,并仍然是经济中巨大而稳定的一部分。到 2012 年,把所有的战争、核武器、秘密预算和债务利息都计算在内,美国每年在军事上的开支约为 1 万亿美元。[②] 美国的人口约占世界的 5%,但其军事开支却占全球的 50%。2011 年一位高级国防官员对雷切尔·玛多(Rachel Maddow)[③]说:"我们在国会没有任何敌人。我们必须与国会斗争以削减项目,而不是保留它们。"[④]当美国人被直接告知政府的实际军事开支与其他项目相比有多大时,有相当大一部分人(可以说是绝大多数人)认为,军费是大幅削减政府开支的合理对象。[⑤]

---

　　① 对这个主题的精彩论述,参阅 Andrew J. Bacevich, *Washington Rules*: *America's Path to Permanent War* (New York: Metropolitan Books, 2010)。

　　② John Bellamy Foster, Hannah Holleman, and Robert W. McChesney, "The U.S. Imperial Triangle and Military Spending." *Monthly Review*, Oct. 2008, 1—19.

　　③ 译注:美国 MSNBC 节目 The Rachel Maddow 主持人。

　　④ Rachel Maddow, *Drift*: *The Unmooring of American Military Power* (New York: Crown, 2012), 247.

　　⑤ See, for example, R. Jeffrey Smith, "Public Overwhelmingly Supports Large Defense Spending Cuts," Center for Public Integrity, May 10, 2012, publicintegrity. org/2012/05/10/ 8856/public-overwhelmingly-supports-large-defense-spending-cuts. 这篇文章有一个链接可看到调查中实际使用的问卷。

军事开支在经济中起着核心作用。它带来对货物和服务的需求，却没有将任何与私营部门生产的产品相竞争的产品投放到市场，因此，它无疑可以刺激生产并且是经济停滞的解药。对那些接受军事合同的公司来说，军费开支也是一笔意外之财，尤其是随着预算中越来越多的部分被外包出去。军费开支一直是大部分美国高科技研发开支的基础。正如我在第四章中所讨论的，它的作用一直是并仍然是商业互联网发展的关键。许多经济学家正确指出，对政府来说，有更加有效的方式来花钱刺激经济增长或促进研究，但是这些选择要么没有强大的游说团体的政治支持，要么面临他们的激烈反对。已故的查莫斯·约翰逊(Chalmers Johnson)①曾满怀希望，美国能够通过软着陆，消灭其帝国形态，重新成为一个共和国。有证据表明，与大公司、华尔街、广告业一样，国家安全型国家(national security state)也是现实存在的美国资本主义的一部分。实际上，终结资本主义的运动是一场彻底改革或取代我们所知的资本主义的运动。

在冷战期间，美国的敌手是众所周知的，冲突最终可能结束(而且确实如此)，而从冷战过渡到所谓反恐战争，对国家安全型国家来说是一个福音。在这场战争中，敌人基本上是看不见的，其活动也不为人知。只要我们的领导人告诉我们反恐战争必须持续下去，反恐战争就会持续下去。换句话说，它是永久性的。美国人现在生活在一个奥威尔式的世界里，领导人定期警告他们欧亚大陆上有一些邪恶势力，让他们热血沸腾，但却没有必要提供证据或背景。领导人会得到信任，他们的预算会通过，挑战他们是不爱国的，如果不是叛国的话。② 持不同政见者的声音留在了一些大学校园或社区电台。无论哪个政党执政，都不会有太大的变化，而且几乎不存在的政治辩论也是昏昏昭昭的(fatuous)。玛多指出，"我们的国家安全与它所宣称的理由不再有太多关联"。

无论我们在多大程度上争辩国防和情报政策应当如何，这一辩论——我们的政治过程——实际上并不决定我们应当做什么。我们

① 译注：美国政治学家，先后任教加州大学伯克利和圣地亚哥分校，最早提出发展型国家(developmental state)概念。

② See Tom Engelhardt, *The United States of Fear* (Chicago: Haymarket Books, 2011).

不再是在影响这项政策的走向，它只是遵循自己的进程。这意味着我们实际上已经失去了对我们国家很大一部分的控制。我们已经背弃了国父们给予我们的一些最好的建议。①

在过去十年中，联邦政府的情报开支激增了 250%，达到每年 1000 亿美元左右，尽管大部分情报预算都是秘密的，所以最好的办法就是猜测。国家安全型国家已经走到了库布里克（Stanley Kubrick）和特里·索泽恩（Terry Southern）为《奇爱博士》（*Dr. Strangelove*）②写剧本时几乎无法想象的地步。1995 年，政府将 560 万份文件列为密件；2011 年，政府将 9200 万份文件列为密件。或者想想这个：1996 年，政府解密（即公开）了 1 亿 9600 万页的文件；2011 年，政府解密了不到 2700 万页的文件。据保守估计，美国政府每年花费 130 亿美元用于制作和保存政府机密信息。③ 正如法里德·扎卡里亚（Fareed Zakaria）所说：

> 自 2001 年 9 月 11 日以来，美国政府已经创建或改组了至少 263 个组织，以应对反恐战争的某些方面。仅为情报机构就新建了 33 个建筑综合体，占地 1700 万平方英尺，相当于 22 座美国国会大厦或 3 座五角大楼。现在国土安全部（Department of Homeland Security）有 23 万名员工，是仅次于五角大楼和退伍军人事务部（Department of Veterans Affairs）的最大官僚机构。④

由此产生的国家安全复合体（national security complex）几乎是难以想象的，就如同试图以毫米为单位计算从地球到遥远星系的距离。有超过 85 万人拥有阅览绝密文件的资格（top-secret clearance），大约 1300 个

---

① Maddow, *Drift*, 7.

② 译注：根据彼得·乔治的小说《红色警戒》改编的黑色幽默电影，1964 年在美国上映。与《发条橙》《2001 太空漫游》并称"未来三部曲"。

③ Tom Engelhardt, "That Makes No Sense! Your Security's a Joke (And You're the Butt of It)," TomDispatch. com, July 19, 2012, www. tomdispatch. com/archive/175570.

④ Fareed Zakaria, "Fareed's Take: U. S. Has Made War on Terror a War Without End," CNN. com, May 6, 2012, globalpublicsquare. blogs. cnn. com/2012/05/06/national-security-state.

政府机构和 2000 家私营公司正在收集情报,并拥有阅览绝密文件的资格。这是一个体量庞大、自利型的官僚机构,不受公众问责,几乎也没有国会的监督。[1]　一位退休美国陆军情报专家告诉《华盛顿邮报》,"这个系统的复杂性没办法描述。我们无法有效地评估它是否使我们更加安全"。[2]

互联网已经被军方和国家安全机构所接纳,他们决心将其打造成他们自己的。约翰·诺顿(John Naughton)写道,这"是一种上天安排的监控工具,因为大部分的监控可以通过电脑完成,而不是昂贵又容易犯错的人类"。[3] 2012 年美国军方正式声明,它"打算将网络空间视为军事战场",而且是最重要的战场。[4] 美国国家安全局(National Security Agency)正在犹他州完成一座耗资 20 亿美元的综合设施,它将成为互联网云的积雨云(cumulonimbus)。[5] 它的"近乎无底的数据库"将包括"私人电子邮件、手机通话和谷歌搜索的完整内容,以及各种各样的个人数据踪迹"。这样,美国国安局就有巨大的能力对内容进行分割。如詹姆斯·班福德(James Bamford)所观察的,"国安局已将监控装置朝向美国及其公民",这是水门事件以来的头一回。[6]

这只是入侵的一部分,尽管看起来不可思议。[7]　前太阳微系统(Sun Microsystems)高级工程师、网络安全专家苏珊·兰多(Susan Landau)[8]写道:"美国政府已经做出了前所有未的努力,将监控能力纳入通信基础设施。"[9]诺顿写道:"如果大多数互联网用户意识到他们的在线活动已经

---

[1]　最佳阐述见 Dana Priest and William M. Arkin, *Top Secret America: The Rise of the New American Security State* (New York: Little, Brown, 2011)。

[2]　Maddow, *Drift*, 6—7.

[3]　Naughton, *What You Really Need to Know About the Internet*, 261.

[4]　Nick Hopkins, "Militarisation of Cyberspace: How the Global Power Struggle Moved Online," *The Guardian*, Apr. 16, 2012.

[5]　译注:积雨云又称"雷雨云",云体浓而厚,体积十分庞大。

[6]　James Bamford, "The Black Box," *Wired*, Apr. 2012, 80—81.

[7]　Bill Quigley, "Thirteen Ways the Government Tracks Us," Common Dreams, Apr. 10, 2012, commondreams. org/view/2012/04/09-14.

[8]　译注:现为美国伍斯特理工学院(Worcester PolytechnIC Institute)网络安全教授。

[9]　Susan Landau, *Surveillance or Security? The Risks Posed by New Wiretapping Technologies* (Cambridge, MA: MIT Press, 2010), xii.

被(政府)监控到何种地步,他们会感到震惊。我怀疑许多人都不清楚允许这种监控的法律。"①扎卡里亚指出:

> 这个国家安全型国家的崛起带来了政府权力的大规模扩张,如今这些权力触及美国生活的方方面面,即使看起来与恐怖主义无关。例如,现在约有 3 万人被专门雇来从事窃听电话和美国境内的其他通信。②

政府,尤其是国家安全型国家,与 ISP 卡特尔和数字巨头有什么关系? 有证据表明,这种关系是互补的、合议的(collegial),甚至是亲密的。对于国家安全机构而言,其优势是显而易见的。正如加州大学洛杉矶分校(UCLA)法律教授乔恩·迈克尔斯(Jon Michaels)在 2008 年的一项研究中指出的那样,"参与其中的公司在使美国情报官员能够在国会规定之法院指令和传票的框架之外,以及在部门间监督的范围之外,开展国内监视和情报活动方面发挥了重要作用"。③ 此外,这些互联网巨头还可以提供非同寻常的信息获取渠道,对政府来说,靠自己去获取这些渠道难度要大得多。

对互联网巨头来说,合作的原因有很多:

- 为政府提供数据服务可以赚到很多钱。如希瑟·布鲁克(Heather Brooke)所言,"数十家商业数据代理公司竞相向政府出售数据"。④
- 军方开发了许多互联网巨头可以商业化利用的新技术。
- 这些巨头在政府的补贴、规管、税收和反垄断监督方面利害攸关。它们对不与军方和情报机构打交道以对抗政府不感

① Naughton,*What You Really Need to Know About the Internet*,288.

② Zakaria,"Fareed's Take: U. S. Has Made War on Terror a War Without End."

③ David Rosen,"America's Spy State: How the Telecoms Sell Out Your Privacy," Alter-Net,May 29,2012,alternet. org/story/155628/america's_spy_state%3A_how_the_telecoms_sell_out_your_privacy.

④ Brooke,*Revolution Will Be Digitised*,151.

兴趣。

- 在美国之外，美国政府在为这些互联网巨头积极谋取利益，因此它们想予以回报并成为政府的债权人。
- 美国军方的网络战计划大多着眼于保护美国的知识产权、专利和版权。政府就像是互联网巨头、企业媒体以及所有依赖专利和版权的企业的私人警察。①

　　简而言之，对这些公司(即使是目前没有与军事和安全机构密切合作的公司)来说，合理的做法是与国家安全型国家合作。任何其他做法都将威胁到它们的盈利能力。这是明摆着的。

　　当然，在互联网巨头的一些高管中，几乎可以肯定存在着爱国主义情绪，这加强或指导了他们的选择。但是互联网企业并不是人，它们是不流血的合法特许机构，通过任何必要的(合法的)手段，以实现利润最大化。正如莫罗佐夫所言，许多爱国公司对于"向世界上最可憎的政权出售监控和审查技术"没有什么顾虑。② 例如，2011 年被推翻的突尼斯政府使用从美国公司奈鲁斯(Narus)③——波音的子公司——购买的"深度包检测"(deep-packet inspection)技术④来监控和消除持不同政见者的在线活动。巴基斯坦和沙特阿拉伯是奈鲁斯的另外两个独裁客户。对于像谷歌这样的公司来说，为政府和企业提供安全工具可以赚大笔的钱，而支持持不同政见者的市场就没有那么大了，尤其是那些不幸生活在与美国政府关系密切的国家的持不同政见者。⑤ 证据很明显，互联网公司对人权和法治的重视程度低于对利润的重视。

　　我们必须假设，国家安全型国家与互联网巨头之间的绝大多数合作

---

① Nick hopkins,"Militarisation of Cyberspace."
② Morozov, *Net Delusion*,324.
③ 译注：计算机安全公司，2010 年被波音收购，是波音军工业务麾下网络和空间系统部门的一个全资子公司。
④ 译注：简称 DPI，一种基于数据包的应用层流量监测和控制技术，针对数据包的不同层信息(如 IP 地址、应用层端口、应用层协议、净荷内容等)进行深度检测和分析，从而得到整个数据流或数据包的应用层信息，然后按照系统定义的策略对流量进行统计分析和控制。
⑤ Rory Carroll,"Google Illicit Networks Summit Calls for Unity between Activists and Technology," *The Guardian*,July 18,2012.

并不为人所知,双方都有充分的动机保守秘密,但已经有足够多的合作从保密裂缝中漏出,让我们驻足停留。2001 年,美国国家安全局启动了一项针对美国公民的未经授权的非法窃听计划,利用深度包检测技术监控电话通话。这一计划得到了美国电报电话公司、威瑞森以及除了奎斯特公司(Qwest)之外的所有其他电信公司的无条件合作。布什政府威胁奎斯特公司,如果不合作,它将失去未来利润丰厚的政府合同。其他公司则因参与其中获得了数亿美元。在随后的股东就奎斯特的出售提起的诉讼中,公布的文件"显示,政府的各个军事和情报部门——特别是五角大楼和国家安全局——与私人电信公司之间的合作达到了不同寻常的程度"。正如格林沃尔德(Glenn Greenwald)所说,这些文件表明,"电信公司与联邦政府的军事和情报机构关系密切,几乎无法区分"。①

这些电信巨头明白,它们的行为明显违反了《外国情报监视法》(Foreign Intelligence Surveillance Act,FISA)。20 世纪 70 年代,它们自己的律师为该法编写了明确的条文,以避免出现混淆或模棱两可的情况。② 这一行动被认为是"令人震惊的违法行为,甚至布什政府的司法部高级官员在获悉此事后也感到反感"。③ 这些公司犯下了各种重罪,给那些与权力无关的人带来了牢狱之灾。多亏揭秘者(whistleblower,吹哨者)的帮助,该行动得以公开,但检方没有起诉,也没有人受到惩罚。相反,在两党的支持下,国会于2008 年通过了对电信公司的全面追溯豁免权。这有效地使该计划合法化了。奥巴马政府加强了监管,使揭秘者更加难以免于被起诉。国内的间谍计划正在全速进行着。据《华盛顿邮报》报道,到 2010 年,"每天,美国国家安全局的收集系统拦截和存储 17 亿封电子邮件、电话和其他类型的通信"。④

---

① Glenn Greenwald,*With Liberty and Justice for Some*:*How the Law Is Used to Destroy Equality and Protect the Powerful* (New York:Metropolitan Books,2011),75—76. 第二章的内容都是关于这桩丑闻,它是在已出版的相关著述中最详尽的论述。

② 当人们意识到依据《外国情报监视法》(FISA)获得监控的许可令一点也不困难时,无法无天的程度就突显出来了。有一个秘密的外国情报监视法院负责处理来自安全和执法机构的所有申请。从 1979 年到 2011 年,在 3 万多份申请中,它"总共拒绝了 11 份申请"。"Little Peepers Everywhere," *The Economist*,July 21,2012,24.

③ Ibid.,79.

④ Dana Priest and William M. Arkin,"A hidden World,Growing beyond Control," *Washington Post*,July 19,2010.

　　少数垄断者对互联网的统治,以及新兴的互联网云结构,对政府来说是完美的。它只需要与少数几家巨头打交道,就可以有效地控制互联网。这样做的后果是令人震惊的——在维基解密于 2010 年发布政府文件后,引发了轩然大波。麦金农写道,"美国政府对维基解密的反应突显出,在政府和互联网相关公司之间的权力关系中,存在着令人不安的阴暗、不透明和缺乏公众问责"。亚马逊关闭了维基解密的服务器,维基解密随即崩溃,因为没有其他地方可去了。① 苹果从其商店撤下了一款维基解密的应用。② 垄断企业贝宝支付(以及万事达卡、维萨卡和美国银行)也切断了与维基解密的联系。没有证据表明美国行政部门曾明确要求这些公司这么做,这似乎是它们的主动行为,可能是受到了来自国会山所有剑拔弩张的好斗言论的鼓动。③ 这些公司对维基解密含糊不清的非法指责做出了回应,但当时维基解密并没有被提起任何指控,也没有任何人被定罪。麦金农总结道,"我们有一个问题",

　　　　美国和许多其他民主国家的政治话语现在越来越依赖于私人拥有和运营的数字中间商。这些平台上能否存在不受欢迎、有争议和有异议的言论,取决于非经选举产生的企业高管,他们没有法律义务去证明自己行为的正当性。对维基解密公布机密电报的反应,是一个令人不安的例子,它表明私营企业对公民政治言论拥有不负责任的权力,以及政府如何能够以非正式的方式操纵这种权力,从而可以不负责任。④

　　这种渎职行为还在继续。2012 年 4 月,美国公民自由联盟(American Civil Liberties Union,ACLU)发布了 5500 页的文件,显示美国大多

---

①　Pariser,*Filter Bubble*,145. 译注:此前,维基解密网站流量由一家瑞典托管服务商托管,遭到分布式拒绝服务攻击(DDoS)后,转移到法国和美国的服务器托管,其公布美国外交文档的页面和网站首页均链接至亚马逊的服务器,之后,亚马逊云服务停止向维基解密提供托管服务。

②　Brooke,*Revolution Will Be Digitised*,223.

③　我是根据与一位与维基解密事件密切相关的美国国务院官员的一次私密访谈得出这一结论的。

④　MacKinnon,*Consent of the Networked*,85—86.

数警察部门在没有授权的情况下使用手机追踪嫌疑人和其他人,因此是非法的。ISP 卡特尔不仅合作,有时还收取费用,其价格从提供嫌疑人实际位置的几百美元到"全面窃听"的 2200 美元不等。① 2012 年,有消息称美国国土安全部(Department of Homeland Security)经常在脸书和推特等社交媒体上搜索数百个关键词,其中一个目的是,评估"公众对涉及国土安全的重大政府提案的反应"。② 如果需要帮助,律商联讯(LexisNex-is)开发了一种产品,"向政府机构提供人们在社交网络做什么的信息"。③

最令人吃惊的是,2012 年 7 月在回应国会的一项调查时发现,手机公司已经对来自执法机构足足 130 万次的对用户信息的需求偷偷做出了回应。发起这项调查的马萨诸塞州民主党众议员爱德华·马基(Edward Markey)说:"我从没想过会有这么大的规模。"美国电报电话公司每天处理 700 次请求,和其他手机公司一样,它的帮助也得到了补偿。④ 美国电报电话公司现在有 100 名全职雇员,专门复核和回应执法部门的要求。在威瑞森这样的雇员有 70 名。⑤ 随着移动电话的普及,传统的窃听行为——它有更为"严格的法律标准",实际上可以保护公民的宪法权利——已经大幅减少。2011 年,全国只有 2732 起,比 2010 年下降了 14%。值得称道的是,《纽约时报》发表社论,反对窃听手机,并怀疑隐私是否还会继续存在。⑥

---

① Eric Lichtblau, "Wireless Carriers Who Aid Police Are Asked for Data," *New York Times*, May 3, 2012, A22; and Josh Smith, "ACLU: Most Police Departments Track Cell Phones Without Warrants," *National Journal*, Apr. 10, 2012.

② Charlie Savage, "Hearing held on Program Monitoring Social Media," *New York Times*, Feb. 23, 2012, A17.

③ Andrews, "Facebook Is using you."

④ Eric Lichtblau, "Cell Carriers Called on More in Surveillance," *New York Times*, July 9, 2012, A1.

⑤ Jasmin Melvin, "Cell Phone Companies See Spike in Surveillance Requests," Reuters, July 10, 2012.

⑥ "The End of Privacy?" *New York Times*, July 14, 2012. 经过数月的诉讼,2012 年 9 月,美国公民自由联盟(ACLU)公布了从司法部获得的文件。文件表明,2009 年至 2011 年间,未经授权的对美国人的电子监控大幅增加,远远超过了过去没有"充分监督或重大问责"的程度。See American Civil Liberties Union, "New Justice Department Documents Show Huge Increase in Warrantless Electronic Surveillance," Sept. 27, 2012, aclu. org/blog/national-security-technolo-gy-and-liberty/new-justice-department-documents-show-huge-increase.

自 2001 年 9 月 11 日以来,当涉及到监视美国人时,美国联邦调查局(FBI)越来越多地求助于"国家安全密函"(National Security Letter, NSL)①,这是一种既不要求合理依据也不要求司法监督的行政要求信函或传票。正如大卫·罗森(David Rosen)所说:

> 事实上,国家安全密函推翻了宪法第四修正案保障美国人免受不合理搜查和扣押的权利。在 2000 年至 2010 年间(2001 年和 2002 年除外,没有相关记录),美国联邦调查局共发出 27 万 3122 份国家安全密函;2010 年,14000 名美国居民受到 24287 封密函。更令人担忧的是,如果企业、记者、个人或律师收到国家安全密函,他们将被禁止向任何人(包括新闻界)通报这一命令。而国家安全密函只是这个监控型国家(surveillance state)所使用的监视美国人的手段之一,监视手段越来越多,遭监视的美国人越来越多,而实际的数量并不为人所知。②

谷歌的联合创始人谢尔盖·布林 2012 年对《卫报》表示:"谷歌定期被迫移交数据,有时甚至受到法律限制,无法通知用户它已经这样做了。"③根据《经济学人》报道,谷歌在 2011 年至少受到来自执法部门和国家安全机构的 1 万份信息请求(未必所有都是国家安全密函),谷歌承认它满足了 93% 的政府请求。④ 唯一敢于对抗政府并上法庭挑战国家安全密函合宪性的电信公司是营运资产公司(Working Assets)。它经营的科利多移动(Credo Mobile)是一家规模相对较小的公司,有着明确的自由主义政治主张,并将公司的部分收入用于进步事业。(这就是为什么它的

---

① 译注:美国第一份 NSL 出现于 1978 年,它是美国政府部门(主要是 FBI)发出的、带有一定强制性的、用于调查国家安全相关事务的要求函。NSL 都包含禁言令,禁止收件人披露有关信件的任何信息,因此中文翻译为"国家安全密函"。根据美国电子通讯隐私法(ECPA)的规定,NSL 只能用于要求非内容性信息,例如事务性记录、电话号码、邮件地址等。2001 年,美国《爱国者法案》505 条款极大地扩展了 NSL 的适用范围,它允许政府部门使用 NSL 调查任何与恐怖主义和秘密情报有关的信息,并扩大了可使用 NSL 的部门范围。

② Rosen, "America's Spy State."

③ Katz, "Web Freedom Faces Greatest Threat Ever."

④ "Little Peepers Everywhere."

多数左倾的用户会选择它的服务。)在撰写本章时,这个案件正在通过法院系统逐步审理中。①

　　在最少的公众干预下管理互联网是华盛顿的当务之急。2012 年 4月,美国众议院通过了《网络情报共享与保护法》(Cyber Intelligence Sharing and Protection Act,CISPA),允许美国政府与某些技术和制造企业共享互联网流量信息。该法案宣称的目的是帮助政府调查网络威胁,确保网络安全免受网络攻击。电子自由基金会(Electronic Freedom Foundation)、ACLU、无国界记者和谋智社区(Mozilla)等倡导互联网隐私和公民自由的组织一致批评该法案。正如"解救媒体"组织所说,《网络情报共享与保护法》将允许公司和政府合法地绕过隐私保护,监视电子邮件流量,梳理文本讯息,过滤在线内容,并阻止访问网站。法案将允许公司向政府提供其用户的脸书数据、推特使用历史和手机联系人。它还将允许政府在没有任何真正法律监督的情况下,以最模糊的理由搜索电子邮件。《网络情报共享与保护法》还含有一概而论的(sweeping)措辞,可用来作为一种钝器,让维基解密等揭发网站以及泄密的新闻机构噤声。② 2012年 5 月,一位互联网政策方面的权威专家告诉我:"我不相信国会会理解他们现在通过的法律有多愚蠢。"③

　　互联网巨头都支持这项立法,要么积极支持,要么默默支持,原因有四个。首先,法案给了它们已经在偷偷与政府合作的事情以合法的掩护,那些事情大多原本都处于合法性可疑的灰色地带。其次,法案还为与政府合作开辟了新的前景,这会带来报酬以及免于起诉。事实上,其中一些工作可以开发有用的商业应用程序——特别是对在线广告行业来说。第三,法案将使互联网巨头与政府保持良好的关系,这非常符合它们的利益。第四,《网络情报共享与保护法》是自愿的,企业可以拒绝参与,如果处理政府请求的成本会造成损失,它们可能会拒绝。(事实是,从没有企业质疑过国家安全密函,这表明基于原则的拒绝并不在回应的范围

---

① Jennifer Valentino-Devries,"Covert FBI Power to Obtain Phone Data Faces Rare Test," *Wall Street Journal*,July 18,2012,A1.

② Declan McCullagh,"How CISPA Would Affect You (FAQ)," CNET,Apr. 27,2012, news. cnet. com/8301-31921_3-57422693-281/how-cispa-would-affect-you-faq.

③ 曼莱斯(Sascha Meinrath)给作者的电子邮件,2012 年 5 月 7 日。

之内。)

参议院的民主党人某种程度上以公民自由为由拒绝支持《网络情报共享与保护法》,因此,在奥巴马总统、民主党人和军方的大力支持下,参议院制定了自己的"网络安全法案"。[1] 参议院版本的法案遭到共和党人的阻挠,未能在 2012 年 8 月赢得击败阻挠所必要的多数票,最终以 52 比 46 的劣势"败北"。一个重要的变化,以及大多数共和党参议员投票反对该法案的陈述理由,是它要求公司做一些在众议院的《网络情报共享与保护法》中属于自愿的事情。专事网络安全的公司泰雅环球(Taia Global)的创始人杰弗里·卡尔(Jeffrey Carr)在接受《热点话题备忘录》(Talking Points Memo)的卡尔·弗兰岑(Carl Franzen)采访时说,参议院的法案被视为可能会迫使"私营企业花费必要的资金来保护我们的关键基础设施,哪怕这种开支会在一段时间内降低利润"。许多安全专家对该法案实际上能否更好地保护美国免受网络攻击提出质疑。[2] 曼莱斯认为,在公民自由、隐私以及一般公共利益政策制定方面,参众两院的法案都"糟透了"。[3]

随着 2011 年的《禁止网络盗版法案》(SOPA)与 2012 年的《网络情报共享与保护法》和"网络安全"法案的出现,所有迹象都表明,立法朝着一个方向在推进:缩减公民权利,扩大国家安全和互联网巨头的不负责任的特权。根据国会的组成,这一逻辑表明,互联网巨头将不得不获得更好的条款,而为了让法案得以通过,必须向公民自由主义者投喂一点碎屑,而这些碎屑在当代美国政治中并不是不可克服的障碍。一位活动家说:"在一场消耗战中,一方拥有无限的资金和资源,而另一方只有志愿者。这样的未来是暗淡的。"[4] 由于完全缺乏新闻媒体的报道,阻止这一趋势

---

① Barack Obama,"Taking the Cyberattack Threat Seriously," *Wall Street Journal*,July 19,2012.

② Carl Franzen, "Cybersecurity bill backed by Obama Won't Protect u. S., Experts A-gree," TPM Idea Lab,July 21,2012,idealab. talkingpointsmemo. com/2012/07/president-obam-as-warning-on-cyber-attacks-divides-experts. php; Ed O'Keefe, "Cybersecurity bill Fails in Senate," *Washington Post* online,Aug. 2,2012,washingtonpost. com/blogs/2chambers/post/cyber-security-bill-fails-in-the-senate/ 2012/08/02/gJQAbofxRX_blog. html.

③ 曼莱斯(Sascha Meinrath)给作者的电子邮件,2012 年 8 月 22 日。

④ 曼莱斯(Sascha Meinrath)给作者的电子邮件,2012 年 5 月 7 日。

的难度加大,因此,绝大多数美国人对此一无所知是可以理解的。一位记者指出:

> 即使在众议院通过后,白宫记者团也从未在每日新闻发布会上就《网络情报共享与保护法》提出过一个问题,更不用说与总统或高级官员进行讨论了。在所有公开的笔录和声明中,仅有白宫网站上的一份政府主动的政策发布中有一处提及《网络情报共享与保护法》。(拿另一个话题作比较,后者有 70 多处提到"详细出生证"①)②

一位"解救媒体"组织的组织者总结了这一形势:"除非我们在一套普遍的互联网自由原则之上把民众组织起来,否则我们将一直围绕着糟糕的立法展开防守,直到我们输了为止。"③好消息是,反对《禁止网络盗版法案》(SOPA)和《网络情报共享与保护法》的运动所产生的能量,以及对隐私、垄断和数字审查日益加剧的担忧,帮助"解救媒体"组织形成了一个由大约 2000 个团体组成的广泛联盟,以组织民众支持保护和扩大其所称的"互联网自由"。2012 年夏天,它的"互联网自由宣言"(Declaration of Internet Freedom)引起全球广泛关注,并在第一个月就被翻译成 70 种语言。④ 这是这个时代的核心政治斗争之一。

任何政府都有正当的安全顾虑,在战争时期,可以暂时以牺牲自由为代价,以换取更大的安全。当然,围绕互联网和网络战威胁的安全顾虑也是正当的。但我们正在进入危险的新领域。隐私专家丹尼尔·索洛夫(Daniel Solove)写道:"当对隐私与安全进行权衡时,天平就被人为操控,因此安全几乎每次都会胜出。"⑤扎卡里亚在 2012 年观察到:"过去,美国

---

① 译注:long form birth certificate,即奥巴马详细出生证明。美国还有一种短版出生证:婴儿安全出生证明(Certification of Live Birth),奥巴马首次竞选总统时为应对对其出生地的质疑,公开了后者,即"短版"。当 2011 年他再遭政治对手的同样质疑时,白宫公开了前者,即"长版"。

② Ari Melber,"Obama Sides with Civil Libertarians on Cyberwar Policy," TheNation. com,May 3,2012,thenation. com/blog/167706/obama-sides-civil-libertarians-cyberwar-policy.

③ 卡尔(Tim Karr)给作者的电子邮件,2012 年 5 月 7 日。

④ "Declaration of Internet Freedom," internetdeclaration. org/freedom.

⑤ Daniel J. Solove,*Nothing to Hide*：*The False Tradeoff Between Privacy and Security* (New Haven,CT：Yale university Press,2011),207.

政府一直在为战争做准备,掌握应急权力,有时还滥用这种权力,但总是在战争结束后恢复原样。但是,现在这显然是一场没有尽头的战争。"①这一业已浮现的体制是对权力滥用的公开邀请,并提醒我们所有人第二章中引述的麦迪逊的警告:"没有哪个国家能够在持续不断的战争中保全其自由。"②

希瓦·维迪亚纳桑(Siva Vaidhyanathan)写道:"国家官僚体制中的每一项激励措施都在鼓励大规模监控。"没有什么在朝着相反的方向用力推进。③ 网络安全专家兰多(Landau)指出:"当监控机制很容易就开启时,滥用的可能性很高。"④此外,现在有一个行业正准备通过参与和扩大国家安全机器(apparatus)来赚取巨额利润。除了少数几位公民自由律师,没有人能通过放缓监控赚到一毛钱。如果没有问责制,这将导致灾难。对任何一家国家安全机构来说,过度监控并不会受到可信的处罚,但却可能因为监控不足而遭致职业生涯的终结。电子自由基金会在2011年发布了一份报告,该报告基于对美国联邦调查局文件的全面审查(review),并得出结论:"情报调查对美国公民的公民自由造成的损害,其频率和程度远远超过此前的设想。"⑤

例如,少量对政府将材料归为绝密之过程的研究表明,这往往更多是为了向公众隐瞒政府渎职和无能的真相,而不是为了保护必要的秘密。获奖记者桑福德·昂格(Sanford J. Ungar)在《哥伦比亚新闻评论》(Columbia Journalism Review)中指出,维基解密本应引发人们关注"一个显而易见的潜在问题:对美国官方信息的过分保密(over-classification)已经到了这样的地步,人们不可能满怀信心地知道什么才是真正值得保密的,以及如何能有效地做到这一点"。昂格引用了负责为尼克松政府起诉五角大楼文件案的美国副司法部长(Solicitor General)格里斯沃尔德(Erwin Griswold)的话(格里斯沃尔德后来辞去职务),他在

---

① Zakaria,"Fareed's Take: U. S. has Made War on Terror a War Without End."

② Cited in John Nichols, ed. , *Against the Beast: A Documentary History of American Opposition to Empires* (New York: Nation books,2005),14.

③ Vaidhyanathan,*Googlization of Everything*,97.

④ Landau,*Surveillance or Security?*,256.

⑤ MacKinnon,*Consent of the Networked*,279.

1989 年指出,"文件密级系统的主要关注点不是国家安全,而是政府的某种尴尬"。他还补充说:"除了武器系统的细节外,公布过去——甚至是相当近的过去——的笔录中的相关事实,很少对国家安全构成真正的威胁。"①

与当代美国相比,格里斯沃尔德的时代显得很温和。黑斯廷斯(Michael Hastings)是这方面少有的记者之一,2011 年的时候他写道:"在过去的十年里,政府获得了一种对安全的迷恋,对超过 260 万个新秘密做了密级分类处理。"与格里斯沃尔德一样,黑斯廷格指出,分析人士"指出,政府之所以如此严格地保存其文件,主要原因之一并不是这些文件的发布会损害国家安全——这是对文件进行加密的一个笼统的理由——而是政府想避免尴尬"。② 斯坦福大学的罗伯特·普罗克特(Robert Proctor)告诉克里斯·海斯:"秘密知识的世界比公共知识的世界要大得多。在美国,光审查核秘密的就有 4000 名审查人员(censors)。我们生活在这样一个世界里,其中公共知识只是秘密军事知识的一小部分。"③

我们不仅应该担心无能或平庸。政府,即使是民主政府,也有能力不合情理地行事,破坏有效自治所必需的自由。当政府变得遮遮掩掩时,它们代表强大利益集团的可能性就会增加。人人都明白,政府经常把它们的敌人当作恐怖分子,以证明迫害他们是正当的,这在威权国家是意料之中的事情。但美国人需要照照镜子。当美国政府转向国内的间谍活动和对公民的非法骚扰时,它很少会追查亿万富翁、公司首席执行官或者他们的拥护者。美国政府有在国内使用其秘密监视权力的记录,其监视对象包括挑战根深蒂固的财富和特权的守法的、非暴力的异见团体。当人们看到和平的"占领运动"示威者如何成为美国国土安全部秘密审查的目标,而那些用可疑的诡计助推经济从悬崖跌落的银行家却逍遥自在的时

---

① Sanford J. Ungar,"Unnecessary Secrets," *Columbia Journalism Review*,Mar.—Apr. 2011,35,37.

② Michael Hastings, *The Operators*: *The Wild and Terrifying Inside Story of America's War in Afghanistan* (New York: blue Rider Press,2012),156—57.

③ Christopher Hayes, *Twilight of the Elites*: *America After Meritocracy* (New York: Crown,2012),127.

候,问题的严重性就越发突显了。① 这使人想起美国历史上最黑暗和最危险的时刻,从《外国人与煽动叛乱法案》(Alien & Sedition Acts)、《逃亡奴隶法案》(Fugitive Slave Act)和《吉姆·克劳法》(Jim Crow),到帕尔默搜捕(Palmer Raids)②、麦卡锡主义和反间谍计划(COINTELPRO)③。但是,现在国家(state)拥有了过去无法想象的技术力量。

就资本主义是最适合民主治理和政治自由的经济体系,米尔顿·弗里德曼(Milton Friedman)④等人做了有力的辩护:私营部门具有竞争力,独立于政府,因此提供了一种自主的、偶尔具有对抗性的权力来源。正如本章所示,这样的资本主义和民主的概念就如同愚人节的恶作剧雪茄一样爆开了。并非意在贬低或危言耸听,然而,我们很难不注意到,正在出现的趋势正在转向法西斯主义的经典定义:国家和大企业携手合作,促进企业利益,以及一个专注于军国主义、保密、宣传和监控的国家。⑤ 那些傲骨而不服从以及非暴力反抗体制的人是敌人。在这样的环境下,政治自由面临风险。

值得称道的是,美利坚共和国的缔造者理解这一困境。因此,他们认为新闻系统是一个关键的制度设置,可以让人们了解正在发生的事情,并赋予公民抵抗暴政和保护自由的能力。新闻媒体必须揭露当权

---

① Michael hastings,"Exclusive:homeland Security Kept Tabs on Occupy Wall Street," RollingStone. com,Feb. 28,2012 rollingstone. com/politics/blogs/national-affairs/exclusive-homeland-security-kept-tabs-on-occupy-wall-street-20120228;and Dave Lindorff,"White house & Dems back banks over Protests:Newly Discovered homeland Security Files Show Feds Central to Occupy Crackdown," Nation Of Change,May 15,2012,nationofchange. org/white-house-dems-back-banks-over-protests-newly-discovered-homeland-security-files -show-feds-central.

② 译注:在俄国十月革命的背景下,1919 年美国发生了西雅图大罢工,之后又出现了无政府主义者四处邮寄炸弹的事件,甚至有一个炸弹在司法部长帕尔默家里爆炸。1919 年 1 月至1920 年 1 月,美国共发生超过 3600 起罢工,鉴于此,帕尔默在全国范围发动了对激进分子、无政府主义者的大搜捕,共逮捕了约 16000 人,并把 200 多名俄国人遭送出境。

③ 译注:全称为 Counterintelligence Program,1956 年至 1971 年胡佛领导的美国联邦调查局的一项秘密计划,对他认为威胁国家安全的团体和个人进行了大量监听和骚扰,目标包括美国民权运动领袖(包括马丁·路德·金)、政治组织者和疑似共产党人。

④ 译注:1976 年诺贝尔经济学奖获得者,芝加哥经济学派重要代表人物。曾是美国里根政府的经济政策顾问和英国首相撒切尔的经济顾问。

⑤ See Bertram Gross,*Friendly Fascism:The New Face of Power in America* (Boston:South End Press,1980),for a prescient take on the matter.

者的口是心非和罪行。那么,在互联网时代,这些关键机构的情况又是如何? 许多事情取决于对这个问题的回答。这就是下一章要处理的问题。

第六章　新闻业已死！新闻业万岁？

"新闻业已死！新闻业万岁！"这就是新传统智慧的咒语。坏消息是，互联网夺走了商业新闻业——尤其是报纸——的经济基础，让所有人都看到了正在腐烂的尸体。互联网为广告业带来了激烈的竞争，而广告传统上是大多数新闻媒体的资金来源。2000 年，日报从分类广告中获得近 200 亿美元，2011 年这个数字是 50 亿美元。在 Craigslist① 上免费发布的广告通常会获得更多的回应。同期，陈列式广告（display advertising）从 300 亿美元降到 150 亿美元。从 2003 年至 2011 年，报纸广告总收入减少了一半。② 2011 年，尽管报纸只占消费者媒体时间的 7％，但报纸仍然获得广告总支出的 25％。所有人都认为，这个行业处在自由落体中。③ 互联网也带走了读者，他们可以在网上找到许多他们想要的免费新闻。许多美国人（尤其是年轻人）从喜剧节目中获取新闻，这样的人越来越多。④ 2011 年皮尤研究中心（Pew Research Center）的一项调查发现，传统报纸读者的平板电脑拥有量在激增，59％的受访者表示，平板电脑已经取代了"他们过去（从报纸上）

① 译注：美国最大分类广告网站，创始人是克雷格·纽马克（Craig Newmark），现在的母公司是易趣。

② Data from the Newspaper Association of America, naa. org/Trends-and-Numbers/Advertising-Expenditures/Annual-All-Categories. aspx.

③ Jeff Sonderman, "The One Chart That Should Scare the hell out of Print Media," Poynter, May 30, 2012, poynter. org/latest-news/mediawire/175619.

④ For a discussion of this, see Bruce A. Williams and Michael X. Delli Carpini, *After Broadcast News* (New York: Cambridge University Press, 2011), 7—10.

获得的东西"。① 而随着报纸的内容越来越少,这种产品变得越来越没有吸引力,使得通过订阅来弥补广告收入的损失更加困难。2011 年的一项调查表明,只有 28% 的美国成年人认为,如果他们当地的报纸消失,会对他们产生重大影响,39% 的人表示这不会有任何影响。② 不管怎么说,这个一度无处不在的媒体正处于死亡的漩涡之中。

报纸受到的冲击最大,但不只有报纸如此,所有的商业新闻媒体都正处于衰败的不同阶段。但是,报纸是到目前为止最重要的媒体,因为绝大多数原创报道都是由报纸完成的,没有其他媒体能够取代它们。据哈佛大学的阿列克斯·琼斯(Alex S. Jones)估计,在所有专业报道的新闻中,来源于日报的占 85%,他指出,可靠消息来源显示,这一比例接近95%。③ 商业广播新闻几乎不存在,而剩下的在商业电视上的新闻,大部分只能用对新闻一词的松散定义来界定。

但是,我们被告知不要害怕。好消息是:扼杀新闻媒体的同一个互联网,最终将以一种几乎可以肯定是优越的形式提供充足的新闻报道。其他任何领域的颂扬者都没有如此坚定。④ 贾维斯断言:"多亏了网络……新闻业不仅会生存下去,而且会繁荣发展,远远超出目前的局限。"⑤我们所要做的就是让开道路,让自由市场在革命性的技术上施展魔力。

克莱·舍基(Clay Shirky)在 2009 年的一篇颇有影响力的文章《报纸与想象不可想象》(Newspapers and Thinking the Unthinkable)中写道:"这就是真正的革命,"他补充道,"旧的事物被破坏的速度比新的事物落实到位的速度还要快。"舍基的建议是耐心。"没什么能奏效,但一切皆有

---

① Alan D. Mutter, "Publishers Are Flubbing the iPad," *Reflections of a Newsosaur*, Feb. 7, 2012, newsosaur. blogspot. com/2012/02/publishers-are-flubbing-ipad. html.

② Tom Rosenstiel and Amy Mitchell, "Survey: Mobile News and Paying Online," in *The State of the News Media* 2011: *An Annual Report on American Journalism* (Washington, DC: Pew Research Center, Project for Excellence in Journalism, 2011).

③ See Alex S. Jones, *Losing the News: The Future of the News That Feeds Democracy* (New York: Oxford University Press, 2009), 4.

④ 新闻界内部对这些说法进行了广泛的论辩。See, for example, Dean Starkman, "Confidence Game: The Limited Vision of the News Gurus," *Columbia Journalism Review*, Nov. — Dec. 2011, cjr. org/essay/confidence_game. php? page=all.

⑤ Jeff Jarvis, foreword to Elliott King, *Free for All: The Internet's Transformation of Journalism* (Evanston, IL: Northwestern university Press, 2010), x.

可能。现在是做实验的时候,做很多很多的实验,每一个实验一开始看起来都很小,就像 Craigslist、维基百科、八开本(*octavo* volumes)初现时那样。"他补充说,"未来几十年里,新闻业将由各种部分重叠的特殊案例构成。……这些模式中有许多将会失败。没有一个实验可以取代随着纸质新闻的消亡我们正失去的东西,但随着时间的推移,一系列行之有效的新实验可能给我们带来我们所需的新闻业。"[1]

本科勒(Yochai Benkler)认为,新的新闻业将与旧的新闻业截然不同,传统上对资源支持的担忧不再具有紧迫的重要性。我们可以有一个更精干的(leaner)新闻业,并且由于互联网,情况还会好得多。他写道:"如同其他信息产品,新闻的生产模式正从一种工业模式——不论是一份垄断的城市报纸、处于垄断鼎盛期的 IBM,还是微软或者不列颠百科全书——转向一种网络模式,将更广泛的实践整合到生产系统之中:市场的和非市场的、大规模的和小规模的、营利的和非营利的、组织的和个人的。我们业已看到新闻报道和意见未来将如何在网络化的公共领域中予以供给的早期元素。"[2]同样,舍基在 2011 年哈佛大学有关新闻媒体现状的一次重要发言中,基本上也忽略了资源和经济支持的问题。[3]

颂扬者对互联网作为新闻业复兴的基础之热情是可以理解的,原因有四。首先,能够以在线记者身份参与报道的人数呈现指数级增长,因为进入的门槛几乎被消除了。正如有句话所说的,"现在我们都是记者"。[4]其次,与其他人一样,新受洗的记者可以随时接触世界上的信息,这远远超过了过去任何人所能接触到的。他们需要做的就是发展他们的上网技能。第三,记者将能够在网络环境中合作,并从其他无数人的智慧和劳动

---

① Clay Shirky,"Newspapers and Thinking the unthinkable," in Robert W. McChesney and Victor Pickard,eds.,*Will the Last Reporter Please Turn Out the Lights*:*The Collapse of Journalism and What Can Be Done to Fix It* (New York:The New Press,2011),38—44.

② Yochai Benkler. "A New Era of Corruption?" *New Republic*,Mar. 4,2009,tnr. com/story_print. html? id=c84d2eda-0e95-42fe-99a2-5400e7dd8eab.

③ Clay Shirky,Richard S. Salant Lecture on Freedom of the Press,Joan Shoren Stein Center on Press and Politics,John F. Kennedy School of Government,Cambridge,MA,Oct. 14,2011.

④ Scott Gant,*We're All Journalists Now*:*The Transformation of the Press and the Reshaping of the Law in the Internet Age* (New York:The Free Press,2007).

中汲取信息,从而使整体远远大于各部分的总和。第四,互联网极大地降低了制作成本,有效地消除了发行成本,因此一名记者几乎不需要任何预算就可以拥有数千万的数字读者。

因此,尽管互联网可能会削弱现有商业新闻媒体的生存能力,但除非后者做出改变,否则互联网也将提供一个更为辉煌和民主的替代品。唯一需要做的就是让政府的审查人员远离,即使是审查人员也很难将这项神奇的技术扑倒在地。

这是个令人陶醉的前景。有许多伟大的记者,如格林沃尔德(Glenn Greenwald),其作品仅仅因为上述因素而存在。关心社会的公民可以在网上找到信息宝藏。"阿拉伯之春"表明,那些当权者面临着被唤起和被赋权的人群对他们存在的前所未有的威胁。对我们当中最兴奋的人来说,最新的技术浪潮可能已经迎来了下一个辉煌期。罗里·奥康纳(Rory O'Connor)在书中写道:"我们再也没有必要去想象这样一个媒体世界,你可以自由地创建、聚合和分享,利用你信任的同侪推荐,找到可信的、相关的新闻和信息,因为这个世界已经存在了。"①彼得·戴曼迪斯(Peter Diamandis)和史蒂芬·科特勒(Steven Kotler)写道:"手机使信息的自由流动成为可能,取代了对新闻自由的需求。"②

对未来而言,也许没有什么问题比证明这些充满希望的观点有多准确更重要了。有两点是毋庸置疑的:第一,我在第三章中所描述的新闻业是必须存在的(mandatory),这不仅是为了使人们能够参与到本书所概述的核心政治政策和传播政策问题中,也是为了建立一个个人自由有意义的民主社会。第二,当前的新闻业正处于衰退和混乱之中。如果对第二点有任何疑问,下面呈现的证据应该可以消除这些疑问。我们正处在一场事关存亡的政治危机之中。

两个悬而未决的问题出现了。首先,互联网、盈利动机、公民和各种各样的非营利组织是否会以某种方式结合起来,产生更高层次的新闻报

---

① Rory O'Connor, *Friends, Followers and the Future: How Social Media Are Changing Politics, Threatening Big Brands, and Killing Traditional Media* (San Francisco: City Lights Books, 2012), 271.

② Peter H. Diamandis and Steven Kotler, *Abundance: The Future Is Better Than You Think* (New York: The Free Press, 2012), 147.

道，足以增强人们的自治（self-government）？在此，基于第三章的分析，我认为，颂扬者要么严重低估了拥有独立的竞争机构和资源来从事新闻业的重要性，尤其是维持记者生活的工资，要么他们高估了市场产生这样一种系统的能力，或者两者兼而有之。此外，颂扬者对于民主新闻业中普遍存在的商业主义问题（以私人所有制和广告支持的形式），往往是天真的。当我评估今天美国新闻业的状况时，很显然互联网不是新闻业问题的症结所在。在万维网、Graigslist、谷歌和脸书出现之前，商业主义就已经显而易见，而数字技术只是大大加速了由商业主义推动的趋势，并使之固化。

然后，我将观察传统新闻媒体、企业家、公民记者（无薪酬记者的通俗说法）和非营利组织为形成数字新闻业所做的各种努力。尽管我找不到足够的证据证明，今天在网络上发生的事情，可能会产生满足一个自由、自治的社会之需求的民众新闻业（popular journalism），但是，认为互联网可以为彻底改善的民主新闻业提供基础，则完全是另一回事。我相信，那些颂扬者显然觉察到了有大事要发生。

这就引出第二个悬而未决的问题：如果市场、慈善事业和新技术存在不足，我们如何能有一个满足自由、自治的社会之需要的新闻系统呢？我会回到我首先在第二章和第三章中提出的观点：要解决产生足够多的新闻报道的问题，首先要认识到它是公共产品。新闻报道是社会之所需，但市场却不能产生足够数量和质量的新闻报道。无论技术多么神奇，市场都无法解决这个问题。在过去125年中，广告掩盖了新闻的公共产品性质，但现在广告找到了更好的选择，真相就变得显而易见了。这意味着，任何令人信服的"第四等级"的现实见解，都将需要明确的公共政策和广泛的公共投资，或者也称为补贴。我会探究新闻补贴在美国历史上曾发挥的巨大而显著的作用（特别是在"前广告"时代），以及当今世界上最民主的国家对新闻业的公共投资的持续重要性。在结论部分，我将评估一个强大的数字新闻出版自由可能是什么模样。

告别新闻业？

到了2006年或2007年，有关新闻业陷入严重危机的看法变得普遍起来，然后，在 2008 年到 2009 年的经济崩溃后，当数百家报纸和杂志关门时，这一看法升级为一个主要主题。乐观主义者希望经济复苏将使商业新闻业重新站稳脚跟，并为成功转移到互联网腾出喘息的空间。与此相反，与 2010 年相比，2011 年报业裁员增加了 30％。① 下一次经济衰退可能会摧毁剩下的商业新闻媒体。

2012 年，总统经济顾问委员会（President's Council of Economic Advisers）将报业描述为"全国萎缩最快的行业"。② CareerCast. com 网站对 200 种可能从事的职业进行了调查，其中，就谋生而言，"报纸记者"位列最差工作的第五。最差的工作是伐木工人。广播记者也好不到哪里去，在最差工作中排第九。③ 带来某种崩溃感觉的事情是，2012 年，富有传奇色彩的《费城问询报》（*Philadelphia Inquirer*）及其姊妹报的出售价格仅为 2006 年价格的 10％。④

说到费城，让我们回顾一下"卓越新闻计划"（Project for Excellence in Journalism）⑤组织对费城新闻业过去 30 年变化的调查结果：

例如，现在报道费城大都会区的记者人数大约是 1980 年的一半。那里报纸记者的人数已从 500 人降为 220 人。城市周边郊区的报纸的情况也差不多，只是没有那么极端。除了福克斯电视台（Fox），当地的电视台都缩减了传统新闻报道。过去常常报道新闻的 5 家调幅电台已经减少到 2 家。直到 1990 年，《费城问询报》报道

---

① Alan D. Mutter，"Newspaper Job Cuts Surged 30％ in 2011，" *Reflections of a Newsosaur*，newsosaur. blogspot. com，Dec. 18，2011，newsosaur. blogspot. com/2011/ 12/newspaper-job-cuts-surged-30-in-2011. html.

② The editors，"The Future of News，" *New York Observer*，Mar. 21，2012.

③ Jessica Sieff，"It Could e Worse—You Could Be a Lumberjack，" *Niles*（MI）*Daily Star*，Apr. 18，2012.

④ Alan D. Mutter，"Philly Papers Sold at 10％ of 2006 Value，" *Reflections of a Newsosaur*，April 2，2012，newsosaur. blogspot. com/2012/04/philly-papers-sold-at-10-of-2006-value . html. 译注：2012 年 4 月，《费城问询报》及其姊妹报费城《每日新闻报》（*Daily News*）以 5500 万美元出售，而 2006 年出售时价格为 5 亿 1500 万美元。

⑤ 译注："卓越新闻计划"组织为新闻业监测机构，成立于 1997 年，隶属美国哥伦比亚大学新闻学院。2006 年脱离哥伦比亚大学，加入皮尤研究中心。2014 年"卓越新闻计划"更名为"皮尤研究中心新闻计划"（Pew Research Center's Journalism Project）。

这座城市的记者有 46 名，今天这个数字是 24。[①]

尽管当时看起来很糟糕，但是与今天相比，2006 年似乎是记者的一个黄金时代。2010 年到 2012 年，为了探讨新闻业的现状我走访了 24 个美国城市。几乎每到一处，我都会问有资历的新闻业人士，与 20 世纪 80 年代相比，他们所在的新闻业者群体中为所有媒体工作的拿薪资的记者比例是多少。认真思考过后，一般的回应是在 40％到 50％之间，有几个城市远远低于这一比例。2012 年 6 月，先进出版集团（Advance Publications）[②]一举裁掉了为阿拉巴马州四大城市中的三个城市服务的三家报纸中仅剩的一半以上的编辑职位，约 400 个。[③] 如此大规模的裁员已经变得司空见惯，以至于它们几乎不再是新闻故事，或者可能只是没有人留下来报道这些事了。

2011 年我访问伊利诺伊州皮奥里亚（Peoria）时，听到了一个熟悉的故事：曾经备受推崇的《皮奥里亚明星杂志》（*Peoria Journal-Star*）自 2007 年被盖特豪斯媒体集团（GateHouse Media）[④]收购以来，编辑人员裁减了一半。这引发了政治争议，因为市长和市议会意识到，皮奥里亚市民了解他们所在社区情况的机会要少很多。就在盖特豪斯声称严峻的形势迫使其削减预算的同时，它支付了 140 万美元的高管奖金，并向首席执行官发放了 80 万美元。[⑤] 吉姆·罗梅内斯科（Jim Romenesko）指出，2011 年，九家最大报业公司首席执行官的薪酬从 300 万美元到 2500 万美元不等，平均约 950 万美元，而且几乎所有公司的收入和利润都出现了下滑。[⑥] 也许

---

① "The State of the News Media 2006," Project for Excellence in Journalism. 此段摘自该报告引言。Online at stateofthemedia. org/2006/overview.

② 译注：美国一家综合性出版集团，成立于 1922 年，康泰纳仕出版公司的母集团。集团除了杂志和报纸，还有电台、有线电视等业务。截至 2014 年 10 月，是美国第 44 大私人控股公司。

③ Steve Myers,"What the Future of News Looks Like in Alabama After Advance Cuts Staff by 400," Poynter,June 14,2012,poynter. org/latest-news/top-stories/177191.

④ 译注：2005 年峰堡投资集团（Fortress Investment Group,FIG）收购自由出版集团（Liberty Group Publishing）后，后者更名为 GateHouse Media。

⑤ "Union and Peoria Take on Wall Street—Can the PSJ be saved?" Peoria Story. typepad. com,Apr. 9,2012.

⑥ Jim Romenesko,"Newspaper Executives' 2011 Compensation," Jim Romenesko. com,Apr. 19,2012,jimromenesko. -com/-2012/-04/-19/-newspaper— executives—2011—compensation/-.

唯一的好消息是,新闻业的危机尚未波及董事会。这对其他任何人来说都不是什么安慰。2011 年,《西雅图时报》(*Seattle Times*)的一名前记者说,"在我认识的这个行业的人中,没有谁现在不感到伤心、震惊、恐惧、害怕、愤怒、沮丧和失落的"。①

尽管情况很糟糕,但所有迹象都表明,如果可能的话,情况会更糟糕。2012 年 7 月,波因特研究所(Poynter Institute)的一位媒体业务分析师表示:"大多数报纸目前都处于这样一种境况:它们将不得不在某个地方进行大幅的削减,而大的裂缝一定会在某个时候出现。"②

很难避免这样一个显而易见的结论:企业和投资者不再认为新闻业是有利可图的投资。③ 如果还有的话,那就是它们正在剥除剩下的零部件,并榨取垄断专营权,直至枯竭。这就给一个把新闻媒体托付给私营部门的社会带来了一个迫在眉睫的问题:美国联邦通信委员会 2011 年对新闻业危机的调查得出的结论是,"开国元勋为新闻业设想的独立监督职能——甚至会认为它对一个健康运转的民主政体至关重要——正处于危险之中"。④

此外,正如《纽约时报》的戴维·卡尔(David Carr)所说,"许多美国报纸价值不断下降和商业模式不断失败",正导致一种情形,"金融界(moneyed interests)收购报纸,并用它们来推行政治和商业议程"。卡尔以加州圣迭戈市为重要案例(exhibit A)。2011 年 11 月,《U-T 圣迭戈报》(*U-T San Diego*,前身为《圣迭戈工会论坛报》[*San Diego Union-Tribune*])被右

---

① Quoted in Michael R. Fancher,"Seattle: A New Media Case Study," in *The State of the News Media 2011: An Annual Report on American Journalism*,Pew Research Center,Project for Excellence in Journalism,2011,stateofthemedia.org/2011/mobile-survey/seattle-a-new-media-case-study.

② David Carr,"Fissures Are Growing for Papers," *New York Times*,July 9,2012,B6.

③ See James O'Shea,*The Deal from Hell: How Moguls and Wall Street Plundered Great American Newspapers* (New York: PublicAffairs,2011). 阿尔特曼(Eric Alterman)在梳理了新闻业持续不断的大幅削减后,直白地指出:"得问一个合理的问题:我们还能假装那些唯利是图的企业高管会投资调查性报道这个赔钱的行业多久,尤其是考虑到追查那些当权者会树起多少敌人。"See Eric Alterman,"Think Again: Bad News About the News," Center for American Progress, July 26, 2012, americanprogress.org/issues/media/news/2012/07/26/11943/think-again-bad-news-about-the-news.

④ Steven Waldman and the Working Group on Information Needs of Communities,*The Information Needs of Communities: The Changing Media Landscape in a Broadband Age* (Washington,DC: Federal Communications Commission,June 2011),5.

翼亿万富翁道格拉斯·曼彻斯特(Douglas F. Manchester)收购,后者的反同性恋权利政治让他恶名远扬。"我们不道歉,"曼彻斯特的首席执行官表示,"我们一贯支持保守派、支持企业界、支持军方。"该报还倾向于将圣迭戈市的未来等同于曼彻斯特的净资产。圣迭戈的一位记者在 2012 年说,"这里有一种非常真实的担忧",那就是《U-T 圣迭戈报》"不会为公众谋福利,而是为其所有者谋福利"。① 戴维·希洛塔(David Sirota)记录了垄断新闻业巨头的回归,及其对从圣迭戈和丹佛(Denver)到芝加哥和费城等地社区的影响:"私营的报纸所有者已经跃居到史上独一无二的地位,这使他们能够揉捏新闻,为自己的个人利益服务,同时避免真正的对抗性新闻报道(adversarial journalism)带来的成本。"② 正是这样的新闻报道引发了导致一个世纪前专业主义新闻报道的兴起之危机。这个系统正在瓦解。

让我们更仔细地看看这场危机在实际的新闻报道方面意味着什么。重点不是要把正在失去的东西浪漫化,如第三章所讨论的,即使在其鼎盛时期——20 世纪 60 年代末和 70 年代——美国的专业主义新闻报道也存在明显的缺陷。今天新闻业的许多问题仍然可以归因于专业主义准则的一些缺陷,比如,依赖官方信源来设置合法争议的边界。尽管如此,它也有它的优点,其中最重要的是对报道从小社区到大城市和世界的大部分公共生活的相对认真的承诺。资深广播记者丹·拉瑟(Dan Rather)③ 回忆 20世纪六七十年代的情况时说:"当时新闻部门和公司结构之间有一道防火墙。现在都不复存在了。消失殆尽。"对拉瑟来说,新闻公司化的另一面是内容的"琐碎化"。越来越多的新闻转向了报道成本低廉的娱乐、名人、八卦、犯罪和生活方式新闻,即"软新闻"。商业价值已经日益渗透到专业主义准则之中,或者,对拉瑟这样的老前辈来说,是前者颠覆了后者。④

2010 年,皮尤民众与新闻业研究中心(Pew Center for the People

① David Carr,"Newspaper as business Pulpit," *New York Times*,June 11,2012,b1.

② David Sirota,"The Only Game in Town," *Harper's Magazine*,September 2012,49.

③ 译注:美国知名电视记者,新闻主播。2004 年在播出关于布什总统的有争议的报道后,离开了哥伦比亚广播公司。

④ Comment by Dan Rather on *Real Time with Bill Maher*,HBO network,May 18,2012. See also Dan Rather,*Rather Outspoken：My Life in News*（New York：Grand Central,2012）,287—88.

and the Press)发布了一份有关这场危机的研究报告,详尽研究了巴尔的摩市在 2009 年某一个星期内的"媒体生态"。[①] 研究的目的是确定在这个不断变化的媒体时刻,"原创的"新闻报道是如何生产的,由谁来生产。他们追踪旧媒体和新媒体,报纸、广播、电视网站、博客、社交媒体,甚至是警察局的推特。研究人员发现,尽管媒体数量在激增,但是"人们收到的大部分'新闻'都不含原创报道。十分之八的报道都仅仅是重复或重新包装以前刊发过的信息"。"原创的"报道从哪里来? 超过 95% 的原创新闻报道都是由旧媒体生产的,尤其是《巴尔的摩太阳报》(*Baltimore Sun*)。更糟的是,《巴尔的摩太阳报》原创新闻报道的产量比十年前下降了超过 30%,比二十年前下降了 73%。

早在 20 世纪八九十年代,巴格迪基安(Ben Bagdikian)就记录了独立新闻媒体数量的下降,原因是一波又一波的兼并和收购浪潮,以及大型企业集团作为核心参与者的进入。他警告说,媒体垄断会给新闻业和民主带来可怕的后果。互联网的颂扬者把巴格迪基安和其他旧媒体老古董扔进了历史的垃圾桶,他们认为,现在人们最不需要担心的就是缺乏独特的声音或竞争。具有讽刺意味的是,互联网似乎已经完成了由市场化开启的摧毁新闻业的工作。《纽约时报》的卡尔指出,到 2012 年,报业规模"是七年前的一半。构成行业核心的相当一部分中等规模的区域性和都会区日报,已经从悬崖跌落"。[②]

在互联网时代,《纽约时报》在国内和国际新闻报道方面所起的作用可能比它在前几代人中起的作用要大得多,尽管它自身大幅削减了开支。[③] 之所以作用如此之大,是因为其他主要新闻媒体大多已经把它们的国内和国际分社网络都舍弃了。[④] 正如从《纽约时报》1999 年至 2009

---

① 所有引用及统计数据出自 "The Study of the News Ecosystem of One American City," Pew Research Center,Project for Excellence in Journalism,Jan. 11,2010,journalism. org/analysis_report/how_news_happens。

② David Carr,"Newspaper barons Resurface," *New York Times*,Apr. 9,2012,b1.

③ Amy Chozick,"Tax benefit in Asset Sale Lifts Profit at Times Co. ," *New York Times*, Apr. 20,2012,B3.

④ 例如,《华盛顿邮报》的表现比很多同行要好,但它将编辑人员削减了三分之一,并关闭了洛杉矶、纽约和芝加哥分社。See Jeremy W. Peters,"A Newspaper, and a Legacy, Reordered," *New York Times*,Business section,Feb. 12,2012,1,5.

年的近期历史得出的结论那样,它已经成为"世界上最糟糕的报纸,但我们别无选择"。[①]

在丹·拉瑟的研究中,他统计了 40 到 50 家独立的新闻媒体机构,它们在 20 世纪五六十年代拥有资源,并致力于报道全国层面的政治。这些企业大多把新闻业作为它们唯一的或主要的业务。那样的世界早已不复存在,因为少数几家大企业集团控制着仅存的少数几个全国性新闻编辑部,而新闻通常只是一个更大的企业帝国的一小部分。正如拉瑟在 2012 年所说:

> 无论你是保守派、自由派、进步派、民主党人或共和党人,每个人都可以并且应该关注这一现象:媒体的不断整合,尤其是媒体的全国性分发系统……现在少数几家公司——不超过 6 家,我的统计是 4 家——实际上控制着全国 80% 以上的新闻分发。这些大公司从华盛顿的权力结构中(无论是共和党的还是民主党的)得到它们需要的东西,当然华盛顿的人也有想要被报道的新闻事情。坦率地说,在华盛顿,大企业与大政府同床共枕,大企业与普通人的所看、所听、所读的关系比大多数人所知的还要大。[②]

鉴于第五章的结论,拉瑟的话特别引人注目:如果新闻媒体要成为保护公众免受大企业和政府——尤其是巨大的国家安全型国家——勾结之影响的机构,它目前的产业结构似乎恰恰与其所需背道而驰。

经济萎缩对政治新闻报道产生了毁灭性的影响。举凡驻外分社和记者、华盛顿分社和记者、州议会分社和记者,乃至地方市政厅的站点和记者,数量都遭到大幅缩减,在某些情况下,报道几乎不复存在。[③] 在一个腐败愈演愈烈的时代,看门狗(watchdog)不再四处巡逻。过去十年来华盛顿的一些最大的政治丑闻(导致杰克·阿布拉莫夫[Jack Abramoff]、

---

① Daniel R. Schwarz, *Endtimes? Crises and Turmoil at the New York Times*, 1999—2009 (Albany: State University of New York Press, 2012), inside front cover.

② Comment by Dan Rather on *Real Time with Bill Maher*. See also Rather, *Rather Outspoken*, 287—88.

③ 令人心寒的细节,参阅 Waldman, *Information Needs of Communities*, 44—45。

汤姆·迪莱[Tom DeLay]和兰迪·康宁汉[Randy "Duke" Cunningham]下台的丑闻),①都是由一家日报记者的调查性报道引发的。那些支付酬劳的报道职位现在没有了,那些记者也不再拿薪水来做这类报道。这意味着,下一代腐败政客在为出价最高的人提供服务而中饱自己的银行账户时,困难将会小得多。与仅仅一二十年前相比,现在全国的大多数政府活动都在黑暗中进行着。

这样的情况比比皆是:记者比过去少得多,但要报道的东西越来越多。② 这就像是一支打美国全国橄榄球联赛(NFL)的球队要阻止绿湾包装工队(Green Bay Packers)③的进攻,却只有两名球员(players)站在攻防线的防守侧。广播电视新闻业也几乎没有任何参与者(players)。到2012年,相互竞争的广播电视台将各自的新闻资源集中起来,在同一个市场的不同频道上提供相同的新闻,已经成了一种普遍的做法。这种做法的合法性是可疑的,但在全国的 210 个电视市场中,至少有 83 个市场采用了这一做法,这种做法允许广播电视台削减劳动成本。正如美国联邦通信委员会所观察到的,剩下的记者和编辑"现在在回应型报道(reactive stories)上花的时间更多,而花在劳动密集型的'开拓型'(enterprise)稿件上的时间更少了"。电视记者"原来只要报道新闻,现在有很多其他任务,有更多的新闻节目需要供稿,所以调查他们自己的新闻报道的时间就更少了"。④

要了解新闻报道的缺失有多可怕,想想 2010 年导致 29 名西弗吉尼亚州煤矿工人丧生的爆炸事件就可以了。灾难发生后,《华盛顿邮报》和《纽约时报》确实进行了曝光,它们发现该煤矿在此前五年中违反安全规

---

① 译注:此处丑闻是指 2005 年曝光的围绕职业说客阿布拉莫夫的游说丑闻。事发时,迪莱为共和党的众议院多数党领袖,是华盛顿顶级权力掮客,康宁汉为国会众议员。

② 斯塔克曼(Dean Starkman)认为,这导致了在任记者碌碌无为,他将其描述为"不经思考的大量产出。这是新闻恐慌、缺乏训练、没能力说不。这是为满足任意的产量指标而生产稿件"。See Dean Starkman, "The Hamster Wheel," *Columbia Journalism Review*, Sept.—Oct. 2010.

③ 译注:美国威斯康星州绿湾市的橄榄球强队,成立于 1919 年,是 NFL 唯一一支非营利性质、由公众共同拥有的球队。

④ Brian Stelter, "You Can Change the Channel, but Local News Is the Same," *New York Times*, May 29, 2012, A1, A3.

定达 1342 次,仅此前一个月就违反了 50 次。当时这是个大新闻。联邦
通信委员会指出,"问题在于,这些报道是在灾难发生后发布的,而不是灾
难发生之前,尽管很多记录已经在那里待记者核查"。① 斯特恩斯敏锐地
写道:"我们正进入一个'事后诸葛式的新闻报道'(hindsight journalism)
的时代,在这样的时代,一些最重要的事件要在事后才出现。这类新闻报
道聚焦关键问题,但更像是尸检,而不是喷洒杀菌剂。它像解剖标本一样
解剖问题,而不是在问题出现之前或出现之时揭示它们。"②

　　这种情况在地方层面尤其具有灾难性,那里小规模的新闻媒体和编
辑部以一种使人联想到瘟疫的方式被彻底关闭。有研究证实,"地方和社
区新闻、地方民主、社区凝聚力和公民参与之间存在着明确的关系"。当
生活在一个社区中的人们不再拥有关于其社区并将社区聚拢起来的可靠
的新闻报道时,美国体系就突然陷入泥淖之中。③ 2012 年,《新奥尔良皮
卡尤恩时报》(New Orleans Times-Picayune)成为第一家将每周的出版
次数限为三次的重要日报。④ 这对新奥尔良大约三分之一没有互联网接
入的居民意味着什么?⑤《洛杉矶时报》(The Los Angeles Times)现在是
88 个市镇行政区(municipalities)和 1000 万人口的主要新闻媒体,但自
2000 年以来,它的"都会版"(metro)员工减少了一半。都会版编辑大
卫·劳特(David Lauter)哀叹道,员工"分布得更加稀疏,在任何一个特
定地区的人都比过去少了。我们不是每天都在那儿,甚至不是每个星期
或每个月都在那儿。不幸的是,其他部门的人也一样"。⑥

　　想想美国选举的荒谬(farcical)性质。地方选举——实际上几乎所
有的非总统选举——几乎得不到任何新闻报道,如果它们得到了报道,也
往往是空洞的,常常是由电视广告所驱动,内容包括对公关策略、过失

---

　　① Waldman, *Information Needs of Communities*,23.

　　② Josh Stearns,"Hindsight Journalism," WordPress. com,May 16,2012.

　　③ 这一观点的发展,见 Gavin Sheppard,"How Citizen Journalism Is Setting the Local A-
genda," *The Guardian*,Mar. 9,2012。

　　④ 译注:该报创办于 1837 年,1914 年报名由《皮卡尤恩报》(*The Picayune*)和《民主党时
报》(*Times Democrat*)合并而来。2012 年 10 月,日报开始周三、周五和周日出版。

　　⑤ Christine Haughney,"The Undoing of the Daily," *New York Times*,June 4,2012,b1,
b8.

　　⑥ Waldman, *Information Needs of Communities*,12,46,52,90.

(gaffes)和民意调查结果的评估。至于总统选举,对它的报道通常是无穷无尽且毫无意义的。那些花最多钱购买最多广告的人可以主导政治话语。如果人们对候选人都知之甚少,且不说那些议题,他们又如何能有效参与到选举政治之中? 合乎逻辑的做法是选择退出,而不是被一堆口水、倾向(spin)、陈词滥调和愚蠢行为所淹没。这会给治理带来什么影响?

在美国这样的国家,穷人和被边缘化的群体受到的打击最为严重。他们是商业上最不受青睐的群体,因此劳工新闻和针对后三分之一或后一半人口的新闻在几十年前就开始减少。传统上受主流商业新闻媒体冷落的有色人种社区,在过去五年,在促使新闻编辑部多样化方面取得的许多来之不易的成果都付诸东流了。2012年美国新闻编辑协会(American Society of News Editors)的一份报告指出:"在所有规模的市场中,少数族裔在新闻编辑部的就业比例仍明显低于这些编辑部所服务的市场中少数族裔的占比。"[1]

皮尤中心在2009年对巴尔的摩的研究中,针对原创新闻报道的消息来源做了全面分析。研究发现,86%源自官方消息来源和新闻通稿。而在一代人之前,公共关系占了新闻内容的40%到50%。那些报道是以基于专业记者的劳动和判断的新闻的面貌刊登出来的,但通常是在不做任何改动的情况下表达公关的立场。正如皮尤的研究得出的结论:"官方版本的事件正变得越来越重要。我们发现,官方通稿往往会逐字逐句出现在事件的最初报道中,尽管通常并没有指出来。"[2]

因此,新闻报道业务可能没那么多了,但是仍有大量的"新闻"。从表面上看,我们似乎被无穷无尽的新闻淹没了。然而,越来越多的是由公司和政府暗中生产的未经过滤的公共关系稿,这种做法会让李普曼(Walter Lippmann)——他的远见引领了20世纪20年代专业主义新闻报道的诞

---

[1] "Total and Minority Newsroom Employment Declines in 2011 but Loss Continues to Stabilize," American Society of News Editors, April 4, 2012, asne. org/Article_View/ArticleId/2499.

[2] "Study of the News Ecosystem of One American City." 正如贝内特(Lance Bennett)所论证的那样,这也给猜测、小道消息和不完整的故事成为新闻提供了沃土。See W. Lance Bennett, "Press-Government Relations in a Changing Media Environment," in Kate Kenski and Kathleen Hall Jamieson, eds., *The Oxford Handbook of Political Communication* (New York: Oxford University Press, forthcoming).

生——在坟墓里辗转难安。1960 年，不到一位公关人员对应一位在职的记者，二者比例为 0.75∶1。到 1990 年，这一比例略高于 2∶1。2012 年，这一比例为每四名公关人员对应一名在职记者。按照目前的变化速度，这个比例很可能在几年之内达到 6∶1。[1] 由于核查这些倾向性表达（spin）和通稿的记者要少得多，所以它们被当作正当新闻报道的可能性已经大得多。[2] 2011 年的一份媒体行业对新闻业未来的评估指出：“媒体平台的变化直接导致公关专业人员现在以前所未有的方式成为媒体的一部分。”[3]

盖洛普的调查发现，美国人对电视新闻的信心在 2012 年跌至历史新低，甚至不及近 20 年前的一半，这令人吃惊吗？[4] 或者令人吃惊的是：可以理解的是，有越来越多的人（接近五分之一）表示，他们在投票前一天已经“不看新闻”（newsless），甚至不看互联网头条了？谁又能责怪他们？截止 2009 年，18 至 24 岁的美国人中有近三分之一的人是这样自我描述的。[5] 40 年前，美国年轻人了解新闻的速度与他们的父母和祖父母是一样的。

请注意，新闻业的衰落早在互联网产生任何影响之前就有目共睹了。[6] 巨大的变化发生在 20 世纪 70 年代末和 80 年代，当时大型连锁企业加速了它们的长期趋势，即大举吞并日报并组成大型企业集团，有时也把广播电视台和广播电视网收到同一报纸帝国的麾下。家族所有者出于

① Robert W. McChesney and John Nichols, *The Death and Life of American Journalism: The Media Revolution That Will Begin the World Again* (New York: Nation Books, 2011). 见平装本的前言和附录 3。

② 对于那些希望将新闻通稿作为“新闻”发布的人来说，这是个富有成效的方案。2012 年，威斯康星州一个环保组织的负责人告诉我，他的组织从未像现在这样成功地让该州还存在的报纸刊登他们纯粹的通稿。除此之外，该组织得到的报道很少。对于那些能够负担得起精美、高质量的电视和网站视频新闻稿的人来说，这甚至更好。

③ David Coates, Rebecca Bredholt, Julie Holley, Kyle Johnson, and Katrina M. Mendolera, *State of the Media Report* 2011: *Adapting*, *Surviving*, *and Reviving* (Beltsville, MD: Vocus Cloud-Based Marketing and PR software, 2011), 2, 3, 8.

④ Lymari Morales, "Americans' Confidence in Television News Drops to New Low," Gallup, July 10, 2012, gallup. com/poll/155585/americans-confidence-television-news-drops-new-low. aspx.

⑤ *Information Needs of Communities*, 226.

⑥ 关于专业主义新闻报道看似辉煌的日子，参阅 Jones, *Losing the News*。

各种各样的原因出售报纸,各大公司竞相前来开发这棵摇钱树。这些公司为购得这些利润机器而支出了大笔费用,它们致力于使自己的投资回报最大化。很快它们就决定,通过削减编辑预算来进一步增加利润。在垄断行业中,几乎不存在做出其他选择的压力。有了资金的流动,谁还担心长期的影响?[①]

正是在那个时候,当时这些企业还能盈利,经理们就开始通过缩减记者数量和关闭记者站来满足投资者对不断增长的回报的要求。到了20世纪80年代末和90年代初,因为公司管理层对新闻业的蔑视,像吉姆·斯奎尔斯(Jim Squires)、佩恩·金博尔(Penn Kimball)、约翰·麦克马纳斯(John McManus)、道格·安德伍德(Doug Underwood)这样的知名主流记者和编辑要么批评新闻行业,要么带着厌恶离开了。[②] 到了20世纪末,离职不再是涓涓滴流,更像是成群结队而出。

20世纪90年代是报纸和广播电视网获利丰厚的时期,也是经济快速增长的时期。那十年也是人口增长十分可观的十年。互联网在那时已经成了华尔街的大生意,互联网对新闻业商业模式造成的损害,还是有待检验的假设。然而,从1992年到2002年,广播电视和报纸的编辑部岗位减少了6000个。[③] 到20世纪90年代末,为美国报纸和电视网工作的驻

① 创建了电视节目《火线》(*The Wire*)的前《巴尔的摩太阳报》记者西蒙(David Simon)2009年5月向参议院解释道:"当像《巴尔的摩太阳报》这样的由家族所有的地方性报纸,被整合到上市的报业连锁企业中的时候,新闻业和它所服务的社区之间的一种必不可少的互动关系、一种必不可少的信任被背叛了。在经济上,这种脱离现在是显而易见的。洛杉矶或芝加哥的报业高管有什么理由在乎巴尔的摩的读者是否有更好的报纸,尤其当出版一份平庸的报纸比一份出色的报纸更能赚钱的时候? 家族所有的报业企业可能对10%或15%的利润感到满意,而连锁报业集团的要求是这个数字的两倍甚至更多。早在人们觉察到新技术的威胁之前,削减就已经开始了。"See *Hearing on the Future of Journalism*, Senate Committee on Commerce, Science, and Transportation, Subcommittee on Communications, Technology, and the Internet, 111th Cong. (May 6, 2009, testimony of David Simon).

② John h. McManus, *Market-Driven Journalism: Let the Citizen Beware?* (Thousand Oaks, CA: Sage, 1994); Penn Kimball, *Downsizing the News: Network Cutbacks in the Nation's Capital* (Washington, DC: Woodrow Wilson International Center for Scholars, 1994); James D. Squires, *Read All About It! The Corporate Takeover of America's Newspapers* (New york: Random house, 1995); and Doug underwood, *When MBAs Rule the Newsroom: How Marketers and Managers Are Reshaping Today's Media* (New York: Columbia University Press, 1993).

③ David Weaver et al. , *The American Journalist in the 21st Century* (Mahwah, NJ: Lawrence Erlbaum Associates, 2007), 3.

外记者数量已经大幅减少,调查记者的数量也大量缩减。[1] 在新世纪之初,编辑和观察人士对这些给新闻编辑部带来毁灭性打击的政策发出了强烈的警告,有时几乎怒不可遏。[2] 2001 年,一个由知名记者和学者组成的团队得出结论:"报纸越来越反映广告商告诉报纸我们有些人想要的东西,也就是金融市场告诉报纸它们所想要的。"[3]这是造成灾难的原因,这一点已经很清楚。[4]

　　这是现实存在的资本主义条件下新闻业的真实历史。那些认为市场将使网络新闻业焕发活力并产生更好结果的颂扬者,还没有接受这一历史真相,也没有解释为什么数字商业新闻媒体就会有所不同或更好。现在它看起来可是更糟了。

数字新闻业:是金矿还是坑?

　　如果现有的新闻媒体正在成功地实现数字化转型,或者互联网正以本科勒(Benkler)设想的方式催生出一个可靠的替代品,那么,新闻业在过去一代人的时间内的衰落——过去十年来,情况在加速恶化——就没有那么紧迫了。上述证据表明,总体上,新兴数字新闻媒体对新闻业危机的影响微不足道。这当然不是由于缺乏努力,因为商业新闻媒体自 20 世

---

[1]　Paula Constable,"Demise of the Foreign Correspondent," *Washington Post*, Feb. 18, 2007, b1, washingtonpost. com/wp-dyn/content/article/2007/02/16/ AR2007021601713_pf. html; and Tom Fenton, *Bad News*: *The Decline of Reporting*, *the Business of News*, *and the Danger to Us All* (New york: harperCollins, 2005).

[2]　See, for example, Gene Roberts, ed. , *Leaving Readers Behind*: *The Age of Corporate Newspapering* (Fayetteville: University of Arkansas Press, 2001); William Serrin, ed. , *The Business of Journalism*: *Ten Leading Reporters and Editors on the Perils and Pitfalls of the Press* (New York: The New Press, 2000); and Davis Merritt, *Knight Ridder and How the Erosion of Newspaper Journalism Is Putting Democracy at Risk* (New York: Amacom, 2005).

[3]　Gilbert Cranberg, Randall Bezanson, and John Soloski, *Taking Stock*: *Journalism and the Publicly Traded Company* (Ames: Iowa State University Press, 2001).

[4]　从 2001 年跨到 2011—12 年仅需一小步,2011—12 年报纸和广播新闻媒体对卡戴珊家族的报道,是对海洋酸化的骇人变化的报道的 40 倍,后者是化石燃料引发的气候破坏的主要影响之一。David Helvarg,"The Corporate Media Cares Way More About the Kardashians Than Climate Change," *The Progressive* online, July 11, 2012, progressive. org/corporate_media_climate_change. html.

纪 90 年代以来就一直着迷于互联网,它们明白互联网将是未来。

对传统新闻媒体来说,数字化的道路非常坎坷。2012 年,一份基于专有数据(proprietary data)和对十几家主要新闻媒体公司高管的深度访谈的报告发现,"以新的数字收入代替印刷广告收入的损失,这一转变过程比高管们希望的需要更长的时间,而且事实证明也比他们希望的更困难。以目前的速度,多数报纸继续以惊人的速度在萎缩"。每损失 7 美元的印刷广告收入,才会增加 1 美元的互联网广告收入,高管们说,"这仍然是一场艰难的生存斗争"。[①] 2011 年,报纸行业在整个互联网广告中所占的比例降至 10%,创历史新低;2003 年,这一比例为 17%。[②] 一位高管表示:"毫无疑问,我们现在要倒闭了。"[③]大家都说,旧媒体在向互联网的无情转型过程中,找到网上生存之道"正迫在眉睫"。[④]

看到敬业的记者受困于如何让他们的新闻编辑部继续存活下去,这既可悲又可怜。《基督教科学箴言报》(*Christian Science Monitor*)的编辑马歇尔·英格沃森(Marshall Ingwerson)告诉纽约大学的媒体学者罗德尼·本森(Rodney Benson):"我们必须找到行之有效的商业模式,我们必须如此。我讨厌这个词,但过去五年来,这个词已经无处不在——我们必须变现(monetize)。我们如何将我们所做的事情变现?其他人同样面临这个问题。"[⑤]记者们被讲座淹没了,他们"需要拥抱新技术,抛弃旧的经营方式,这是无情但必要的。这是本应该已经发生了的。现在必须

① Tom Rosenstiel, Mark Jurkowitz, and Hong Ji, "How Newspapers Are Faring Trying to Build Digital Revenue," Journalism. org, Mar. 5, 2012, journalism. org/analysis_report/search_new_business_model.

② Alan D. Mutter, "Banner Ads Flop in Consumer-Trust Poll," *Reflections of a Newsosaur*, Apr. 16, 2012, newsosaur. blogspot. com/2012/04/banner-ads-flop-in-consumer-trust-poll. html.

③ Rosenstiel, Jurkowitz, and Ji, "How Newspapers Are Faring."

④ Rick Edmonds, Emily Guskin, and Tom Rosenstiel, "Newspapers: Missed the 2010 Media Rally," in *The State of the News Media* 2011: *An Annual Report on American Journalism* (Washington, DC: Pew Research Center, Project for Excellence in Journalism, 2011), stateofthemedia. org/2011/newspapers-essay.

⑤ From Rodney Benson, "American Journalism between a Rock and a Hard Place: Are Foundations the Solution?" PowerPoint presentation, University of London, Apr. 2, 2012. 本森在他下一部书中陈述了初步发现,见 *How Media Ownership Matters* (Oxford, UK: Oxford University Press).

发生"。①

　　人们的假定是，只要记者和新闻媒体所有者觉察到并着手转型，那么数字新闻业必定存在盈利的途径。过去几年中，许多美国报纸被对冲基金廉价收购——美国 25 家最大的日报中有近三分之一现在由对冲基金拥有——其潜台词是，这些商业天才能够在新闻业笨蛋失败的地方赚取利润。② 正如 2011 年被奥尔登全球资本（Alden Global Capital）这一对冲基金收购的一家报业公司的记者兼首席执行官约翰·帕顿（John Paton）所说："我们花了 15 年时间来研究网络，作为一个行业，我们报业人并不擅长网络。"③ 显然，对冲基金经理对此也不擅长。卡尔在 2012 年 7 月写道："那些曾以为自己是在低价位时买入的对冲基金，现在争先恐后在寻找那并不存在的出口。"④

　　很少有人愿意考虑这个显而易见的问题：假如根本就不可能产生具备商业可行性的网络民众新闻业，更不用说合乎人民自治需要的新闻业，将会怎样？下一步怎么办？

　　与此同时，新闻媒体公司正拼命寻找它们的数字香格里拉。传统新闻媒体的首要目标是追求数字广告收入，但结果令人失望。消费者调查显示，大多数出版机构和广播电视机构的网站主要刊登的是非品牌的横幅广告，"属于最不可靠的广告信息来源之一"。⑤ 这些网站正在迅速失去广告商的青睐。数字新闻网站在"利用基于用户在线行为定制广告的技术"方面一直处于落后状态。⑥ 此外，多达 80％的数字报纸广告是通过

----

　　① 　The editors,"The Future of News," *New York Observer* ,Mar. 21,2012.

　　② 　关于对冲基金和私募股权投资公司究竟能创造多少价值，以及它们在经济中是否更像寄生虫，而不是生产性的参与者，存在相当多的争论。一份 2012 年的研究评述总结道："事实是，私募股权投资经理擅长削减成本、积累债务以及在致富过程中破坏就业，而在创造就业、鼓励长期创新以及为他们积累的数百万美元财富纳税方面却做得不够。"See John Miller,"Private Equity Moguls and the Common Good," *Dollars & Sense* ,July—Aug. 2012,10.

　　③ 　"Major Trends," in *The State of the News Media* 2011: *An Annual Report on American Journalism* (Washington,DC: Pew Research Center,Project for Excellence in Journalism,2011),stateofthemedia. org/2011/overview-2/major-trends.

　　④ 　Carr,"Fissures Are Growing. "

　　⑤ 　Mutter,"Philly Papers Sold at 10％ of 2006 Value. "

　　⑥ 　Tanzina Vega,"Study Finds News Sites Fail to Aim Ads at Users," *New York Times* ,Feb. 13,2012,B3.

网络投放的,而后者要从中提成50%。这意味着,一份报纸基于每一千名浏览者的收入(行业术语:千人成本或千次浏览成本[CPM])可能只是其基于印刷版读者 CPM 的 2%或 3%。[1] 更糟糕的是,如本书第五章所讨论的那样,随着新闻媒体的数字化,许多本地市场营销——它们曾经是新闻媒体的主要经济来源——并不支持媒体内容网站或任何类型的独立内容网站。[2] 2011 年一份备受重视的行业报告指出:"人们一致认为,网站广告(其价格被大量可用的库存压低)可能永远都无法支撑起每日的综合新闻报道。"[3]

然而,数字广告在 2011 年为报纸提供了超过 30 亿美元的收入,远远超过所有其他形式的互联网收入。即使没有人指望它会增长,它也不会被抛弃。

随着数字广告成为灵丹妙药的可能性逐渐消退,注意力重新回到了让人们为在线新闻付费的问题上。[4] 这个做法对《华尔街日报》和《金融时报》(*Financial Times*)等少数几家著名的报纸是有效的,它们拥有富裕的读者和专业的商业内容。《纽约时报》也做得很好,自 2011 年推出付费系统以来,已经吸引了近 40 万订户。另一方面,《华盛顿邮报》不采用付费墙(paywalls),认为这是"回头看"。首席执行官格雷厄姆(Don Graham)称,这种做法只可能对《纽约时报》和《华尔街日报》这种在全美范围内付费发行的报纸才是有效的。[5] 除此之外,付费墙一直以来都是失败的,一项针对 30 多家试图设立付费墙的报纸的研究发现,只有 1%的用户选择付费。[6] 然而,到 2012 年,美国 1400 家日报中大约有 20%计划对数字访问收费,一些公司(比如甘乃特[Gannett])声称,它们正在创造可

① Joseph Turow, *The Daily You: How the New Advertising Industry Is Defining Your Identity and Your Worth* (New haven, CT: yale university Press, 2011), 78.

② Alan D. Mutter, "Four Ways Newspapers Are Failing at Digital," *Reflections of a Newsosaur*, Apr. 11, 2012, newsosaur. blogspot. com/2012/04/four-ways-news papers-are-failing-at. html.

③ Edmonds, Guskin and Rosenstiel, "Newspapers: Missed the 2010 Media Rally."

④ Russell Adams, "Papers Put Faith in Paywalls," *Wall Street Journal*, Mar. 4, 2012.

⑤ Matthew Ingram, "Why the Washington Post Will Never have a Paywall," GigaOM, July 18, 2012, gigaom. com/2012/07/18/why-the-washington-post-will-never-have-a-paywall.

⑥ "Major Trends," in *State of the News Media* 2011.

观的收入。① 这些公司受到芬兰和斯洛伐克等地成功的日报的启发。②显然，关键在于能够以较低的价格提供大量的内容，最好是众多报纸联合起来提供内容，在一个有着独特语言的小国这么做比在美国容易，在美国，英语材料如爬墙虎一样在网上蔓延着。

目前还不清楚是否会有一个最终结局，订户从未为新闻媒体提供过足够的收入，这似乎既是让人绝望的，又是令人期待的。当然，我们没有时间去关注外部性，即付费墙总是切断许多人获取新闻的渠道，所有这些都表明它们不民主的特性。

最新的希望是，移动通信的迅速出现将为内容变现开辟新的途径。到 2012 年，绝大多数美国人都可以通过手机接收一些当地新闻，而且数量还在增长。最重要的是，移动世界的专利正变得越来越多，因此可能存在足够多的人为稀缺性，鼓励人们最终为新闻类应用程序付费。2011 年，默多克宣布推出只有 iPad 版的《每日新闻》(*The Daily*)，到 2012 年，该报的价格已经下调，部分内容免费供应，并且已经扩展到智能手机版。已经有 10 万订户每月支付几美元，"要想从有趣的实验变成有利可图，还需要更多"。③ 新闻应用程序的想法在变得可行之前，还有很长的路要走。2011 年，11% 的美国成年人拥有新闻应用，但其中近 90% 是免费的。仅有 1% 的成年人购买过 1 款新闻应用。目前还没有理由认为，新闻应用程序能够支撑起一个曾经遍及全国各地的新闻编辑部网络。2012 年，新闻集团裁掉了《每日新闻》29% 的全职员工，这并不利于情况的改善。但这可能是仅存的最好的

① Jeff Sonderman,"Gannett Says Paywalls Are Generating Strong Revenue, Despite Circulation Declines," Poynter, June 29, 2012, poynter. org/latest-news/ mediawire/178778; Steve Myers,"Paywalls Now Affect One-Third of Daily Newspaper Readers," Poynter, July 9, 2012, poynter. org/latest-news/mediawire/180323.

② Ken Doctor,"The Newsonomics of Paywalls All Over the World," Nieman Journalism Lab, Mar. 8, 2012, niemanlab. org/2012/03/the-newsonomics-of-pay walls-all-over-the-world; and William F. Baker,"A National Paywall That Works: Lessons from Slovakia," *Columbia Journalism Review* online, Feb. 14, 2012, cjr. org/ the_news_frontier/a_national_paywall_that_works. php.

③ Staci D. Kramer,"Murdoch's Daily Adds iPhone App: Lower Price, Some Free Stories," paidContent, May 3, 2012, paidcontent. org/2012/05/03/ murdochs-daily-adds-iphone-app-lower-price-some-free-stories.

希望之所在了。①

理想形态的专业主义新闻报道的要点，是将新闻与商业主义、市场营销以及政治压力隔离开来，并为公民理解和有效参与社会提供必要的信息。理论上，作为新闻报道的正当的消费者，没有人相比其他人享有特权。这就是为什么它是民主的。每个人接收的都是同一组新闻。这是一种与商业主义有着暧昧关系的公共服务，因此要有专业主义的防火墙。记者的判断是基于专业的教育和训练，而不是商业考量。这就是为什么人们可以信任他。上述所有让新闻业在线付费的努力的核心问题是，这些做法加速的新闻业的商业化，降低了它作为一种公共服务的诚信和功能。治疗手段可能比疾病更为糟糕。

因此，备受敬重的《华盛顿邮报》的高级编辑们"接受了这样的观点，即研究［互联网用户］流量型态可以成为确定将报纸资源集中于何处的一个有效的方法"。② 他们迫切想找到能够吸引目标消费者和希望接触富裕消费者的广告商的内容。在这一关系中，广告商掌握了所有的王牌，而新闻媒体几乎没有筹码。在"智能"广告兴起的时代，这意味着要塑造内容，以符合目标用户的互联网画像特征，甚至在广告个人化的同时将新闻报道也个人化了。最好销售的新闻往往是软新闻。塔洛（Joseph Turow）写道："挑战在于，如何以一种不会让观众抓狂的方式实现编辑内容的个人化。"他指出，该系统的所有逻辑都指向广告客户也要求在编辑内容中同情地提及他们。研究表明，这样做会使推销更加成功。正如一位沮丧的编辑所说："这些废话可能是绝妙的，但依然臭得很。"③

如果你去看一看新公司凭借着互联网而进军新闻媒体行业，情况并没有多大改变。《编辑与出版人》（Editor & Publisher）的资深编辑格雷格·米切尔（Greg Mitchel）说："所有这些预测报纸会因为广告收入下降

---

① "The Daily Lays Off 50 Staffers, Announces Content and Design Changes," *Huffington Post*, July 31, 2012, huffingtonpost. com/2012/07/31/the-daily-lays-off-50-staffers_n_1725334. html; Tom Rosenstiel and Amy Mitchell, "Survey: Mobile News and Paying Online," in *The State of the News Media* 2011: *An Annual Report on American Journalism* (Washington, DC: Pew Research Center, Project for Excellence in Journalism, 2011).

② Jeremy W. Peters, "A Newspaper, and a Legacy, Reordered," *New York Times*, Business section, Feb. 12, 2012, 5.

③ Turow, *Daily You*, 87, 89, 127—30, 133.

和用户不愿为内容付费而走向终结的人，他们无法解释新的互联网新闻网站将如何生存甚或如何繁荣——既然这些网站大多数也需要付费广告和/或订阅者。我就是不明白。"①

　　新的商业风险投资包括"内容农场"、应用程序，以及建立新闻编辑部和重建在线新闻媒体意识的各种努力。诸如需求媒体（Demand Media）和联合内容（Associated Content）这样的内容农场，已经"接受了教会和国家边界的消蚀，并将其转变为一种商业模式"。② 这些公司雇佣自由职业者快速、廉价地撰写文章，以回应热门搜索词汇，然后销售广告，使后者出现在文章的旁边。广告客户的需求驱动着整个过程。③ 商业成功的关键是以低廉的成本生产大量的内容，业界领先的内容农场每天可以生成数千条文本和视频。④

　　Pulse 已经成为领先的商业新闻应用程序之一，它有 1300 万智能手机免费用户。Pulse 聚合了其他公司的新闻，并通过与广告客户和商家合作赚钱。它正在采用"品牌—内容相适配的广告投放"（branded-content advertising），通过这种方式，广告会被紧挨着放在适合用户个人的新闻报道旁边。一个尚未解决的问题是，Pulse 能否形成一个可行的商业模式，然后像推特一样凭借其规模和网络效应，确立垄断地位。有了基于个人确切位置来实时投放广告的能力，Pulse 在 2012 年主动出击提供地方新闻，并在全球推行这个做法，这一服务现在已有八种语言版本。Pulse 自己并不提供原创新闻，其创始人也承认他们对新闻业知之甚少。⑤ 其他任何一家移动新闻聚合商也不生产任何原创新闻，⑥但它们的部分收入最终可能会落入其他新闻媒体的手中，并最终可能为实际的记

————————

　　① 米切尔（Greg Mitchell）给作者的电子邮件，2012 年 5 月 21 日。

　　② Turow, *Daily You*, 135.

　　③ Ira Boudway,"A Content Farm That Grows books," *Bloomberg Businessweek*, Oct. 31—Nov. 6,2011,45—46.

　　④ Turow, *Daily You*, 6—7.

　　⑤ Olga Kharif,"Taking the Pulse of Neighborhood News," *Bloomberg Businessweek*, Mar. 12—18,2012,38—39.

　　⑥ Carl Franzen,"Social News Apps Vie for News Readers' Attention," TPM Idea Lab, June 4, 2012, idealab. talkingpointsmemo. com/2012/06/social-news-apps -vie-for-news-readers-attentions. php.

者支付报酬。

在互联网上影响最大的新闻公司是美国在线,该公司与时代华纳勉强联姻了十年,直到 2009 年再次独立。大约在那时美国在线收购了 Patch,成为一个"超本地化"(hyperlocal)的数字新闻服务商,在大约 860 个社区开设分支机构,并由广告提供支持。换言之,它就是一份数字报纸,却没有巨大的制作成本。《哥伦比亚新闻评论》对 Patch 纽约州北部地区一位编辑一次详尽又颇富同情心的描述,呈现了他们在逻辑上是如何专注于更富裕的社区的。在编辑和商业部门保持了几个月的分隔后,随着企业的触礁,这一策略被弃用了。编辑与广告人员合作,其中包括"兜揽广告销售机会"。然后,编辑们被要求优待那些能吸引人们到访网站的内容,同时也要培育"用户生成的免费内容"。2011 年,Patch 损失了 1 亿美元,预计 2012 年还会损失 1.5 亿美元。正如卡尔所说,Patch"距离破解密码还有很远"。[①] 虽然它最终可能会实现盈利,但这将是以牺牲它在创立之初的新闻愿景为代价的。[②]

Patch 正朝着《赫芬顿邮报》(Huffington Post)的商业模式发展:依靠志愿者的劳动、聚合其他媒体的内容、通过强调性和名流来增加流量,以及如果你能负担得起的话,你可以生成一些自己的内容。[③] 如同上天的安排,美国在线在 2011 年收购了《赫芬顿邮报》。当时,美国在线的首席执行官蒂姆·阿姆斯特朗(Tim Armstrong)关于新闻业的一份内部备忘录抓住了其中的商业逻辑:他命令公司的编辑根据"流量潜力、收入潜力、编辑质量和周转时间"来评估所有未来的报道。他强调,所有报道都要根据"盈利能力考量"进行评估。[④] 正如 2011 年媒体行业对新闻业未来的一项评估所言,这对那些试图推销新闻故事

---

① Carr, "Fissures Are Growing."

② Sean Roach, "The Constant Gardener," *Columbia Journalism Review*, Mar.-Apr. 2012, 24—29. 译注:2014 年 1 月,投资公司 Hale Global 从美国在线购得 Patch 的大部分股份。随即,公司大裁员。从 2009 年收购 Patch 到 2014 年售出股份,美国在线损失 2 亿美元。

③ Rodney Benson, "Arianna Huffington Meets Citizen Kane," *Le Monde Diplomatique*, May 2011.

④ Tim Rutten, "AOL Hearts HuffPo: The Loser? Journalism," *Los Angeles Times*, Feb. 9, 2011, latimes. com/news/opinion/commentary/la-oe-rutten-column-huffington-aol-20110209, 0,7406565. column.

的公关业人士来说是个好消息,因为这些网站将寻找更多的内容来填充它们的页面。[①]

阿姆斯特朗的备忘录提出了这样的问题:如果一个新闻报道(比如一场遥远的战争或当地一家水务公司的私有化)不能实现适当的"流量潜力、收入潜力",会发生什么? 如果没有公关业的舆论倾向专家(spinmeister)想推动这个新闻报道并提供免费的内容,会怎样? 它是否就从雷达上消失了? 是否因此公民得以知晓没有他们的知情同意却以他们的名义在开展的事情的能力也丧失了? 对首席执行官来说,这可能是小菜一碟,但对一个民主社会来说,这却是一大败笔。

资本主义和互联网关系的两个方面在数字新闻业中显得尤为突出。第一个方面,如果有谁能通过在线新闻赚钱,那么几乎可以肯定,那将是一个庞大、集中的运作,可能是个垄断企业或者接近垄断。事实证明,互联网在集中企业控制权上比起加强权力下放更有效,至少在新闻媒体方面是这样。一位高管表示,"我们可能比过去更加集中"。[②]

某种程度上,这是因为人类能够有意义地定期访问的只能是为数甚少的网站。谷歌的搜索机制鼓励人们集中注意力,因为那些最终没有出现在搜索结果第一页或第二页的网站实际上就等于不存在。正如迈克尔·沃尔夫(Michael Wolff)在《连线》杂志上所说:"2001年,排名前十的网站占美国网页访问量的31%,2006年占40%,2010年约占75%。"[③]根据网络流量监测机构益博睿的Hitwise公司(Experian Hitwise)的数据,到2012年,35%的网络访问量流向了谷歌、微软、雅虎和脸书。(同样的这几家公司获得三分之二的在线广告收入。)并且,正如辛德曼(Matthew Hindman)所指出的,颇具讽刺意味的是,网站的个性化"系统地使最大的网站优于较小的网站"。[④] 诺顿写道,互联网的一个悖论,"是数量相对较

①　Coates et al., *Vocus State of the Media Report* 2011 (Vocus),2,3,8.

②　"Obstacles to Change: The Culture Wars," in *The Search for a New Business Model* (Washington,DC: Pew Research Center,Project for Excellence in Journalism,2012).

③　Michael Wolff,"The Web Is Dead; Long Live the Internet: Who's to Blame? Them," *Wired*,Sept. 2010,122—27,166.

④　我很感激辛德曼让我看了他即将出版的新书的样书,书名暂定为《大象与蝴蝶》(*The Elephant and the Butterfly*),这句话就是从那里来的。

少的网站获得了大部分链接,并吸引了压倒性多数的流量"。如果你的网站不属于这一精英行列,它很可能是非常小,而且会一直很小。[①]

如辛德曼对新闻业、新闻媒体和政治网站的研究表明的,出现的是一种"幂律"分布,即少数政治或新闻媒体网站获得了绝大多数的流量。[②]这些网站由拥有知名度和资源的传统巨头所控制。数百万的网站构成了"长尾",它们很少或没有流量,只有少数人知道它们的存在。它们中的大多数会枯萎,因为它们的生产者几乎没有动力和资源来维持它们。也不存在由刚健的、中等规模的网站构成的有效的"中产阶级",位居这一序列的新闻媒体系统已经在网上被消灭,这使得辛德曼得出结论,网络新闻媒体比旧的新闻媒体更加集中。

这似乎就是数字世界的运转之道。由于回报如此之低,加上新增用户的边际成本为零,只有规模够大才能实现利润。《经济学人》指出:"赚钱的最佳途径是吸引更多的读者阅读相同的内容。"当一个玩家变得如此庞大时,通常就没有多少空间留给其他玩家了。在数字世界中,"全国性的新闻机构将会减少"。[③] 互联网最大的讽刺之处是,它曾经被视为多样性、选择和竞争的代理人,如今却成了垄断的引擎。至于新闻界,目前尚不清楚除了针对富裕人群和商界的内容外,是否还有人能在商业上取得成功。

资本主义和互联网关系的第二个方面,是在线新闻商业模式的核心是这样一种认识:支付给记者的工资可以大幅削减,而工作量可以增加到前所未有的水平。阿姆斯特朗在备忘录中说,美国在线的所有新闻从业人员将被要求每天撰写"5 到 10 篇报道"。《洛杉矶时报》的蒂姆·鲁滕(Tim Rutten)在对美国在线 2011 年《赫芬顿邮报》收购案的评估中,抓住了这一要求的本质:"想要了解《赫芬顿邮报》的商业模式,想象一下奴隶划桨、海盗指挥的大帆船。"他写道,在"新媒体领域,已经很明显的是,这次合并将促使更多记者更深地进入我们日益残酷的经济中很不幸地正在不断扩大的低收入部门"。[④]

---

①　John Naughton,*What You Really Need to Know About the Internet*: *From Gutenberg to Zuckerberg* (London: Quercus,2012),268—69.

②　Matthew Hindman, *The Myth of Digital Democracy* (Princeton, NJ: Princeton university Press,2009),51—54.

③　"News of the World," *The Economist*,Mar. 17,2012,73.

④　Rutten,"AOL Hearts HuffPo."

由于居高不下的失业率和黯淡的前景，记者的工资和工作条件面临着巨大的下行压力，这就是刚刚爬上民主之床的两吨重的大象。鲁滕总结说，我们发现"在新媒体中，存在许多旧经济的工业资本主义最为严重的弊端——血汗工厂、增速和计件工作；为所有者带来的巨额利润；给工人带来的绝望、苦差事和剥削。还没有童工，但倘若有更多的页面访问量的话……"①2007年大卫·沃茨·巴顿（David Watts Barton）离开《萨克拉门托蜜蜂报》（*Sacramento Bee*）去萨克拉门托出版社（Sacramento Press）工作，后者是一家超本地化（hyperlocal）的数字新闻机构。他在《哥伦比亚新闻评论》上，描述了基于志愿劳动生产可信新闻报道的极端困难。"编辑要花钱。公民记者很便宜，他们甚至可以做得很好。但是，即使是伟大的记者也需要一些编辑，公民记者则需要大量的编辑。……没有新闻岗位，我们就没有新闻报道。"②

2012年夏天，美国公共电台的《美国生活》（*This American Life*）节目播出了一位揭秘者（whistleblower）的曝光，之后，商业媒体对新闻业劳动状况的态度在Journatic风波中变得清晰起来。Journatic公司是一家隐蔽的"超本地化内容供应商"，据报道，它避开公众的关注，以至于其网站包含的代码会减少其在谷歌搜索中的显示。它与数十家美国的商业新闻媒体签订合同，向它们提供地方性报道，包括《新闻日报》（*Newsday*）、《休斯顿纪事报》（*Houston Chronicle*）、《旧金山纪事报》（*San Francisco Chronicle*）和盖特豪斯报系。Journatic公司的商业模式建立在这样一种观念之上，即对许多美国新闻媒体而言，用真正付费的记者去做常规的地方新闻报道不再是可行的选择，因此公司提供了另外一种有

---

①　Ibid.

②　David Watts Barton，"What I Saw at the hyperlocal Revolution，"*Columbia Journalism Review* online，Nov. 17，2011，cjr. org/the_news_frontier/what_i_saw_at_ the_hyperlocal_revolution. php. 基于志愿者的新闻报道存在一个关键问题：志愿者只会报道他们想要报道的内容，而且他们不对任何人负责。一场特别的交流捕捉到了这一点。2010年，我造访了中西部一所重要大学，一位新闻学教授反驳了我的观点，即互联网没有为新闻业的新时代提供充分的基础。他解释说，他和几个被当地日报解雇的朋友创办了一个网站，在那里他们报道电影、音乐、餐馆、球赛和他们城市的艺术活动。他声称，这些报道与旧媒体报道的一样好，甚至可与后者的鼎盛期比肩。这在很大程度上是由志愿者来运作，收入来自捐款和少量的微广告。我问这位教授，他的网站在报道县议会会议方面做得有多好，县议会会议时不时会决定一些重要的土地规划（zoning）问题。"县议会？"他回答，"我们不报道那些东西。你得付钱给我。"正是。

折扣的选择。

　　Journatic 的地方报道由低薪作者和自由职业者供稿,他们来自美国,颇具讽刺意味的是,还来自菲律宾。Journatic 雇佣菲律宾"能够每周至少交付 250 篇"的作者,每篇计价 35 至 40 美分。Journatic 的首席执行官布莱恩·蒂姆伯恩(Brian Timpone)表示,他们的薪酬"比菲律宾的大多数职位高"。他们的报道使用虚假的"听起来像美国人的署名",这让他们看起来像是在当地社区采写那些报道。使用化名的部分原因是,如果读者和其他记者看到由同一个作者写的文章的数量,他们会起疑心,更不用说保持他们是当地记者这一错觉的重要性。

　　不出所料,如那位揭秘者所说,这些报道"只不过是再加工的新闻通稿"。它们还有相当多的错误、捏造和剽窃。① 但是,对于 Journatic 客户的普通读者来说,那些报纸或网站看起来满满都是原创的本地内容。

　　2012 年 4 月,拥有《芝加哥论坛报》(*Chicago Tribune*)的论坛报公司(Tribune Company)投资了 Journatic,并将芝加哥地区的 90 个论坛报地方网站(TribLocal websites)和 22 个版本的周报的报道外包给了 Journatic。论坛报地方网站 TribLocal 与 Journatic 签合同后,裁掉了 40 名员工中的一半,而网站的内容增至三倍。消息传出后,《芝加哥论坛报》编辑部的 90 名成员发起请愿,抗议 Journatic 的角色。7 月 13 日,论坛报公司无限期暂停旗下报纸采纳 Journatic 的稿件,但是这家超本地化内容供应商在其他市场依旧非常活跃,它在等着负面影响烟消云散。

　　故事并没有到此结束。帕萨迪纳市(Pasadena)的出版人詹姆斯·麦克弗森(James Macpherson)表示,他想为外包的概念"辩护",称"Journatic 的做法相当低劣"。2007 年,他的公司开始将新闻业务外包到印

---

① Journatic 的相关资料来源还包括:Ryan Smith,"My Adventures in Journatic's New Media Landscape of Outsourced Hyperlocal News," *The Guardian*,July 6,2012; Michael Miner, "The Burbs' First Look at Journatic," *Chicago Reader* online, Apr. 27, 2012, chicagoreader. com/bleader/ archives/2012/04/27/the-burbs-first-look-at-journatic; Hazel Sheffield,"Journatic Busted for Using Fake Bylines," *Columbia Journalism Review* online,July 6,2012,cjr. org/behind_the_news/media_start-up_journatic_buste. php; Robert Channick,"Tribune Newsroom Staffers Petition Editor over Use of Journatic," *Chicago Tribune*,July 26,2012; Anna Tarkov, "Journatic Worker Takes 'This American Life' Inside Outsourced Journalism," Poynter,June 30,2012,poynter. org/latest-news/ top-stories/179555。

度，但由于他显然走在时代的前列，这个项目很快就推迟了。现在麦克弗森使用亚马逊2012年开发的互联网软件与世界各地的自由撰稿记者签约，他说："我几乎把一切事情都外包出去了。我主要寻找那些可以支付更低的工资又能干大量活儿的人。"他承认存在局限性："马尼拉的人不可能理解帕萨迪纳在发生什么。"但从经济运作的角度看，麦克弗森认为外包是不可避免的："Journatic的真正教训是，外包不会消失。"①

随着新闻业务越来越像重复性劳作，一个合乎逻辑的问题是，谁还需要人的劳动？数据表（StatSheet）是自动洞察公司（Automated Insights）的子公司，②它通过算法将数字数据转化为418家体育网站的叙事性文章。现在，自动洞察公司也通过计算机每周为一家房地产网站生成1万到2万篇文章，而新兴的计算机内容生成行业相信，在不久的将来，算法将成为撰写新闻故事的关键部分。"我相信记者文章会比机器写得好，"一位自动洞察公司签约的房地产公司高管说，"但我想要的是有一定质量水准的数量。"③谁知道呢，没准哪天我们会把Journatic视为新闻业的黄金时代。

简而言之，互联网并没有缓解商业主义和新闻业之间的紧张关系，而是放大了这重关系。由于劳动力的工资严重偏低或无薪，研究发现，互联网提供的原创新闻倾向于简单和有趣的内容，通常"集中于生活方式方面的话题，如娱乐、零售和体育，而不是硬新闻"。④随着传统新闻业的瓦解，还没出现任何模式可以使网络新闻报道（甚至是糟糕的新闻报道）的

---

① Hazel Sheffield, "Pasadena Publisher Launches a System for Outsourcing Local News," *Columbia Journalism Review* online, Aug. 27, 2012, cjr. org/behind_ the_news/pasadena_publisher_launches_a. php.

② 译注：Automated Insights是一家科技公司，专注于自然语言生成软件，后者可将大数据转换成可阅读的叙事，其中包括自然语言生成平台Wordsmith。

③ Buster Brown, "Robo-Journos Put Jobs in Jeopardy," *Huffington Post*, July 19, 2012, huffingtonpost. com/buster-brown/robo-journalism_ b_ 1683564. html.《哈特福德新闻报》(*Hartford Courant*)已经通过谷歌翻译来快速处理整个网站，以生成西班牙语版。前新闻报专栏作家雷纳（Bessy Reyna）汇编了一些更严重的翻译错误，并表示"修复每一篇文章中发现的许多问题需要几个小时"。See Andrew Beaujon, "Hartford Courant's Spanish Site is Google Translate," Poynter, Aug. 17, 2012, poynter. org/latest-news/mediawire/184645. 译注：《哈特福德新闻报》是康涅狄格州最大的日报，哈特福德为州首府所在地。

④ *Information Needs of Communities*, 16.

盈利水平接近可信的大众新闻媒体所需要的水平,而且我们也没有理由期待未来会出现这样的模式。[①]

没有什么比如下事实更能证明新闻业是一项公益事业了:没有一位美国的金融天才弄明白了如何从新闻业中赚钱。它与教育有着惊人的相似性。当管理者将市场逻辑应用到学校时,这一逻辑不管用了,因为教育是一种合作性质的公共服务,而不是生意。公司化的学校(corporatized schools)抛弃学习成绩不良、难以教育的孩子,停止费用高昂的项目,用没完没了的考试轰炸学生,然后攻击教师工资和工会,认为这些是"成功"的主要障碍。[②] 没有谁通过实施优质教育获得过利润,以盈利为目的的教育公司不用教学就能攫取公共资金和赚钱。[③] 这就是为什么精英经理人把他们自己的孩子送到非营利的学校上学的原因,这些学校通常是私立的,但有时候也会是富裕郊区的公立学校,而其他孩子则在市场上听天由命。简而言之,教育是一项公共事业。在数字新闻领域,同样的动力产生同样的结果,并导致同样的结论。

为公而战

新闻业危机的严重性是不容忽视的,尤其对那些目睹了追踪他们的记者数量迅速减少的政界人士而言。到 2008 年,许多政客都在发表评论,在他们的选区获得媒体报道,或在他们关心的问题上获得媒体报道变得有多困难。在竞选过程中,一度有如重量级冠军一样被随行记者包围的美国参议员们突然发现,他们只有一两个工作人员随行,其他人员寥寥无几。到 2010 年,联邦通信委员会和联邦贸易委员会各自成立了专门小组,研究新闻业的危机并提出解决方案。美国国会的民主党党团会议

---

① 关于一家报纸出版商的做法几年前可能会被视为过于严苛,而现在被誉为从纸媒向数字媒体转型中富有远见卓识的报道,参见 David Carr, "Newspapers' Digital Apostle," *New York Times*, Nov. 14, 2011, B1, B6。

② 这一观点仔细而令人信服的阐述:Diane Ravitch, *The Death and Life of the Great American School System: How Testing and Choice Are Undermining Education* (New York: basic books, 2010)。

③ Floyd Norris, "Colleges for Profit Are Growing, With U. S. Aid," *New York Times*, May 25, 2012, B1, B7, 对此有精彩讨论。

(caucus)也做了非正式的调查。众议院和参议院都举行了听证会。没有任何结果，但这些调查在美国历史上是前所未有的。①

缺乏行动的部分原因是缺乏公众的抗议和压力。大多数美国人，包括许多严肃的新闻和政治迷，都低估了美国新闻业危机的严重程度。主要原因很可能是互联网本身。因为许多人把自己封闭在他们喜爱的新闻网站中，在网上接触那么多的资料，甚至在"长尾"网页上浏览，我们在多大程度上生活在资深编辑汤姆·斯蒂茨(Tom Stites)所说的"新闻沙漠"之中，已经被遮蔽了。② 此外，通过持不同政见的网站、社交媒体和智能手机，活动家有时候会绕过尼克尔斯所说的"下一个媒体系统"的把关人。③ 在公众抗议和动荡期间，这一做法的价值是惊人的。

但是，认为这构成了令人满意的新闻业之幻想，正越来越淡。最能说明这种情况的就是，维基解密在 2009 年至 2011 年间公布的大量美国政府机密文件。对有些人来说，这是最好的调查性新闻，维基解密已经确立了互联网作为信息来源的优越性。它显然威胁到了当权者，所以，这正是自由的人民(free people)所需要的第四等级。有人声称，多亏了互联网，我们现在真正自由了，有了向领导人问责的权力。④

事实上，维基解密事件恰恰相反。维基解密并不是一个新闻机构。它向公众公开了秘密文件，但这些"文件在网上销声匿迹，直到专业记者撰写出来才引发公众关注"，希瑟·布鲁克(Heather Brooke)如是说。"光有素材是不够的。"⑤新闻报道必须确保材料是可靠的，记者必须努力对材料进行审查和分析，以找出其中的含义。这就需要有机构

① McChesney and Nichols, *Death and Life of American Journalism*，该书涵括了这些调查，尤其是平装本的跋。

② Tom Stites, "Layoffs and Cutbacks Lead to a New World of News Deserts," Nieman Journalism Lab, Dec. 8, 2011, niemanlab.org/2011/12/tom-stites-layoffs-and-cutbacks-lead-to-a-new-world-of-news-deserts.

③ John Nichols, *Uprising: How Wisconsin Renewed the Politics of Protest, from Madison to Wall Street* (New York: Nation Books, 2012), 115.

④ 有关这个主题的不同变体，参阅 Charlie Beckett and James Ball, *WikiLeaks: News in the Networked Era* (Malden, MA: Polity, 2012); and Micah L. Sifry, *WikiLeaks and the Age of Transparency* (Berkeley, CA: Counterpoint, 2011)。

⑤ Heather Brooke, *The Revolution Will Be Digitised: Dispatches from the Information War* (London: Heinemann, 2011), 77—78.

支持的有报酬的全职记者。这些资源美国拥有的太少了,而美国所拥有的这些资源与权力结构的联系过于紧密,因此大多数材料还没有为了普罗受众而得以研究和总结,并且,可能在我们有生之年永远也不会出现。

此外,当美国政府成功发起公关和媒体闪电战,诋毁维基解密时,没有独立的新闻机构可以做出回应。人们的注意力很大程度上从这些文件的内容,转移到对维基解密正在夺去无辜生命的夸大和未经证实的指控上,转移到对维基解密领导人阿桑奇(Julian Assange)个人的关注上。格林沃尔德只不过稍稍夸张了一点,他说,"几乎所有人都一致认为维基解密是邪恶的"。尽管在维基解密公布的文件中可以找到令人吃惊的内容,但是这次攻击还是使维基解密名誉扫地,孤立无依。关键是,美国的编辑和记者在打开维基解密的大门之前三思而后行。它起作用了。

其他地方的许多记者团结起来,捍卫有关透明度和向当权者说出实话(speaking truth to power)的基本原则。他们评估并公布的材料激发了全球民主运动的浪潮,甚至促成了和平的政治革命。在美国,没有发生过这样的事情,维基解密也没有对我们的政治民主化或追究我们的领导人产生过任何影响。美国记者和评论人士对维基解密事件的反应往往与政府的舆论导向专家(spin doctor)没什么区别。格林沃尔德最终在许多广播新闻节目中为维基解密辩护,并发现他在直播节目中的对手经常是记者,"实际上,记者的思维方式和政治官员的思维方式之间,甚至连间隔的伪装都不存在"。①

当美国政府和互联网巨头采取措施使维基解密失去效力时,尽管与其相关的任何人都没有因其出版活动而受到指控或被定罪,但所谓的美国新闻业却温顺地袖手旁观。几乎从未对国家安全型国家或其与大公司的关系进行过调查的新闻界,不为那些有勇气将此类信息公之于众的媒体辩护,这是多么能说明问题啊!虽然奥巴马政府像之前的

---

① Glenn Greenwald,"How the US Government Strikes Fear in Its Own Citizens and People Around the World," speech to the Lannan Foundation,Mar. 8,2011,published on AlterNet. org,Mar. 21,2011.

政府一样,采取非常措施限制公众获取信息和惩罚揭秘者,但在一个自由社会中,可靠的独立新闻界肯定会带头公开其秘密,并积极反对。[1]所有迹象都表明,维基解密与其说是新时代的先声,不如说是旧时代的最后一口气。

这也触及了博客的局限性,就在不久前博客还被称为"宪法第一修正案的小机器,它们将新闻自由扩展到更多的行动者身上"。[2] 博客提供评论,有时是专家的评论,但是他们往往依赖其他人的报道来发表评论。如果没有可靠的新闻报道,博客的价值就只体现在其原创研究的程度上,而这一点很难做到,除非你能在有机构支持的条件下全职从事这项工作。此外,辛德曼有关在线媒体集中的研究也一样适用于博客圈,如果后者不是更集中的话。他发现,博客的流量高度集中于少数几个站点,这些站点的运营者拥有超乎想象的精英血统。[3]

过去几年,数字新闻业出现了一个令人兴奋的新希望:在线非营利新闻媒体。若干为公众利益做新闻的机构已经建立起来了。《圣迭戈之声》(Voice of San Diego)的编辑告诉纽约大学的本森(Benson),我们现在所做的事情"在悬崖边上,看不清商业模式走向何方。如果我们想让这一公共服务继续存在下去,我们就需要以一种不同的方式为它提供资金"。《旧金山公共报》(SF Public Press)的编辑对本森说,对于不得不依赖广告和盈利,"我会说谢天谢地,可算摆脱了。从一开始这就是糟糕的婚姻,它扭曲了报道。同时,它也排除了对那些没有成为广告目标的人和社区的讨论"。[4] 这些组织的创始人看到了美国新闻业的巨大空白,他们希望填补这一空白。

那么,最大的问题是,这一波新的非营利新闻媒体能否重振美国新闻业,使其摆脱侵蚀其根基的商业主义。如果能够,则说明公众的厌倦和政

---

[1]　See Jane Mayer,"The Secret Sharer: Is Thomas Drake an Enemy of the State?" *New Yorker*,May 23,2011. See also Patrick B. Pexton,"Leaks Bill: Bad for Journalism,Bad for the Public," *Washington Post*,Aug. 3,2012.

[2]　Jay Rosen,"The People Formerly Known as the Audience," in Michael Mandeberg, ed.,*The Social Media Reader* (New York: New York University Press,2012),13.

[3]　Hindman,*Myth of Digital Democracy*,51—54.

[4]　Rodney Benson,"American Journalism between a Rock and a hard Place: Are Founda-tions the Solution?" PowerPoint presentation,University of London,Apr. 2,2012. 本森的下一部书表达了他的初步见解,见 *How Media Ownership Matters* (Oxford university Press)。

府的无所作为都是事出有因的。北方佬(yankee)的聪明才智将会解决这
个问题。最好是,政府和商业都将很少介入新闻业,新闻业将成为一个真
正的公共领域。①

　　其中一些非营利企业是地方性的,如《明尼苏达邮报》(*MinnPost*)以
及前面已提及的《圣迭戈之声》,还有一些是全国性的机构,如《专业出版》
(*ProPublica*),2010 年它成为第一家获得普利策新闻奖的数字新闻媒体。
此类机构的许多工作人员都是曾经在商业新闻媒体工作过的优秀记者。
年轻又有热情的新记者正在进入这个领域。调查性报道工作坊(Investi-
gative Reporting Workshop)2011 年的一项研究发现,排名前 75 位的非
营利新闻机构有 1300 名员工,年度预算总计 1.35 亿美元。(其中包括《消
费者报告》[*Consumer Reports*],它占总员工数近一半,占总预算三分之
一。)②2008 年以来,美国国家税务局(Internal Revenue Service,IRS)收到
的新闻机构申请非营利资格的数量激增,几乎全都是数字化机构。③"解
救媒体"组织的活动家斯特恩斯在这个领域工作,他告诉我:"这个领域绝
对是在迅猛增长。"④这类新的非营利数字新闻企业有多少家? 骑士基金
会(Knight Foundation)负责监管和支持此类活动的埃里克·纽顿(Eric
Newton)说:"数量不是几十,可能是几百,或许比任何人知道的都多。"⑤

　　然而,非营利部门的影响可能小于单个非营利机构的加总。纽顿所
说的"调查性非营利机构正在打出超出其重量级的重拳",这意味着"它们
所覆盖的社区总数仍然不及盈利性机构"。⑥ 当主流新闻机构选中它们

---

①　如果政府能尽其所能地鼓励非营利新闻机构的运作,这将会有所帮助。相反,美国国
家税务局把新闻业视为商业运营,并且在将非营利资格授予许多合法的初创企业上故意拖延时
间。这使筹款变得更加困难。"解救媒体"组织已经把此作为一个重要的组织活动。See Ryan
Chittum,"Nonprofit News and the Tax Man," *Columbia Journalism Review*,CJR. org,Nov.
17,2011.

②　Charles Lewis,Brittney Butts,and Kaye Musselwhite,"A Second Look:The New Jour-
nalism Ecosystem," Investigative Reporting Workshop, Nov. 30, 2011, investigativereporting-
workshop. org/ilab/story/ecosystem.

③　"IRS Policy and the Future of Nonprofit News," Free Press,Apr. 16,2012,freepress.
net/irs.

④　斯特恩斯(Josh Stearns)给作者的电子邮件,2012 年 5 月 23 日。

⑤　纽顿(Eric Newton)给作者的电子邮件,2012 年 5 月 23 日。

⑥　纽顿(Eric Newton)给作者的电子邮件,2012 年 5 月 7 日。

作品的时候,通常就是它们最成功的时候。《专业出版》的做法常常就是这样,凭借在《纽约时报杂志》(*New York Times Magazine*)[1]上刊发的一篇文章,它获得了两个普利策奖中的第一项。在这种情境下,是非营利部门在向商业新闻媒体提供补贴。

还有一股力量在推动非营利行动主义组织(非政府组织)在其专长的领域成为在线新闻的直接生产者。[2] 随着传统新闻编辑部的坍塌,公益性非政府组织正在做它们自己的报道,由此它们就可以跟进与他们的工作相关的新闻故事。纽顿问道:"什么是非营利数字新闻业务？高度符合道德规范的人权观察组织(Human Rights Watch)的数字信息收集部门？"[3]例如,2011 年,媒体与民主中心(Center for Media and Democracy,CMD)对行事隐秘、以公司利益为主导的美国立法交流委员会(American Legislative Exchange Council，ALEC)[4]进行了曝光,并获了奖。几年前,这项工作可能是由传统记者完成的,但剩下的传统记者实在太少了,无法承担这项任务。

尽管非政府组织进入新闻业令人兴奋,但我们不应将这一发展浪漫化,不应将一种美德当作是必然的。依据我的经验,这些团体中的大多数宁愿独立的新闻机构来做它们迫不得已做的艰苦的调查性工作。这将使它们能够利用其非常稀缺的资源开展位居核心的研究、倡导和服务。最重要的是,这将使调查结果比来自利益相关方的调查结果更具有合法性,并产生更大的公众影响。在一个多数新闻都源自利益相关方的世界里,非政府组织将很难摆脱由企业资助的组织所制造的嘈杂声,因为后者拥有更多的资源,两者的资源差距是指数级的。例如,媒体与民主中心对美国立法交流委员会的揭露,在被《纽约时报》选中并推动后成为主流,这时距离该中心首次曝光已经过去整整一年了。[5]

---

① 译注:周刊,随每周日的《纽约时报》一同分发。

② Carroll Bogert,"Old Hands,New Voice," *Columbia Journalism Review*,Mar.—Apr. 2009,29—31.

③ 纽顿(Eric Newton)给作者的电子邮件,2012 年 5 月 23 日。

④ 译注:美国保守的公共政策院外游说组织。

⑤ 《纽约时报》最终跟进了 CMD 关于 ALEC 的具有开拓性的曝光工作。See Mike McIntire,"A Conservative Charity's Role as Stealth business Lobbyist," *New York Times*,Apr. 22,2012,A1,A18.

　　对非政府组织的记者和数字非营利新闻媒体这一新领域来说,好消息是,通过放弃印刷版,他们至少减少了传统报刊30％的生产和发行成本。① 这是让颂扬者对网络新闻报道的后物质本质赞不绝口的一个因素。坏消息是,减少了30％的成本仍然使这个部门陷于困境之中。这些数字非营利新闻媒体资金不足,没有理由认为它们将创造出比目前多得多的资源。把这一部门放在更大的背景下来看,它现在最多只有几千名员工,而相比二十年前美国有12万名受薪的全职记者。② 此外,这些企业都没有指向大规模的增长。即使在其最热情的支持者做出的评估中,它们也很有可能倒闭。事实上,除了我在下一节将提出的那种激进的政策建议之外,目前状况可能是最好的结果了。一旦你路过了75家最大的非营利新闻机构,你就会深深陷入一大堆无足轻重的小小门脸之中。"没有一家发展出清晰的商业模式。"骑士基金会的一项研究得出这样的结论。③

　　个人捐款和基金会资助一直是这些企业收入的基础,但这些方式都存在明显的局限,并会引发问题。公共广播节目的经验表明,人们会付费,但有一个上限,并远远低于所需的资金。2009年,个人向所有公共和社区广播电视台(broadcasting stations)捐款7.3亿美元。在过去十年里,个人捐款总额在公共媒体收入中所占的比例并没有增长,其中只有一小部分流向了新闻业务。④《旧金山公共报》竭尽全力建立了一个"美国公共电视网(PBS)模式",即由捐款来支持自己,但捐款仅占其微薄的8万美元年度预算的8％至12％。⑤ 即使捐款方式变得可行,还有一个额外的担忧:它倾向于将中上阶级的特权扩展到数字未来之中。

　　我们再来看看基金会。2009年初,随着报业的崩溃,一场由慈善机

　　① Christine haughney,"The Undoing of the Daily," *New York Times*,June 4,2012,B8.

　　② David H. Weaver and G. Cleveland Wilhoit, *The American Journalist in the* 1990s: *U. S. News People at the End of an Era* (Mahwah,NJ: Lawrence Erlbaum Associates,1996).

　　③ Mayur Patel and Michele McLellan, *Getting Local: How Nonprofit News Ventures Seek Sustainability* (Miami: Knight Foundation,October 18,2011),6.

　　④ "Public broadcasting Revenue Reports," Corporation for Public Broadcasting,cpb. org/stations/reports/revenue.

　　⑤ Benson,"American Journalism between a Rock and a hard Place." 本森告诉我,《旧金山公共报》也出印刷版。

构支持的建立非营利报纸和/或赞助报纸的运动开始了。查尔斯·刘易斯(Charles Lewis)是公共廉政中心(Center for Public Integrity)的长期负责人,他说:"现在是公民社会,特别是这个国家有经济实力的基金会和个人,与了解新闻业正在经历的经济变化的记者和专家合作的时候了。他们要制订富有想象力和远见卓识的计划,支持我们现有的宝贵的非营利机构,并帮助发展出新的机构。"①美利坚大学(American University)的扬·谢佛(Jan Schaffer)估计,自2005年以来基金会已经向美国的非营利新闻业捐赠了至少2.5亿美元。②

基金会作为支持方式存在三方面的问题。首先,它们根本没有足够的资金资助哪怕是很大一部分的新闻业务。基金会还有许多其他的事情要处理。《经济学人》指出,基金会"只能部分解决报业的困境"。③

其次,基金会几乎不是价值无涉或中立的机构。它们有自己热衷的事业和意图,它们常常与有权势的人和机构往来。有时它们只会资助自己感兴趣的某些类型的报道。基金会通常习惯于让接受资助方给出它们想要的东西。尽管有例外,但它们不会开出巨额支票然后啥也不管。许多非营利机构的记者都想知道他们的下一顿饭从哪里来,这样的环境给了基金会非同寻常的或隐或显的对内容的控制权——基本上是无需问责的权力。

第三,大多数基金会只向新成立的企业提供有限期限的支持,通常为期三年或更短。基金会的董事会和董事们喜欢催生出团体,而不是永久地资助它们。斯特恩斯在记录非营利新闻企业的状况时指出:"值得注意的是,这些企业中有很多是初创企业,成立还不到三年。一旦创业投资消失,目前尚不清楚有多少能存活下来。"④非营利新闻业的主要投资者骑士基金会的约翰·布莱肯(John Bracken)警告初创企业:"我们不会提供永久的支持。"⑤

---

①　Charles Lewis,"The Non-Profit Road," *Columbia Journalism Review*,Sept.—Oct. 2007; and Vince Stehle,"It's Time for Newspapers to Become Nonprofit Organizations," *The Chronicle of Philanthropy*,Mar. 18,2009. 译注:CPI是美国非营利调查性新闻报道组织。

②　"Reporters Without Orders," *The Economist*,June 9,2012,64.

③　Ibid.,65.

④　斯特恩斯(Josh Stearns)给作者的电子邮件,2012年5月23日。

⑤　"Reporters Without Orders," 64.

　　引人注目的是,在多年的经验过后,参与资助和研究非营利新闻业的主要基金会显然不知道,这些业务如何才能变得可持续。基金会的官员陷入来回重复老生常谈和时髦话的窘境,就像对冲基金经理在商业方面对着老式报纸从业者所说的那样。骑士基金会主席说:"我们对新的和不同的做事方式感兴趣。……那些能灵活应变的人在未来会比那些变化迟缓的人做得更好。"①贾维斯(Jeff Jarvis)在2011年对资助机构表示,数字非营利新闻媒体需要专注于找出"哪种金融模式行之有效"。皮尤研究中心2011年的一份报告称,最"有前途的社区新闻领域的实验,来自那些拥抱商业创业和数字创新的人"。② 纽顿认为,"数字非营利组织需要多样的收入来源才能生存"。③ 他说,获得资助并一门心思投入伟大新闻业的日子已经结束了。数字非营利组织必须投入"大量资金在技术、销售和营销等方面"。④ 他认为,数字非营利媒体应该欢迎无偿劳动的使用:"新的数字模式是各种不同的类型,是公民型/志愿者型/自由职业者型/传统型/混合型。"⑤

　　事实上,这种支持方式承认失败,然后试图宣告获胜。⑥ 它极度坚持基于信仰的信念,即在没有任何公共政策干预的情况下,一切终将以某种方式得以解决,同时它承认,存在着期限不明确的一段时间,期间,流向新闻业的资源必定会陡然下降。在这个长度从十年到五十年不定的过渡期

① Benson,"American Journalism between a Rock and a Hard Place."
② Cited in Michele McLellan,"Emerging Economics of Community Media," in *The State of the News Media* 2011: *An Annual Report on American Journalism* (Washington,DC: Pew Research Center,Project for Excellence in Journalism,2011).
③ 纽顿(Eric Newton)给作者的电子邮件,2012年5月7日。
④ Cited in McLellan,"Emerging Economics of Community Media."
⑤ 纽顿(Eric Newton)给作者的电子邮件,2012年5月23日。
⑥ 令人吃惊的是,2012年福特基金会(Ford Foundation)决定向《洛杉矶时报》和《华盛顿邮报》捐款150万美元,以支持它们的报道。这既是承认商业新闻面临着迫在眉睫的危机,也是承认非营利部门未能产生合适的替代品。See Andrew Beaujon,"Ford Foundation Gives Washington Post \$500,000 Grant for Government-Accountability Reporting," Poynter,July 30,2012,poynter.org/latest-news/mediawire/183327. 一位批评人士写道,"福特应该更多地关注长期的改进措施,而不是填补老牌报纸在报道上的短期缺口,这些报纸的出版商应该为优秀的新闻报道买单。"See Pablo Eisenberg,"Ford Needs a Smarter Approach to Newspaper Grants," *Chronicle of Philanthropy* online,Aug. 14,2012,philanthropy. com/article/Ford-Needs-a-Smarter-Approach/133629.

内,任何时候我们显然都不得不就着匮乏的资源度日。值得称赞的是,纽顿曾思考过这种支持方式的后果:

> 新闻和生活一样,也能找到出路。我长期以来的乐观情绪中夹杂着对当前形势的担忧。最终会如何,不等于当下会如何。当我们在等待一个巨大的新时代——双向的,而不是单向的;数字化的,而不是工业化的;网络式的,而不是中心发散式的——到来的时候,很多不好的事情正在发生。例如,每当传统新闻业萎缩,公共腐败就会膨胀。有时候我想知道:一个国家能承受多少腐败和混乱?[①]

纽顿是对的:这个策略是可疑的。鉴于摆在我们面前的巨大问题,我认为,这无异于社会自杀。

或许近年来最发人深省的发展是《卫报》,它可以说是世界上最好的英文报纸,拥有庞大的在线读者群。正如《经济学人》集团旗下的《智生活》(*More Intelligent Life*)杂志[②]的一篇报道指出的那样,"《卫报》近来的表现令人吃惊"。很少有报纸如此愤怒地接受了互联网,并且取得了明显的成功。在发行覆盖和影响力方面,"《卫报》现在比以往任何时候做得都好"。《卫报》成功的部分原因在于,它是一家非营利机构,对新闻报道的倾注高于一切。没有投资者将其在《卫报》的股份与其他更有利可图的选择之间进行权衡。20 世纪 30 年代由家族所有人建立的斯科特信托基金(Scott Trust)管理良好,拥有大约 2.5 亿至 3 亿美元的"备战基金"(war chest)[③]以弥补运营亏损,尽管首席执行官安德鲁·米勒(Andrew Miller)说,这笔资金最多还能再维持三至五年。但是,即便是《卫报》也做不到在不节流(cutting resources)或将业务商业化的情况下(超越了传统上广告对新闻媒体的作用)实现收支平衡。这两种选择都会破坏品质,

---

① 纽顿(Eric Newton)给作者的电子邮件,2012 年 5 月 7 日。

② 译注:原文如此。2007 年 9 月 *Intelligent Life* 创刊,每季度出版。后改名《1843》,双月刊。

③ 译注:"备战基金"或"战争基金"是一个口语术语,是为应对商业环境中的意外变化或利用突然出现的机会而预留或积累的现金储备,通常用于收购其他企业,也可用于在不确定时期应对不利情势的一种缓冲。

并使报纸及其网站陷入恶性循环。《卫报》的员工意识到了这一困境。记者尼克·戴维斯（Nick Davies）表示，不可能看到调查性新闻如何在当前的轨道上生存下来。如果《卫报》这样一个机构，以其支持结构、雄厚的财力、巨大的规模和受欢迎程度，都无法过渡到数字时代并保持品质，甚至可能无法生存下去，其他机构何来希望可言？①

在我看来，我们最好承认一个显而易见的事实：没有哪种商业模式能给我们带来一个自治的社会所需要的新闻业。我们需要的是大量受薪的全职记者，他们报道自己的社区、这个国家和世界，与其他受薪记者之间展开竞争与合作。我们需要独立的新闻编辑部，在那里，记者的生计有足够的保障，可以集中精力工作，他们可以协作，并接受专业编辑、事实核查和协助。在关键的专业领域，需要有经过多年反复试验而发展起来的专业知识，以及对这些领域负责任的受薪记者。我们需要接受过语言、历史和文化培训的记者，让他们具备跑国际口的资质，以保护他们免受政府的骚扰。伟大的媒体机构需要与其他伟大的媒体机构竞争，为公民提供可靠的选择和独特的视角。

而且所有这些媒体都必须是数字化的，或许在过渡期会跟旧媒体重叠。数字技术可以使该系统更容易访问，经济上更划算，这可以让公民更充分的参与其中。这就是本克勒和其他颂扬者所展望的世界的令人兴奋之处。我可以看到，由于互联网的出现，有着卓越新水准的新闻业正在浮现。这将是一种克服一直以来在美国实践的专业主义新闻报道之巨大局限性的新闻业，那种专业主义新闻报道除了其他方面，还依靠当权者的狭隘观点作为政治辩论的合法参数，存在以上层阶级的眼光看待世界的偏向。正在浮现的将是一种能够以民主理论所设想的方式把我们的政治真正打开的新闻业。

然而，要实现这一目标，必须有大量的公共投资，这些资金必须用于发展一个多样的和独立的非营利部门。否则，新闻业的未来很可能会类似如果所有的公共投资取消后教育的状况。如果没有这样的投资，我们的教育系统对能够负担得起私立学校的富人来说，依然是优质的，对中上

---

① Tim de Lisle, "Good Times, Bad Times," *More Intelligent Life*, July—Aug. 2012, 102—11.

阶级来说则是平庸的,对日益贫困的中等阶级和工人阶级即全国大多数人来说,是不存在的或者的确很可怕。它在多大程度上还能存在,将取决于志愿者的劳动。那会是一场噩梦,不适合任何可靠的民主或人道社会。我们不会接受这样的公共教育模式。我们也不会接受这样的新闻业模式。

但是,等一等,难道政府对新闻业的补贴不是对美国所代表的一切的亵渎吗? 难道这种补贴不是对有关自由和民主的最基本观念的冒犯吗? 难道冒着成为失败国家(failed state)陷入火海的风险,不比打开那个潘多拉的盒子更好吗?

棒球、热狗、苹果派……和对新闻业的公共投资?[1]

1787 年,正当美国宪法在费城起草时,杰斐逊作为这个新生的、还没有明确定义的国家的驻法使节,正旅居巴黎。远在他方,杰斐逊在他的信中谈论成功的民主治理需要什么。新闻自由的形成是其中的中心问题。他写道:

> 防止这些对人民的不正当干预的途径,就是通过公共报纸的渠道,把人民事务的全部信息都告知他们,并设法使这些报纸渗透到全体人民之中。人民的意见是我们政府的基础,政府的首要目标应该是确保这项权利;如果让我来决定我们是要一个没有报纸的政府,还是要一个没有政府的报纸,我会毫不犹豫地选择后者。但我的意思是,每个人都应该收到这些报纸,并有阅读它们的能力。[2]

对杰斐逊来说,拥有言论自由而不受政府审查的权利,是新闻自由和民主的必要条件,但还不够,这也要求有读写能力的公众、可靠的新闻出版体系,以及人民能够方便地接触到这些新闻媒体。

---

① 译注:这句话来自 20 世纪 70 年代雪佛兰汽车公司的经典广告歌歌词"Baseball,hot dogs,apple pie and Chevrolet,they go together in the good 'ol USA.",是对美国流行文化的表述。

② 译注:Thomas Jefferson to Edward Carrington,1787

　　但究竟为什么杰斐逊对此如此痴迷？在同一封信中,他赞扬了美洲原住民社会在很大程度上是无阶级的和幸福的,并毫不含糊地批评了欧洲社会——如他在法国革命前夕亲眼目睹的法国——是美洲原住民社会的对立面。杰斐逊在描述新闻界在防止富人剥削和统治穷人方面所起的作用时,还用鲜明的阶级术语强调了新闻界的核心作用:

> 　　在[欧洲各个社会],他们打着治理的幌子,把他们的国家分为两类:狼和羊。我并没有夸张。这是欧洲的真实写照。因此,要珍惜我们人民的精神,使他们的注意力持续存在。不要对他们犯的错误太严厉,而要通过启迪来改造他们。如果一旦他们对公共事务漠不关心,你、我、国会、州议会、法官和州长都会变成狼。这似乎是我们一般本性的法则,尽管有个别的例外。经验告诉我们,人类是唯一吞噬同类的动物,因为我无法用更温和的词汇来形容欧洲各国政府,以及富人对穷人的普遍掠夺。①

简而言之,新闻界有义务破坏有产阶级主宰政治、为腐败打开大门、使民众陷于无能为力之境地,并最终终止自我治理的这一自然趋势。

　　麦迪逊(James Madison)对新闻自由的热情与杰斐逊不相上下。他们共同主张将其作为对军国主义、保密、腐败和帝国行径的一种遏制。在他声明的最后,麦迪逊有一句名言:"一个没有大众信息或获取大众信息手段的大众政府,不过是一场闹剧或悲剧的序幕,或许两者兼而有之。知识将永远统治无知,想要成为自己的统治者的人民,必须用知识赋予自己的力量武装自己。"②

　　他们并不孤独。在共和国初期,在没有任何争议的情况下,政府设立了巨额的邮政和印刷补贴制度,以建立一个可行的新闻系统。当时人们并不幻想,在没有这些投资的条件下,私营部门能够胜任这项任务。这种

---

① *Papers of Thomas Jefferson*, vol. 11: 48—49, press-pubs. uchicago. edu/founders/print_documents/amendI_speechs8. html.

② 对此问题的详述,见 John Nichols and Robert W. McChesney, *Tragedy and Farce: How the American Media Sell Wars, Spin Elections, and Destroy Democracy* (New York: The New Press, 2005)。

想法对几代人来说都是不可想象的。在美国历史的第一个世纪,大多数报纸都是邮发的,邮局收取的投递费用非常少。报纸占其加权通信量的90％至95％,但仅占其收入的10％至12％。当时的邮局是联邦政府最大、最重要的部门,1860年占联邦雇员的80％。[1]

在过去一个世纪由商业驱动的新闻媒体的阴霾中,我们忽略了美国新闻自由传统有两个组成部分。首先,是人人都熟悉的方面,即政府不应该事先约束或审查媒体。第二,同样重要的是,政府的最高职责是确保新闻自由的存在,这样就有一些有价值的东西是不能被审查的。尽管美国新闻自由传统的第二个组成部分自新闻商业时代到来后已基本被遗忘,但美国最高法院在所有相关案件中,都坚称其存在和卓越地位。大法官波特·斯图尔特(Potter Stewart)指出,"新闻出版自由保障,实际上是美国宪法的结构性部分"(斯图尔特的强调)。他补充说:"宪法保障新闻出版自由的主要目的,是在政府之外建立第四个机构,作为对三个官方分支的额外检查。"斯图尔特的总结是:"也许我们的自由可以在没有独立新闻界的情况下继续存在。但是国父们对此表示怀疑,在1974年,我想我们都应该感谢他们的怀疑。"[2]在1994年"特纳广播公司(Turner Broadcasting System)诉联邦通信委员会"一案中,里根任命的大法官安东尼·肯尼迪(Anthony Kennedy)总结道:"确保公众能够获得多种多样的信息源,是最高级别的政府目标。"[3]

以当代的价值计算,对新闻业的这种公共投资(或新闻补贴)的规模有多大? 在《美国新闻业的死与生》(*The Death and Life of American Journalism*)一书中,尼克尔斯和我计算出,如果美国联邦政府现在以19

---

[1] 1791年杰斐逊和麦迪逊提议,乔治·华盛顿总统应任命托马斯·潘恩为首任邮政局长,他是美国最大胆、最有争议的小册子的作者。这是个激进的看法,对华盛顿来说太激进了,因为他对潘恩对有组织的宗教、巩固的财富和权威的挑战感到不安。这段历史在McChesney and Nichols, *Death and Life of American Journalism* 一书中有详细论述。译注:潘恩写过多本小册子,其中最广为流传的是《常识》(*Common Sense*)。

[2] Potter Stewart, "Or of the Press," *Yale Law Report* 21, no. 2 (Winter 1974—75): 9—11.

[3] Cited in Donald R. Simon, "Big Media: Its Effect on the Marketplace of Ideas and How to Slow the Urge to Merge," *The John Marshall Journal of Computer and Information Law* 20, no. 2 (Winter 2002): 273.

世纪 40 年代的 GDP 水平对新闻业进行补贴,政府将不得不每年投资 300 亿至 350 亿美元。在《论美国的民主》中,托克维尔惊讶地写道,美国有数量"大得惊人"的期刊,他得出的结论是,报纸的数量与社会的平等和民主程度成正比。① 新闻界的强劲与自由市场关系不大,而与补贴密切相关,补贴大大降低了印刷成本,并通过印刷合同带来了额外收入。迟至 20 世纪初,当美国邮政总局局长阿尔伯特·伯莱森(Albert Burleson)质疑报纸和杂志邮政补贴的必要性时,他被严厉批驳为对新闻行业的经济运行知之甚少。② 对所有政治派别的美国人(尤其对是参与像废奴主义、平民主义和妇女参政主义等进步运动的美国人)而言,即使是在美国历史上最自由放任的时期,对新闻业进行大规模的公共投资的必要性也是不言而喻的。

按实际价值计算,联邦政府的新闻补贴(如邮政补贴和政府付费的通知)已经减少到只有 19 世纪水平的一小部分,尽管这种补贴至今仍然存在。公共广播是政府对媒体最明显的投资,它获得了大约 10 亿美元的公共支持,但只有一小部分支持新闻业。州政府和地方政府以及公立大学提供了大部分的公共补贴,只有大约 4 亿美元来自联邦政府。

人们对政府对新闻内容的控制有着合理的担忧,我拒绝任何可能为这一结果打开大门的投资。我也明白,一个拥有庞大军事—国家安全联合体的政府(比如美国)拥有新闻编辑部的钥匙,可能尤其危险,但是,我们可以用五角大楼目前每年用于公共关系的大约 50 亿美元中的一部分,资助真正的新闻事业。③ 此外,美国尽管有种种缺点,但仍然是一个传统的现代用语所称的民主社会。我们的国家(state)有可能被推动着做出进步的举措,也有可能被推动着做出倒退的举措。

这是一个至关重要的区别。大多数反对新闻补贴的人把纳粹德国、斯大林治下的俄罗斯、波尔布特治下的柬埔寨和伊迪·阿明治下的乌干达作为参照的案例。如果专政政权或独裁政权资助新闻业,"新闻"就会

---

① Alexis de Tocqueville, *Democracy in America* (1840; New York: Signet Classics, 2001),93.

② 约翰(Richard John)给作者的电子邮件,2012 年 6 月。

③ Michael Hastings, *The Operators: The Wild and Terrifying Inside Story of America's War in Afghanistan* (New York: Blue Rider Press,2012),28.

成为旨在维持反民主秩序的宣传。但这并不意味着，当民主国家施行新闻补贴时，必然会出现同样的结果。如果我们看看拥有多党民主制、发达经济体、法治、选举制度和公民自由的国家时，会看到什么？比如德国、加拿大、日本、英国、挪威、奥地利、荷兰、丹麦、芬兰、比利时、瑞典、法国和瑞士。

　　首先，与美国相比，在所有这些国家，政府都是新闻业的巨大投资者。如果美国以与加拿大、澳大利亚和新西兰等政治经济体系相似的国家相同的人均水平资助公共媒体，美国公共广播机构将获得 70 亿至 100 亿美元的政府投资；如果美国以与日本、法国或英国等国家相同的水平资助公共媒体，总额将达到 160 亿至 250 亿美元；如果以与德国、挪威或丹麦相同的水平资助公共媒体，则为 300 亿至 350 亿美元。①

　　上述估估甚至没有把几个民主国家对报纸的大量补贴计算在内。如果美国联邦政府以与挪威相同的人均水平对报纸进行补贴，每年将直接支出约 30 亿美元。瑞典的人均支出略低，但已将补贴扩大至数字报纸。法国是报纸补贴的冠军。如果联邦政府的补贴为美国报业提供的额度占其总收入的比重如法国对其出版商提供的那样，那么联邦政府在 2008 年至少要花费 60 亿美元。②

　　近年来，我有幸访问了上述许多国家，我的印象是这些国家远非警察国家（police states），其广泛的公共媒体体系和新闻补贴也不会让人把它们与伪民主相提并论，更不用说一党制国家了。但表象可能具有欺骗性，人们更喜欢来源可靠的真凭实据，而这些来源不一定倾向于支持公共媒体投资。

　　我从英国的《经济学人》开始，这是一本强烈赞成资本主义、放松管制和私有化的商业杂志，不愿支持大型公共部门、工会或任何带有社会

---

① Rodney Benson and Matthew Powers, *Public Media Around the World：International Models for Funding and Protecting Independent Journalism*（Washington, DC：Free Press, 2011），61.

② Ibid.，34,49—53. 法国政府为法国报业提供了大约 13% 的收入。2008 年美国报业总收入约为 480 亿美元。See data of the Newspaper Association of America, naa. org/Trendsand-Numbers. aspx. 我的估算不包括法国政府为解决法国报纸面临的危机而提供的三年 9.5 亿美元紧急补贴。按人均计算，这相当于美国政府额外提供了 50 亿美元的三年期补贴。

主义色彩的东西。《经济学人》每年都会发布一份备受好评的民主指数,根据民主程度对世界上所有国家进行排名。2011 年,只有 25 个国家有资格成为民主国家。标准包括:选举过程和多元化、政府职能、政治参与、政治文化以及公民自由。依据这些标准,美国排在第 19 位。排名在前 18 的国家中,大多数国家的人均媒体补贴至少是美国的 10 倍或 20 倍。挪威、冰岛、丹麦和瑞典名列前四,其中包括世界人均媒体补贴最高的三个国家中的两个,另外两个国家则遥遥领先于美国。据《经济学人》报道,这些国家是世界上最自由、最民主的国家,它们在公民自由方面都有完美或近乎完美的得分。美国在 25 个民主国家中公民自由得分最低,在这个问题上落后于在《经济学人》排名中被称为"有缺陷的民主国家"的 20 个国家。①

虽然民主指数的所有标准在很大程度上都隐含地依赖于一个强大的新闻系统(并且报告特别讨论了新闻出版自由作为民主的一个重要指标),但新闻出版自由本身并不是六个测量变量之一。新闻出版自由有更直接的证据来源吗?

幸运的是,有。民主指数可以用"自由之家"(Freedom House)的研究来补充。自由之家是一个美国组织,创建于 20 世纪 40 年代,旨在反对左翼和右翼的极权主义,随着冷战的到来,该组织强调左翼政府对自由的威胁。自由之家在很大程度上是个权贵组织,与美国著名的政治和经济人物有着密切的关联。每年,它都会根据世界上所有国家的新闻系统的自由度和有效性对其进行排名。它的研究细致而复杂,尤其关注政府对私人媒体的任何干预。出于这个原因,许多国家往往在拥有世界上最不自由的新闻出版系统这一问题上不相上下。自由之家拥有敏锐的触角,可以探测政府干预私人新闻媒体的存在或特权(prerogtives),在这方面它无人能及。

自由之家几乎不支持美国队。2011 年,它将美国与捷克并列为世界上最自由新闻体系的第 22 位。美国排名如此之低,是因为它未能保护好新闻来源,也因为本章所记录的新闻编辑部的大规模经济削减。

---

① "Democracy Index 2011: Democracy Under Stress," *The Economist*, Intelligence Unit, pages. eiu. com/rs/eiu2/images/EIu_Democracy_Index_Dec2011. pdf.

自由之家的名单主要由民主国家主导，这些国家的人均新闻补贴居世界前列。自由之家列出的前几位国家与《经济学人》民主指数的前几位国家相同，都在世界人均新闻补贴最高的国家之列。① 事实上，这些名单在很大程度上是一致的。这应该不足为奇，因为人们会期望，拥有最自由和最好的新闻系统的国家将被列为最民主的国家。这种叙述中缺失的是，拥有最自由的新闻出版系统的国家，也是对新闻业进行最大公共投入的国家，因此为成为强大的民主国家奠定了基础。②

自由之家的研究凸显了这样一个事实：这些成功的民主国家没有一个允许美国公共广播中常见的那种政治干预，尤其是那些希望取消公共广播的政客的干预，这不是在说反话，因为美国公共广播已经被"政治化"了。③ 马特·鲍尔斯（Matt Powers）和罗德尼·本森（Rodney Benson）对14个主要民主国家的媒体法律和政策做了全面分析，"发现所有这些国家都有意识地试图在公共媒体机构和任何党派政治干预企图之间建立一种保持一定距离的关系（an arm's-length relationship）"。④ 他们得出结论：

> 对公共和私营媒体来说，重要的是适当的程序和政策，以确保既有充足的资金，又独立于任何单一的所有者、出资者或监管者。在由公司拥有的新闻编辑部中，随着利润压力的增加，保护编辑部不受商业干预的非正式壁垒已经崩塌。相比之下，保护公共媒体的壁垒通常由更坚固的材料制成，比如独立的监督委员会和多年的预付资

---

① *Freedom of the Press* 2010（Washington，DC：Freedom house，2010），freedomhouse. org/report/freedom-press/freedom-press-2010.

② 坦多戈（Edson Tandoc Jr）和高桥（Bruno Takahashi）这两位研究者，将自由之家的数据与2010年盖洛普关于国家幸福指数的数据进行了比较，得出结论是，一个充满活力的自由媒体体系的存在是一个国家幸福指数的可靠指标。坦多戈将其归功于监督职能，"这有助于揭露社会各层面的腐败"。See Andrew Beaujon，"Study：Happiest Countries Have Press Freedom，" Poynter，Aug. 6，2012，poynter. org/latest-news/ mediawire/184146.

③ 2009年到2012年，在州一级对公共广播资助的大幅削减，主要发生在共和党控制了政府的州。参阅 Josh Stearns and Mike Soha，*On the Chopping Block：State Budget Battles and the Future of Public Media*（Washington，DC：Free Press，Nov. 2011）。

④ 本森（Rodney Benson）给作者的电子邮件，2012年6月4日。

金,以确保任何由公共资金资助的媒体不会因为批评性新闻报道而遭受政治压力或资金损失。[①]

本森告诉我:"我认为这一发现而不是我们对资助金额的计算,是这个研究的主要贡献。"[②]

虽然没有一个国家是完美的,即使是最好的国家也有局限性,但这些例子一致证明,有办法有效地防止政府对公共媒体的运作产生不当的影响,就像在美国,我们已经建立了机制,防止州长和州议会在公立大学中规定教员研究和课程大纲。在其他民主国家,公共广播系统往往很受欢迎,并受到整个政治版图中各政党的保护。即使在美国,尽管公共广播预算微薄,表现参差不齐,但还是常常在民意调查中被评为最受欢迎的政府项目之一。[③]

另一项年度调查提供了支持性的证据。自 2002 年以来,无国界记者组织(Reporters Without Borders)编制了世界新闻自由年度指数,对所有国家的记者在不受直接或间接攻击的情况下从事工作的自由程度进行了排名。这项调查没有涉及新闻报道的质量,而只涉及新闻记者多大程度上可以在不遭受暴力或骚扰的条件下不受拘束地报道他们的社区和领域。2012 年,美国的排名跌至世界第 47 位,主要原因是警察逮捕、有时甚至殴打敢于报道公众示威的记者的行径在迅速增加。随着新闻业的衰落,美国国家对骚扰第四等级成员的担忧也减少了,他们被视为对国家不愿被报道的议题过于感兴趣。在新闻自由方面得分远远高过世界其他国家的十几个国家,几乎就是在另外两个榜单中占据领先地位的国家,即那些在新闻业中拥有最大公共投资的国家。[④] 表 1 将所有这些研究整合在一起。

----

① Benson and Powers, *Public Media Around the World*, 9.

② 本森(Rodney Benson)给作者的电子邮件,2012 年 6 月 4 日。

③ Josh Stearns, "Public Television: We're #1," SaveTheNews. com, Feb. 28, 2012. 斯特恩斯记录的民意调查数据反复表明,美国人将公共媒体列为联邦资金最受欢迎的两三种用途之一。

④ Reporters Without borders, 2011—2012 *World Press Freedom Index*, Jan. 25, 2012, en. rsf. org/IMG/CLASSEMENT_2012/C_GENERAL_ANG. pdf.

表1　新闻业资金与民主

新闻自由指数（无国界记者）		新闻自由指数（自由之家）		民主指数（《经济学人》）		公共媒体拨款		
国家	排名	国家	排名	国家	排名	国家	排名	人均（美元）
芬兰	1	芬兰	1	挪威	1	挪威	1	130.39
挪威	2	挪威	2	冰岛	2	丹麦	2	109.96
爱沙尼亚	3	瑞典	3	丹麦	3	芬兰	3	104.10
荷兰	4	比利时	4	瑞典	4	英国	4	88.61
奥地利	5	丹麦	5	新西兰	5	比利时	5	74.00
冰岛	6	卢森堡	6	奥地利	6	爱尔兰	6	61.28
卢森堡	7	荷兰	7	瑞士	7	日本	7	57.31
瑞士	8	瑞士	8	加拿大	8	斯洛文尼亚	8	52.34
佛得角	9	安道尔	9	芬兰	9	荷兰	9	49.50
加拿大	10	冰岛	10	荷兰	10	法国	10	45.62
丹麦	11	列支敦士登	11	卢森堡	11	奥地利	11	35.86
瑞典	12	圣卢西亚	12	爱尔兰	12	新西兰	12	28.96
新西兰	13	爱尔兰	13	奥地利	13	加拿大	13	27.46
捷克	14	摩纳哥	14	德国	14	德国	14	27.21
爱尔兰	15	帕劳	15	马耳他	15	韩国	15	9.95
美国	47	美国	22	美国	19	美国人均		1.43

来源:此表转载自 Josh Stearns, *Press Freedom*, *Democratic Health*, *and Public Media Funding*（Washington,DC：Free Press,Jan. 26,2012）,savethenews. org/ blog/12/01/26/ adding-it-press-freedom-democratic-health-and-public-media-funding. The data are from: "Press Freedom Index 2011—2012," （Paris：Reporters Without Borders,2011）,en. rsf. org/pressfreedom-index-2011—2012,1043. html; Karin Deutsch Karlekar and Jennifer Dunham, *Press Freedom in 2011* （Washington,DC：Freedom House,2011）,freedomhouse. org/ sites/default/files/FOTP％20 2012％20booklet. pdf（ties not represented here）; "Democracy Index 2011," *The Economist*, eiu. com/ democracyindex2011; and "Funding for Public Media," Free Press,based on 2008 budget numbers,freepress. net/public-media. 我要感谢斯特恩斯(Josh Stearns)收集数据,以及约纳(Jamil Jonna)绘图。

研究还发现,在那些非商业广播系统资金充足的民主国家中,政治知识的水平要比没有这些系统的国家高,而且富人、工人阶级和穷人之间的信息差距要小得多。[1] 史蒂芬·库欣（Stephen Cushion）最近的研究证实了这种模式。他指出，公共广播公司往往比商业广播公司做更多的竞选报道。库欣的一个结论尤其引人注目：那些有着强大的公共广播的国家拥有更具实质性的竞选报道，即有关政策的新闻，这些新闻有助于公民了解一个政党或某个特定政客的相对优点。此外，良好的公共广播使商业广播公司达到比公共广播缺乏竞选报道资源的国家更高的标准。[2]

同样，报纸补贴倾向于针对规模较小、持不同政见的报纸，而不是那些成功的大型商业报纸，在某种程度上这让人想起 19 世纪美国的邮政补贴，这也可能会让对民主治理的可能性持不屑态度的当代美国人感到困惑。[3] 最近对欧洲新闻界的研究得出结论，随着新闻补贴的增加，这些国家的报道总体上并不卑躬屈膝，事实上，新闻界对当权政府的敌意越来越大。[4]

关键是，不要把其他民主国家浪漫化，也不要把它们捧上神坛。世界各国的新闻业都面临着程度不一的危机。其他国家的新闻资源也在减少，尽管公共投资提供了缓冲。[5] 此外，即使有更多的资源，也很难保证新闻的质量。[6] 资源只是充分民主的新闻业（sufficient democratic journalism）的必要前提。

---

[1] James Curran，Shanto Iyengar，Anker brink Lund，and Inka Salovaara-Moring，"Media System，Public Knowledge，and Democracy：A Comparative Study," *European Journal of Communication 24*，no. 1 (2009)：5—26.

[2] Stephen Cushion，*The Democratic Value of News：Why Public Service Media Matters* (forthcoming in 2013).

[3] Benson and Powers，*Public Media Around the World*，34，49—53.

[4] Rodney Benson，"Public Funding and Journalistic Independence：What Does the Research Tell Us?" in McChesney and Pickard，eds.，*Will the Last Reporter Please Turn Out the Lights*，314—19.

[5] 普雷斯顿（Peter Preston）在英国的《观察家报》（*The Observer*）上指出，商业新闻业正在"枯竭"，如果我们的纸媒没有"这 19000 千名记者、作家和摄影师"，"新闻供应会急剧减少"。他继续写道："突然之间，［英国广播公司］被嘲笑的接收许可费看起来一点都不像在苟延残喘，而更像是保持一个关键新闻资源存在的唯一一手段。"See Peter Preston，"Without Print's News Gatherers，Plurality Becomes Academic," *The Observer*，July 8，2012，44.

[6] See，for example，Nick Davies，*Flat Earth News* (London：Vintage，2008)；and Jay G. Blumler and Stephen Coleman，"Political Communication in Freefall：The british Case—and Others?" *International Journal of Press/Politics* 15，no. 2 (2010)：139—54. See also Miguel-Anxo Murado，"Spain's Cowardly Purge of the Journalists Who Ask Difficult Questions," *The Guardian*，Aug. 7，2012，guardian.co.uk/commentisfree/2012/aug/07/spain-purge-journalists-government-votes.

对新闻业的公共投资与民主社会、蓬勃发展的未经审查的私人新闻媒体和怀有敌意的新闻业是相容的。证据很清楚：在民主社会中建立一个可行的新闻出版自由系统的问题是可以解决的。也许并没有一个完美的解决方案，但有一些良好的、切实可行的方案。在这样的时期，当市场崩溃时，解决方案是必须要有的。已故的詹姆斯·凯瑞（James Carey）——他算是美国新闻学者中的泰斗，也不支持政府介入新闻界——在2002年曾表示："唉，新闻界可能不得不依靠一个民主国家（state）来创造必要的条件，让民主媒体蓬勃发展，让记者恢复到他们作为民主社会对话组织者的恰当角色。"①

在我的其他著述中，我提出了孕育一个民主的新闻业的一些具体建议，包括立即扩大公共媒体、社区媒体和学生媒体。当务之急是发展一个异质性的系统，具有不同的结构和补贴制度，以及强大的非营利性竞争。毫无疑问，如果美国人花十分之一的时间来构想创造性的政策提案和公共资助机制，就像他们花同样多的时间试图想出在网上卖东西的办法一样，我们可以考虑一大堆绝妙的主张。这里我只会提一个，因为它直接关系到如何最好地捕捉数字革命的精妙之处，并利用这一潜力建立一个可信的新闻系统。

这个想法最初由经济学家迪恩·贝克（Dean Baker）和兰迪·贝克（Randy Baker）兄弟俩提出，尼克尔斯和我改造了他们的核心概念，并称之为公民新闻券（citizenship news voucher）。这个想法很简单：每个美国成年人得到一张200美元的代金券，并可将它捐给任何一家自己选择的非营利新闻媒体。他将在纳税申报单上写明自己的选择。他如果没有提交纳税申报单，可以填一个简单的表格。他可以把自己的200美元分给几家符合条件的非营利媒体。这项计划纯粹是自愿的，就像在税务申报单中扣除一定额度用于资助选举或保护野生动物。可以设立一个政府机构（可能在美国国家税务局之外运作）来分配资金，并根据通行的标准确定新闻媒体是否符合资质（就像授予501[C][3]非营利组织资格的标准），这些标准偏向于增加而不是限制报道和评论当前问题的严肃新闻来

---

① James Carey,"American Journalism on,before,and After September 11," in Barbie Zelizer and Stuart Allan,eds., *Journalism After September* 11 (New York：Routledge,2002),89.

源的数量。

这种资助机制将适用于任何只做媒体内容的非营利媒体。该媒体不能属于拥有任何非媒体业务的大型机构。该媒体生产的所有东西都必须立即在互联网上免费向所有人发布。它不受版权保护，将进入公共领域。政府不会对内容进行评估，以确保资金是否流向新闻业。我的假定是，这些标准将有效地产生预期的结果，如果出现了一些偏差，就顺其自然吧。符合资质的媒体不得接受广告，这是一个与其受众有着直接和主要关系的部门。符合资质的媒体可以接受个人或基金会的免税捐赠，以补充收入。

随着广告被禁止进入这个新的互联网领域，现有的广告资源可以分给报纸和商业媒体，尤其是商业广播公司。这将使商业媒体在寻找可行的商业模式上有更好的突破口。我还建议，媒体想要获得资金，就必须得到至少价值 2 万美元的代金券的承诺。这一要求将减少欺诈，并迫使任何想创立一家这种媒体的人态度足够认真，以使至少 100 人注册。（换言之，你不能只是申报一份报纸，然后把代金券存入自己的银行账户。）这项计划将会有一些管理费用和行政工作，但都是最低限度的。

代金券制度将为迅速发展但仍处于挨饿状态的非营利数字新闻业提供一种途径，使其实现自给自足，并有足够的资金雇佣大量全职受薪员工。这可能是每年 300 亿到 400 亿美元的一剂强心针。最终所有这些非营利的数字新闻业务都会有生存和增长的机会，因为这一政策承认了新闻业的本质——公益事业。

想象一下，现在博客圈中有一个报道全美政治的站点，它提供了一些很棒的内容，吸引成千上万的固定访问者，却依赖低薪或志愿的劳动，并祈求别人撒些广告碎屑或是捐款。现在，该网站正式成为非营利站点，不再对广告念念不忘，并直接吸引了读者。想象一下，这家媒体机构直接让 2 万人将代金券存入其账户中。这是 400 万美元，足够拥有 50 名高薪全职记者，以及辅助工作人员。想一想网络新闻服务可以用它来做什么。然后开始思考，记者和编辑有多大的动力去报道重大新闻，保持高品质，并不断吸引代金券。

或者想象一下，和越来越多的美国人一样，在你生活的城市，有关你的社区或街区的新闻报道很糟糕。如果有人创立了一家本地新闻机构，让 1000 个人给他的团队发放代金券，这将提供 20 万美元的不错的启动预算。有了这些钱，一个团队就可以有几个记者来报道这个地方，并发展出一个真正的追随者群体。

代金券还将允许新来者加入竞争，从而鼓励创新。一个团队可以从捐赠或慈善事业中筹集启动资金，开始运作，然后直接申请代金券支持。在这种模式下，慈善家将有更大的动机把钱投入新闻业，因为他们的捐款将有可能导致自给自足的机构的形成。代金券制度将产生激烈的竞争，因为媒体不能把对它的支持视为理所当然。这一制度将奖励积极性，惩罚懒惰。这将会是民主的制度，因为富人和穷人会得到同样的代金券。而政府将无法控制谁得到这笔钱，不论是左右还是中。这将是一项巨大的公共投资，但也是一个自由论者（libertarian）的梦想：人们可以支持自己喜欢的任何政治观点或政治组织，或者什么都不做。

正如迪恩·贝克所说，这是一种经济模式，它认识到在互联网时代老式的媒体经济学已不再奏效。你不可能生产出一款数码产品，把它推向市场，然后卖出去。而且你无法让广告商为你的运营提供资金。合理的政策解决方案是，先给媒体制作人（在我们讨论的情况中，是记者）钱，然后在网上把他们的作品免费提供给所有人。拥抱数字革命，不要试图用带电带刺铁丝网、付费墙、过度商业化和监视用户来对抗它。公民新闻券将使网上出现大量专业品质的新闻报道，并带来一个真正独立的新闻部门。此外，所有通过这一计划开发的材料都可以被商业新闻媒体任意使用。它们根本无法垄断或限制对材料的访问。但如果它们能增加价值，就会拥有更多的权力。

十多年前，当迪恩·贝克提出这个想法时，人们认为它是乌托邦式的、荒谬的。尼克尔斯和我在《美国新闻业的死与生》一书中就此发表了看法。之后，我们在2010年拜访了参与联邦通信委员会和联邦贸易委员会的正式小组的官员，两个小组正在研究新闻业的危机。他们每个人都仔细读过这本书。他们每个人几乎一见到我们就说，公民新闻券代表了一种思考，如果未来要有很多的新闻报道，这种思考是必要的。[①] 在关键

---

① 阿克曼（Bruce Ackerman）提出了他自己的新闻券方案。See Bruce Ackerman, "One Click Away: The Case for the Internet News Voucher," in McChesney and Pickard, eds., *Will the Last Reporter Please Turn Out the Lights*, chap. 28.

机遇期,曾经不可想象的想法在短时间内可以变为可想象的。

　　遗憾的是,这项改革建议同许多其他建议一样,并没有被考虑。在承认其价值之后,联邦贸易委员会和联邦通信委员会的新闻业官员承认,他们不能支持这样一个"激进"的提案,因为他们担心政治攻击会彻底摧毁他们的工作。造成这种担心的主要原因有两个。首先,仍有一种流行的观点认为,"补贴是非美国式的,但利润都是美国式的"。我们只能希望,由于危机的严重性以及越来越多的证据表明,对新闻业的公共投资不仅与民主相容,而且是民主得以生存的必要条件,这样的反应会减弱。虽然有了一些改变,但还远远不够。2011 年,哥伦比亚大学教员对新闻业危机做了全面分析,仍然得出结论:"最终取决于商业市场为新闻业提供经济基础。"[1]托德·吉特林(Todd Gitlin)三年前说过的话,在今天甚至更为紧迫:"我们正在迅速耗尽公共财政的替代方案。现在是进入下一个阶段,考虑在具体的想法之间展开一场成熟辩论的时候了。"[2]

　　第二个原因更为顽固,可以追溯到 1787 年杰斐逊对形势的评估。有一群人无疑受益于缺乏新闻报道和信息不平等:那些主宰社会的人。他们不希望自己的特权或事务受到仔细审视,无论是在政治上还是在商业上,如果这两者仍然是可分离的。华尔街的银行、能源公司、医疗保险公司、国防承包商、农业综合企业——即,各种强大的利益集团——都不希望自己的业务或与政府的惬意关系被暴露给所有人,在这些关系中获益的政客也不希望如此。这些都是杰斐逊所说的狼。[3] 他们都不想要一个吸引选民并吸纳穷人和工人阶级进入政治体系的新闻业。这些强大的势力反对任何能够开放和加强我们的新闻媒体的举措,他们会积极反对任何争取新闻出版补贴的运动,如公共媒体或公民新闻券。他们可能不会在公开场合这么说,但他们的行动比言语更能说明问题。新闻业?不,谢谢。

---

① 　Bill Grueskin, Ava Seaves, and Lucas Graves, *The Story So Far: What We Know About the Business of Digital Journalism* (New York: Columbia Journalism School, 2011).

② 　Todd Gitlin, "A Surfeit of Crises: Circulation, Revenue, Attention, Authority, and Deference," in McChesney and Pickard, eds. , *Will the Last Reporter Please Turn Out the Lights*, 101.

③ 　译注:可见本章前面有关杰斐逊的段落。

　　并非所有富人都对缺乏民主新闻业的世界感到满意。真正的自由市场资本主义甚至将受益于一个强大的新闻系统。但没有一个富人在推动这项事业上有实质的利害关系，所以它失败了。美国的政治体系已经变得如此腐败，以至于它正在丧失解决威胁到自身生存的问题的能力。相反，摆在政策制定者面前的主要问题是无休无止地削减社会福利，降低企业和富人的税收，忽视必要的环境保护，增加"国家安全"支出，以及放松对企业的规管。

　　截至 2013 年，很明显，如果互联网真的在复兴美国的民主，那么它正在绕道而行。资本之手似乎越来越牢地握着方向盘，把我们带到了远离民主的地方，在那里，互联网的失败再清楚不过了，新闻业的风险也再高不过了。

第七章　数字革命中的革命？

互联网和更广泛的数字革命并非不可阻挡地由技术决定，而是由社会选择如何发展它们而形成的。反过来，我们选择的发展道路将塑造我们和我们的社会。我在此强调了一些政策问题，并提出我们应该讨论的改革类型，这可能会让互联网和我们的社会走上一条截然不同的轨道。这些问题包括：

- 在学校建立全面的媒介素养教育，使人们对数字传播有批判性的理解；
- 严格规管广告；
- 取消针对 12 岁以下儿童的广告；
- 取消候选人广播电视广告；
- 取消或大幅减少广告支出作为营业费用的税收冲销；
- 严格限制广播电台电视台的所有权；
- 扩大非营利广播部门；
- 将电磁频谱作为公共资源进行管理；
- 作为一项基本权利免费向所有人提供宽带；
- 严格限制版权，回归前公司（precorporate）标准，扩大公有领域（public domain），保护公平使用；
- 严格规管数字"自然垄断"，或将其转变为非营利服务；
- 向公共媒体、社区媒体和学生媒体提供大量资金；
- 采取措施使合作性的、非营利性的媒体和新闻业更加可行；

- 对新闻业的大规模公共投资，包括公民新闻券；
- 网络中立：不审查或不歧视合法的数字活动；
- 严格的网上隐私规定，使网上活动被视同为私人信件；[1]
- 设置强大的法律障碍，防止互联网军事化并将其用于未经授权的监控。

颁布这些措施将使美国变得更好，使其成为一个更加民主的社会。它们将在很大程度上使我们能够解决似乎难以解决的社会、经济和环境问题。颁布这些法令甚至可能使"资本主义信条"更有效地起作用，在一个更加民主和人道的社会范围内为自由市场和竞争创造坚实的基础。然而，这些政策改革都没有这样的机会，仅有少数几点有可能进入决策辩论的议程。

原因在于决策过程的腐败。在现实存在的资本主义中，也即美国人实际经历的那种资本主义中，富有的个人和大公司拥有巨大的政治权力，这破坏了民主的原则。这一点在传播政策制定上体现得最为明显。大多数美国人都不知道政策辩论甚至可能是存在的，也不知道实际的审议内容是什么，因为有关这些议题的新闻被有效封锁，除了财经媒体偶一为之。

这种情况并不一定是阴谋造成的，而是资本主义本身显而易见、毫不掩饰的逻辑造成的。资本主义是以人们通过任何必要手段试图获取无限利润为基础的一种制度。你所拥有的永远不会过多。在所有非资本主义社会中被嘲笑为荒唐的无休止的贪婪，是经济上层人士的价值体系。[2]这种信念明确拒绝任何对社会复杂性或"外部性"的担忧。

这一基本问题是资本主义所固有的，这一事实早已为人们所理解。这被称为"劳德代尔悖论"（Lauderdale paradox）。詹姆斯·梅特兰（James Maitland）是劳德代尔八世勋爵（1759—1839），是《公共财富的性质和起源及其增长的方式和原因》（*An Inquiry into the Nature and Ori-*

---

① 《纽约时报》的一篇社论优雅地阐述了这一点。See "The End of Privacy?" *New York Times*, July 14, 2012.

② 这一观点的精彩阐述，见 Robert Heilbroner, *The Nature and Logic of Capitalism* (New york: W. W. Norton, 1985)。

gin of Public Wealth and into the Means and Causes of Its Increase，1804)一书的作者。劳德代尔认为，公共财富和私人财富之间存在一种负相关关系，私人财富的增加会减少公共财富。[①]

　　稀缺性是物品拥有交换价值和增加私人财富的必要条件。正如亚当·斯密在《国富论》(*The Wealth of Nations*)中所说，"稀缺性因丰富而退化"，稀缺性是资本主义市场的必要条件。[②] 但公共财富并非如此，它包括所有使用价值，因此不仅包括稀缺的东西，也包括丰富的东西。这一悖论致使劳德代尔指出，如果增加通常是丰富的生活必需品（如空气、水和食物）的稀缺性，即将交换价值附加到它们身上，将会增加个人的私人财富，实际上也会增加国家的财富，而国家的财富被设想为是"个人财富的总和"，但却是以牺牲共同财富为代价的。例如，如果有人对水井收费，从而垄断了此前可以免费获取的水，那么这个国家测量出的财富将会增加，而代价是人民日益增长的口渴。

　　生态学家接受了劳德代尔悖论，认为它提供了一种方法来理解一个国家的 GDP 增长及其有利可图的投资，实际上可能会降低社会福利。而资本家在不断找寻新的地盘以创造利润，这有时就需要抢走原本充足的资源，把它变得稀缺。互联网也是如此。互联网上的信息实际上是免费的，但是商业利益集团正在使它变得稀缺。如果他们成功了，GDP 可能会增长，但社会会变穷。

　　停下来想一想，数字革命从 20 世纪 80 年代到 90 年代初的静好岁月到今天，已经走了多远？人们曾经认为互联网将对全人类的知识提供即时免费的全球访问。这将会是一个非商业的地带，一个真正的公共领域，带来更强烈的公共意识、更强大的共同体和更充分的政治参与；这将为广泛存在的不平等、政治暴政以及企业垄断敲响丧钟；工作将变得更有效率、更有吸引力、更具合作性，并会更人道。相反，互联网在每一个可能的转折点上，都被商业化、版权化、专利化、私有化、数据遭监控，以及垄断化。稀缺性已经被创造出来。2012 年的一项调查得出的结论是，数字技

---

　　① 这一部分论述参考了 John Bellamy Foster，Brett Clark，and Richard York，*The Ecological Rift*（New York：Monthly Review Press，2010)，53—72。

　　② Adam Smith，*The Wealth of Nations*（1776；New York：Modern Library，1937)，173.

术远不能减轻工作量，它使一位典型的美国工人每年能够提供多达一个半月的无薪加班，只要使用他们的智能手机和电脑在工作场所之外的任何时间工作即可，"几乎一半的人觉得他们别无选择"。① 正如劳德代尔所准确指出的，站在美国经济顶峰的是那些成功创建了数字采邑并增加了 GDP 的亿万富豪，但公共财富要少得多。我们丰富的信息有越来越多只能通过进入影响了垄断定价系统并由专利控制的带围墙的花园，才能获取。为了使互联网成为资本主义的金矿，人们不仅牺牲了他们的隐私（对怀疑论者来说，牺牲的是他们的人性），还牺牲了许多曾经看似可能实现的伟大承诺。

别误会我的意思。即使在这样的背景下，数字革命仍然持续让人惊奇、震惊并参与其中。这只会让这个悖论更加引人注目。

当然，资本主义社会，特别是民主社会，有各种机制来施加民众压力，以防止基本公共服务完全私有化，或造成水资源等丰富资源的人为稀缺。偶尔，特别是在劳工运动强大的时候，重要的改革会取得胜利。美国最为人道的部分，比如今天还能看到的累进税制、集体谈判、公共教育、社会保障、失业保险、消费者保护、环境保护和医疗保险等，很大程度上就是这种政治组织动员的结果。但要获得并保持这些好处需要艰苦的斗争，而且斗争场地是倾斜的，今天，它的坡度近乎 90 度。选举制度和司法制度由巨额金钱控制，并由住在门禁社区、送子女上私立学校、与其他百万富翁往来（除非与佣人或马屁精打交道）以及脱离大多数人生活其中的现实的人所主导。传统的司法资源越来越无效。相反，过去所有的胜利现在都成了大企业欲除之而后快的目标。目前的斗争大多处于守势，尽管公众对许多开倒车行动——这是社会自治状况恶化的一个突出表现——缺乏热情。

要想赢得本章开头列出的任何一场互联网政策之战，都需要人们结成联盟，形成一个共同战线，并在人数上形成优势。这一直是"解救媒体"组织

---

① 这些发现来自 2012 年一项由 Good Technology 委托 OnePoll 于当年 5 月开展的调查。"Good Technology Survey Reveals Americans Are Working More, But on Their Own Schedule," July 2, 2012, good. com/ news/ press-releases/current-press-releases/161009045. html. See also Ina Fried, "Mobile Technology Frees Workers to Work Any 20 hours a Day They Choose," *All-ThingsD*, July 2, 2012, allthingsd. com/20120702/mobile-technology-frees-workers-to-work-any-20-hours-a-day-they-choose.

背后的原则,该组织致力于改进其中的数个问题。但是,即使让版权活动家和独立记者与社区媒体活动家和隐私倡导人士合作,也还是远远不够的。有些胜利是可以赢得的,比如 2011 年通过的《地方社区无线电广播法》(Local Community Radio Act),它使数百家新的非商业电台成为可能。有些严厉的措施可以被推迟,比如 2011 年至 2012 年《禁止网络盗版法案》(SOPA)的失败。但是,重要的事情仍不在讨论之列。要想取得成功,需要一场由一个总体的进步议程——而不是一个专门针对互联网或媒体的议程——推动的更广泛的政治运动。只有到那时,才会有数量庞大的人,才可能击败大资本的权力。正如富传奇性的社区组织者索尔·埃林斯基(Saul Alinsky)①所说,唯一能打败有组织的资本的是有组织的人,很多的人。

这种政治运动只有在旨在取代现实存在的资本主义的情况下,才有可能见效。在"正常"时期,这样的运动在美国大多是纸上谈兵。政治经济的成功足以阻止基层民众的反对浪潮。但现在不是正常时期,我们正日复一日地远离正常。我们只需看看 2011 年的大规模抗议活动,抗议严重的不平等、企业对经济和政治的主宰、死死抱紧的紧缩政策、没完没了的发动战争,以及对年轻人、工人和自然极不友善的停滞不前的政治经济状况,这样的抗议活动我们已经几十年没见到了。

2012 年,诺贝尔经济学奖获得者斯蒂格里茨(Joseph Stiglitz)捕捉到了美国和世界各地抗议运动的精神:

> 大多数抗议活动的背后都是旧的不满情绪,这些不满以新的形式和新的紧迫性呈现出来。人们普遍认为我们的经济体系出了问题(政治体系也是如此),因为我们的经济体系非但没有得到纠正,反而加剧了失败。我们的经济和政治体系应该做什么(我们被告知它的确做了什么),和它实际做了什么之间的差距变得太大,不容忽视。……为了少数人的贪婪,自由和公平的普世价值被牺牲了。②

---

① 译注:被视为美国现代社区动员的奠基人,著有 *Rules for Radicals：A Pragmatic Primer for Realistic Radicals*(1971)。

② Joseph E. Stiglitz, "Introduction：The World Wakes," in Anya Schiffrin and Eamon Kircher-Allen,eds.,*From Cairo to Wall Street：Voices from the Global Spring* (New York：The New Press,2012),2.

经济学家萨克斯(Jeffrey Sachs)曾是他现在所谴责的亲市场政策的主要设计师,他指出,美国和世界各地的"抗议活动集中在四个目标上:财富和收入的极端不平等、富人逍遥法外、政府腐败和公共服务的崩塌"。①

　　简而言之,这是个关键机遇期,这一事实将改变一切。斯蒂格里茨把我们的时代比作 1848 年和 1968 年,两个现代史上最动荡的分水岭。"全世界的人似乎都站起来了,说有些地方不对劲,并要求改变。"②资本主义正处于 80 年来最大的危机之中,诺贝尔经济学奖得主克鲁格曼(Paul Krugman)人为,这绝对是 20 世纪 30 年代的那种萧条。③ 曾被认为低于标准的 20 世纪下半叶的经济增长率,现在却是令人欢欣鼓舞的。到 2012 年,美国劳动力市场上只有六分之一的高中毕业生(即工人阶级青年)可以找到全职工作,而工资却停滞不前甚至还在下降,劳动力严重供过于求。④ 2012 年,由全球 18 位顶尖环境科学家组成的团队齐聚一堂发布报告,称人类面临着"绝对前所未有的紧急情况",社会"别无选择,只能采取重大行动,以避免文明的崩溃"。实际上,报告全然拒绝了现实存在的资本主义,并呼吁对经济体系进行彻底的重新设计。⑤

　　许多当权者或同情当权者的人都明白,危机尽在眼前,新政策势在必行,因为现状是不可持续的。布鲁克斯(David Brooks)呼吁进行一场"结构的革命",而爱德华·鲁斯(Edward Luce)则深思熟虑地记述了一个国

---

　　①　Jeffrey D. Sachs, foreword, Schiffrin and Kircher-Allen, eds. , *From Cairo to Wall Street* , xvi.

　　②　Stiglitz,"Introduction: The World Wakes," in Schiffrin and Kircher-Allen, eds. , *From Cairo to Wall Street* ,1. See also Immanuel Wallerstein,"Structural Crisis in the World-System," *Monthly Review* ,Mar. 2011,13—39.

　　③　Paul Krugman, *End This Depression Now* ! (New york: W. W. Norton,2012).

　　④　Catherine Rampell, "More Young Americans out of High School Are Also out of Work," *New York Times* ,June 6,2012,B1.

　　⑤　John Vidal,"Civilisation Faces 'Perfect Storm of Ecological and Social Problems,'" *The Guardian*,Feb. 20,2012. 越来越多的证据表明,生态危机比许多科学家想的还要严重。See Justin Gillis,"Study Finds More of Earth Is hotter and Says Global Warming Is at Work," *New York Times* ,Aug. 7,2012,A13. 可悲的是,由于大型公关活动使对气候变化的担忧遭到质疑,与 10 年前相比,2012 年更少的美国人意识到这个问题的严重性。See James Lawrence Powell, *The Inquisition of Climate Science* (New York: Columbia University Press,2011).

家急剧衰落的历史,而它的体制却不起作用。① 但是几乎没有迹象表明,那些不愿质疑资本主义基础的当权者对如何回到增长强劲、收入不断增长的状态有任何头绪,更不用说解决笼罩全球的环境危机了。鲁斯的结论下得很沮丧,并且如果一个人执着于现实存在的资本主义,那么他必然会走向忧郁、绝望和去政治化。但去政治化最终会与人们的生活、生存的需要以及对体面生活的渴望发生冲突。经济学家理查德·沃尔夫(Richard Wolff)写道,"不再满足大多数人的需要"的资本主义制度,"已经促使世界各地的社会运动兴起、调整并联合起来,积极寻找系统性的替代方案"。② 这是我们现在似乎正在进入的历史性时刻。

那些主要关注互联网政策、不愿涉足更深政治领域的人,需要把握我们这个时代的本质。这不是一个运转如常的时期:体系正处于守成阶段,改革者需要当权者的恩赐以赢得微不足道的改革。现在体系正在崩溃,传统的政策和制度越来越遭到质疑,无论如何,某种形式的根本性变革都可能到来。看看不同国家如何应对20世纪30年代的危机,我们就会对可能出现的各种结果有个大致的了解。

另一个问题是:在保持资本主义原封不动的情况下,人们能否改革互联网,使其按本章一开始提出的建议成为一项公益事业? 如下图所示,信息技术在美国所有非住宅私人投资中约占40%,是50年前的4倍。③ 在本书第五章,我讨论了与互联网有关的公司现在在美国市值最大的30家公司中占了将近一半。如果有人挑战互联网巨头的特权,尽管这么做是对资本主义信条的赞颂,他就是在挑战现实存在的资本主义的主导成分。

对于那些很少关注互联网政策,但对不公正、贫困、不平等和腐败深感担忧的人来说,这也是一个很重要的问题。有时候,在这些活动家中间,我们会感受到一种颂扬者的见解:数字技术可以创造出一种新型资本

---

① David Brooks, "The Structural Revolution," *New York Times*, May 8, 2012, A23; and Edward Luce, *Time to Start Thinking: America in the Age of Descent* (New York: Atlantic Monthly Press, 2012).

② Richard Wolff, *Democracy at Work: A Cure for Capitalism* (Chicago: Haymarket, 2012), introduction.

③ See Charles H. Ferguson, *Predator Nation: Corporate Criminals, Political Corruption, and the Hijacking of America* (New York: Crown Business, 2012).

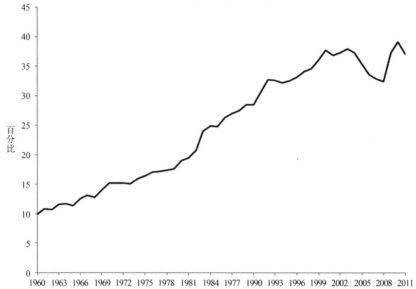

图 10　　信息处理设备和软件设备投资占非住宅私人固定投资总额的比例

来源：Bureau of Economic Analysis（BEA），"Private Fixed Investment by Type," Table 5.3.5,bea.gov.

主义经济,这种经济具有显著的优越性,并且既有的互联网巨头在创造这种友好的将不负所望的新型资本主义方面是盟友,而不是对手。逻辑是合理的:过去,对铁路和汽车(以及相关的衍生产业)的大规模投资,推动了所有的资本主义时代达到更高的增长率和更高的生活水平。当人们看到对信息技术的巨大投资,不禁要问,为什么不再来一遍呢,而且这次还不会对环境造成任何破坏? 问题很简单:尽管人们无休止地宣称,多亏了信息技术,伟大的新型资本主义即将到来,但几乎没有证据支持这种宣称。[①] 特别是,30 家最高市值的美国公司中,互联网巨头占了 13 家,但是在 30 家最大的私人雇主中,互联网巨头只占了 4 家。[②] 很显然,对于那

①　迄今为止关于数字革命和信息技术对经济增长影响(与早期主要技术的作用相比)的最好的研究,得出的结论是,信息技术远不如汽车或更早的技术创新那样有力地促进增长。技术对投资和繁荣的推动,在工业资本主义历史上是经济增长的一个重要因素,现在已经逐渐消失。因此,实现传统上与健康的资本主义经济相联系的那种经济增长的前景似乎不太可能继续下去。See Robert J. Gordon,"Is U. S. Economic Growth Over? Faltering Innovation Confronts the Six headwinds," Working Paper ♯18315,National Bureau of Economic Research,Aug. 2012,nber. org/papers/w18315.

②　Compustat North America,Fundamentals Annual；Wharton Research Data Services (WRDS),University of Pennsylvania (retrieved June 4,2012).

些想保持现状的位居体系顶端的人而言,这样可以赚得盆满钵满,但几乎没有证据表明,利益正在向食物链的下端传递。事实恰恰相反。

在我看来,改革资本主义或取代资本主义但继续让互联网巨头高歌猛进,并不会改革或取代现实存在的资本主义。如第四章和第五章所呈现的,互联网巨头并不是一个进步的力量。它们的巨额利润是垄断特权、网络效应、商业主义、劳工剥削以及一系列政府政策和补贴的结果。正如一位领先的商业分析师所言,互联网巨头的增长模式是"获取知识产权",也就是使本应丰富的东西变得稀缺。[1] 所有互联网和媒体问题都必须成为任何有望成功的民众民主抗议的中心。鉴于数字革命几乎渗透并定义了我们社会生活的几乎每一个方面,任何其他路线都将是不合理的。

对诸如彼得·戴曼迪斯(Peter H. Diamondis)和史蒂芬·科特勒(Steven Kotler)这样的观察者来说,没有理由担心数字革命将会解决资本主义的危机,并很快将会比以往更好地重建这个体系。他们写道:"在一代人的时间内,我们将能够把物品和服务提供给任何和所有需要或渴望它们的人,而这些物品和服务曾经只属于少数富人。所有人的富足其实都在我们力所能及的范围之内。"[2]埃里克·布林约尔松(Erik Brynjolfsson)和安德鲁·麦卡菲(Andrew McAfee)提出了一个取决于政策变化的更微妙的观点。然而,归根结底,这种观点认为,尽管数字技术可能助长了当前的资本主义危机,但它们也将很快为资本主义带来一个光明的未来,即"第三次工业革命"。[3] 他们是对的,我们有技术和物质能力可以在数量和质量上都做得比眼下要好得多。[4] 然而,客气

---

[1] Andrew J. Sherman, *Harvesting Intangible Assets* (New York: Amacom, 2012), xi.

[2] Peter h. Diamandis and Steven Kotler, *Abundance: The Future Is Better Than You Think* (New York: The Free Press, 2012), 9.

[3] Erik Brynjolfsson and Andrew McAfee, *Race Against the Machine* (Lexington, MA: Digital Frontier Press, 2011), 76.

[4] 里夫金(Jeremy Rifkin)在数字时代初期就意识到了这一点。See Jeremy Rifkin, *The End of Work: The Decline of the Global Labor Force and the Dawn of the Post-Market Era* (New York: G. P. Putnam's Sons, 1995). 最近出版的一本书对制造业技术的革命性潜能做了认真探讨:Peter Marsh, *The New Industrial Revolution: Consumers, Globalization and the End of Mass Production* (New Haven, CT: Yale University Press, 2012).

地说,认为这些改善可以在现实存在的资本主义的条件下实现的看法是无法令人信服的。①

正是在此处,马克思最深刻、影响最持久的洞察之一就越发凸显。尽管写于互联网出现之前 150 年,但是这个洞见与本书息息相关。马克思和恩格斯认为,资本主义存在一个内在固有的问题,即生产的日益社会化和生产力水平的日益提高与利润的私人占有这一持续不变的制度之间的矛盾。换句话说,社会可以生产越来越多的产品——它有能力取得非凡的物质成就,但是由于社会的财富取决于什么能为少数控制了社会财富的人创造出最大的利润,因此我们所做的远远少于我们所能做的,我们所做的事情不同于对社会有意义的事情。②"核心问题是,现行生产关系是促进还是阻碍、是鼓励还是阻止将这些潜能转化为实践。"经济学家巴兰(Paul A. Baran)和斯威兹(Paul M. Sweezy)在近 50 年前解释道:"现实状况和可能状况之间的差距的出现和扩大表明,现有的财产关系以及基于这一关系的经济、社会和政治制度已经成为实现潜在可能的一个有效障碍。"③

现在想想,这对美国意味着什么。过去 40 年来,美国资本主义的工人生产力有了巨大的增长,生产相同产量所需的工人要少得多。然而,在现有秩序下,这种促进人类发展的巨大潜能在多大程度上得以实现? 例如,斯蒂格里茨指出,当他最近回到位于印第安纳州加里市④的老家时,一家大型钢铁厂的产量与上一代持平,但现在只需要六分之一的工人。在不同程度上,这种工人生产率的增长扩散在整个经济中。到 2005 年,美国工人的平均生产能力相当于 1970 年两个工人的生产能力,而在制造

---

① 还有一些人从不同的政治视角提出了类似的观点。See, for example, Moulier Boutang, *Cognitive Capitalism*, trans. Ed Emery (Malden, MA: Polity, 2011), first published in French in 2008. 对这类观点的批判,参阅 Luis Suarez-Villa, *Technocapitalism* (Philadelphia: Temple university Press, 2009)。

② Karl Marx and Friedrich Engels, *The Communist Manifesto* (1848; New York: Monthly Review Press, 1964), 10—11.

③ Paul A. Baran and Paul M. Sweezy, "Some Theoretical Implications," *Monthly Review*, July—Aug. 2012, 26—27. 这篇文章直到 2012 年才发表。文章最初是为他们的书《垄断资本》(*Monopoly Capital*, New York: Monthly Review Press, 1966)而写的,但在 1964 年巴兰英年早逝之前,这篇文章并没有得到两位作者的认可。

④ 译注:位于美国印第安纳州西北部,非裔人口占比超过 80%,曾以钢铁业出名。

业中这种增长更为显著。①

在一个合理的世界中,这会是个极好的消息。人们可以想象,工人生产力的巨大提升,将带来更高的收入、更短的工作时长、更早的退休年龄、更长的假期和更愉快的生活。人人都将获得高质量的就业机会,苦差事会减少。此外,美国将是一个非常富有的国家,它将为所有公民提供高质量的卫生保健、教育、住房和养老金,清理自己的环境,并领导积极的运动以解决全球经济、社会和生态问题。产能的增加将转化为更高的生活水平。随着下一代机器人的出现,它们将能更有效地完成许多最为繁重的劳动任务,由此改善人类生活的能力将会大大提高,其速度之快将令人难以想象。② 这些都是基于现实的期望。

在我们现在所走的道路上,这种情况并没有发生,也不会发生,因为资本主义并不是一种合理的(sane)政治经济体系。我们的经济是由那些有资本的人的一时兴起而发展起来的。只有当投资能使他们更富有,他们才会把社会财富(所有人创造的盈余)拿去投资。为什么不让相同数量的工人在环境友好的工厂生产六倍产量的钢铁呢?上帝知道我们不断老化的建筑和桥梁可能会用到钢材。但这不会发生,因为如果钢铁产量增长了六倍,少数几家主导钢铁生产的企业巨头将不得不以更低的价格出售钢铁,这样利润就少了。

现实并不是经济的繁荣使今天的生活质量大大超过四五十年前,相反,数以百万计的人失业,我们的许多生产潜力闲置,我们的公共部门处于穷困潦倒的境地。在一个人类文明越来越难以维系的环境中,人们的工作时间越来越长,假期越来越少,退休越来越晚,实际工资停滞不前或下降,福利水平越来越低。贫困已经到了数代人所未见的水平,情况在全球南方(global South)更为普遍。③ 2012 年,美国企业持有 1.73 万亿美

---

① 在相同的劳动力数量下,美国的产量比 1999 年增加了近 25%,但实际工资一直停滞不前或下降。See David J. Lynch,"Did That Robot Take My Job?" *Bloomberg Businessweek*,Jan. 9—15,2012,15.

② See John Markoff,"Skilled Work,Without the Worker," *New York Times*,Aug. 19, 2012,A1.

③ 关于美国人生活的恶化,特别是工人阶级贫困的加剧,参阅 Chris Hedges and Joe Sacco,*Days of Destruction*,*Days of Revolt*(New york:Nation books,2012)。

元的流动资产（或简而言之：现金），由于明显缺乏有利可图的选择，它们没有将这笔资产用于投资。这比 2007 年公司现金储备规模增加了50％。[1] 还有更有力的证据表明这一经济体系是荒谬的吗？斯蒂格里茨在对工人生产率的大幅提升发表评论后指出，"加里城看起来就像是一座鬼城"。[2]

在每一个转折点上，生活质量都遭到冲击。美国越来越像一个发展中国家，而不是史上经济潜力最大的国家。它似乎已经将几乎任何可以赚钱的业务私有化或外包。按照资本主义信条的说法，最成功的市场玩家是最诚实的商人，他们竞相为消费者服务，提高市场上物品和服务的质量和数量，但这种看法是经不起检验的，正如斯蒂格里茨所说，这种观念已被一种假定所取代，即那些位处顶层的人往往通过垄断权力和腐败"从他人那里攫取财富"，而不是创造财富。[3] 正如《纽约时报》在 2012 年承认的那样，在这种环境下，现实世界的"企业不法行为"已经成为"司空见惯的事情"，而且很少受到惩罚。作弊越来越成为上层人士的聪明伎俩。正如《纽约时报》总结的那样，一个参与者对占主导地位的公司和玩家的诚信失去信任的市场体系是一个陷入困境的体系。[4] 依据衡量人类幸福程度的指标，当代美国的排名远远低于 50 年前的位置。我们现在占全球抗抑郁药物市场的三分之二。[5] 对任何没有被资本主义信条催眠的

[1]　Moira Herbst, "Where Are the US Jobs? Ask the Corporate Cash Hoarders," *The Guardian*, Aug. 5, 2012。

[2]　Stiglitz, "Introduction: The World Wakes," in Schiffrin and Kircher-Allen, eds., *From Cairo to Wall Street*, 16.

[3]　Joseph E. Stiglitz, *The Price of Inequality: How Today's Divided Society Endangers Our Future* (New York: W. W. Norton, 2012), 32.

[4]　Eduardo Porter, "The Spreading Scourge of Corporate Corruption," *New York Times*, July 11, 2012, b1, b5. 格林沃尔德（Glenn Greenwald）评估了美国法治的急剧衰落：Glenn Greenwald, *With Liberty and Justice for Some: How the Law Is Used to Destroy Equality and Protect the Powerful* (New York: Metropolitan Books, 2011)。麦肯锡（McKinsey）前首席经济学家在 2012 年发布的一份报告中强调了这一点。报告发现，为避免在本国纳税，全球精英将 21 万亿美元存入了外国银行账户。美国精英占比不少。这只会让那些循规蹈矩的人觉得自己像傻瓜。See Heather Stewart, "£13tn Hoard Hidden from Taxman by Global Elite," *The Guardian*, July 21, 2012.

[5]　有关此问题的讨论，参阅 Morris Berman, *Why America Failed: The Roots of Imperial Decline* (Hoboken, NJ: Wiley, 2012), 59—62。

人来说,我们的窘境是荒谬的,是站不住脚的。

　　只有当我们考虑我们的基础设施状况时,资本主义早已失去其效用的观点才会得到证实。正如本书第二章所讨论的,完善的基础设施是任何成功的现代经济体的基础,不论它是否是资本主义的。金融家费利克斯·哈罗廷(Felix Rohatyn)曾对《纽约时报》专栏作者鲍勃·赫伯特(Bob Herbert)说:"现代经济需要一个现代的平台,就是基础设施。"①在20世纪中叶,美国拥有世界最先进的基础设施,且遥遥领先,而在过去的30年中,美国的基础设施已经陷入崩溃的境地。美国土木工程师学会(American Society of Civil Engineers)估计,要使我们的基础设施达到其他经济发达国家的水平,美国在未来五年需要花费 2.2 万亿美元。② 与企业利益关系最密切的政客几乎没有表现出任何担忧。2012 年,《经济学人》把美国对基础设施的忽视描述为"一场可预见的、完全不必要的灾难"。③《华盛顿邮报》专栏作家 E.J.迪翁(E.J. Dionne)写道:"美国统治阶级正在辜负我们,也在辜负它自己。"他用几年前都没法想象的语言指出:"美国需要一个更好的统治阶级。"④换种说法就是:这是一个不再表现得好像有未来的体系。上层的人只管力所能及地攫取,让其他人自生自灭。

　　这是一个困扰许多自由派改革者的问题。他们想知道,在其他民主政府已经使资本主义的运作效率更高的时候,美国的资本家怎么会如此短视,以至于反对利用政府来建设基础设施、创造就业机会和结束停滞?2012 年,经济学家斯蒂格里茨和罗伯特·波林(Robert Pollin)出了一本书,为实现充分就业、高工资资本主义开出了合理且深思熟虑的政策处方,但他们几乎没有得到那些资助美国政客的富裕资本家的支持。⑤ 难

---

① Bob Herbert,"Risking the Future," *New York Times*,Feb. 2,2009.

② American Society of Civil Engineers,Infrastructure Report Card,infrastructurereport-card. org.

③ "A Patch on the Road," *The Economist*,July 7,2012,34.

④ E. J. Dionne,"America Needs a Better Ruling Class," *Washington Herald News*,Apr. 17,2011. heraldnews. com/opinions/columnists/x1225326175/E-J -DIONNE-America-needs-a-better-ruling-class.

⑤ Stiglitz,*Price of Inequality*,chap. 12;Robert Pollin,*Back to Full Employment*(Cambridge,MA:MIT Press,2012).

道这些商业利益集团不能看看历史记录，看到在罗斯福新政之后，资本家们在高工资、高增长、充分就业的经济体中做得更好，也获得了更多的利润，甚至可以说在北欧的社会民主国家也是如此？为什么他们偏执地坚持那些陈旧的经济理论？那些理论在 20 世纪三四十年代就遭到质疑，并致使今天的资本主义陷入危机、停滞和衰退。像克鲁格曼这样的经济学家在记录这一悖论之荒谬性和悲剧性时，几乎是怒不可遏的。

克鲁格曼在 2012 年的《现在就结束这场萧条！》（*End This Depression Now*！）一书中，为这个谜题给出了一个答案。他引用了经济学家米哈尔·卡莱斯基（Michal Kalecki）1943 年的一篇经典文章，后者认为，如果公众意识到政府拥有建立充分就业的资源，这种认识将破坏这样一种观念，即政府的核心职责是创造一种企业对体系有信心的氛围，从而企业最终会投资，并创造就业机会。企业享有的"对政府政策强有力的间接控制"将会结束，这一前景会令企业领导人感到不安。[1]　克鲁格曼写道："在我第一次读的时候，这听起来有点极端，但现在看来似乎太有道理了。"[2]从逻辑上讲，一个成功创造充分就业的国家（state），可能会使人们质疑：为什么资本家拥有如此强大的经济权力，为什么他们所提供的东西不能通过更加民主的手段得以更好地实现。简而言之，如果以任何方式危及他们对政府的控制和他们在社会中的主导地位，富人和公司宁愿要一个萧条和停滞的经济，也不愿要一个由国家政策引导的不断增长的经济。[3]

马克思有句名言：资本主义增长和生存的主要障碍是资本本身。这意味着经济体系的逻辑必然会导致危机。当代的证据表明，资本主义眼下的主要问题是资本家。如果资本家反对改革以使他们自己的体系发挥作用，那么我们究竟为什么需要他们？

---

[1]　Michal Kalecki,"Political Aspects of Full Employment," in *Selected Essays on the Dynamics of the Capitalist Economy* (Cambridge,UK：Cambridge university Press,1970),139.

[2]　Krugman,*End This Depression Now*！,94—95.

[3]　对那些相信资本主义是可改革的，并希望按照"新政"或"社会民主主义"路线改革资本主义的经济学家（和活动家）来说，最具反讽意味的是，通过对资本主义宣誓效忠，他们实际上是在鼓励自己置身事外。那些制定了全面渐进式资本主义改革的社会（从美国温和的新政到北欧更全面的改变）之所以这样做，是因为当权者害怕，如果他们不实施改革，更糟糕的事情可能会发生。即使一个人的目标只是改革资本主义，支持对资本主义的激进批评、支持反资本主义运动以引起当权者的注意，在政治上也是有价值的。

数字革命可能给资本主义带来了生机,因为它提供了新的盈利机会,但它也放大了马克思发现的张力,以及巴兰和斯威兹详细讨论过的张力。事实上,数字技术可能会使一个社会在资本主义制度下所能够生产的东西与它实际生产的东西之间的矛盾,彻底尖锐化。互联网在根本上是公共物品,非常适合广泛的社会发展。它消除了稀缺性,并根深蒂固地倾向于民主。而且不仅如此。例如,新技术正在对制造业进行真正的革命,使成本低得多、效率更高、无害环境和分散的生产成为可能。[①]然而,在现实存在的资本主义条件下,几乎没有什么潜在的好处能够得以发展,更不用说广泛扩散了。公司系统试图将技术限制在最能满足其目的的范围之内。鉴于资本主义的历史记录及其政治体系的腐败,我们不应该抱有太大希望。相反,我们需要时刻铭记巴兰和斯威兹所强调的,"现实如何和现实可能如何之间不断扩大的差距",以及这一差距所表明的,对社会来说,"现有的产权关系及其所依赖的经济、社会和政治制度已经成为实现潜在可能的有效障碍"。

对越来越多的人来说,这种逻辑表明了一件事:现在是认真考虑建立新经济的时候了。杰瑞·曼德尔(Jerry Mander)在 2012 年写道:"资本主义制度能够在 18、19 和 20 世纪时断时续地繁荣发展。但现在它已经过时、僵化,破坏性越来越大",资本主义"有过它的鼎盛期。如果我们关心人类和自然的未来福祉,是时候向前看了"。这是"激进"的言论,但曾是成功广告主管的曼德尔明确表示,他既不是社会主义者,也不是马克思主义者。在他看来,我们现在所处的经济结构,"是为了维持体系和处于这一进程顶端的人"。这个"系统注定要失败"。[②]

回到第一章的观点,如果我们评估过去的任何一个非资本主义社会或美国之外的资本主义社会,曼德尔的结论不会特别有争议。但它们在当代美国引发了难以置信的愤怒。资本主义已经成为曼德尔所说的"一种政治上的'禁忌',它不可触碰"。他承认,"批判这个体系的某些方面是

---

① "A Third Industrial Revolution," *The Economist*, Apr. 21, 2012. 这方面特别好的讨论,参见 Juliet B. Schor, *Plenitude: The New Economics of True Wealth* (New York: Penguin Press, 2010), chap. 4。

② Jerry Mander, *The Capitalist Papers: Fatal Flaws of an Obsolete System* (Berkeley, CA: Counterpoint, 2012), 3, 4。

可以的"，但是资本主义体系本身"实际上是永久存在的，犹如宗教、神的恩赐一般，是绝对正确的"。① 原因很明显：当权者不希望令他们有权势的这一体系遭到质疑。将资本主义限制在批评性审视之外，对这一体系至关重要，因为那会导致意志消沉、社会疏离和无动于衷。这不是一个能够承受大量政治参与的政治经济体系。在世界正在分崩离析之际，质疑现实存在的资本主义的表现和适用性，并不一定会使人们成为某种普遍意义上的反资本主义者。这意味着人们认识到，一个促进贫穷、不平等、浪费和破坏——到了使地球不适于居住的地步——的体系，无论它过去取得了什么成就，都不应该在当下的民主质询中获得自由通行权。

令人惊讶的是，尽管媒体和主流文化普遍崇尚资本主义，但资本主义在美国并不特别受欢迎。更令人惊讶的是，社会主义是如此受欢迎，尽管在我们的主流文化中难以找到任何对它有利的参考依据。甚至在占领运动和过去两年的全球抗议发生之前，2009 年英国广播公司的一项全球调查发现，大约 15% 的美国人同意这样一种说法，即自由市场资本主义"存在着致命缺陷，需要一种不同的经济体系"。另有 50% 的美国人认为，资本主义存在需要监管和改革的问题。仅有 25% 的人认为资本主义做得很好，政府监管的加强是有害的。② 同样，三年前的一项调查发现，只有 53% 的美国人认为资本主义优于社会主义。在 30 岁以下的美国人中，以 37% 对 33% 的微弱优势，资本主义比社会主义更受欢迎，被认为是最好的制度。③ 三年后的今天，包括美国在内的世界各地的人们越来越多地走上街头，抗议这一体系，他们认识到，人行道可能是民主的最后一个领域。

只是到了最近，随着资本主义身陷囹圄，把资本主义视为永久的、不可替代的和仁慈的，才几乎具有某种强制性。在不久之前的 20 世纪六七十年代，资本主义在美国产生了按今天的标准来看是黄金时代的结果，而对这一体系的优缺点进行坦率、毫无保留的讨论却更加普遍。再往前追

---

① Ibid. ,11.

② James Robbin,"Free Market Flawed,Says Survey," *BBC News*,Nov. 9,2009,news. bbc. co. uk/2/hi/8347409. stm.

③ "New Poll: Socialism Is Gaining Popularity in America," *Cleveland Leader*,Apr. 9, 2009,clevelandleader. com/node/9655.

溯,许多伟大的经济学家,包括密尔(John Stuart Mill)和凯恩斯都把资本
主义理解为一种历史性的特定的体系,而不是人类永恒的自然状态。密
尔和凯恩斯认为资本主义解决了"经济问题",并最终使一个没有稀缺性
(因此也就没有资本主义)的世界成为可能。的确,密尔和凯恩斯之间隔
了几代人,他们都看到了这一结果,并在他们自己所处的时代拥护资本主
义,但是他们的历史视角使其批判更加尖锐,并赋予其极为深远的
意义。[①]

　　在大萧条最为严重的时期,凯恩斯写了一篇非同寻常的文章,承认经
济学家以及商界和政界领袖对经济和如何让经济为大多数人服务的看法
大错特错。凯恩斯在1933年写道:"战后,我们发现自己陷入了国际化但
个人主义的颓靡的资本主义之中,这种资本主义并不成功。它不聪明,不
漂亮,不公正,不高尚,它并不履行诺言。"他认为有必要进行一段时间广
泛而公开的论辩和试验,因为现存的理论和政策已经被证明是灾难性的
和破产的。"当我们不知道该用什么来代替它时,我们处于极度困惑之
中。"[②]尽管凯恩斯是市场和利润体系的倡导者,但他表示,不可能有什么
神圣不可质疑的东西,也没有哪个诚实的观察者能够肯定地说,资本主义
没有致命的缺陷。

　　凯恩斯在20世纪30年代初提出的方法正是我们今天所需要的。我
们需要保持开放的心态,勇于尝试。我们必须摆脱当前体系的束缚,看看
什么能行得通。克里斯·海斯(Chris Hayes)写道,我们"需要想象一个
不同的社会秩序,构想更加平等的制度会是什么模样。"[③]某些价值观出
现在有关这一主题的大多数著述中,特别是理查德·沃尔夫(Richard
Wolff)、朱丽叶·肖尔(Juliet Schor)[④]和加尔·阿尔佩罗维茨(Gar Alp-
erovitz)等经济学家的著述:

---

　　① See John Maynard Keynes,"Economic Possibilities for Our Grandchildren," in *Essays in Persuasion*(New York:W. W. Norton,1963),358—73. 这篇文章首次发表于1930年。

　　② John Maynard Keynes,"National Self-Sufficiency," *Yale Review* 22 (1933):761.

　　③ Christopher Hayes,*Twilight of the Elites:America After Meritocracy*(New york:Crown,2012),239.

　　④ 译注:其专著《过度消费的美国人》(*The Overspent American*)由重庆大学出版社于2010年出版。

- 一个社区的财富必须由该社区的人民来控制。
- 应强调去中心化和地方社区的控制，国家应加强地方规划。
- 必须对各种合作社和非营利组织做出强有力的承诺。
- 工人对企业的民主管理势在必行。
- 对长期目标的规划必须从民众的辩论和审议中产生。
- 必须强调于环境无害的生产和分配。①

　　在美国的语境中，这样的用词会让人质疑作者的理智，它们与现有的现实和传统智慧相去甚远。但在表面之下，一种新型经济投资项目（eco-nomic ventures）正在兴起。在像克利夫兰（Cleveland）这样的贫困社区，它们是未来希望的源泉。我们正开始积累一些经验，了解民主的后资本主义的经济可能是什么模样，以及它是如何运作的。会有市场，会有盈利性的企业，但在这个体系的总体逻辑下，剩余将主要由非营利的社区控制。

　　建设这种新的政治经济体系的绝对核心，将是建设非营利性和非商业的业务，以从事新闻报道、创造文化、提供互联网接入，并将它们作为基础性的地方机构。这些可以包括社区的电台、电视台、互联网媒体中心、文化中心、体育联盟和社区 ISP。

　　任何这样的运动都面临巨大的政治和经济障碍，如果各个政府都在照资本的意旨办事，就不可能取得成功。建立这个新的世界的努力将使人们与当前的政治体系发生直接冲突。伟大的政治斗争将围绕国家（state）将为谁的利益服务而展开。但是，不是所有的这些努力都能推动或改变国家，因此，从头开始建设下一个经济体系——也就是新的文化体系——的工作必须同步开启。新的世界一定在旧的世界中诞生。在人们看到并体验到一种不同类型的经济之前，他们将不愿支持它或为之奋斗。

　　最终，新经济不可能存在于边缘，因为它是在为界定社会的总体逻辑

　　①　Schor, Plenitude; Wolff, *Democracy at Work*; Gar Alperovitz, *America Beyond Capitalism: Reclaiming Our Wealth, Our Liberty, and Our Democracy*, 2d ed. (Boston: Democracy Collaborative Press, 2011); Richard Wolff in conversation with David Barsamian, *Occupy the Economy: Challenging Capitalism* (San Francisco: City Lights books, 2012). 也许对这一主题最好的论述是 Wolff, *Democracy at Work*。

而战。我敢说这是一场革命。由此,它最终要改变文化和培养一种新人。在此,这一愿景再次与本科勒等互联网颂扬者的观点非常接近。本科勒认为,互联网可以鼓励人性中更具合作性的元素。①

2009 年,迈克尔·摩尔(Michael Moore)②发行了关于金融危机和经济崩溃的电影《资本主义:一个爱情故事》(*Capitalism:A Love Story*)。由于他的杰出成就,摩尔得以获得有线电视网采访的机会。有线电视网的新闻播报员第一次真正遭遇了对经济体系的批评,他们原来只是理所当然地认为那是典型的美国体制,是自由的体现。尤其是美国有线电视新闻网(CNN)的一位主持人听到摩尔对资本主义的批评后都惊呆了,并问他的嘉宾,你会用什么来替代资本主义? 在耐人寻味的停顿过后,摩尔答道:"民主。"和许多美国人一样,主持人也很困惑。他说,民主是一种政治体系,而资本主义是一种经济体系,摩尔是在拿苹果和桔子做比较。

但他是吗? 政治和经济紧密相连。我们这个时代的危机是资本主义破坏了民主。我们面临的选择是扩大民主,还是让它继续萎缩:扩大民主需要直面现实存在的资本主义。这是我们这个时代的决定性问题(defining issue),是我们生活于其中的关键机遇期的基础。

互联网处于这个关键机遇期的正中间。它是建设一个更加民主的社会、将自治扩大到经济领域的运动的核心。数字技术使分散式单元(decentralized units)的新经济和自我管理更加现实。有了开明的公共投资,互联网可以提供前所未有的最伟大的新闻业和公共领域。数字技术也是能有效动员人们进行社会变革的政治运动的重要组成部分。正如萨克斯(Jeffrey Sachs)所写的那样:"在社交网络时代,不需要巨额资金,就可以依托坚定的人民的力量展开有效的行动(campaigns)。"③海斯(Chris

---

① Yochai Benkler,*The Penguin and the Leviathan:How Cooperation Triumphs over Self-Interest*(New York:Crown business,2011).

② 译注:摩尔的导演作品还有《大亨与我》(*Roger & Me*)、《科伦拜恩的保龄》(*Bowling for Clumbine*)、《华氏 911》(*Fahrenheit 9/11*)、《医疗内幕》(*Sicko*)、《接着入侵哪儿》(*Where to Invade Next*)等。

③ Jeffrey D. Sachs,foreword,in Schiffrin and Kircher-Allen,eds.,*From Cairo to Wall Street*,xvii.

Hayes)写道:"互联网在允许人们以非层级的方式进行自我组织方面发挥着巨大的作用。"①这是互联网颂扬者的核心论点之一,这一点就其本身而言是正确的,但还远远不够。

顺着目前的发展方向,在资本需求的驱动下,数字技术会以一种对自由、民主以及任何与美好生活略有关联的东西而言极其有害的方式被利用。因此,对于所有那些寻求建设一个更美好的社会的人来说,互联网的斗争是至关重要的。在这个关键机遇期尘埃落定的时候,如果我们的社会没有根本的改善,如果民主没有战胜资本,那将证明数字革命可能只是一场有名无实的革命。那将是一个讽刺、一场悲剧,提醒我们人类社会的潜在可能与现实之间的差距越来越大。

---

① Hayes, *Twilight of the Elites*, 238.

图书在版编目(CIP)数据

数字断联/(美)罗伯特·W.迈切斯尼著;张志华
译.--上海:华东师范大学出版社,2022

ISBN 978-7-5760-2833-1

Ⅰ.①数… Ⅱ.①罗…②张… Ⅲ.①信息经济—研
究—美国 Ⅳ.①F 471.266

中国版本图书馆 CIP 数据核字(2022)第 077350 号

华东师范大学出版社六点分社
企划人 倪为国

数字断联

著　　者　[美]罗伯特·W.迈切斯尼
译　　者　张志华
责任编辑　王寅军
责任校对　彭文曼
封面设计　吴元瑛

出版发行　华东师范大学出版社
社　　址　上海市中山北路 3663 号　邮编　200062
网　　址　www.ecnupress.com.cn
电　　话　021-60821666　行政传真　021-62572105
客服电话　021-62865537　门市(邮购)电话　021-62869887
地　　址　上海市中山北路 3663 号华东师范大学校内先锋路口
网　　店　http://hdsdcbs.tmall.com

印　刷　者　上海盛隆印务有限公司
开　　本　700×1000　1/16
印　　张　18.5
字　　数　273 千字
版　　次　2022 年 8 月第 1 版
印　　次　2022 年 8 月第 1 次
书　　号　ISBN 978-7-5760-2833-1
定　　价　68.00 元

出　版　人　王　焰